BIRGIT-CATHRIN DUVAL

Gipfeltouren
im Südschwarzwald

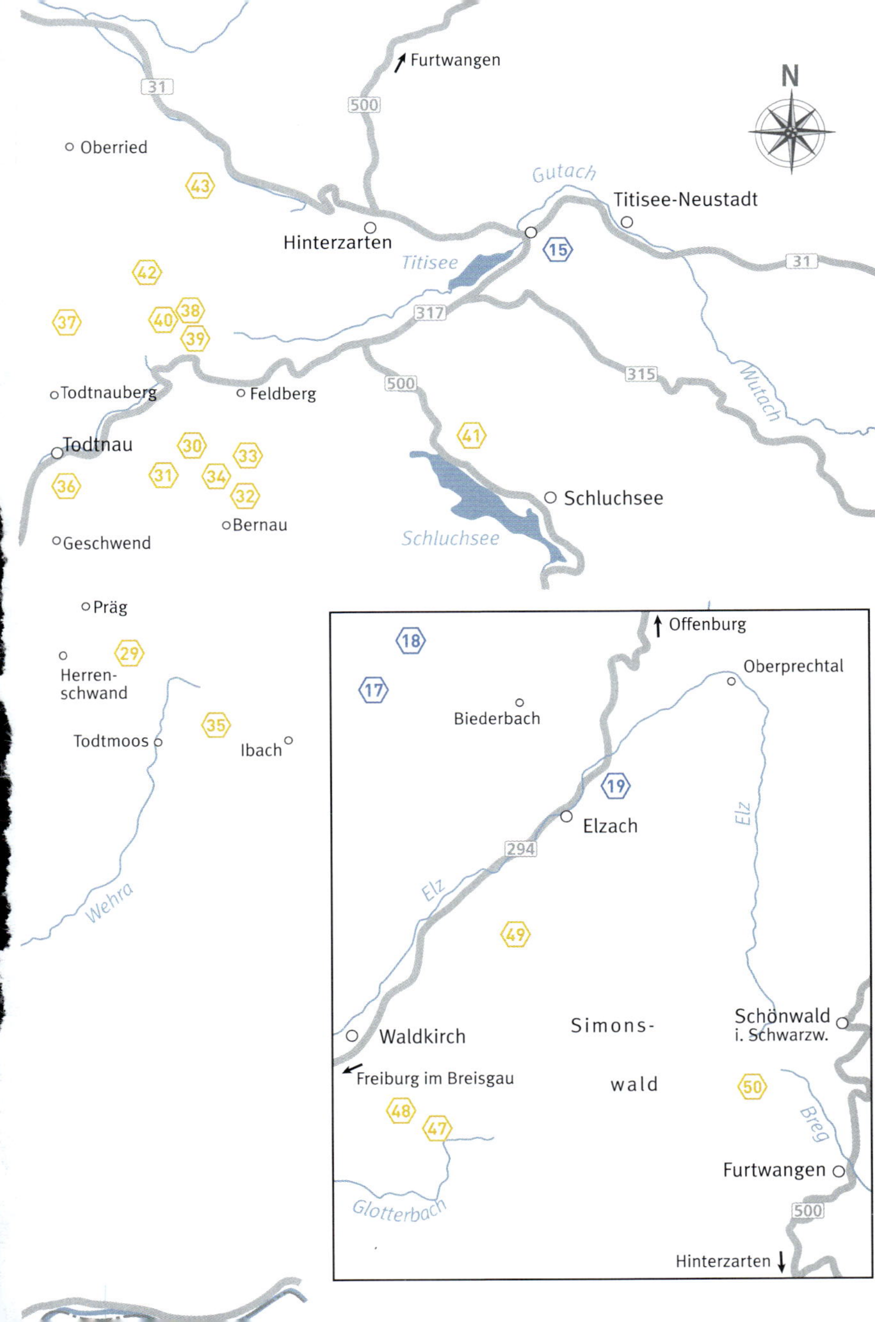

Furtwangen
500
31
N
Oberried
43
Gutach
Titisee-Neustadt
Hinterzarten
15
Titisee
31
42
317
37
40
38
39
315
500
Wutach
Todtnauberg
Feldberg
Todtnau
30
33
41
36
31
34
32
Schluchsee
Bernau
Geschwend
Schluchsee
Präg
29
Herren-
schwand
35
Todtmoos
Ibach
Wehra
Offenburg
18
Oberprechtal
17
Biederbach
19
Elzach
Elz
294
Elz
49
Schönwald
i. Schwarzw.
Waldkirch
Simons-
wald
Freiburg im Breisgau
50
48
47
Breg
Furtwangen
500
Glotterbach
Hinterzarten

BIRGIT-CATHRIN DUVAL

Gipfeltouren
im Südschwarzwald

101 Highlights

ENTDECKEN UND ERLEBEN

Oertel + Spörer

Leichte Gipfel

Schlendertouren ohne große Höhenmeter und Anstrengung

Panorama-Gipfel

Wanderungen auf die aussichtsreichsten Schwarzwaldberge

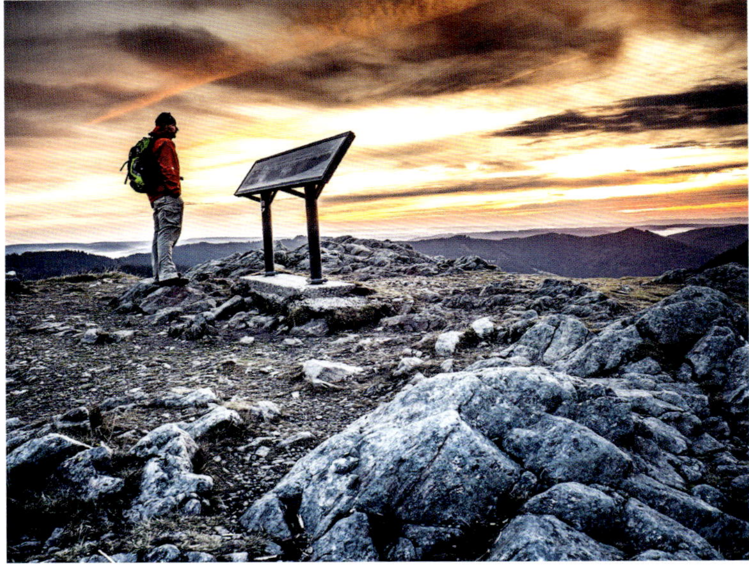

Wälder-Gipfel

Streunertouren rund um bewaldete Schwarzwaldberge

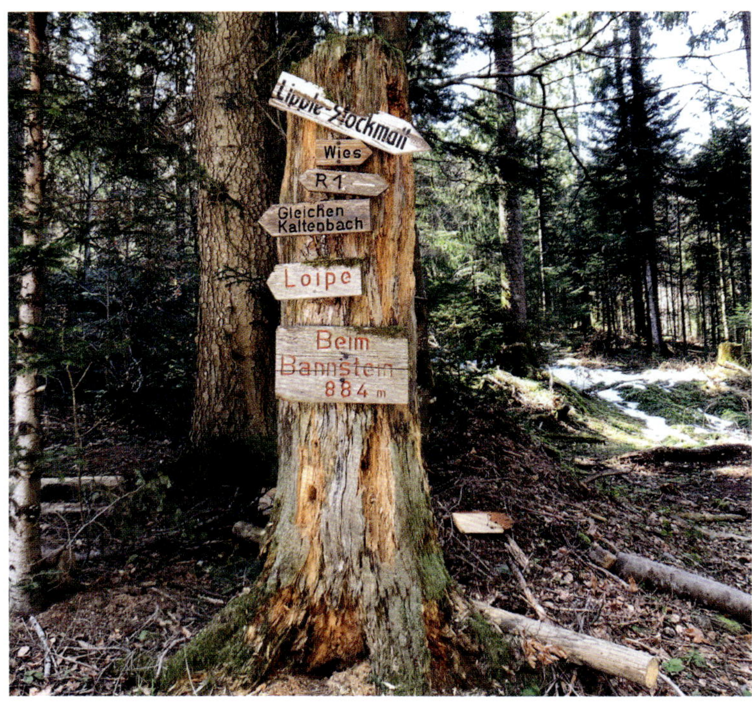
Wies
R1
Gleichen
Kaltenbach
Loipe
Beim
Bannstein
884 m

Stille Gipfel

Exkursionen zu unbekannten und einsamen Schwarzwaldbergen

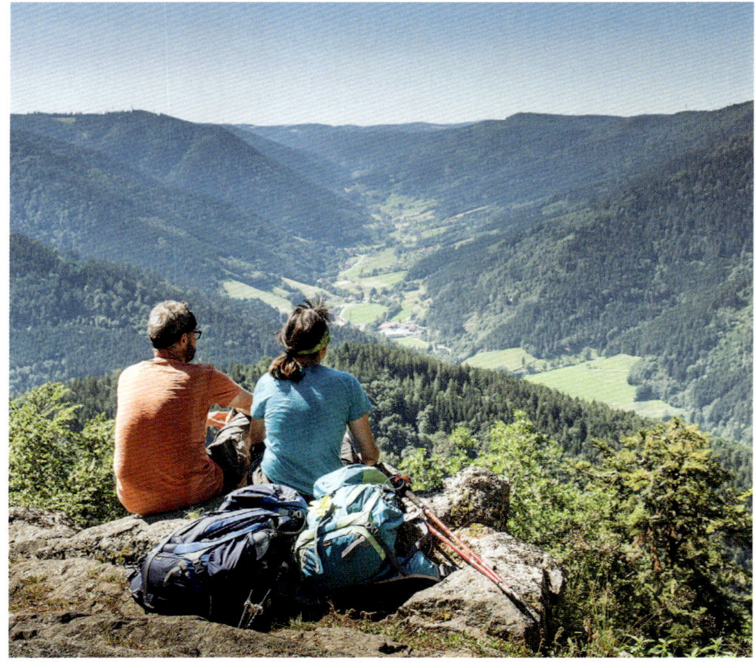

Vorwort

Der Schwarzwald ist Deutschlands höchstes Mittelgebirge und damit eine Landschaft voller Berge, Wälder und Täler. Und wo Berge sind, da sind auch Gipfel. 102 davon erreichen über 1 000 Meter, fünf davon über 1 400 Meter, der allerhöchste, der Feldberggipfel, misst 1 493 Meter.

Es lag also auf der Hand, ein Buch zu schreiben, das sich den Gipfeln des Schwarzwalds widmet. Und weil die höchsten und auch schönsten Berge im südlichen Schwarzwald zu finden sind, ist dieses Buch den Gipfeln des Südschwarzwalds gewidmet.

Ich bin mir sicher, dass es noch weitere Gipfel gibt, die über 1 000 Meter in die Höhe ragen. Die Nummer 103 würde ich gerne entdecken. Vermutlich ist es ein unscheinbarer bewaldeter Gipfel, denn, das ist im Schwarzwald nun mal so, die meisten Gipfel sind keine herausragenden Bergspitzen, sondern dicht bewaldete Hügel.

Selbst der höchste Gipfel des Schwarzwalds ist, wie schon sein Name besagt, ein Feld, das auf einem Berg liegt. Dort oben, auf dem höchsten Berg Deutschlands außerhalb der Alpen, warten keine spektakulären Felsgrate oder ein Gipfelkreuz auf die Wanderinnen und Wanderer, sondern Hinterwälder Rinder.

Die Alpen mögen majestätisch sein, der Schwarzwald ist mystisch. Seine Wälder, Berge und Täler sind von einer unbeschreiblichen Aura durchzogen. Hier tobten Naturgewalten, die in Sagen und Legenden bis heute lebendig geblieben sind. Der Schwarzwald ist zum Mythos geworden, als Black Forest weltweit zu einem Sehnsuchtsort, zum Inbegriff von Heimat, Idylle und intakter Natur.

In diese Sehnsucht mischt sich der Drang nach Draußen-Sein, nach Freiheit und Abenteuer. In unserem hochkomplexen digitalen Alltag zieht es uns zurück zum Ursprung. Viele entdecken die Natur für sich, ob auf einer kleinen Spazierrunde oder bei einer mehrtägigen Trekkingtour, bei der legal im Wald, in eigens eingerichteten Trekking-Camps gezeltet werden darf.

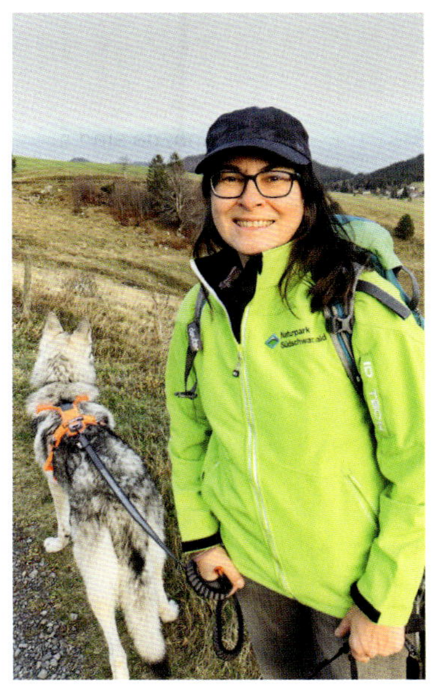

Mit diesem Buch möchte ich Sie einladen, die Gipfel des südlichen Schwarzwalds zu erkunden. Kommen Sie mit mir auf Exkursion zu unbekannten Bergen, abseits der ausgetretenen Wege und entdecken Sie auch solche, die nicht in jedem Wanderführer beschrieben sind. Erfahren Sie in diesem Buch allerhand spannende und auch kuriose Geschichten und Besonderheiten, die ich zu den einzelnen Gipfeln recherchiert habe.

Ich wünsche Ihnen viel Freude beim Wandern und Erkunden der 101 Gipfel-Highlights im südlichen Schwarzwald.

Birgit-Cathrin Duval im Mai 2021

Wanderkarten, Wander-Apps, Wegebeschilderungen

Zum Gebrauch dieses Buches

Genau genommen sind Wanderführer und Wanderkarten überflüssig, da ja jedes Smartphone mit GPS ausgestattet ist. Mit Apps lassen sich komplette Touren planen und aufs Handy übertragen. Mit diesen Outdoor-Apps können Touren aufgezeichnet, Routen downgeloadet, mit Bildern und Anmerkungen versehen und geteilt werden. Wer eine Strecke wandern möchte, lädt sich die Daten und startet die Navigation. So einfach und genial.

Jedoch ersetzt kein Smartphone eine Wanderkarte und keine App einen gut recherchierten Wanderführer! Für die Erkundungen empfehle ich die Wanderkarten des Schwarzwaldvereins, auf denen alle Standorte der Wegweiser mit Namen verzeichnet sind. Wer noch alte, abgegriffene Karten zu Hause hat, sollte sie unbedingt behalten. Auf alten Karten sind viele Besonderheiten verzeichnet, wie Baumdenkmäler und Gedenksteine, die auf neueren Karten meist fehlen. Je kleiner der Maßstab, umso besser. 1:25 000 ist ideal. Das bedeutet: ein Zentimeter auf der Karte entspricht 250 Meter in der Natur.

Vielerorts geben die lokalen Tourismusbüros eigenes Kartenmaterial heraus, das über die Webseite bestellt werden kann. In diesen Karten sind die örtlichen Wanderwege und Tourenvorschläge verzeichnet.

Für mich gibt es nichts Spannenderes, als eine Karte aufzuklappen (meine sind meist sehr zerknittert und zigmal geklebt), um zu schauen, was denn alles für Berge und Wege eingezeichnet sind und mir vorzustellen, wie es dort wohl jeweils aussehen mag. Auf diese Weise entdeckte ich Orte, von denen ich in diesem Buch berichte und die in keinem anderen Wanderführer beschrieben sind.

Ich nutze unterschiedliche Wander-Apps für die Planung und Aufzeichnung. Das wichtigste Planungsinstrument für die Wanderung und unerlässlicher Begleiter für unterwegs ist stets die Wanderkarte. Ein Smartphone ist ein geniales Tool, doch es wäre nicht das erste Mal, dass es unterwegs den Geist aufgibt. Es kann ins Wasser fallen, das Display auf einen Stein aufschlagen, der Akku entlädt sich plötzlich (was mir im Winter häufiger passierte) oder es gibt keinen LTE-Empfang.

Ich möchte Sie deshalb ermutigen, Ihre Wanderungen analog anhand von Wanderkarten zu planen und durchzuführen. Nehmen Sie die Karte zur Hand, fügen Sie unterwegs die örtlichen Wegebeschreibungen ein, verzeichnen Sie markante Geländemerkmale, Felsen, Bäume, Bäche und Quellen. Machen Sie die Karte zu Ihrer persönlichen Schatzkarte. Warum nicht einmal bei einer Wegkreuzung einen anderen Weg einschlagen, ihm folgen und schauen, wohin er Sie führt? Zeichnen Sie den Weg auf einer eigenen Karte nach und tragen ein, was Sie unterwegs alles entdeckt haben. Wander-Apps und digitale Karten sind toll, aber ist es nicht viel spannender, einen Ort zu entdecken, den man selbst auf der Wanderkarte herausgesucht hat?

Wenn Sie noch nicht so häufig auf Wanderwegen unterwegs waren, empfehle ich, sich für die ersten Touren an ausgeschilderte Rundwanderwege zu halten. So sammeln Sie Erfahrungen und können anhand der Beschilderung den Weg auf der Karte nachvollziehen.

Viele der in diesem Buch beschriebenen Touren verlaufen abseits der bekannten, aber auch stark frequentierten Wege, die an Wochenenden, Feiertagen oder während der Ferienzeit überlaufen sind.

Ich habe bewusst häufig kürzere Tourenvorschläge erstellt, sodass man auch unter der Woche, wenn es abends noch hell ist, einen der Berge erkunden kann. Meine Touren dienen als Vorschlag und Inspiration, eigene Wanderungen zu planen. In diesem Buch finden Sie Tourenbeschreibungen von einfachen Wegen auf kleine Erhebungen sowie Passübergänge bis zu schweren Wanderungen mit über 1 000 Höhenmetern.

Leichte Gipfel

Schlendertouren ohne große Höhenmeter und Anstrengung sind blau markiert.

Panorama-Gipfel

Hoch hinauf! Wanderungen zu den aussichtsreichsten Schwarzwaldbergen sind gelb markiert.

Wälder-Gipfel

Streunertouren rund um bewaldete Schwarzwaldberge sind grün markiert.

Stille Gipfel

Exkursionen zu unbekannten und einsamen Schwarzwaldbergen sind orange markiert.

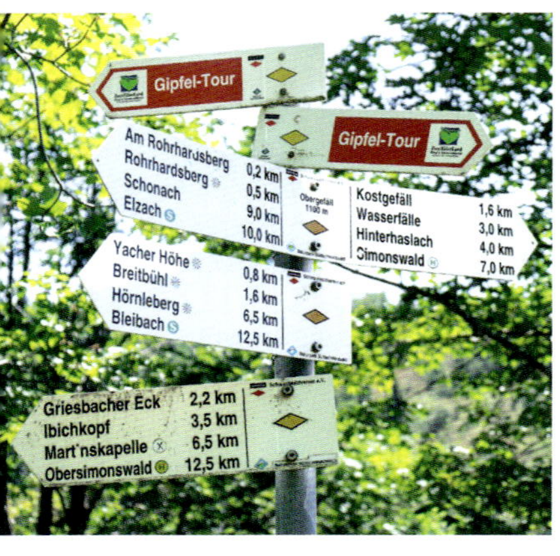

Markierungssystem des Schwarzwaldvereins

Das Wanderwegenetz wurde vom Schwarzwaldverein erstellt und wird von den Wegewarten der jeweiligen Ortsvereine gepflegt. Die ehrenamtlich tätigen Wegewarte schneiden die Wege frei, putzen und erneuern die Schilder und pflegen die Pfade in ihrem jeweiligen Revier.

Im Wanderwegenetz des Schwarzwaldvereins gibt es drei Wegekategorien:

Fernwanderwege – durchgängig mit eigenem Zeichen markiert, zum Beispiel rote Raute für Westweg.

Regionale Wanderwege, die Orte und Landschaften verbinden, sind mit einer blauen Raute gekennzeichnet.

Örtliche Wanderwege verbinden lokale Wanderziele und sind mit der gelben Raute gekennzeichnet.

Die Standortwegweiser befinden sich immer dort, wo markierte Wege aus mindestens drei Richtungen aufeinandertreffen. Auf dem Wegweiser finden Sie in der Mitte den Namen des Standorts mit Angabe der Höhe. Im Zielfeld sind die Namen der nächsten Wegweiserstandorte angegeben mit Entfernungsangabe. Außerdem Piktogramme zu Gastronomie oder öffentlichem Nahverkehr.

Die Wegweiser fungieren als Rettungspunkte. Sollte Ihnen oder jemanden in Ihrer Gruppe etwas zustoßen, können Sie über den Notruf 112 den Standort des nächstgelegenen Wegweisers mitteilen. Sollten Sie sich in einem unbekannten Gebiet aufhalten, können Sie die jeweiligen Wegweiser, an denen Sie vorbei wandern, mit Ihrem Smartphone fotografieren.

Über die Ausrüstung

Wanderrucksack

Ich wandere grundsätzlich mit Wanderrucksack, in dem sich diese Dinge befinden:
Proviant und Energieriegel, Trinkflasche, Verbandszeug, Rettungsfolie, Zeckenzange, Messer, Stirnlampe, Regenjacke oder Regencape, je nach Jahreszeit warme Daunenjacke, Handschuhe, Mütze, Wanderkarte, Smartphone mit Akku und Kabel, Fotoausrüstung mit Kamera, Objektiven, Akkus und Stativ. Kleiner Plastikbeutel für Müll.
Trekkingstöcke sind praktisch bei langen Touren mit Gepäck und helfen bei steilen An- und Abstiegen. Ideal sind zusammenklappbare Stöcke, die sich am Rucksack befestigen lassen, wenn sie nicht benötigt werden.

Wandern mit Hund

Auf unseren Wanderungen begleitet uns unser Hund Flake. Er trägt ein Geschirr, das mit einer flexiblen Leine verbunden ist. Ich trage einen Gurt, an dem die Leine mit einem Karabiner verbunden ist. Mit dem System von NonstopDogwear haben wir sehr gute Erfahrungen gemacht. Weil im Sommer viele Quellen ausgetrocknet sind, packen wir Trinknapf und Wasser in den Rucksack. Außerdem einen kleinen Vorrat an Futter.
Der südliche Schwarzwald ist Zeckengebiet. Deshalb den Hund und sich selbst gleich nach der Wanderung gründlich nach Zecken absuchen.

Wanderkarten und Wander-Apps

Bewährt und aus gutem Material sind die Wanderkarten des Schwarzwaldvereins. Karten aus wetterfestem Material sind zwar regensicher, aber umständlich in der Handhabe. Ich nutze die Wander-Apps von Komoot und Alltrails zur Aufzeichnung meiner Touren.

Wettervorhersage

Auf meinem Smartphone sind die Apps vom Deutschen Wetterdienst, Meteoblue, WetterOnline und Regenradar installiert. Die privat betriebene Facebook-Seite Schwarzwaldwetter bietet sehr gute Vorhersagen für den Schwarzwald.
In den Bergen ziehen Gewitter plötzlich und schnell auf. Bei Gewitterrisiko immer alternative Strecken einplanen. Bei Sturmwarnung die Wanderung auf einen anderen Tag verschieben.

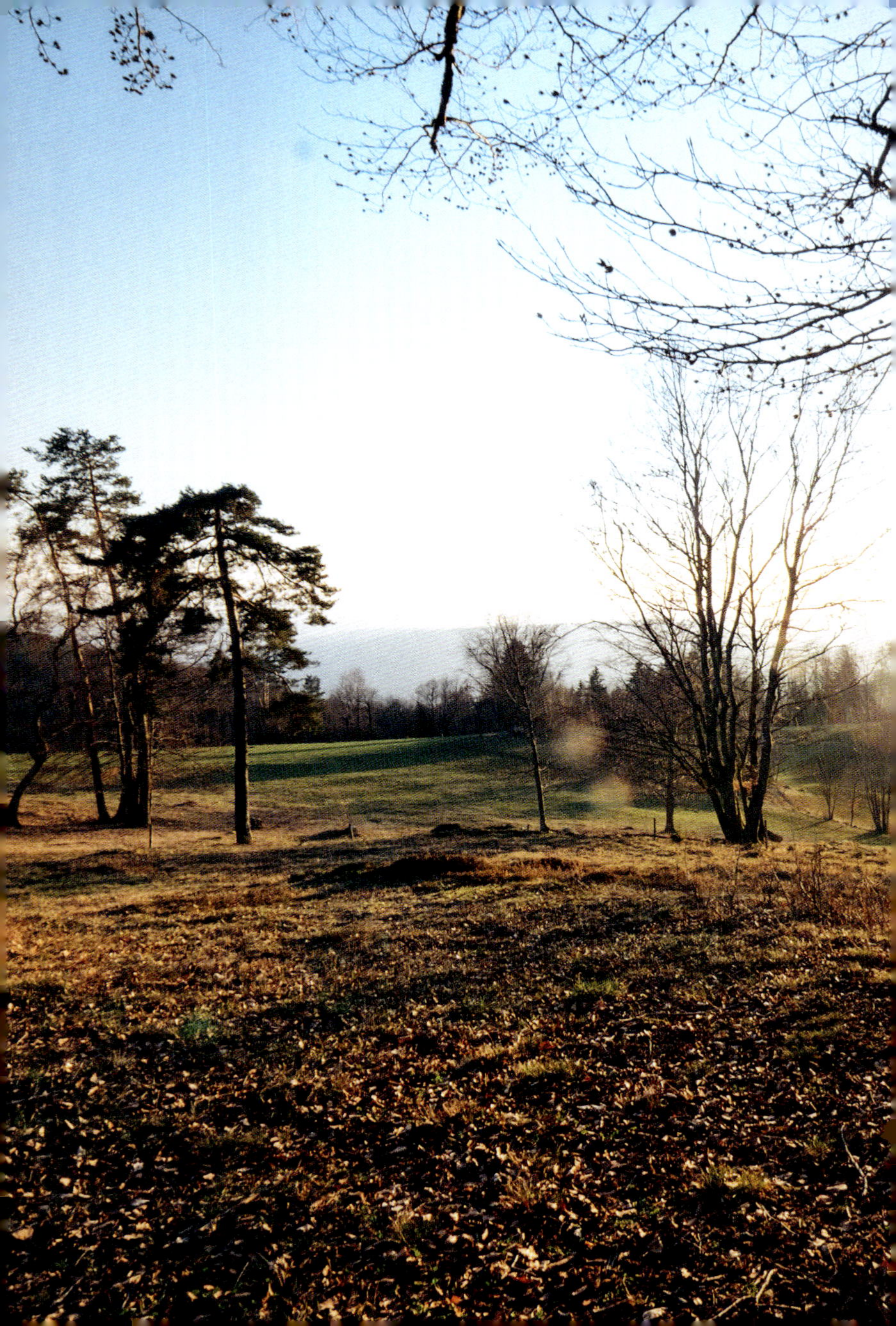

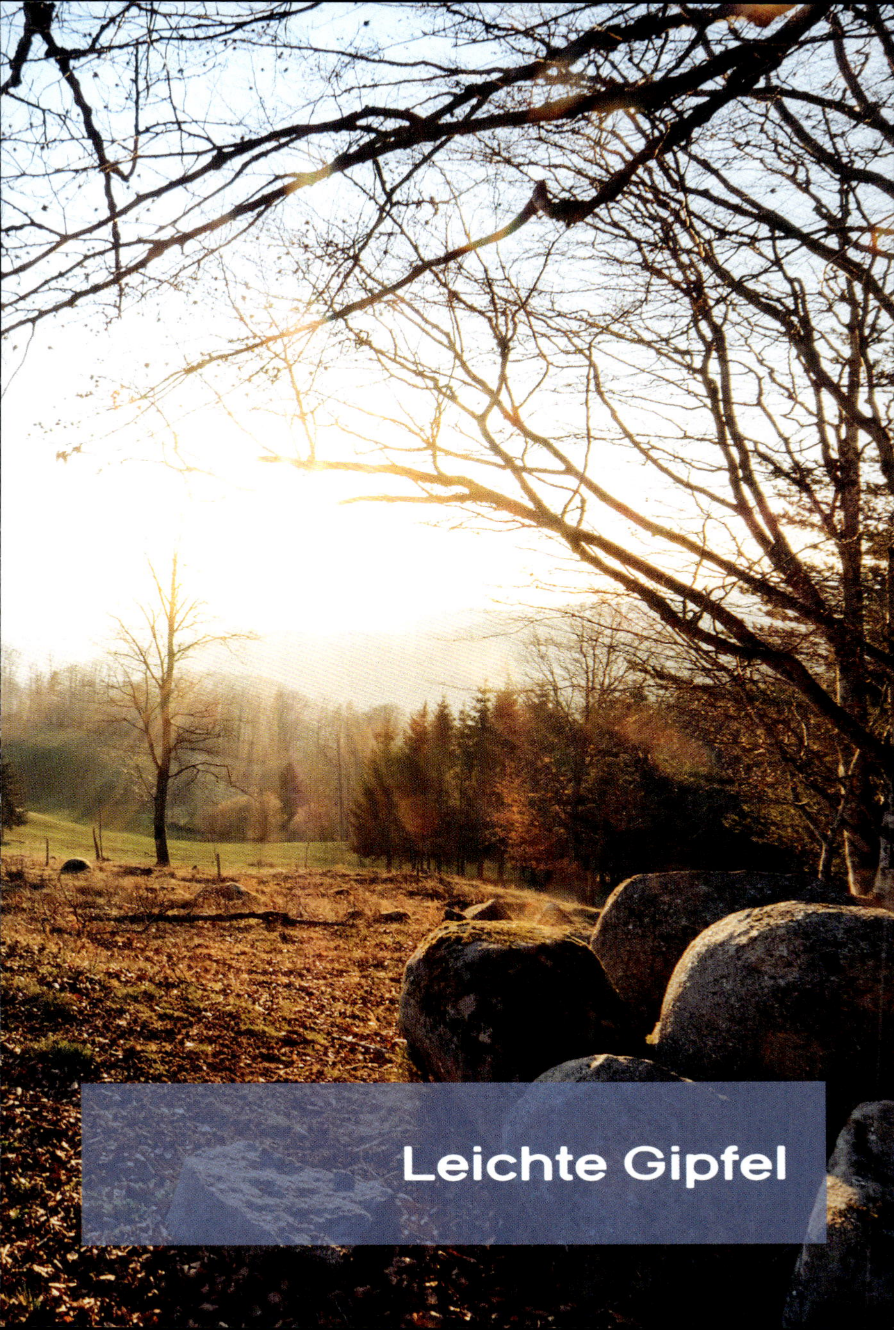

Leichte Gipfel

1 HOHE FLUM 536 METER

Vom Muschelkalkplateau und wundersamen Feenkrebsen

Das kleine Gebirge des Dinkelbergs bildet den Übergang zwischen Südschwarzwald und dem Hochrheingebiet mit dem Wehra- und dem Rheintal. An der höchsten Erhebung steht der Aussichtsturm der Hohen Flum, von dessen Plattform sich eine herrliche Rundsicht auf Alpen, Vogesen, Schwarzwald und Hotzenwald bietet.

Wie eine Insel der Ruhe erhebt sich der Dinkelberg aus dem dicht besiedelten großen Wiesental. Die Anhöhe hat einen parkähnlichen Charakter. Elf mächtige Lindenbäume trotzen hier den Elementen. Sie sehen eindrucksvoll und anmutig aus, wie Wächter und Behüter. Dahinter, versteckt von den Stämmen und Ästen der Bäume, mutet der einem Bergfried ähnelnde Hohe-Flum-Turm nahezu unscheinbar an.

Der knapp 14 Meter hohe Turm steht offen, 1874 wurde er ein-

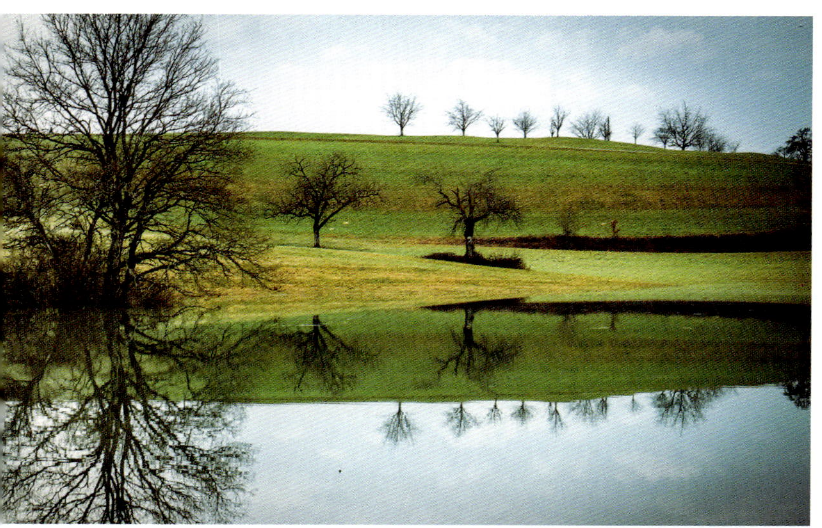

Anfang 2021 tauchte der See auf – und war so groß wie seit 54 Jahren nicht mehr

geweiht, 62 Stufen führen hinauf. Mich interessiert der Name Hohe Flum. Ob er aus dem Lateinischen stammt? Flume bedeutet Fluss. Ein Hinweis auf die beiden Gewässer Rhein und Wiese, zwischen denen die Hohe Flum liegt? Später erfahre ich von Sven Huber, Gastronom des Hohe Flum-Restaurants, dass Flum ein Hotzenwälder Familienname ist, und es früher einen Bauern Flum gab, der den größten Hof in Wiechs bewirtschaftete. Vermutlich hatte er auf dem Berg einigen Besitz, woher der Name Hohe Flum abgeleitet wurde.

Am südöstlichen Horizont schimmern Wolken, die Sonne gibt sich Mühe, sie zu durchbrechen. Ich sehe das Relief einiger Bergkuppen, die Alpen sind leider nicht auszumachen. Gegen Süden zeigt sich der markante Turm der Chrischona, während sich beim Blick gen Norden dichte Wolken über dem Zeller Blauen und der Hohen Möhr auftürmen. Der Dinkelberg zählt zur südlichen Vorbergzone des Schwarzwalds, landschaftlich und geologisch treffen sich hier jedoch völlig unterschiedliche Gebiete. Während der Schwarzwald überwiegend aus Gneisen und Graniten besteht, ist der Dinkelberg ein Muschelkalkplateau mit sehr ertragreichen Böden, auf dem – wie der Name es vermuten lässt – überwiegend Dinkel angebaut wurde.

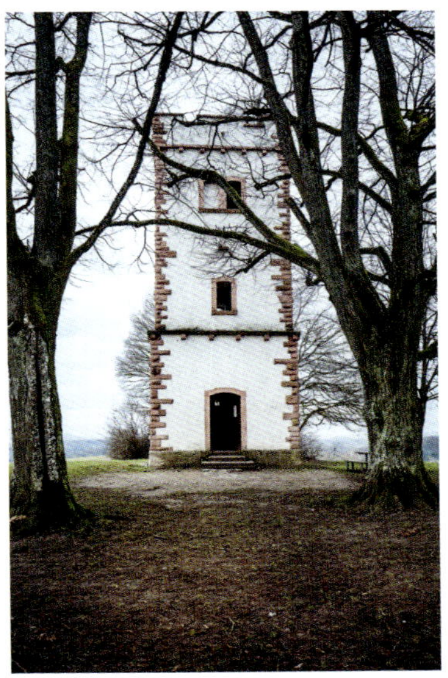

62 Stufen führen zur Aussichtsplattform

Da wir in der Nähe sind, machen wir einen Abstecher zum Eichener See. Meistens ist der See nur als Wiese in einer Senke zu sehen, doch wir haben Glück. Die vielen Regenfälle der vergangenen Wochen füllten die Hohlräume des in 40 Meter Tiefe liegenden Muschelkalks und drückten das Grundwasser nach oben. Es handelt sich nicht um einen See, sondern um eine mit Wasser gefüllte Doline. Der Wasserspiegel überflutete sogar den Plattenpfad und einige der Ruhebänke entlang des Ufers. Tritt der See zutage, taucht ein – deutschlandweit einzigartiges – Tierchen

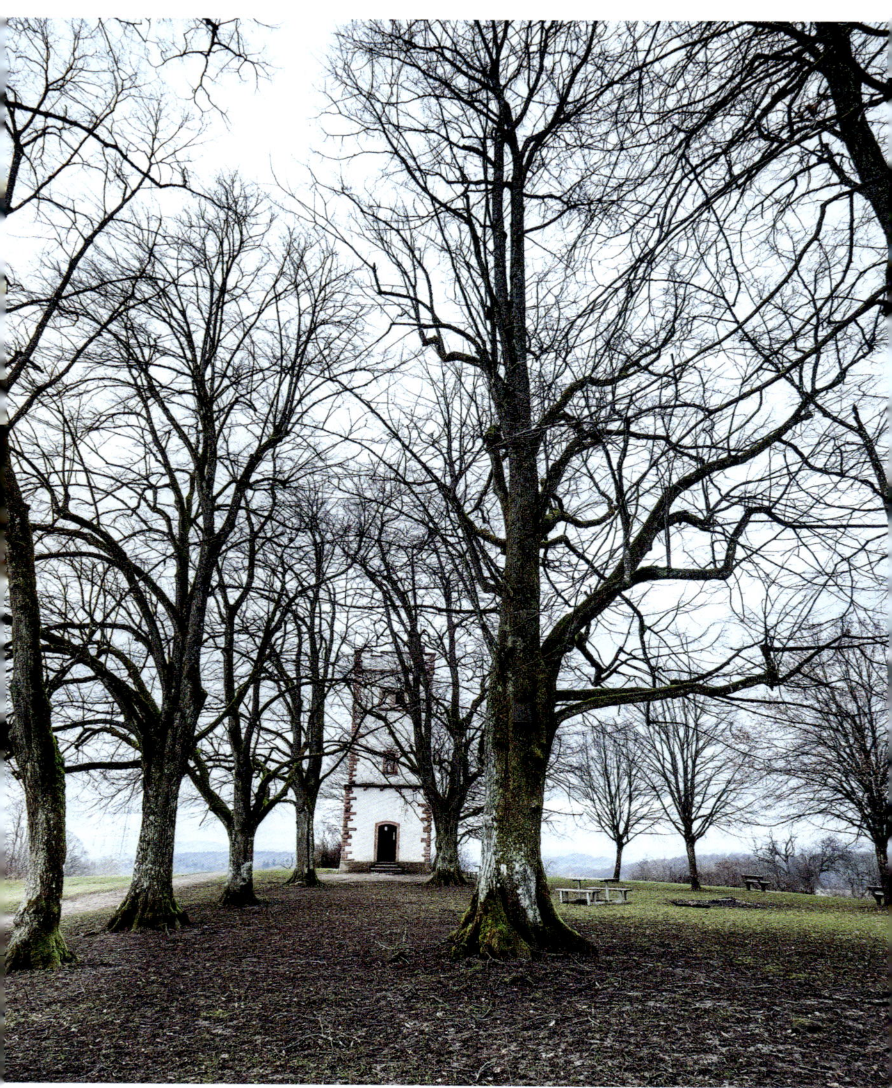

Der Aussichtsturm Hohe Flum wurde 1874 eingeweiht und steht unter Denkmalschutz

auf: Dann tummeln sich Tanymastix lacunae, auch Feenkrebs genannt, im Wasser. Die nach der Paarung abgelegten Eier können über mehrere Jahre auf dem trockenen Grund überleben, bevor die Urzeitkrebse beim nächsten Auftauchen des Sees schlüpfen. Den Krebsen hat der Eichener See den Status eines Naturschutzgebietes zu verdanken.

Tipp

Einkehr im Restaurant Hohe Flum. Mit Panoramablick auf den Dinkelberg. Unbedingt die Dinkel-Gnocchi probieren. Geöffnet Montag bis Mittwoch sowie Samstag und Sonntag.
www.hoheflum.de

Hinkommen
Hohe Flum und Eichener See sind direkt mit dem Auto oder Fahrrad/E-Bike zu erreichen.
Hohe Flum über B 317 Richtung Schopfheim, Ausfahrt Schopfheim-Mitte/ Wiechs und Ausschilderung Hohe Flum folgen.
Eichener See B 317 aus Schopfheim kommend, weiter auf der Wehrer Straße Richtung Wehr/B 518.
Der Parkplatz befindet sich nach ungefähr 2 Kilometern direkt neben der Landstraße auf der rechten Seite.

Tourbeschreibung Hohe Flum
Parken am Bahnhof Schopfheim
Start und Ziel: Marktplatz Schopfheim
Länge: rund 9 Kilometer, 200 Höhenmeter Auf- und Abstieg
Dauer: rund 2.30 Stunden
Schwierigkeit: einfach

Der Weg ist mit der Markierung roter Punkt auf weißem Grund durchgehend ausgeschildert und führt über die Kastanienallee zum ***Hebel-Denkmal***, zum ***Sengelewäldchen*** und weiter zu den Streuobstwiesen von Wiechs zum ***Hohe-Flum-Turm***. Zurück wieder der Markierung folgen und am Brunnen vorbei bis zur Luisenstraße zum ***Bahnhof***.

Eine ausführliche Tourbeschreibung gibt es auf:
https://www.suedwaerts.com/natur/sport/wandern/

2

KÖPFLE 770 METER

Schmale Pfade und schöne Wege zwischen Kirchhausen und Hofen

Das Köpfle wirkt auf den ersten Blick unscheinbar und so machte ich mich ohne große Erwartungen auf den Weg. Doch wie so oft werde ich eines Besseren belehrt. Der R11 führt streckenweise als fußbreiter Pfad durch einen mystisch anmutenden Wald zu einer traumhaften Lichtung. Eine feine, kleine Spazierrunde, die allerdings Trittsicherheit erfordert.

Schon die Anfahrt ist ein Traum. Auf der Panoramastraße, vom Kandertal ins Wiesental, geht es kurvenreich hinauf nach Endenburg und weiter nach Kirchhausen und Lehnacker. Die Orte liegen in luftiger Höhe am sonnenreichen Südausläufer des Schwarzwalds und besitzen neben der guten Luft eine traumhafte Sicht auf die Alpen. Als Einheimische, die ein Tal weiter wohnt, bekomme ich jedes Mal Urlaubsfeeling, wenn ich dort unterwegs bin.

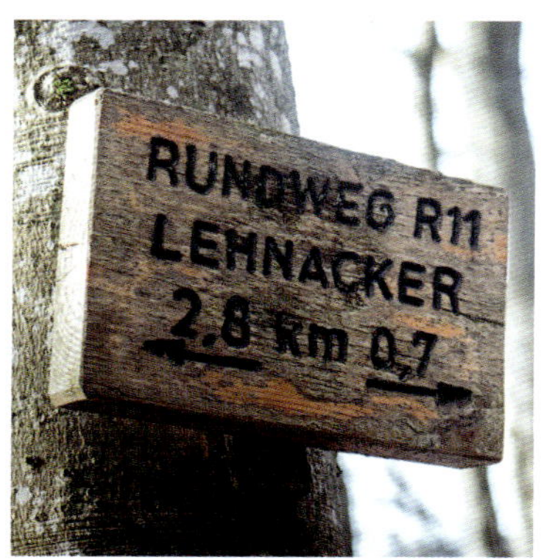

Fast übersieht man das Wegeschild

Der Einstieg befindet sich in einem kleinen Weiler auf der Anhöhe zwischen Kirchhausen und Lehnacker am Wanderschild „Kirchhausen Maienried 710 m“ beim Gasthof Krone, eine beliebte Biker-Beiz, die leider geschlossen wurde. Der Weg führt direkt zum Waldstück und bietet prächtige Ausblicke auf Streuobstwiesen, Schweizer Jura und Alpen. An der Wegezweigung beim Waldrand steht eine rote Ruhebank, dort wandere ich rechts den Pfad in den lichten Buchenwald hinein. Je schmaler der Pfad wird, desto mystischer erscheint der Wald. Der Pfad am Berghang wird felsig, teilweise steil und erfordert etwas Geschick. Oben auf der Bergkuppe beobachte ich zwei Rehe. Als ich mich frage, ob das hier tatsächlich noch der Wanderweg ist, komme ich an

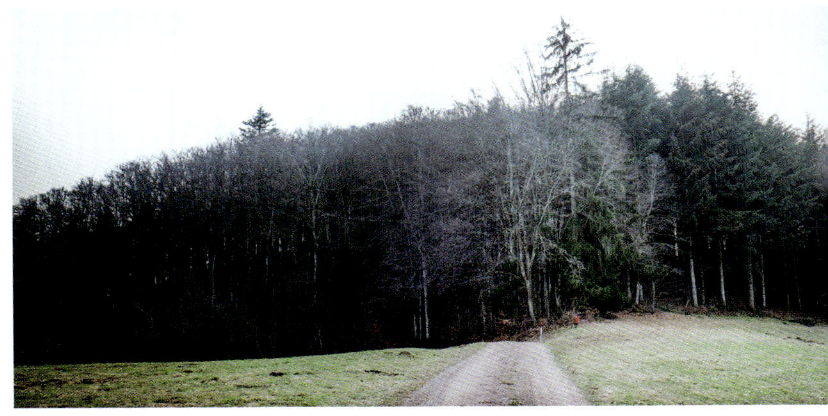

Bei der roten Bank rechts ab – auf dem Weg zum Köpfle

einem Holzschild vorbei, das die Aufschrift „Rundweg R11 Lehnacker" trägt.
Ernüchterung folgt, als der Pfad wenig später abrupt endet und in eine Forstautobahn zweigt. Die ist zum Glück nur von kurzer Dauer und entschädigt am Waldrand mit dem Blick auf eine herrliche Wiese. Weiter geht es auf einer Forststraße am Waldrand entlang. Neben einer roten Ruhebank befindet sich ein Gedenkstein in Erinnerung an den tragischen Jagdunfall des Franz Pichler, der 1960 durch den versehentlich gelösten Schuss seines Gewehres ums Leben kam. An der nächsten Wegkreuzung lädt die Steinenberghütte zu einer Rast ein. Das sehr gepflegte Hüttchen verfügt über einen kleinen Grillplatz. Weiter geht es durch das Waldstück nun retour Richtung Kirchhausen. Unterwegs stehen einige in die Jahre gekommene Ruhebänke, die wenig Lust auf ein Verweilen machen und viel zu schnell bin ich wieder zurück am Ausgangspunkt angekommen.

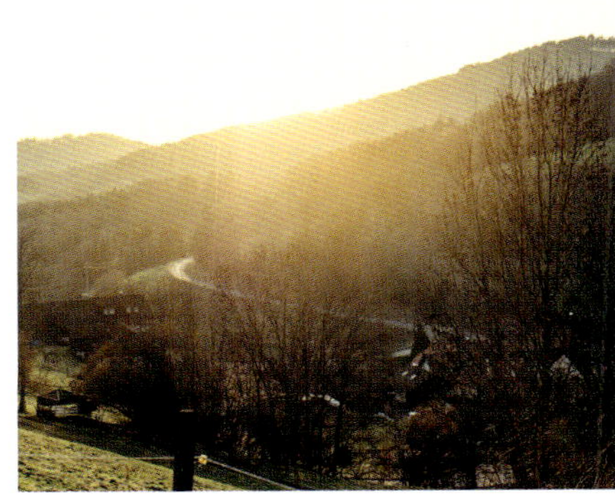

Sanfte Kurven, Berge, Licht

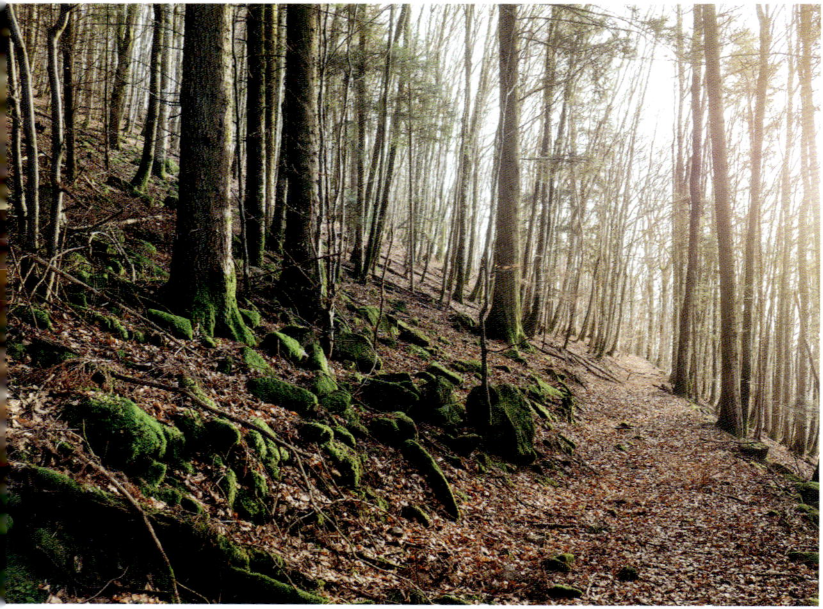

Der erste Abschnitt verläuft auf einem traumhaften Pfad

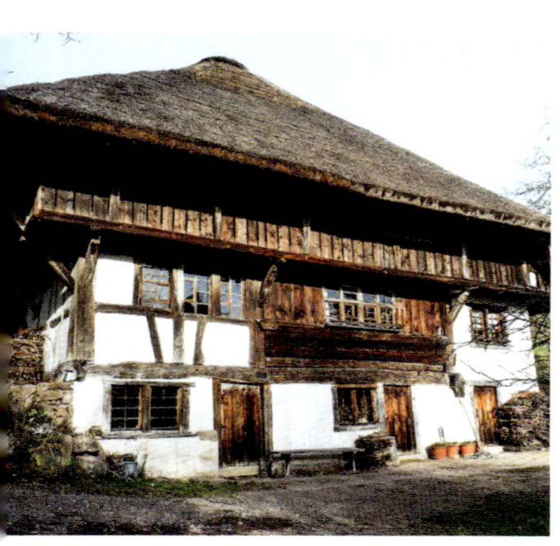

Tipp

Besuch des über 300 Jahre alten Schneiderhofes in Kirchhausen, in dem die letzte Bewohnerin, Berta Schneider, noch bis Mitte der 1980er-Jahre wie anno dazumal lebte und den Hof alleine bewirtschaftete. Das Museum bietet Führungen und zahlreiche Aktionstage an, die über das einst karge Leben und Arbeiten der Bauern informieren.
www.bauernhausmuseum-schneiderhof.de

Hinkommen

Aus Lörrach über Steinen-Höllstein und Weitenau nach Endenburg-Kirchhausen.
Von Kandern über Scheideck nach Endenburg weiter nach Kirchhausen.
Von Tegernau Kleines Wiesental über Sallneck nach Kirchhausen.
Im Ort gibt es nur wenige Parkmöglichkeiten.

Tourbeschreibung

Start und Ziel: Wegweiser „Kirchhausen Maienried" beim Gasthof Krone
Länge: 4,5 Kilometer, 140 Höhenmeter Aufstieg, 110 Höhenmeter Abstieg
Dauer: rund eine Stunde
Schwierigkeit: leicht bis mittel
Auf dem Pfad ist Trittsicherheit erforderlich, teilweise steiles Gelände.

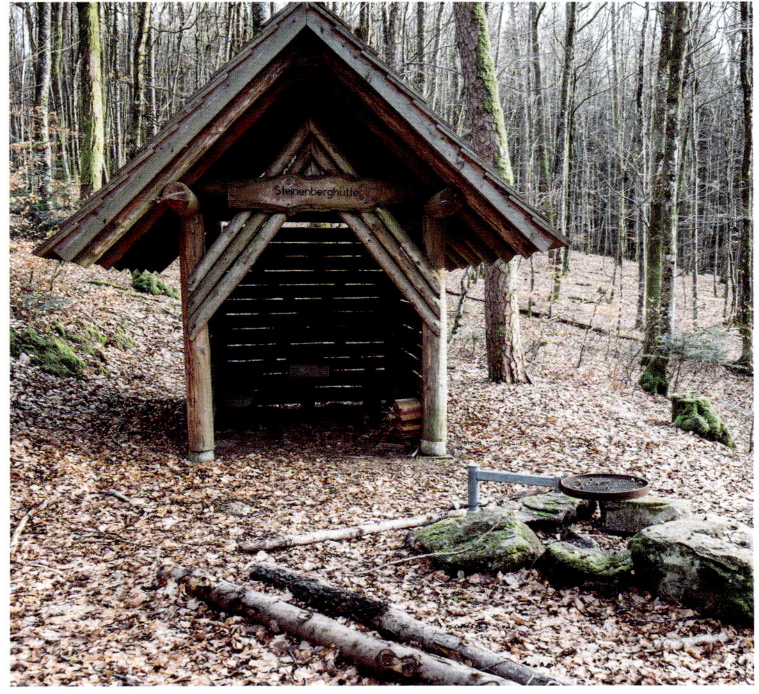

Uriger Grillplatz

3 NOLLENBERG 769 METER

Wildschweine mit Frischlingen. Bitte bleiben Sie auf den Wegen!

Das Kleine Wiesental ist mit einem einzigartigen Landschaftsbild gesegnet, in etwa so, als hätte es sich nicht entscheiden können, ob es lieber Markgräflerland oder Schwarzwald sein will. Und so ist es ein bisschen von beidem geworden. Noch heute ist es eine stille Ecke, abseits der bekannten Ziele, die mit Qualitätswanderwegen werben. Bei einer Wanderung um den Nollenberg erleben wir auf ruhigen Wegen prächtige Aussichten auf den Schwarzwald, Jura und die Alpen.

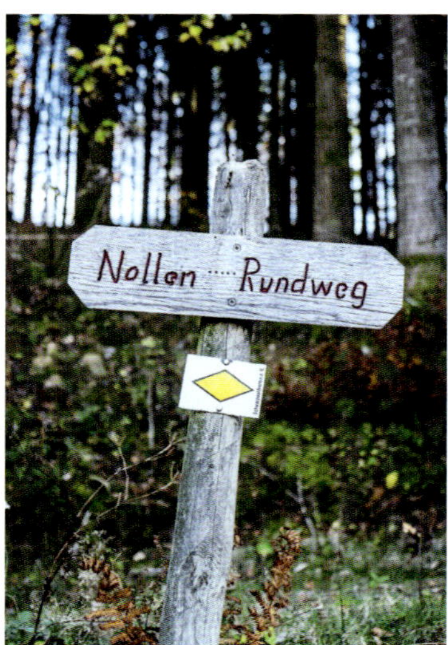

Gut beschildert

Vom Wanderparkplatz auf der Passhöhe zwischen Sallneck und Lehnacker folgen wir dem Weg, der in ein Wäldchen hinein führt. Ein kurzer, wurzeliger Abschnitt führt uns zum Kreuzsattel mit einigen Höfen. Beim Holzschild Nollenrundweg am Schwarzwaldhof den Weg nach links einschlagen und im Uhrzeigersinn um den Nollen spazieren.

Zum Auftakt rücken traumhafte Ausblicke auf den Weiler Schwand, den wenig bekannten bewaldeten Köhlgarten und den Bilderbuchberg Belchen mit seiner markanten, kahlen Kuppe ins Blickfeld. Richtung Westen erheben sich die Hohe Stückbäume und die beiden Wildsberge, die das Kleine Wiesental vom oberen Kandertal trennen. Dann wird es waldiger, doch bleibt es zwischen den Buchen, Fichten und Tannen stets licht und luftig. Einige schroffe Felsen ragen längs des Weges. Es ist Granitgestein, das im nahe gelegenen Steinbruch ab-

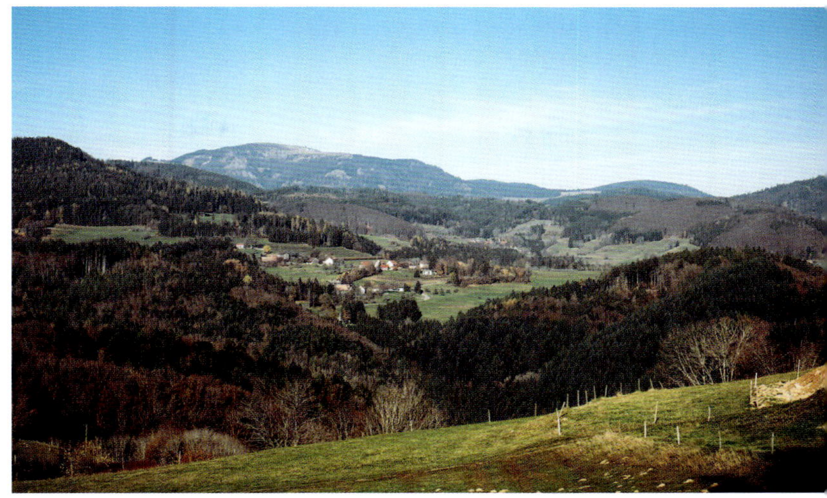

Der Belchen – wieder einmal – im Blickpunkt

gebaut wird. Einen Schrecken jagt einem das Schild „Wildschweine mit Frischlingen!" ein. Daher der Hinweis „Auf den Wegen bleiben und Hunde nicht frei laufen lassen". Im Herbst sind keine Frischlinge zu befürchten.

Aus dem Waldstück führt der Weg hinaus zu einer Lichtung, die ebenso einsam wie traumhaft in der golden schimmernden Herbstsonne vor sich hin döst. Ein Kraftort, an dem die Seele aufatmen kann. Wir blicken hier auf die andere Seite des Wiesentals auf Gresgen und die Hohe Möhr. Und es kommt noch besser.

Wer meiner Empfehlung folgt und den Nollen im Uhrzeigersinn um-

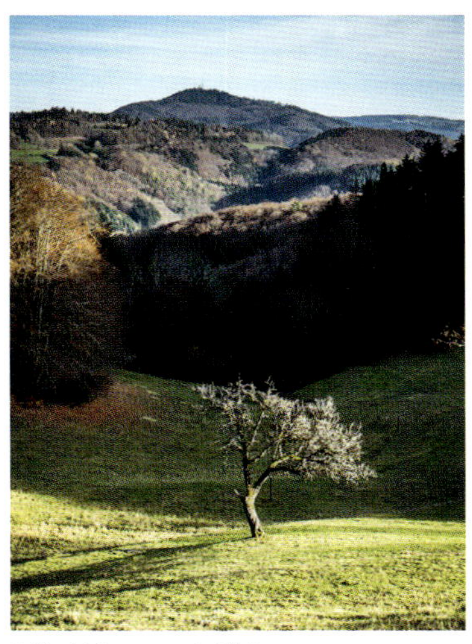

Stille Lichtung mit Blick auf die Hohe Möhr

rundet, darf sich zum Abschluss – gutes Wetter vorausgesetzt – am majestätischen Anblick der Alpen erfreuen. Was für eine Aussicht: die Juragipfel über dem Rheintal, davor die Häuser von Henschenberg, herrlich goldgelb flirren die Buchenblätter im Wind, dahinter die schneebedeckten Alpengipfel. Wie schön, dass sich hier einige Logenplätze in Form von Ruhebänken befinden, von denen man sich erst dann losreißt, wenn die Sonne hinter den Berggipfeln verschwindet.

Tipp

Einkehren im Gasthof Hirschen in Sallneck. Küchenchef Thomas Brunner kocht in vierter Generation im Traditionsgasthaus. Weit über die Grenzen hinaus bekannt für die Wildspezialitäten aus den Sallnecker Wäldern, überrascht die Speisekarte mit einer schönen Auswahl an vegetarischen und veganen Gerichten. Geniale Idee: Das Wanderpaket, das an einen Wunschort im Kleinen Wiesental geliefert wird.
www.hirschen-sallneck.de

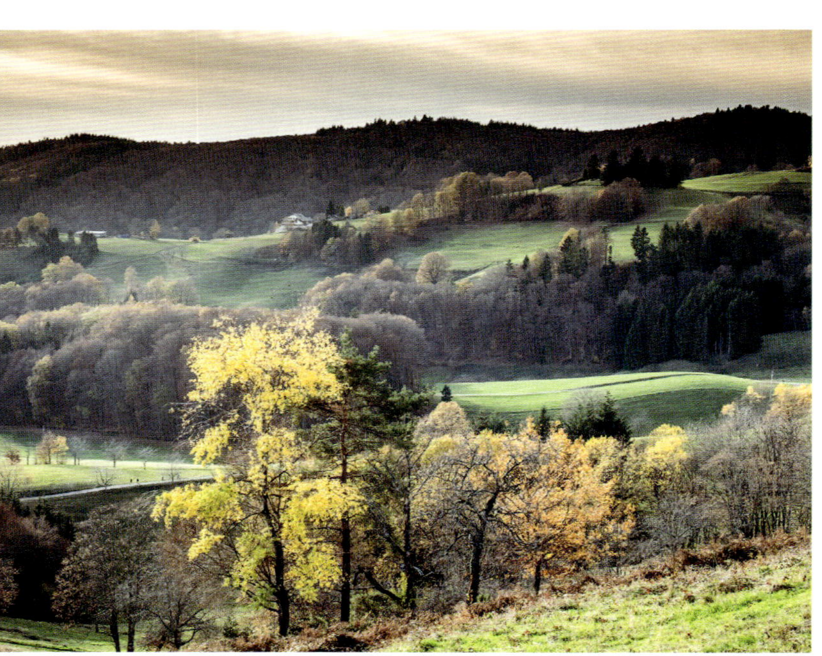

Sanfte Linien im Abendlicht

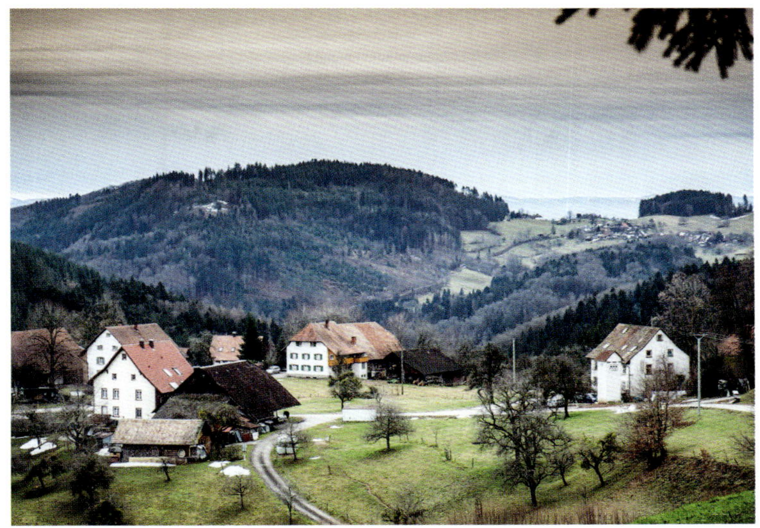

Der Nollenberg von Schwand aus gesehen

Hinkommen

Anfahrt nach Sallneck über die K 6309 Tegernau – Scheideck oder die L 139 Schopfheim – Neuenweg oder über Steinen – Endenburg – Sallneck. Parken am Waldparkplatz Weideschuppen, Passhöhe zwischen Sallneck und Lehnacker.

Tourbeschreibung

Start und Ziel: Waldparkplatz Weideschuppen
Länge: 6,8 Kilometer, 270 Höhenmeter Auf- und Abstieg
Dauer: rund 2 Stunden (mit Bestaunen der Alpensicht entsprechend länger)
Schwierigkeit: leicht

Vom Weideschuppen der gelben Raute Richtung Kreuz folgen, am Gehöft mit dem ***Holzschild Nollenbergrundweg*** links am Waldrand entlang und um den ***Nollen*** Richtung ***Eichholz*** und weiter Richtung ***Hütteboden*** zurück zum ***Weideschuppen*** wandern.

4 HILBERTSGRABEN 681 METER

Auf Schleichwegen rund um Demberg

Es ist einer dieser Orte im Abseits, von denen man bestenfalls ein Straßenschild wahrnimmt, wenn man vom Oberen Kandertal übers Lipple ins Kleine Wiesental fährt. Nach Demberg kommen nur die, die den leckeren Honig beim Imker kaufen oder wandern gehen möchten. Den Tipp mit dem Honig gab mir unser Freund Daniel, als wir am Hof vom Imker Brendlin vorbei fuhren. Die Imkerei liegt an der Straße, die nach Wies führt. Sie ist so eng, dass man augenblicklich ein Dankesgebet nach oben schickt, wenn der entgegenkommende Traktor gerade jetzt über den Bergrücken rollt und einem genügend Zeit bleibt, mit dem Auto auf den Hof des Imkers auszuweichen.

Wenn schon die Straßen so schmal sind, kann man sich in etwa ausdenken, wie es um die Wanderwege bestellt ist. Es sind herrlich wilde, verschlungene Pfade und Wege, die puren Wandergenuss versprechen.

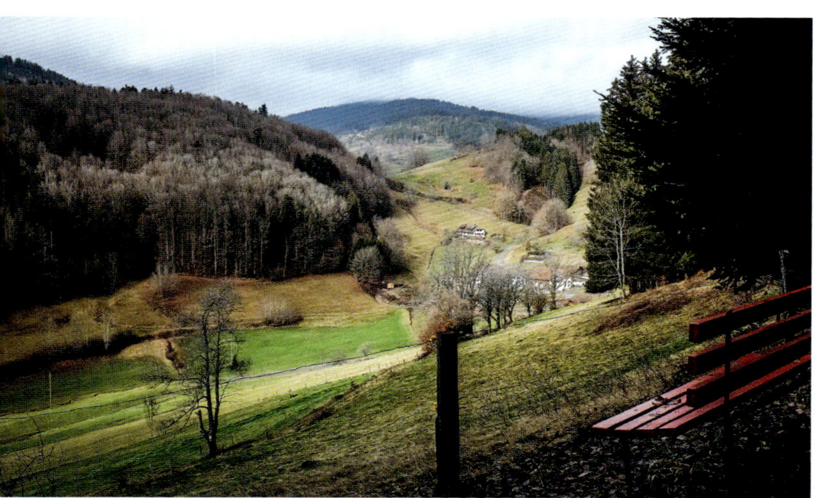

Demberger Hinterlandromantik

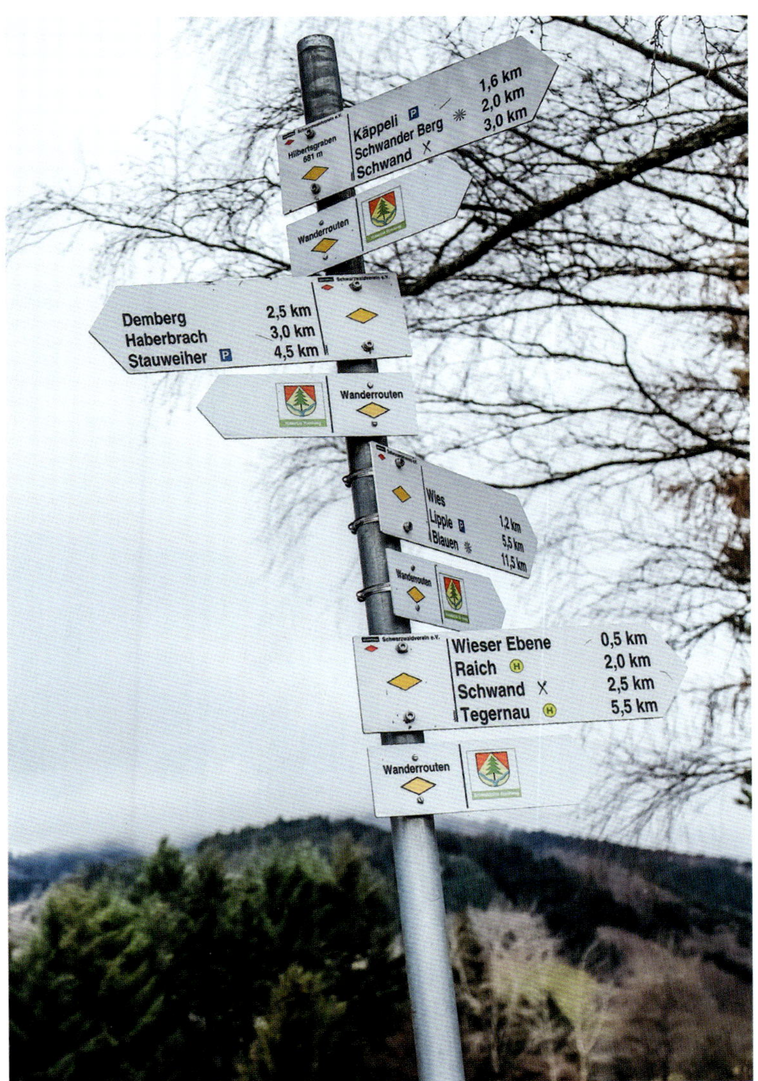

Erstklassige Wegeführung in die Weiten der Natur

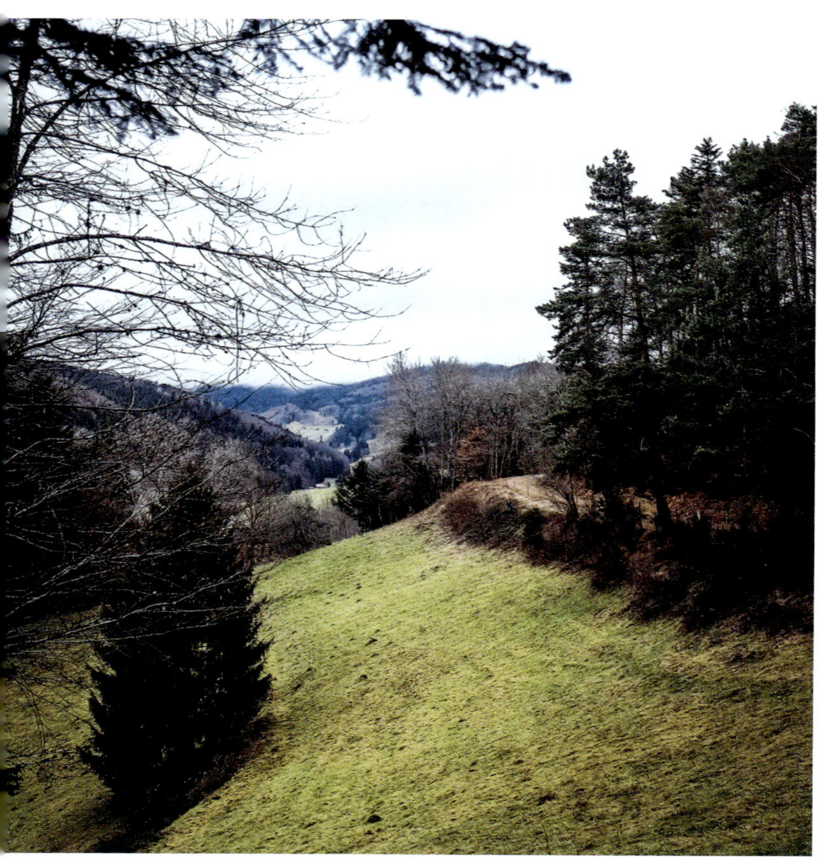

So sieht Abgeschiedenheit aus

Der Hubertus-Rundweg ist einer dieser Pfade, die durch dieses abgeschiedene Hinterland führen. Der Weg wechselt zwischen Wald und Weiden mit Ausblicken auf Demberg und Wies bis ins versteckt gelegene Tal der Köhlgartenwiese, wobei das eine und andere Ruhebänkchen zum Verweilen einlädt. Ab dem Hilbertsgraben wird es abenteuerlich. Gut, dass Holzschilder den Weg weisen. Ein schmaler Pfad führt in einen Zauberwald. Moose, Flechten, Pilze,

Tipp

Honig von der Imkerei Fritz Brendlin, Haus am Eckle, Demberg. Der Hof befindet sich an der Straße von Demberg nach Wies, erkennbar an den Bienenstöcken vorm Haus. Verschiedene Waldhonigsorten, Blütenhonig und Honigliköre. Unbedingt den Waldhonig aus Honigtau von Fichte und Weißtanne probieren, Telefon 07629/796.

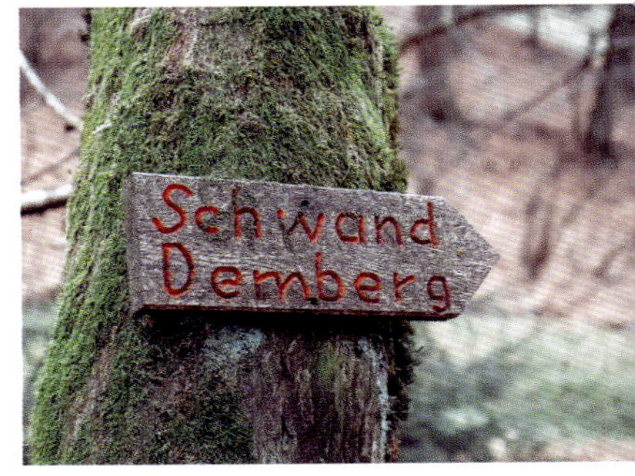

hier wuchert es üppig. Solche Wege lieben wir. Aber Vorsicht, nach Regenfällen kann es hier durchaus rutschig sein. Zuletzt wandern wir über die herrlichen Wiesen von Demberg zurück zum Ausgangspunkt am Wanderparkplatz Käppeli oder spazieren noch einen Kilometer weiter nach Schwand, wo wir in der gemütlichen Sennhütte (siehe Tipp beim Ochsenberg, Seite 37) einkehren.

Hinkommen

Von Badenweiler oder Kandern kommend auf der L 140 bis Wies und weiter nach Demberg.

Von Lörrach oder Schopfheim kommend auf der L 139 bis Tegernau, weiter auf der L 140 bis Abzweig Demberg.

Weiter zum Wanderparkplatz Käppeli an der Straße von Schwand nach Wies.

Tourbeschreibung

Start und Ziel: Wanderparkplatz Käppeli zwischen Schwand und Wies
Länge: 5,7 Kilometer, 300 Höhenmeter Auf- und Abstieg
Dauer: rund zwei Stunden
Schwierigkeit: mittel

Vom ***Käppeli*** aus der gelben Raute folgen zu den Wanderwegweisern Haberbrach, Demberg, Hilbertsgraben. Ab ***Hilbertsgraben*** geradeaus am ***Waldrand*** weiter, bis ein schmaler Pfad in den Wald hinunterführt. Der Weg ist mit Holzschildern ***Schwand-Demberg*** markiert. Weiter bis zum Wegschild ***Brach*** und zurück zum Wanderparkplatz ***Käppeli*** mit der großen Linde.

5 OCHSENBERG 672 METER

Schlendertour rund um Schwand

Der Weiler Schwand, ein Ortsteil von Tegernau, liegt auf 660 Metern Höhe. Ein verträumter, stiller Ort, dem Tal entrückt und ein wenig aus der Zeit gefallen, was nicht nur an den nostalgisch anmutenden Schildern liegt. Ein Kleinod ist es, das Kleine Wiesental, das noch unbeschadet von Industrie und gigantischen Windkraftanlagen ein Stück Heimat verkörpert, wäre die Bezeichnung nicht längst schon abgegriffen. Es ist ein Seelenort, den es zu bewahren gilt.

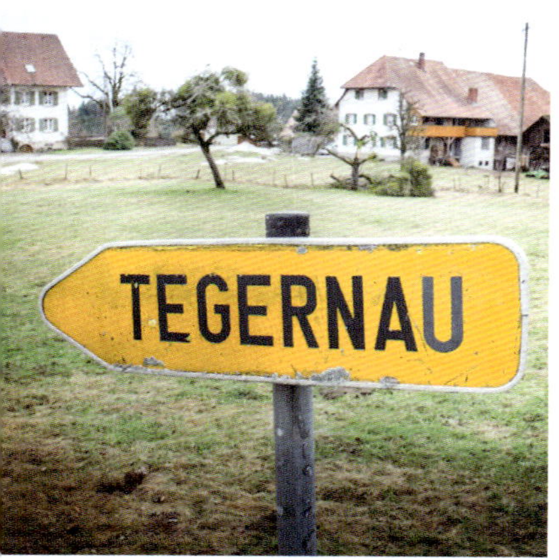

Fast schon historisch: Straßenschild in Schwand

Die Schlendertour rund um Schwand bietet alles, was das Herz begehrt: Landschaft pur inklusive Fernsicht zu den Alpen, Wäldern und Weiden und eine gute Einkehr. Ob als Feierabendrunde oder Sonntagnachmittagsspaziergang, wer nach Schwand kommt, kehrt glücklicher heim, als er gekommen ist. Versprochen!

Auf der knapp fünf Kilometer langen Wegstrecke ist Schlendern angesagt, neuerdings heißt das entschleunigtes Gehen oder meditatives Wandern. Alleine der vielen Ruhebänke wegen, die sich entlang der Strecke reihen und herrliche Aussichten bieten, sollte man etwas mehr Zeit einplanen. Wer hier bloß durchmarschiert, dem ist wahrlich nicht mehr zu helfen. Apropos Zeit, die vergisst man sowieso, hier ticken die Uhren einfach anders.

Die Ruhebank im Wäldchen oberhalb von Schwand wartet mit einem ersten Premiumblick auf. Landschaft im wahrsten Sinne des Wortes, unverbaut und unverbraucht. Hinter Schwand blicken wir auf Sallneck und den bewaldeten Nollenberg, dahinter gibt es den Fern-

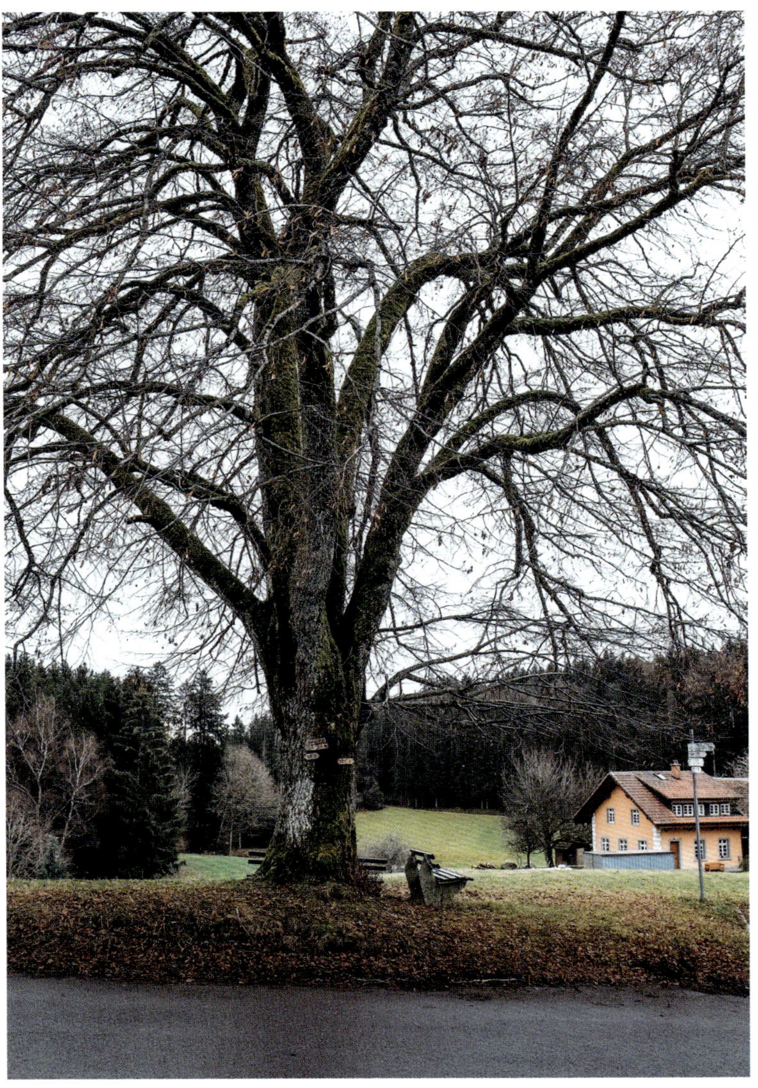

Die Friedenslinde am Wanderparkplatz Käppeli, gepflanzt im Jahr 1871

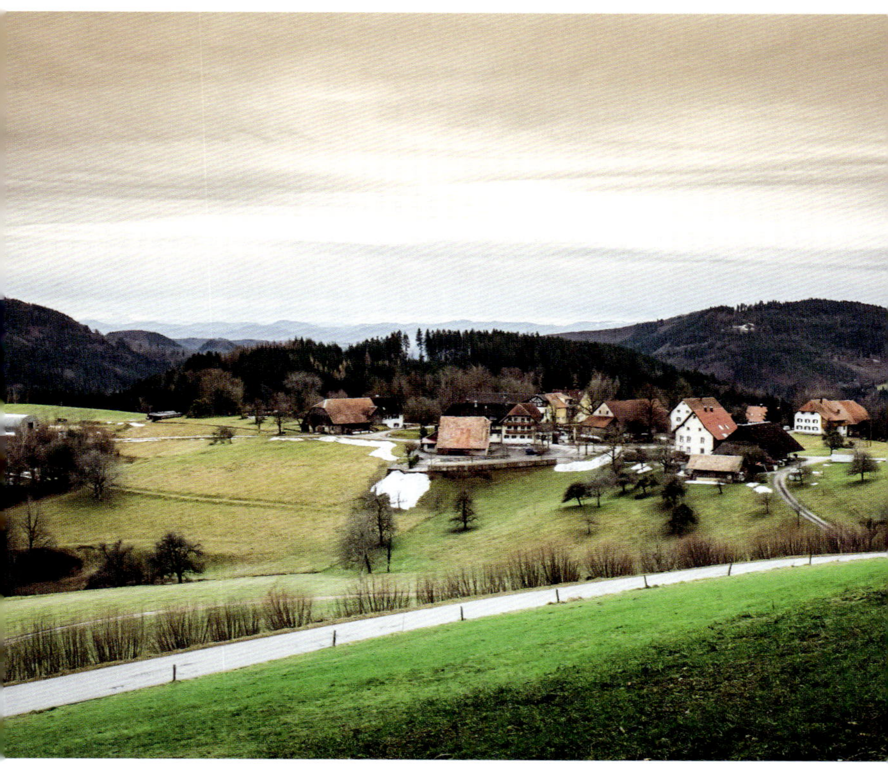

Blick auf Schwand mit der Sennhütte in der Ortsmitte

blick auf die Alpen – gute Sicht vorausgesetzt. Eine erste Seelen-Station zum Ankommen, Schauen und Staunen. Eine weitere herrliche Sicht tut sich auf, wenn die Weidefläche oberhalb von Demberg erreicht wird. Der Blick fällt auf den Hohfelsen am Glaserberg (Funkantennenmast), den Schlöttleberg, Federlisberg und Wildsberg, darunter schlummert der Weiler Demberg und, etwas versteckt im Berghang, sind die Häuser von Wambach zu sehen.

Wir spazieren am Rande von Kieferwäldern, zwischen Wiesen und Weiden leicht bergab. Am Wegzeichen Schwander Berg 700 m erwartet uns ein weiterer Fernblick zu den Alpen. Beim Wanderparkplatz Käppeli mit seiner großen Linde queren wir die Straße und spazieren auf einem Waldweg um den Ochsenberg herum. Lichter Mischwald, viel Moos und sattes Grün bestimmen das Bild, bis wir den Fischweiher unterhalb von Schwand erreichen und ins Dorf zurück zum Ausgangspunkt gelangen.

Tipp

Einkehr in der Sennhütte. Familie Grether ist ein herzlicher Gastgeber (und Stifter der vielen Ruhebänke) und bietet ehrliche Schwarzwälder Küche ohne Firlefanz. Neben Wildspezialitäten und Fisch auch leckere Gerichte mit Pfiff für Vegetarier. Auf der Außenterrasse die Wanderung ausklingen und sich verwöhnen lassen.
Geöffnet Mittwoch bis Sonntag von 9 bis 21 Uhr. www.sennhuette.com

Hinkommen
Von Süd aus Richtung Tegernau oder von Nord aus Richtung Badenweiler oder Kandern kommend auf der L 140 bis Abzweigung Schwand, Parken beim Gasthaus Sennhütte.

Tourbeschreibung
Start und Ziel: Gasthaus Sennhütte
Länge: 5 Kilometer, 150 Höhenmeter Auf- und Abstieg
Dauer: rund 1.30 bis 2 Stunden
Schwierigkeit: leicht, unterwegs viele Ruhe- und Rastbänke

Vom Gasthaus ***Sennhütte*** dem ***Wanderschild SR3a*** folgen. Nach der Ruhebank an der Teerstraße links auf den Graspfad abbiegen. Weiter dem breiteren Weg rechts bergauf folgen bis zur Lichtung, dort links abbiegen ***Wanderschild SR3ab***. Am Waldrand zur nächsten Aussichtsbank, weiter der Wiese entlang Richtung Hochbehälter ***Demberg Wanderschild Schwander Berg 700 m***. Beim Wanderparkplatz ***Käppeli*** die Teerstraße queren und direkt am Haus unterhalb der Linde rechts Richtung Wald gehen. Im Wald dann links den Weg bergab ***Wegschild Ochsenbergweg*** bis zum Fischweiher und zurück ins Dorf.

6 RÜMMELESBÜHL 777 METER
Der Zauberberg von Gresgen

Der Hügel oberhalb des Dorfes lädt mit seiner parkähnlichen Anlage und der herrlichen Lage zum Träumen ein. Wer eine besonders mystische Stimmung erleben möchte, spaziert zum Sonnenuntergang auf den Rümmelesbühl.

Ich sitze auf der hölzernen Himmelsliege und blicke in eine unfassbar schöne Parklandschaft. Hier waren echte Meister am Werk. Was hier vor einem Jahrhundert gepflanzt und angelegt wurde, hat sich zu mächtigen Baumbeständen entwickelt. Ehrwürdige, stolze Bäume, wie es sie in dieser Größe nur noch selten gibt. Ich wähne mich in der Lüneburger Heide, die prachtvollen Birken erinnern mich an den Norden Kanadas, die Sträucher und Fichten an die Weite Skandinaviens, die Kiefern an warme Sommerabende in Südfrankreich. Die laublosen Äste der Birken, Eichen und Ebereschen werfen lange Schatten. Im abendlichen Sonnenlicht färbt sich die Landschaft, leuchtet in einem samtenen Rot. Das Gras, noch dürr von kalten Wintertagen, schimmert in gelblich-grünen Senftönen. Steine, die wie riesige Murmeln aussehen, fein geschliffen, verteilen sich im Gelände. Hier und da finden sich Steinhaufen, die im Gegenlicht der Sonnenstrahlen mystisch wirken. Mein Blick geht Richtung Süden, die Alpen verstecken sich im Dunst, davor zeichnen sich die Bergrücken ab, goldbraun vor einem Saharasand farbenem Horizont, über dem das Himmelsblau langsam verblasst. Es sind Momente wie diese, gefüllt mit purem Glück, die ich „verpasse niemals einen Sonnenuntergang" nenne. Dieser Rümmelesbühl ist ein Ort, der die Sinne beseelt. Ein Ruhe- und Kraftort, wie er heute selten geworden ist.

Der höchste Punkt des Rümmelesbühl besteht aus einem kleinen Plateau. Darauf steht das eckige Rümmelesbühltürmle mit seinem markanten Dach. An der Tür ein Schild mit der Bitte, den Turm sorgsam zu behandeln und ein Kästchen mit dem „Gipfel-Buch". Daneben die hölzerne, drehbare Himmelsliege, auf der ich diese Landschaftspoesie genieße, während nur wenige Meter von mir entfernt, der Verschönerungsverein zu Gange ist und das tut, was er seit der Gründung im Jahr 1907 tut –

sich rührend um die Bänke und Aussichtsplätze kümmern und die Landschaft pflegen.
Woher dieser herrliche Hügel seinen Namen hat, an das kann sich im Dorf indes niemand mehr erinnern. „De hett scho immer so g'heiße", sagen die Alten. Und ich, auf meiner Himmelsliege, hege nur einen Wunsch, dass er auf ewig so bleiben möge, der Zauberberg von Gresgen.

Tipp

Hummelbergrunde und Rümmelesbühl miteinander kombinieren und vom Hummelberg zum Rümmelesbühl wandern. Dafür vom Hummelberg der gelben Raute und Beschilderung zum Rümmelesbühl folgen und zurück zum Parkplatz. Insgesamt rund 6 Kilometer auf Teer- und Waldwegen.

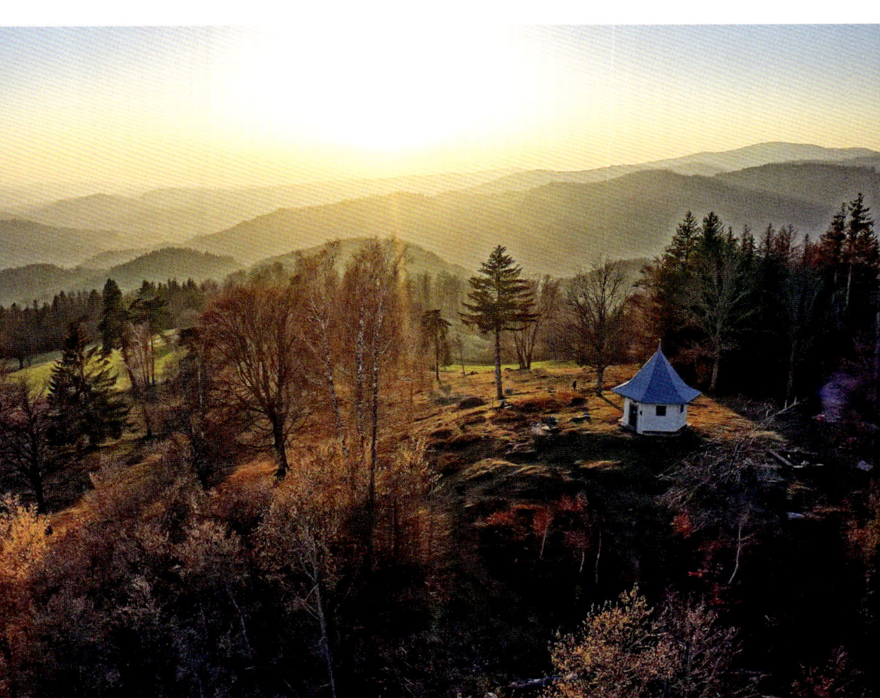

Überirdisch schön: Der Blick von oben auf den Rümmelesbühl

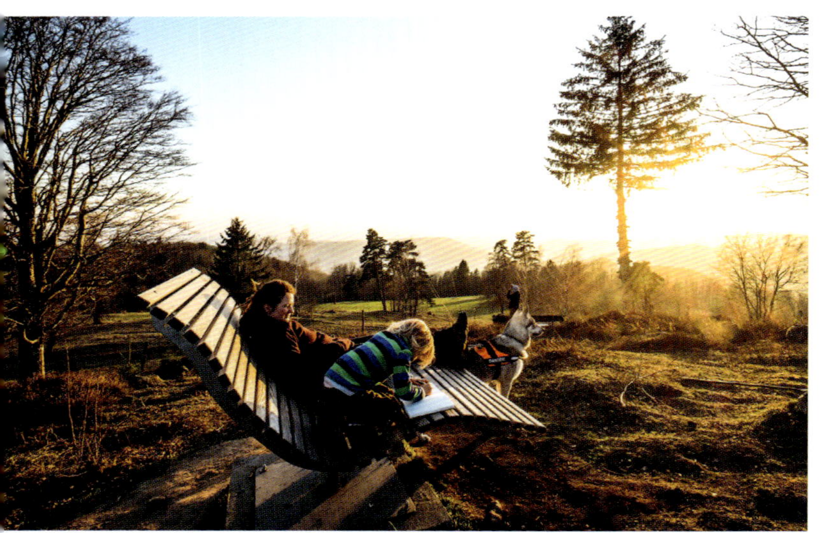

Yannek malt ins Rümmelesbühl-Türmle-Buch

Hinkommen

Aus Lörrach über die B317 bis Steinen, weiter auf der L 135 bis Weitenau und auf der L 136 bis Wieslet. Auf der L 139 bis Tegernau, dort abbiegen auf die L 140 nach Gresgen.
Von Badenweiler oder Kandern auf der L 140 über Lipple und Tegernau bis Gresgen. Parken am Ortseingang bei der Sporthalle.

Tourbeschreibung

Start und Ziel: Parkplatz an der Sporthalle am Ortseingang
Länge: rund 5 Kilometer, 130 Höhenmeter Auf- und Abstieg
Dauer: rund 1.30 Stunden
Schwierigkeit: einfach

In der Dorfmitte den Wanderschildern aus Holz mit der Aufschrift ***Rundweg Rümmelesbühl*** folgen. Wegverlauf auf Teerstraßen und gut begehbaren Waldwegen.

7

HUMMELBERG 730 METER
Fernab vom Rummel auf dem Hummelberg

Auf dem Hummelberg in Gresgen stehen zwei Bänke des Verschönerungsverein Gresgen e. V. – wobei es an der Gegend eigentlich nichts zu verschönern gibt. Die ist hier von Natur aus überwältigend. Damit auch Gäste von auswärts in den Genuss dieser herrlichen Landschaft kommen, gründeten 1907 einige Gresger Bürger den Verein.

Gresgen liegt auf 708 Metern auf einer sonnigen Hochebene auf der Wasserscheide zwischen dem Kleinen und Großen Wiesental. Vom Parkplatz am Ortseingang schlendere ich den Hummelberg hinauf. Eine perfekte Entschleunigungsrunde zu einer kleinen Anhöhe, wo sich ein mächtiger Nussbaum solitär auf dem Hügel himmelwärts

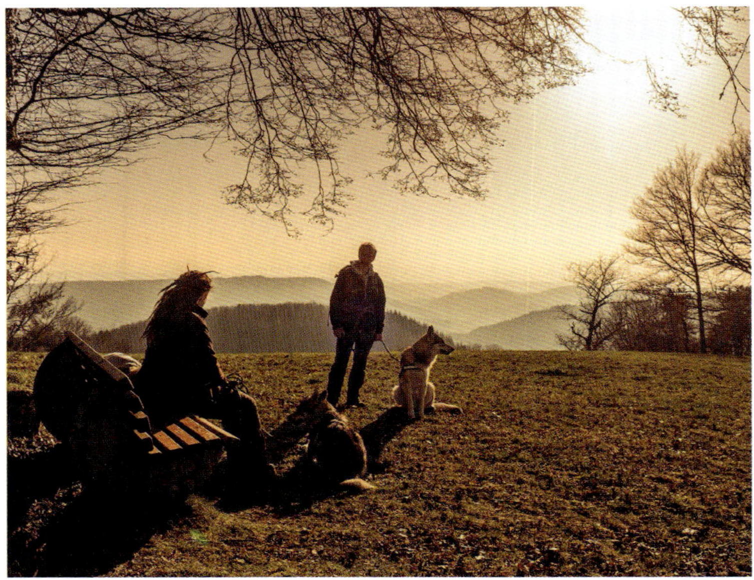

Feierabendlicht auf dem Hummelberg

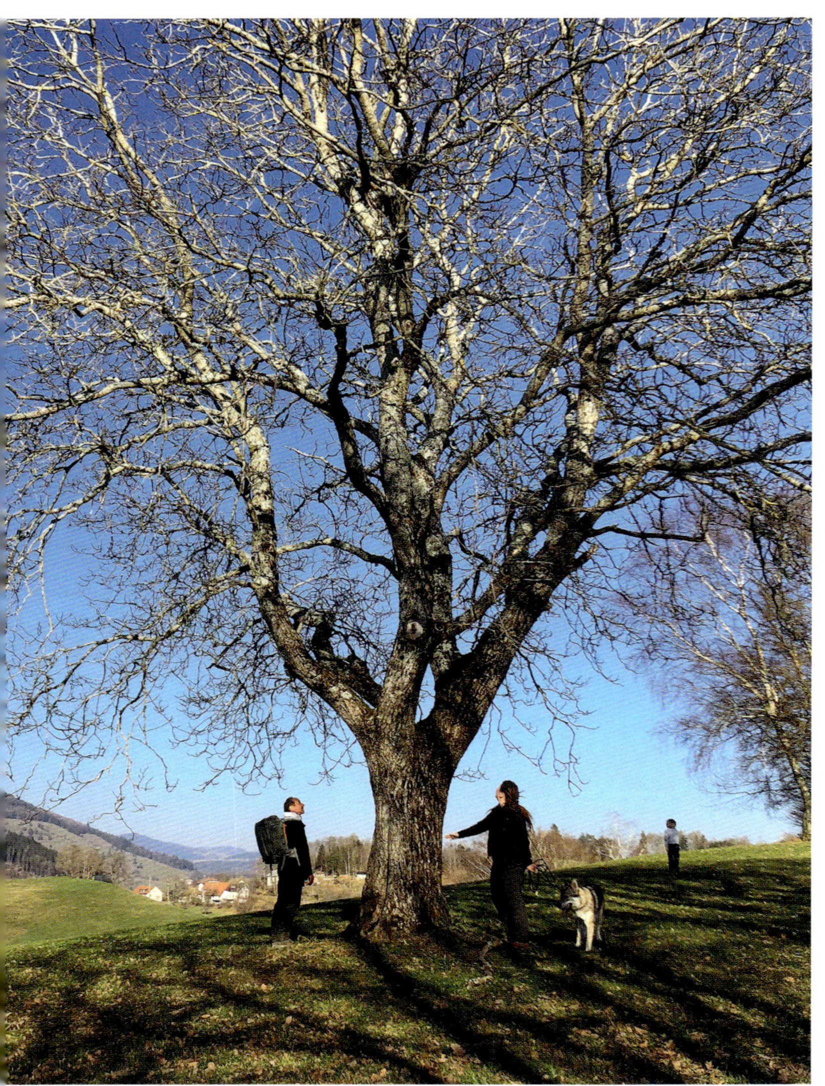

Am Hummelberg mit Blick auf Gresgen und den Zeller Blauen

reckt. Etwas dahinter ein kleiner Hain mit einigen Sommerlinden, Ebereschen und Hänge-Birken, am Rande befindet sich die Bank des Verschönerungsvereines – eine von hundert, um die sich die Mitglieder des Vereins kümmern.

Hinter dem Dörfchen erstreckt sich der Höhenrücken des Zeller Blauen am himmelblauen Horizont. Leider ist mir heute nach Süden hin keine Alpensicht vergönnt, der Saharastaub tut sein Übriges, um das Panorama zu vernebeln. Aber auch ohne den Fernblick tut es einfach gut, über den Hummelberg zu bummeln, auf dem Bänkchen zu sitzen und sich die Zeit zu vertreiben. Ruhig und beschaulich ist es hier, so wie in Gresgen selbst, das am Fuße des Hummelberges im warmen Spätnachmittagssonnenlicht döst. Eigentlich müsste jede Bank besetzt sein, mit Dichter*innen, Maler*innen und Träumer*innen, die sich von dieser herrlichen Umgebung inspirieren lassen. Eine Landschaft wie diese ist die beste natürliche Medizin. Eine kleine, feine Runde, der Spaziergang zum Hummelberg. Wieder einer der Orte, von denen du, auf wunderbare Weise, beseelt nach Hause fährst.

Tipp

Auf der Webseite des Verschönerungsvereins kann eine Kartenskizze mit den Wegbeschreibungen der Wanderwege in Gresgen geladen werden. www.vv-gresgen.de

Hinkommen
Aus Lörrach über die B317 bis Steinen, weiter auf der L135 bis Weitenau und auf der L136 bis Wieslet. Auf der L139 bis Tegernau, dort abbiegen auf die L140 nach Gresgen.
Von Badenweiler oder Kandern auf der L140 über Lipple und Tegernau bis Gresgen. Parken am Ortseingang bei der Sporthalle.

Start und Ziel: Parkplatz bei der Sporthalle
Länge: rund 1 Kilometer, Aufstieg 30 Höhenmeter
Dauer: 30 Minuten gehen, verweilen nach Lust und Laune.
Schwierigkeit: leicht

Vom Parkplatz der Beschilderung Hummelberg folgen (gelbe Raute).

8 BURGBERG 663 METER

Logenplatz über dem Kandertal

Vogelbach liegt nordwestlich von Malsburg auf einem sonnigen Hochplateau am südlichen Ausläufer des Hochblauen. Der Ort wird erstmals um 1130 als Villa Uoglibach erwähnt. Viel scheint seither nicht verändert. Das Dorf wirkt wie aus der Zeit gefallen. Wer ankommt, will bleiben. Ein Ort, in dem man wohnen möchte. Alte Schwarzwaldhäuser mit Bauerngärten prägen das Ortsbild. Es hat Luft zum Atmen und viel Raum für Sonne.

Für uns Wanderer interessant, ist das Lindenbückle am Waldrand oberhalb des Dorfes. Dort befindet sich ein Waldparkplatz mit einer Schutzhütte. Wir finden hier die bekannte rote Raute des Westwegs. Sie führt einerseits auf den Hochblauen oder zur nahe gelegenen Sausenburg. Nur wenige steuern den Burgberg an, der sich hügelförmig über dem Dorf erstreckt. Auf dem Burgberg finden wir jedoch keine Burg, auch keine Überreste einer Ruine. Der Ort wird als historischer Wohnplatz oder Wüstung beschrieben. Das bezeichnet eine aufgegebene oder zerstörte Siedlung oder landwirtschaftliche Nutzfläche.

Der Burgberg ist, wie auch die Ortschaft Vogelbach, heute vor allem eines: Ein Ort zum Verweilen und Träumen. Vorbei an den hübschen Bauerngärten gibt es an jeder Ecke was zum Bestaunen und Fotografieren. Beim Spaziergang durchs Dorf sollte man sich also unbedingt Zeit lassen und nicht gleich schnurstracks zum Burgberg eilen. Die evangelische Kirche St. Nikolaus wurde in den 1770er-Jahren errichtet. Die Ursprünge reichen zurück ins Jahr 1326.

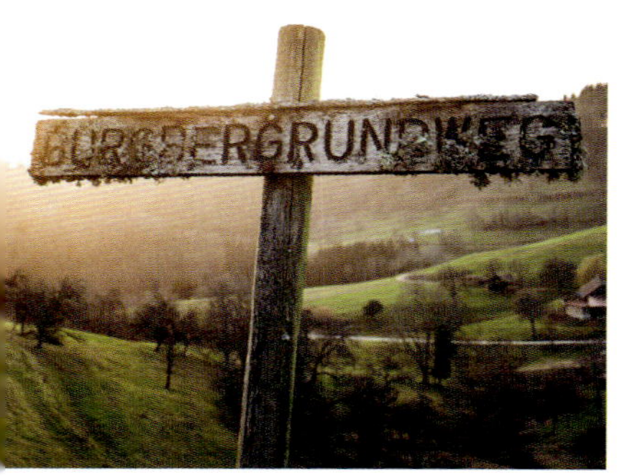

Ein Weg für stille Abendstunden

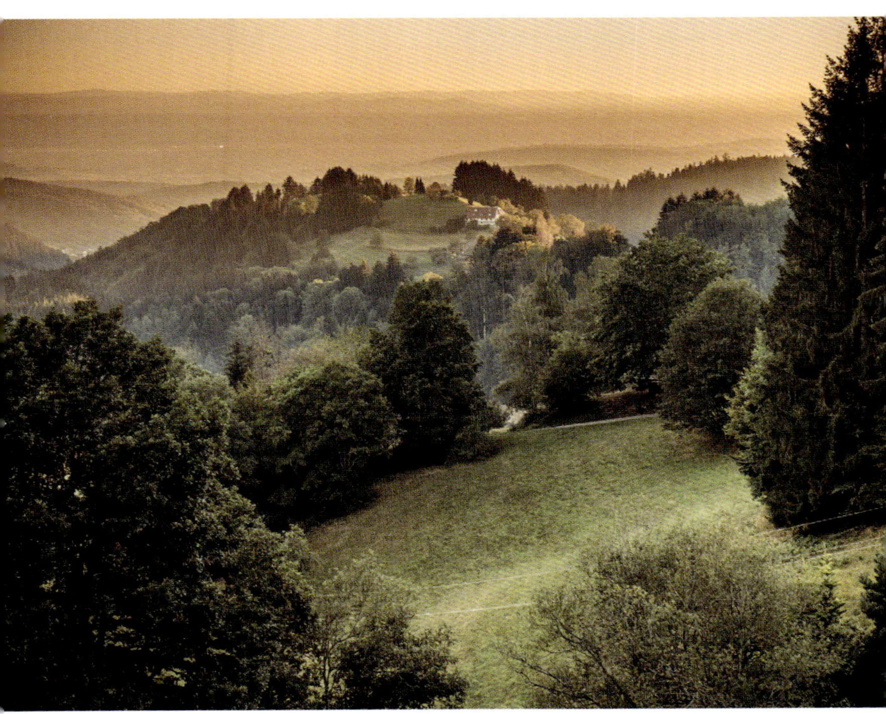

Der Burgberg von Kaltenbach aus gesehen

Ein Rundweg führt um den Burgberg herum, abseits von Trubel und Lärm, mit einem Abstecher auf die Hochfläche zur Ruhebank. Vom Burgberg aus eröffnen sich herrliche Panoramen auf Vogelbach und die beiden Gleichen, den Wildsberg und den Hohwildsberg. Mitzubringen ist, neben einer Portion Müßigkeit, ein gut gefüllter Vesperrucksack. Die Dorfwirtschaft Maien ist seit Jahren verwaist, das Vorhaben der neuen Besitzer, die Wirtschaft als Genossenschaft zu betreiben, konnte nicht realisiert werden.

Tipp

Tantenmühle in Malsburg. Mühle mit schönem Mühlenladen, jeden Dienstag und Freitag ist Backtag mit vielen Brotsorten, Waien und Gebäck.
www.tantenmuehle.de

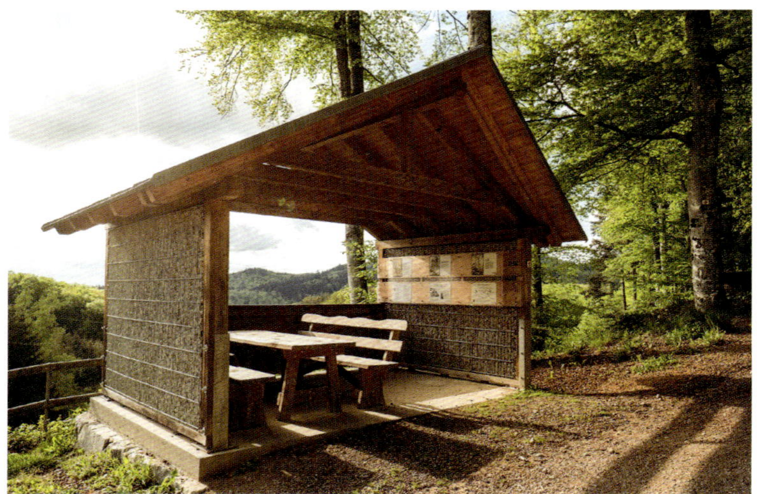

Die Schutzhütte am Lindenbückle ist ein echtes Schmuckstück

Hinkommen
Von Kandern Richtung Malsburg-Marzell, nach rund einem Kilometer links auf die K6312 Richtung Vogelbach abbiegen.

Tourbeschreibung
Start und Ziel: Wanderparkplatz Lindenbückle am Waldrand oberhalb von Vogelbach
Länge: rund 5 Kilometer, 80 Höhenmeter Auf- und Abstieg
Dauer: rund 1.30 bis 2 Stunden
Schwierigkeit: leicht

Parken am ***Waldparkplatz Lindenbückle***. Von dort schlendern wir durch den Ort, am Gasthaus Maien vorbei Richtung Friedhof und weiter zum ehemaligen Schulhaus. Dort finden wir Wegweiser, die uns um den Burgberg führen. Nachdem wir den Höhenrücken umrundet haben, gelangen wir zu einer Abzweigung, die uns auf den Burgberg hinaufführt.

SAUSENBURG 665 METER

Über den Mohrensattel zur Ritterburg

9

Eine schöne Wanderung von Kandern aus führt zur Ruine Sausenburg. Auf dem Westweg geht es stadtauswärts über das Häßlerköpfle zum Mohrensattel und weiter zum Sausenhart, einem Ausläufer des Hochblauen, zur Burgruine. Beim Wort Mohrensattel horche ich auf. Welchen Mohren hat der Berg seinen Namen zu verdanken?

Kandern ist das Eintrittsportal zum südlichen Schwarzwald. Hier geht die sanfte Hügelzone des Markgräflerlands ins Obere Kandertal über, wo sich die Gebirgswelt der ersten Tausender erhebt. Als Töpferstadt ist Kandern bis weit über die Grenzen bekannt. Der Keramikmarkt auf dem klassizistischen Blumenplatz im September zählt zu den schönsten Handwerksmärkten in Südba-

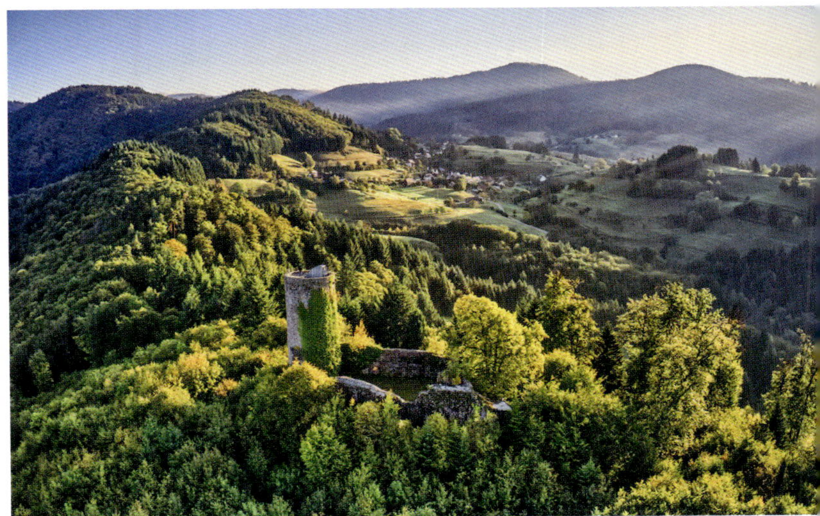

Die Sausenburg im Morgenlicht, dahinter der Blick auf Vogelbach und den Hohwildsberg (links) und den Wildsberg (rechts)

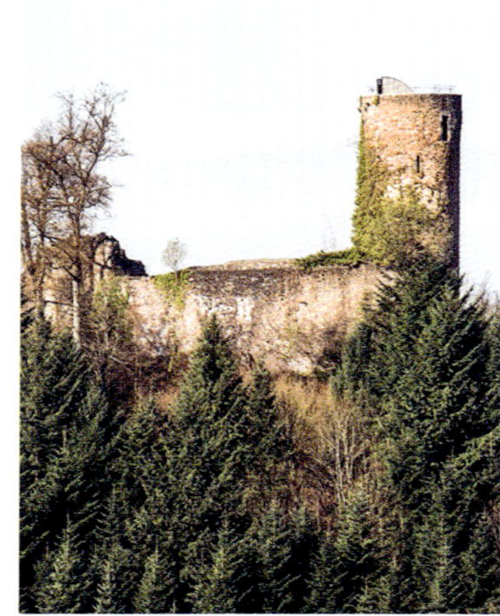

Die Ruine ist frei zugänglich

den. Überhaupt besitzt das „Städli" wie es von den Einheimischen genannt wird, einen warmherzigen Charakter und südländisches Flair. Kandern ist die letzte Etappenstation des Westwegs von Pforzheim nach Basel. Unsere Tour führt auf der roten Raute in die umgekehrte Richtung. Dabei wandern wir entlang des Mohrensattels (556 m). Ein Name, der missverständlich gedeutet werden kann. Denn mit den Mohren sind keine dunkelhäutigen Männer, sondern vielmehr weibliche Sauen gemeint. Die Bezeichnung geht auf das altdeutsche Wort „more" für Wildschwein zurück.

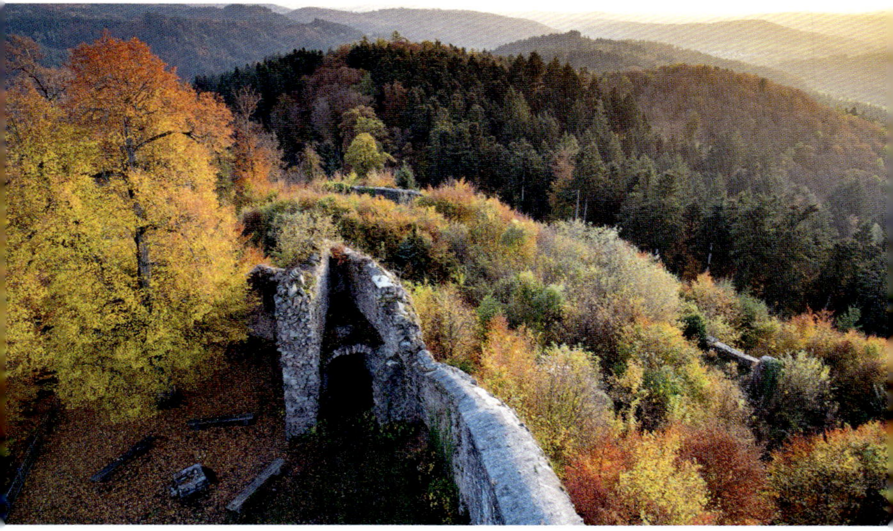

Vom Bergfried eröffnet sich eine der schönsten Panoramaaussichten auf Alpen, Vogesen und Rheintal

Früher trieb im Herbst der „Saeuhirti" mit einem Horn trompetend die Schweine vom Dorf über den Sattel in den Eichwald, um sie mit Eicheln zu füttern. Unterwegs passieren wir die ehemalige Lange-Ebene-Hütte im Laubrain oberhalb von Sitzenkirch, die im Jahr 2020 von Brandstiftern abgefackelt wurde. Unweit des ehemaligen Standorts soll aber eine neue Hütte errichtet werden.

Die Sausenburg liegt versteckt zwischen dem Vogelbach- und dem Lippisbachtal. Eine steile Felsentreppe führt hinauf zur Anlage, die aus einem Ringwall, Turm und einigen Mauerresten besteht. Eine Infotafel gibt Auskunft über die historischen Begebenheiten. Vom Bergfried bietet sich ein herrlicher Blick auf Vogelbach und die Wildsberge, auf die Rheinebene und die Vogesen, manchmal sogar bis zu den Alpen. Schade nur, dass der Turm gesperrt wurde, weil die Eichenholztreppe marode ist. Bis sie restauriert wird, kann es dauern. Leider kommen Besucher deshalb gerade nicht in den Genuss des schönen Ausblicks. Einen Ausflug ist die Ruine allemal wert. Zurück in Kandern, lohnt ein Bummel durchs Städli oder der Besuch des Keramikmuseums.

Tipp

Der Schauspieler Wiegand Neumann bietet eine szenische Führung zur Sausenburg an. Als Markgraf Wilhelm von Hachberg-Sausenburg erzählt er während der Wanderung die wechselhafte Geschichte der Sausenburg. Termine, Infos und Anmeldung über die Tourist-Info Kandern, Telefon 07626/972356.

Hinkommen
Kandern, großer Parkplatz beim Bahnhof.

Tourbeschreibung
Start und Ziel: Bahnhof Kandern
Länge: 8,6 Kilometer, 290 Höhenmeter Auf- und Abstieg auf breiten Forstwegen, steiler Treppenaufstieg zur Ruine
Dauer: rund 2.30 Stunden
Schwierigkeit: mittel

Dem Wegweiser rote Raute (Westweg) bis zur Sausenburg folgen

10 ST.-JOHANNES-BREITE 482 METER

Hier blüht dir was

Im Frühling läuft das Markgräflerland zwischen Feuerbach und Obereggenen zur Höchstform auf, wird die St.-Johannes-Breite zur Pilgerstätte. Aus allen Himmelsrichtungen kommen die Besucher, um dem Rausch der weißen Blüten zu verfallen. Nirgendwo ist es zurzeit der Kirschblüte schöner als an diesem Flecken, wo sich das Markgräflerland mit seinen prachtvollen Obststreuwiesen und Rebbergen verabschiedet und dem Schwarzwald das Feld überlässt.

Das Eggener Tal in Zeiten der Kirschblüte, das ist wie ein 5-Gänge-Menü im Lieblingsrestaurant genießen. Im April gibt es deshalb nur ein Thema: Blühen sie schon? Um das zu erfahren, wurde eigens ein Blütentelefon eingerichtet. Die Kirschen heißen Kordia, Regina, Karina, Burlat, moderne Sorten, fest und transportfähig,

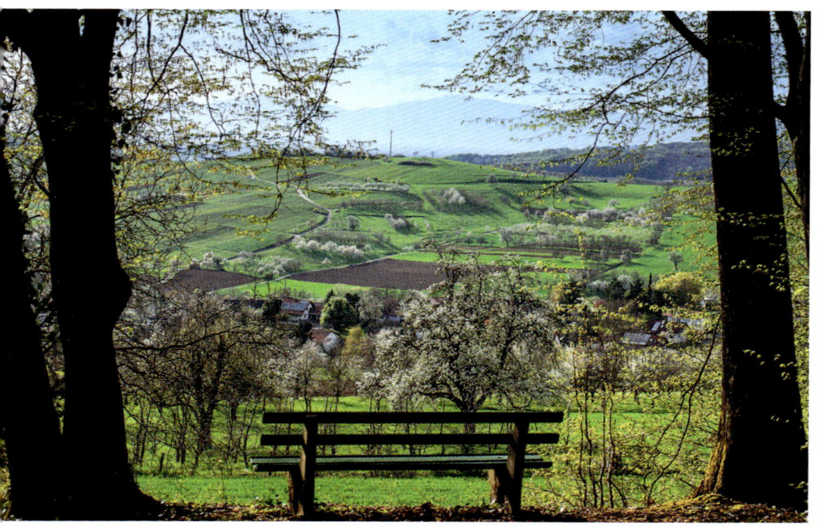

Stille Stunden oberhalb von Obereggenen

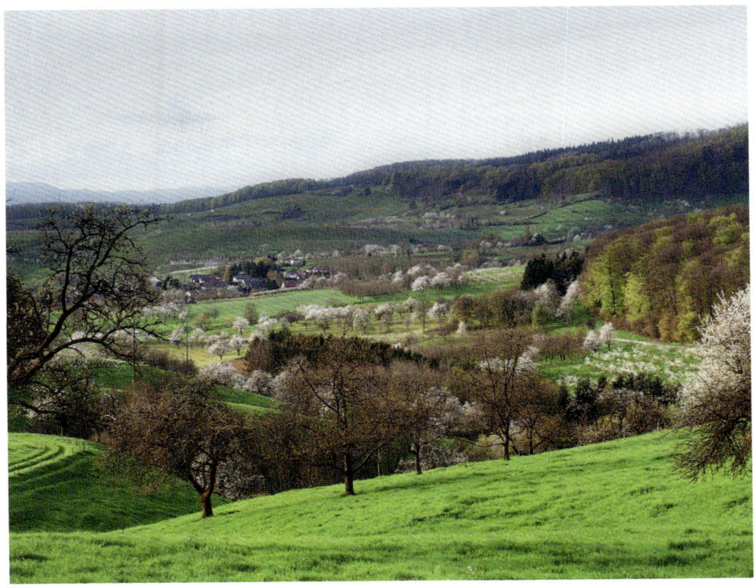

Blick von der St.-Johannes-Breite zum Eggener Tal

ausgewogenes Aroma und produktiv im Anbau. Vorbei die Zeiten, als noch der Markgräfler Kracher als Hauptsorte angebaut wurde, würzig, unglaublich süß und herrlich knackig.

Wer die Kirschblüte in Ruhe genießen möchte, sollte früh morgens oder abends kommen, unter der Woche, aber keinesfalls am Wochenende. Dieser Blütenduft, das herrliche Grün der Wiesen, die noch kargen Berge – was für ein unglaublicher Cocktail an Farben und Aromen. Nach Lust und Laune schlendern, verweilen, meditieren, innehalten. Das Eggener Tal ist ideal, um reichlich Glückshormone aufzunehmen und froh und erfüllt nach Hause zu kommen.

Tipp

Ein Besuch auf Schloss Bürgeln, einem echten Kleinod im Markgräflerland. Führungen von Dienstag bis Sonntag um 11, 12, 14, 15 und 16 Uhr, mit gemütlicher Einkehr in der Schlossschenke, www.schlossbuergeln.de.

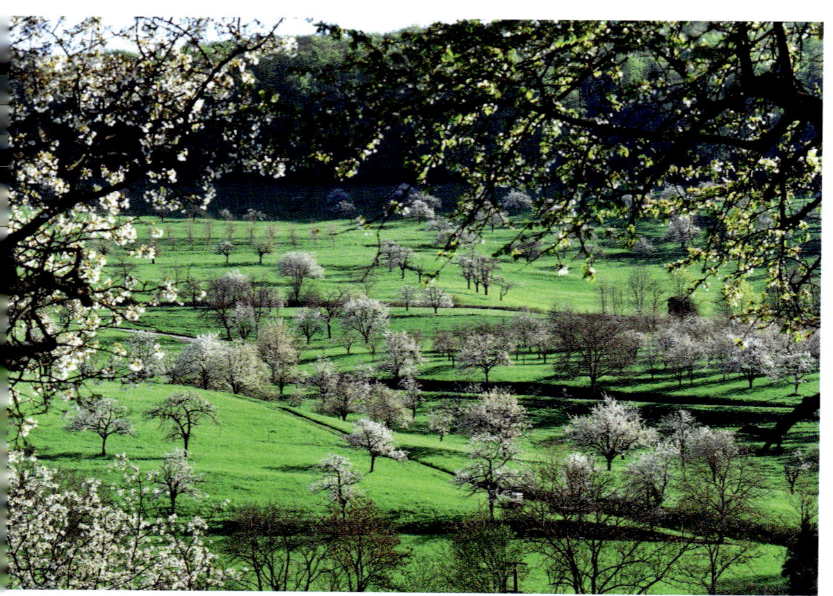

Das Eggener Tal ist für seine Kirschblüte bekannt

Hinkommen

Ausgangspunkte Wanderparkplatz St.-Johannis-Breite oberhalb von Kandern-Sitzenkirch oder Wanderparkplatz Stelli oberhalb von Kandern-Feuerbach.

Start und Ziel: einer der beiden Wanderparkplätze
Strecke: knapp 3 Kilometer
Dauer: Lieber gemächlich genießen, als geschwind gehen
Schwierigkeit: leicht

Tourbeschreibung

Der Panoramaweg verbindet die beiden Wanderparkplätze und führt auf unbefestigten Graswegen und Pfaden am Waldrand entlang mit herrlichen Ausblicken aufs Eggener Tal, Schloss Bürgeln und den Blauen.

STELLI 748 METER
Solitärer Sonnenplatz

11

Als Stelli werden Plätze bezeichnet, an denen das Weidevieh nachts oder bei schlechtem Wetter zusammengetrieben wurde, oder wo es eine kleine Stelle mit Schutzdach oder Stall gab. Heute lädt auf der Stelli oberhalb von Malsburg-Höfe eine Ruhebank sowie ein kleiner Picknickplatz mit Holztisch und Holzbänken zum Verweilen, Ruhe genießen und Landschaft bestaunen ein.

Die Stelli bei Malsburg ist zwar kein Gipfel, bietet jedoch eine aussichtsreiche Lage und verschafft als Einstiegsrunde einen ersten Vorgeschmack auf das, was alles an Erkundungen rund um Malsburg-Marzell möglich ist. Wer den steilen Aufstieg auf gut ausgebau-

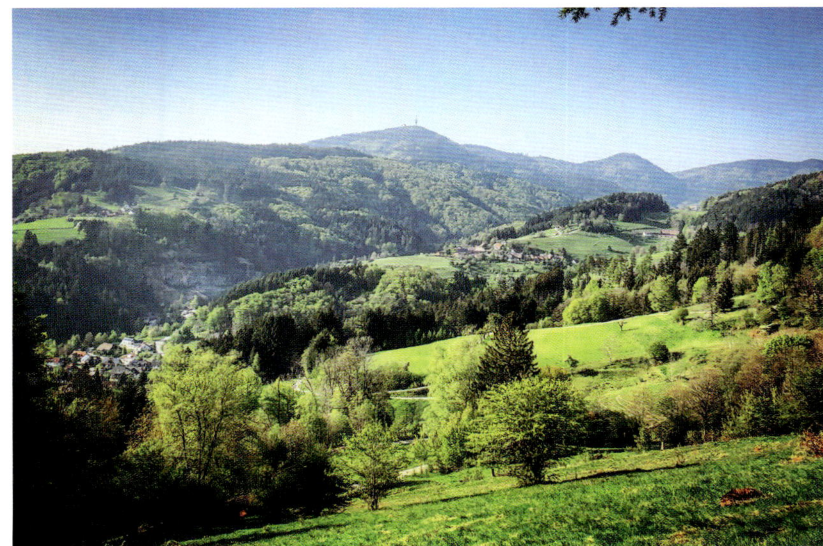

Vogelbach (links oben) und Lütschenbach (rechts) mit dem Hochblauen und Stockberg, Malsburg links unten

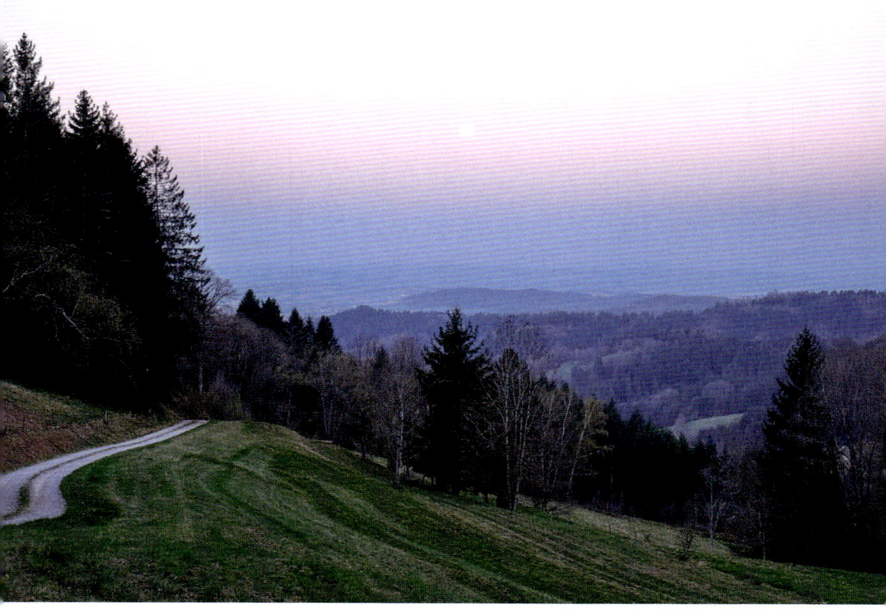

Spektakuläre Stelli beim Untergang des April-Supermondes

ten Feld-, Wald- und Schotterwegen geschafft hat, freut sich über eine herrliche Aussicht auf Vogelbach mit dem wunderbaren Burgberg und dem markanten Turm der Sausenburg Richtung Nordwesten. Nach Westen hin fällt der Blick auf die Rheinebene mit den Vogesen und gen Nordosten bietet der Weiler Lütschenbach mit dem Hochblauen im Hintergrund ein fast schon kitschiges Postkartenpanorama.

Tipp

Ein Besuch in der Tantenmühle in Malsburg. Der urige Mühlenladen befindet sich schräg gegenüber vom Rathaus und bietet ein großes Sortiment an Bio-Produkten. Backtag ist jeden Dienstag und Freitag. Ab 11 Uhr gibt es Bauernbrot aus dem Holzofen, Dinkel-Roggenbrot, Kartoffel-Nuss- und Emmerbrot sowie süßes Gebäck, www.tantenmuehle.de.

Hinkommen
Parken am Bürgerhaus Edenbach, Malsburg-Höfe

Tourbeschreibung
Start und Ziel: Bürgerhaus Edenbach
Länge: 4,7 Kilometer, 200 Höhenmeter Aufstieg, 180 Höhenmeter Abstieg
Dauer: 1 bis 1.30 Stunden
Schwierigkeit: leicht, aber mit steilem Anstieg

Vom Parkplatz aus queren wir die Straße, die nach Lütschenbach führt und folgen dem ***Egertleweg*** zwischen Weiden bergauf, bis wir den ***Lausbühlweg*** (Teerstraße) erreichen. Den gehen wir ein kurzes Stück geradeaus und halten uns bei der nächsten Abzweigung (gelbe Raute) links. Der steile Anstieg führt uns an der ***Ponderosa-Hütte*** vorbei. Wir zweigen rechts auf den ***Löhle-Weg*** ab und erreichen die ***Stelli*** auf 748 Meter. Wer abkürzen möchte, steigt rechts auf der Schotterstraße ab. **Achtung:** Bei Weidebetrieb ist der Weg gesperrt, dann über die Schotterstraße zur Stelli wandern. Ab dem Wanderschild ***Stelli*** weiter auf dem Sattelweg, vorbei an den Picknickbänken, bleiben wir auf der aussichtsreichen Höhe, bis der Weg durch ein Waldstück wieder talwärts führt und wir auf den ***Sattelrainweg*** stoßen. Am Weideschuppen vorbei, gelangen wir wieder auf den ***Lausbühlweg*** und spazieren auf dem ***Egertleweg*** zurück zum ***Bürgerhaus Edenbach***.

▼ Traumhaftes Licht beim Spaziergang in den Abendstunden

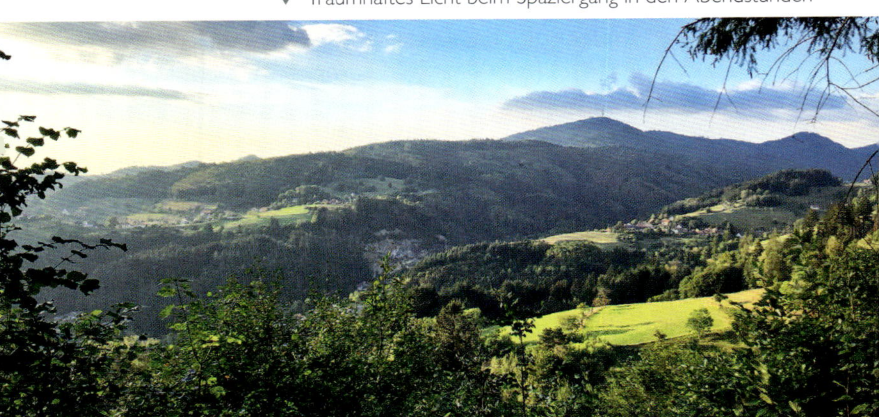

12 HAU PASSÜBERGANG 824 METER

Blutige Grenzkämpfe – Die Verteidigungsanlagen am Hau

Am Hau-Pass zwischen Neuenweg und Böllen verlief einst die Grenze zwischen dem katholischen Vorderösterreich, das dem Habsburger Kaiserreich angehörte und dem protestantischen Großherzogtum Baden. Umkämpft war die Grenzlinie bereits während des Dreißigjährigen Krieges.

Das Kleine Wiesental ist nicht nur ein landschaftliches Kleinod, es ist – kulturhistorisch betrachtet – eine echte Schatzkammer, die noch so manche Überraschung verborgen hält. Relikte aus den kriegerischen Zeiten sind noch heute sichtbar. Am Hau befinden sich zwei sehr gut erhaltene Schanzanlagen. Auf der ehemaligen Grenzlinie, die bis zum Zeller Blauen verläuft, wurden 80 historische Grenzsteine erfasst. Zusammen bilden die Bodendenkmäler ein einzigartiges, zusammenhängendes archäologisches Gesamtensemble. Um deren Bedeutung zu erfassen, blicken wir zurück in die Zeit der Reformation im 16. und 17. Jahrhundert. Durch Erbteilung entstehen 1535 die beiden Markgrafschaften Baden-Baden und Baden-Durlach. Im Laufe der Geschichte war das Gebiet der evangelischen Markgrafschaft immer wieder machtpolitischen Spannungen ausgesetzt. Markgraf Ludwig Wilhelm ergänzte die Verteidigungslinie um eine sogenannte Vordere Linie, die von Neuenweg über Bürchau, Elbenschwand und Zell verlief. Der Höhenzug des Zeller Blauen wurde zur Grenze zwischen Markgrafschaft und Kaiserreich und Schutzwall gegen die aus Westen vordrin-

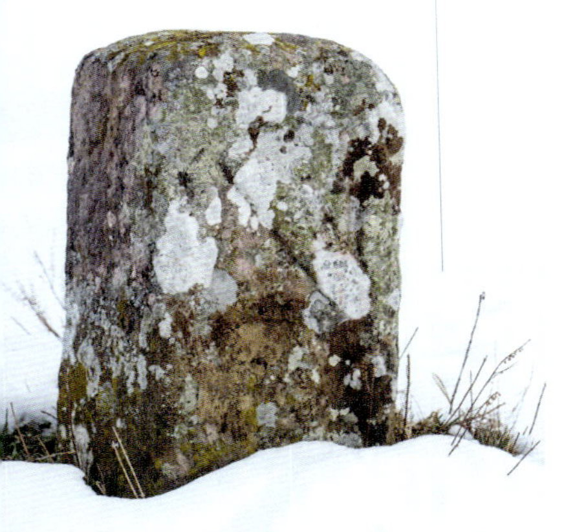

Alte Grenzsteine markieren den ehemaligen Grenzverlauf

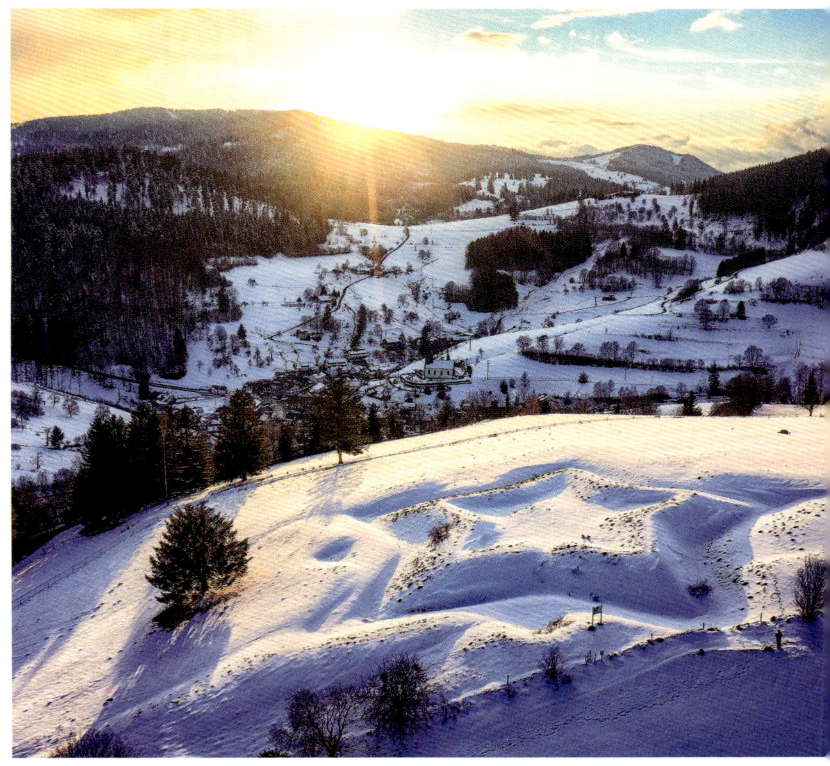

Zimtstern im Abendlicht

genden Franzosen. Dem Gebiet zwischen Neuenweg und Bürchau oblag aufgrund der exponierten Lage eine wichtige strategische Bedeutung. Als „verkehrstechnischer, geopolitischer und konfessioneller Dreh- und Angelpunkt", wie es der Schanzen-Experte Werner Störk beschreibt, wurde das Gelände entsprechend gesichert.

Auffälligstes Relikt ist die markante fünfzackige Sternschanze, die sich linker Hand des Wanderwegs zum Belchen befindet. Auf der anderen Straßenseite befindet sich eine quadratische Schanze. 2016 entdeckte Werner Störk eine weitere, 30 auf 120 Meter große Schanzenanlage am Holderkopf, die er als Holder-Schanze betitelte.

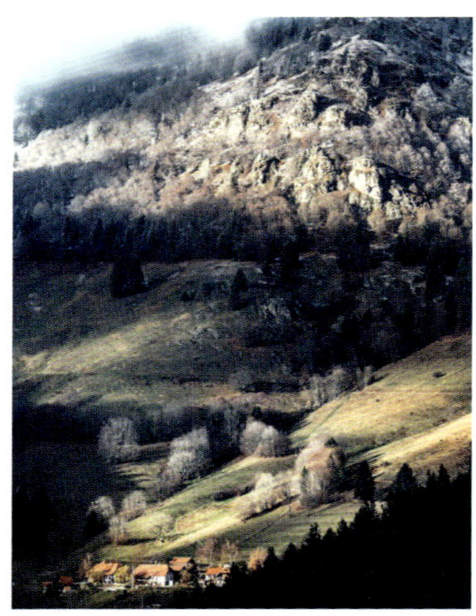

Die schroffen Felsen des Belchen im Licht- und Schattenspiel über Neuenweg

Tipp

Die Erforschung der Schanzanlagen mit vielen historischen Karten ist von Werner Störk auf der Webseite MINIFOSSI unter der Seite Schanzen dokumentiert, www.minifossi.pcom.de. Auf Google Maps sind die beiden Schanzanlagen sehr gut zu erkennen.

Hinkommen

Aus Lörrach kommend auf der B317 bis Steinen und auf der L136 bis Wieslet. Ab dort weiter auf der L139 bis nach Neuenweg. Im Ort rechts auf die L131 abbiegen und weiter bis zum Hau-Pass.
Aus Müllheim kommend auf der L131 über den Sirnitz-Pass über Neuenweg bis zum Hau-Pass.
Aus Kandern kommend über Scheideck nach Tegernau, alternativ auf der L135 bis Schlächtenhaus, weiter auf der L136 bis Wieslet. Ab dort weiter auf der L139 über Neuenweg zum Hau-Pass.
Parken auf dem Wanderparkplatz Hau direkt an der Passhöhe.

Tourbeschreibung

Beide Schanzanlagen sind ausgeschildert und befinden sich in unmittelbarer Nähe zum Parkplatz. Wer die Schanzenbesichtigung mit einer Wanderung verbinden möchte, folgt dem ***Hau-Zeiger-Rundweg***.
Start und Ziel: Wanderparkplatz Hau
Länge: 6,4 Kilometer, 270 Höhenmeter Auf- und Abstieg
Dauer: rund 2 Stunden
Schwierigkeit: leicht

SÄGENECK 811 METER

13

An Sonn- und Feiertagen für Kraftfahrzeuge gesperrt

Der Pass Sägeneck liegt zwischen Wildböllen und Schönenberg im Kleinen Wiesental und ist eine der urigsten Passstraßen im Landkreis Lörrach. Die kurvenreiche Nebenstrecke sorgt für Offroad-Feeling – brenzlig wird's nur bei Gegenverkehr. Am Sägeneck fühlt man sich dem Himmel näher und ist in wenigen Schritten bei einem echten Urbaum, der Leolustbuche, angekommen.

Die Weidbuchen der unteren und oberen Stuhlsebene sind wahre Baumgiganten.

Weidbuchen sehen mit ihren verwachsenen Stämmen und mächtigen Kronen wie eine besondere Baumart aus. Dabei sind es normale Rotbuchen. Der Wuchs ist durch den Verbiss der Rinder entstanden, die, wenn es wenig Gras auf den Weiden gab, auch die Triebe der jungen Buchen fraßen. Diese Weidbuchen

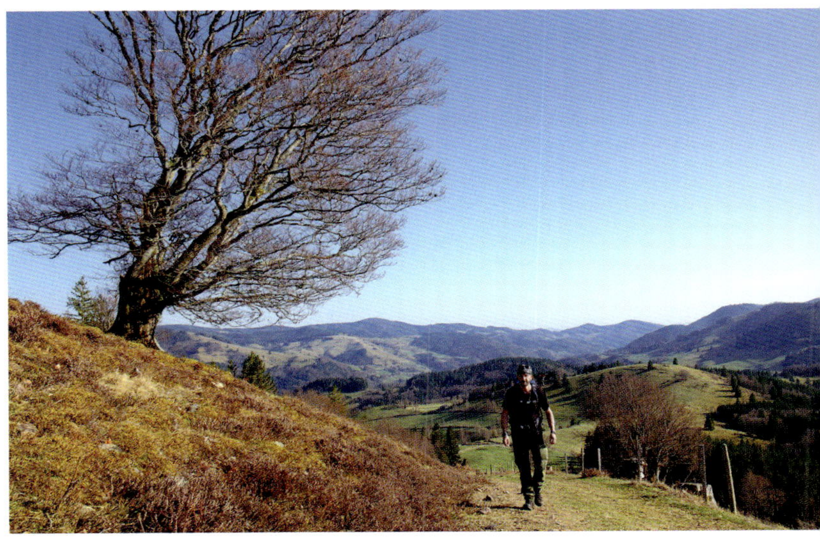

Auf dem Weidbuchenpfad

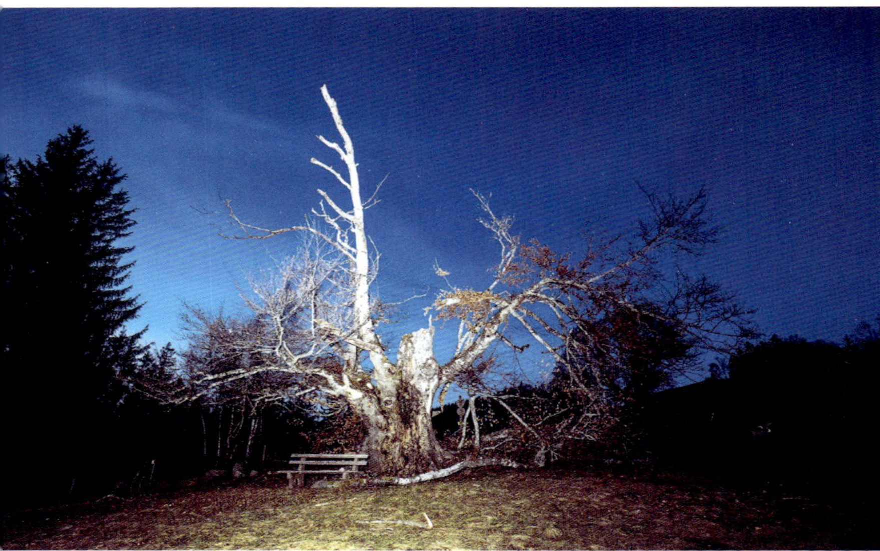

Baumdenkmal Leolustbuche

benötigen viele Jahrzehnte, um sich von einem kleinen Weidbusch bis zu einer großen Weidbuche zu entwickeln. Die eindrucksvollste ist die über 250 Jahre alte Leolustbuche. Der Hauptstamm besteht aus mindestens 21 kleineren Stämmen, die über die Jahre untrennbar miteinander verwachsen sind. Leider ist die mystische Buche im Jahr 2020 auseinandergebrochen. Weidbuchen werden selten älter als 300 Jahre. Die Stämme sterben von innen ab und höhlen aus. Stürme oder Schneelast setzen den Stämmen zu und irgendwann brechen sie auseinander. Die Leolustbuche hat ein hohes Alter erreicht, diente vielleicht einigen Viehhirten als Schutz und war über Jahrhunderte eine faszinierende Landmarke auf den Weiden der Unteren Stuhlsebene. Vielen Spaziergängern und Wanderern wird das Herz bluten, wenn sie die einst so prächtige Buche sehen, in deren Schatten, auf der Ruhebank sitzend, manche Stunde verbracht wurde. Es war ein Kraftbaum an einem wunderschönen Kraftort und ich hoffe, dass der alte, nun zerbrochene Baum doch noch einige Jahre an seinem Stammplatz verbleiben wird.

Um den Baum zu würdigen, entschloss ich mich dazu, der Leolustbuche ein fotografisches Denkmal zu setzen. Ich fotografierte die Buche nach Einbruch der Dunkelheit im Schein des Halbmondes. Zur Ausleuchtung setzte ich zusätzlich meine Taschenlampe ein.

Das Sägeneck ist eine gute Möglichkeit für alle, die nicht so gut zu Fuß sind, bei einem kleinen Spaziergang etwas Höhenluft zu schnuppern und sich an besagter Buche auf das Bänkchen zu begeben.

Tipp

Der *Weidbuchenpfad* auf der *Stuhlsebene* führt zu den markantesten Buchen und vermittelt an 11 Stationen Wissenswertes rund um die Weidbuchen. Der Rundweg startet in *Schönenberg* über *Sägeneck*. Der gelben Raute bis *Obere Stuhlsebene* (1100 m) folgen, Abstieg auf der blauen Raute über *Mittelbühl* und *Untere Stuhlsebene* zurück zum Ausgangspunkt. Eine Broschüre über die Weidbuchen ist in der Tourist-Info in Schönau erhältlich.

Hinkommen

Von Kandern kommend über Malsburg-Marzell zum Lipple, weiter auf der L 140 bis Tegernau. Links auf die L 139 bis Neuenweg. Weiter auf der L 131 bis Böllen. Kurz hinter Niederböllen zweigt in einer engen Kurve eine unscheinbare Straße Richtung Wildböllen ab. Durch Wildböllen weiter auf der geteerten Waldstraße (Achtung: schmale Straße, enge Kurven und Straßenschäden) bis zum Parkplatz auf der Passhöhe Sägeneck.

Von Schönau kommend auf der B317 nach Schönenberg bis Ortsende und links auf die geteerte Straße bergauf abzweigen bis zur Passhöhe Sägeneck. Achtung: Die Straße ist an Sonn- sowie Feiertagen für den Kraftzeugverkehr gesperrt.

Tourbeschreibung

Vom Parkplatz aus dem Wanderweg etwa 10 Minuten bis zur Leolustbuche folgen.

Wanderung Weidbuchenpfad

Start und Ziel: Wanderparkplatz Sägeneck
Länge: 8 Kilometer, 440 Höhenmeter Auf- und Abstieg
Dauer: rund 2 Stunden
Schwierigkeit: mittel

Vom Parkplatz Sägeneck der Beschilderung Weidbuchenpfad folgen

14 HASELBERG 796 METER

Auf Abwegen zum Schlossfelsen

Haselbergrundweg. Schöner, bequemer Weg, Gehzeit etwa 120 Minuten. Diese Beschreibung auf dem Holzschild beim Parkplatz zu lesen, haut einen nicht grad vom Hocker, oder? Aber deswegen sind wir ja hier, um zu gucken, ob der Haselberg für das Gipfelbuch taugt. Und ob er das tut! Als feine Tour für einen entspannten Sonntagnachmittag oder die Feierabendrunde zum Abschalten nach der Arbeit ist er einfach top.

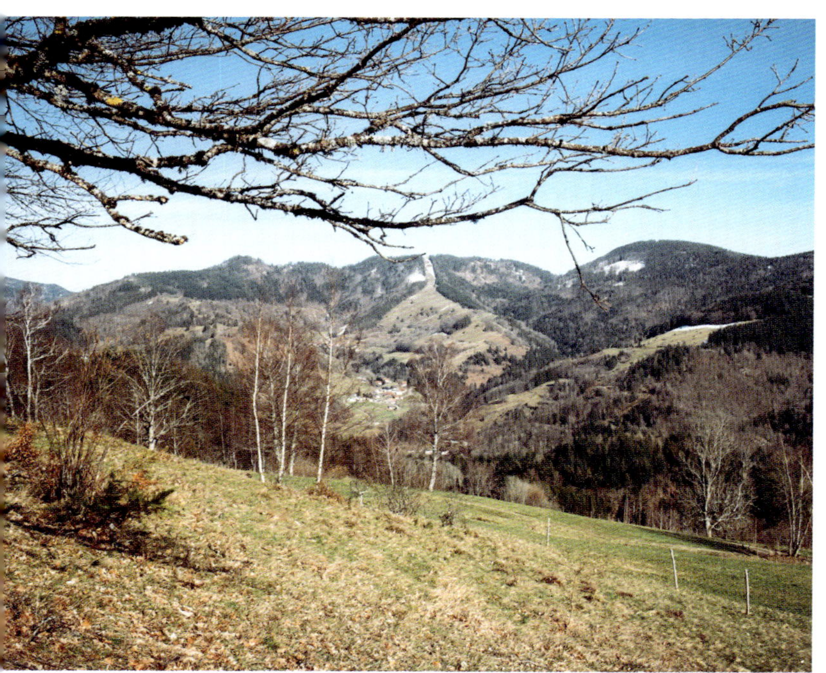

Bergblick: Links der Staldenkopf (1137 m), rechts der Hochgescheid (1205 m)

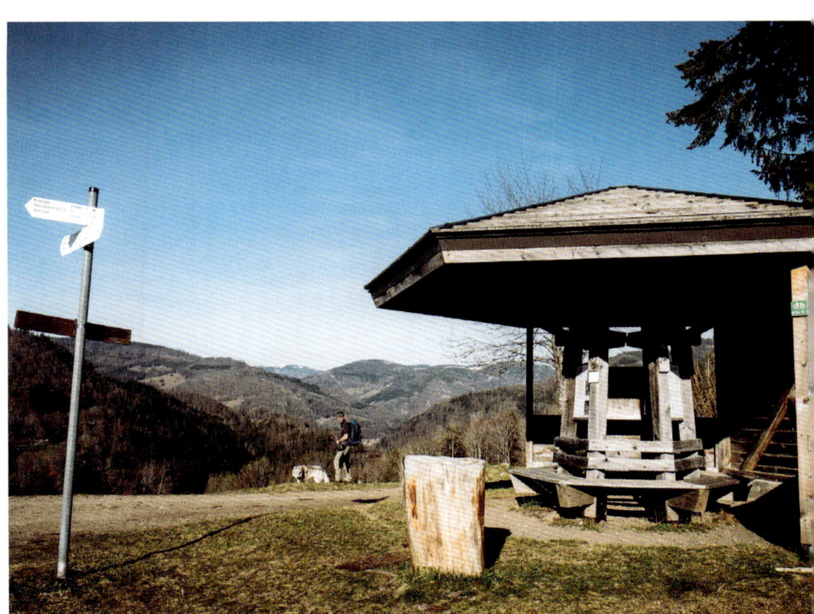

Aussicht mit Pavillon am Pilz (738 m)

Der Haselberg liegt oberhalb von Schönau und Entenschwand. Geologisch gesehen ist der Berg nach Süden hin der letzte Ausläufer des Belchen. Der Haselberg hat seinen Namen von den zahlreichen Haselbüschen, die an Hecken, Wegrändern und Böschungen wachsen. Zum Hasel gesellen sich Bergahorn, Esche, Kirsche und Schwarzer Holunder, die allesamt landschaftlich wichtige Elemente darstellen und deshalb unter Naturschutz stehen. Der Berg wurde früher landwirtschaftlich genutzt für den Anbau von Roggen, Hafer und Kartoffeln, sowie im Wechsel als Weideland. Während der Gipfel vollständig bewaldet ist, sind die Hänge terrassenförmig angelegt und werden heute als Rinderweide genutzt. Es sind wunderbare Magerrasen, Nasswiesen und Steinriegel, auf denen Blutwurz, Feld-Thymian, Hornklee, Spitzwegerich und Schafgarbe gedeihen. Man hat den Eindruck, als wandere man durch eine große Parklandschaft. Tatsächlich sind es schöne, bequeme Wege, die um den Haselberg ver-

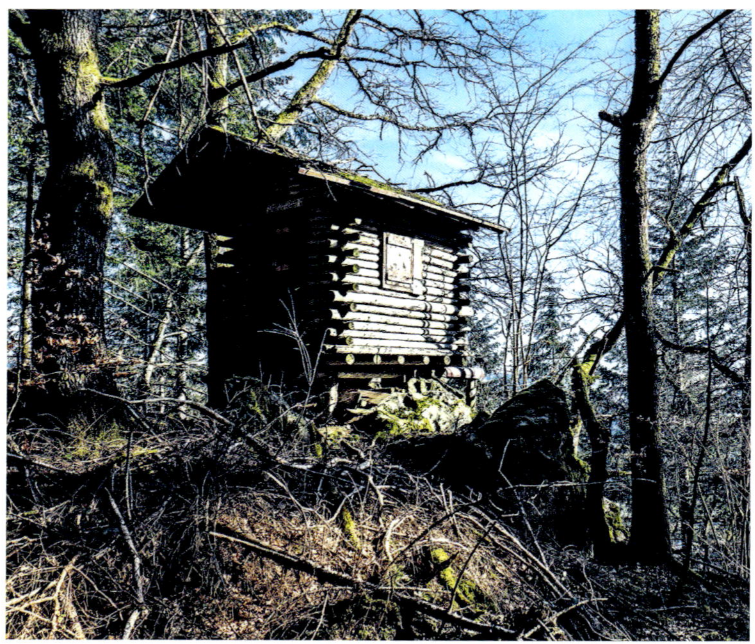

Jägerhütte am Schlösslefelsen

laufen. Fürs Auge gibt es viele weite und schöne Aussichten auf die umliegenden Berge, Dörfer und Weiler. Es ist ein verträumter, stiller Weg, meist auf sanften Gras- und Waldpfaden, ohne großen Trubel.

Wir haben unsere Runde um den Haselberg etwas modifiziert, um sie spannender zu gestalten, weil wir zu dem, auf der Karte verzeichneten Schlossfelsen wollen. Ein alter Holzabfuhrweg führt uns zu der Stelle, wo wir kein Schloss, aber ein kleines Jägerhüttchen vorfinden, das wie ein Hexenhaus auf dem Felsen thront. Etwas unterhalb des Gipfels finden wir eine Ruhebank mit herrlicher Aussicht auf die Berge Feldberg, Seebuck, Hasenhorn, Herzogenhorn, Brenntkopf, Staldenkopf, Hochgescheid, Gescheidkopf und Schneckenkopf. Wir wandern an alten Trockenmauern entlang, staunen darüber, wie schnell sich der Wald sein Terrain zurückerobert. Es ist ein wilder Wald, der hier wächst, seit Langem wurde hier kein Holz mehr geschlagen, keine Forstauto-

bahn gebaut. Ein weiterer herrlicher Aussichtspunkt ist der Pavillon Pilz mit Blick zur Stuhlsebene und zum Belchen. Die Wege am Haselberg – es sind natürlich belassene Landschaftsseelenwege, wie man sie sich wünscht.
Eine wunderbare Runde, sie sei jedem ans Herz gelegt, zum Schlendern, Genießen, Träumen und Verweilen.

Tipp

Wer auf den Abstecher zum Schlossfelsen und zur Panorama-Ruhebank unterhalb des Gipfels verzichten möchte, wandert auf dem ausgeschilderten Haselberg-Rundwanderweg.

Hinkommen
Von Lörrach kommend auf der B317 bis Schönau, abbiegen Richtung Schönenberg zum Tennisplatz.
Von Müllheim kommend über Sirnitz-Pass auf der L131 bis Wembach. Weiter auf der B317 bis Schönau und abbiegen Richtung Schönenberg zum Tennisplatz. Der Wanderparkplatz befindet sich hinter den Tennisplätzen.

Tourbeschreibung
Start und Ziel: Wanderparkplatz beim Tennisplatz
Länge: rund 6,5 Kilometer, 200 Höhenmeter Auf- und Abstieg
Dauer: 1.30 Stunden
Schwierigkeit: leicht

Zunächst auf Teerstraße, später dann auf breitem Feldweg, der Ausschilderung mit der gelben Raute am Waldrand entlang folgen. Bei einer Ruhebank links am Weg führt ein alter Holzabfuhrweg rechts in den Wald hinauf zum ***Schlossfelsen***. Bald erreichen wir die kleine Jägerhütte am Felsen. Wir kommen aus dem Wald heraus auf eine große Weide, halten uns links und wandern zu einem Jägersitz mit Ruhebank und schönem Panoramablick. Wir gehen den Weg zurück und kommen zum ***Aussichtspunkt Pilz***. Dort folgen wir der Ausschilderung ***Obere Haselberghütte/Schönau*** – nicht dem ausgeschilderten Haselbergrundweg. Über angenehme Gras- und Feldwege wandern wir nun zurück zum Wanderparkplatz und genießen noch einmal die herrlichen Aussichten auf die gegenüberliegenden Berge und Talhänge. Wer die Abwege-Runde läuft, sollte sich auf etwas ruppigere Wege und fiese Brombeerranken einstellen.

15 HOCHFIRST 1197 METER
Zum magischen Vögelesfelsen

Der Hochfirst liegt zwischen Saig und Titisee-Neustadt. Der Hochfirstturm auf dem bewaldeten Gipfel gilt als exzellente Aussichtsplattform auf den Titisee, Feldberg und die schweizerischen und österreichischen Alpen. Auf dem Berg soll sich einer der kraftvollsten Plätze im Schwarzwald befinden.

Es ist keine gute Idee, sich um 5 Uhr früh auf Google Maps zu verlassen. Die Route führte uns nach Saig, was auch der kürzeste Weg zum Gipfel ist. Allerdings über eine Forststraße, die für Autos gesperrt ist. Also zurück nach Neustadt und von dort über die Saiger Straße hinauf zum Hochfirst, der sich uns in dichtem Nebel verhüllt präsentiert. Das geplante Sonnenaufgangsfoto über dem Titisee können wir abschreiben.

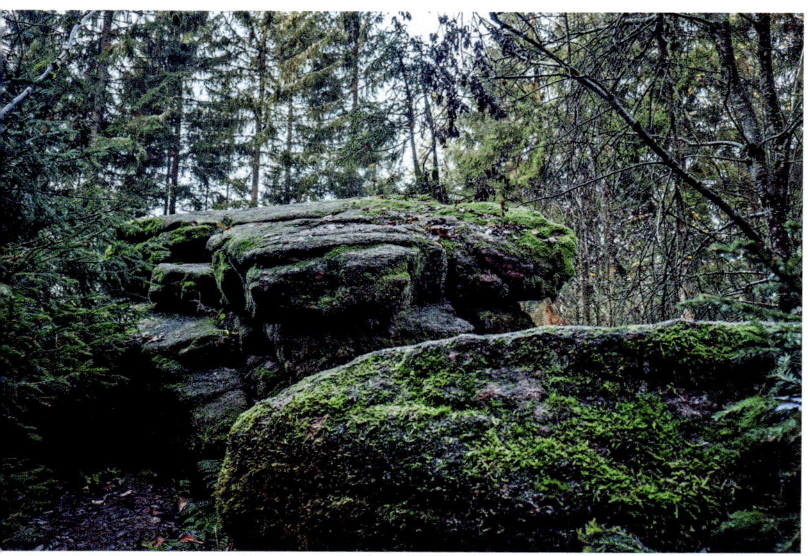

Der Vögelesfelsen soll Heilkräfte besitzen

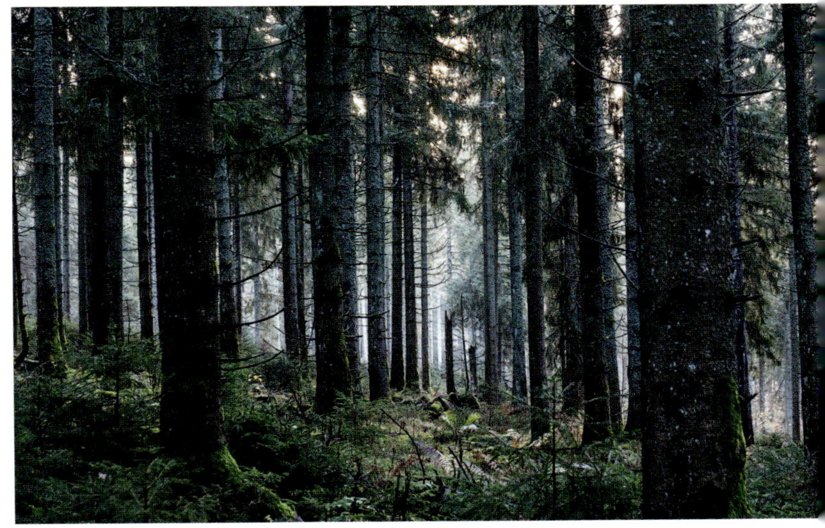

Es duftet nach feuchtem Nadelwald und Moos

Wir haben noch einen Trumpf am Wegesrand, den Vögelesfelsen, den wir anstelle erkunden wollen. Er soll einer der kraftvollsten Plätze des Schwarzwalds sein. Wir wandern auf dem Höhenkammweg, der gleichzeitig Teil des Mittelwegs Pforzheim–Waldshut und des Querwegs Freiburg–Bodensee ist, durch den mystischen Nebelwald. Im Osten zeichnet sich eine leichte Morgenröte ab. Sollten wir doch noch Glück haben und die Nebeldecke reißt auf? Im Wald riecht es herrlich natürlich. Nach Moos, Herbstlaub und nasser Erde. Ein Pfad führt uns rechter Hand des Weges zum Vögelesfelsen. Vor dem Felsen steht eine Ruhebank, die dem Felsen etwas von seinem archaischen Antlitz nimmt. Der französische Autor Adolphe Landspurg bescheinigt dem Stein eine ungewöhnlich hohe Energie. Einem Zeitungsbericht des Keltenforschers Roland Kroell nach, sollen am Felsen sogar Heilungen geschehen sein. Kroell berichtet, dass der Ort „gut bei Knochen-, Muskel- und Sehnenleiden" sei. Das schmerzende Körperteil soll man einfach einige Zeit an den Felsen halten. Da wir keine Schmerzen verspüren, entfällt ein Test. Für uns bleibt der Vögelesfelsen einfach ein markanter Felsen in einem schönen

Waldstück. Oder, um es wissenschaftlicher auszudrücken: eine Matratzenverwitterung, wobei die Granitablagerungen parallel zur Erdoberfläche verlaufen. Aber ich lasse mich gerne eines Besseren belehren. Wer eine Heilung am Vögelesfelsen erlebt, darf sich gerne bei mir melden. Die Sonne bekamen wir an diesem Tag übrigens noch zu Gesicht. Wir sind zum Feldberg gefahren und auf den Seebuck gewandert. Dort standen wir über der Nebeldecke und bestaunten eine fantastische Fernsicht auf die Schweizer Alpen. Das Foto, mit dem Bismarckdenkmal, Sonnenschein und Nebelmeer zierte am nächsten Tag den Titel der Badischen Zeitung.

Tipp

Zum Frühstück ins Café Becker. Fantastische Auswahl an Kuchen und Torten. Die frischen Waffeln mit Erdbeeren und Sahne sind ein Traum.
Alte Poststraße 1, Titisee. Das Café befindet sich im Gebäude oberhalb der Sparkasse.

▼ Die Sonne kämpft, doch der Nebel war stärker

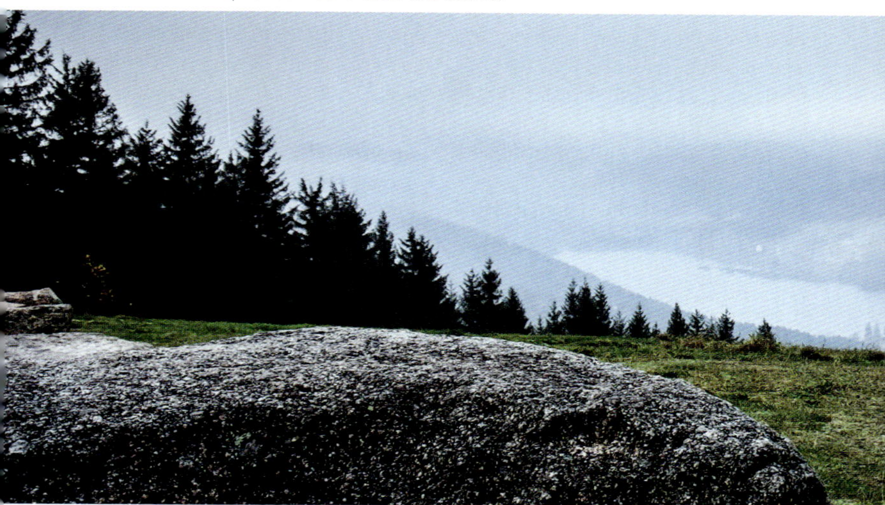

Hinkommen
Über die B317 nach Titisee-Neustadt. Vom Neustädter Bahnhofsübergang führt die Saiger Straße direkt zum Hochfirstturm und zum Berggasthaus. Wer hinauf wandern möchte, startet am Bahnhof in Titisee.

Tourbeschreibung
Start und Ziel: Bahnhof Titisee-Neustadt
Länge: rund 11 Kilometer, 365 Höhenmeter Auf- und Abstieg
Dauer: 3.20 Stunden
Schwierigkeit: leicht bis mittel

Vom Bahnhof zunächst auf dem ***Hochfirstweg*** bis zum Ende (Sackgasse). Auf dem kleinen Pfad in das Wäldchen, zwei Brücken überqueren und rechts Richtung Hotel Maritim. Dort befindet sich ein Wegweiser. Der Straße zwischen Maritim und Café Brauhaus folgen, am Ende den linken Weg ***Fußweg Saig*** nehmen. Unter den Unterführungen hindurch und dann immer geradeaus den Berg hinauf der Beschilderung Hochfirst folgen. Oben auf dem ***Höhenkammweg*** (Beschilderung mit der Raute gelb-rot und rot mit weißem Strich) noch rund 1,4 Kilometer bis zum ***Vögelesfelsen***. Zurück auf demselben Weg.

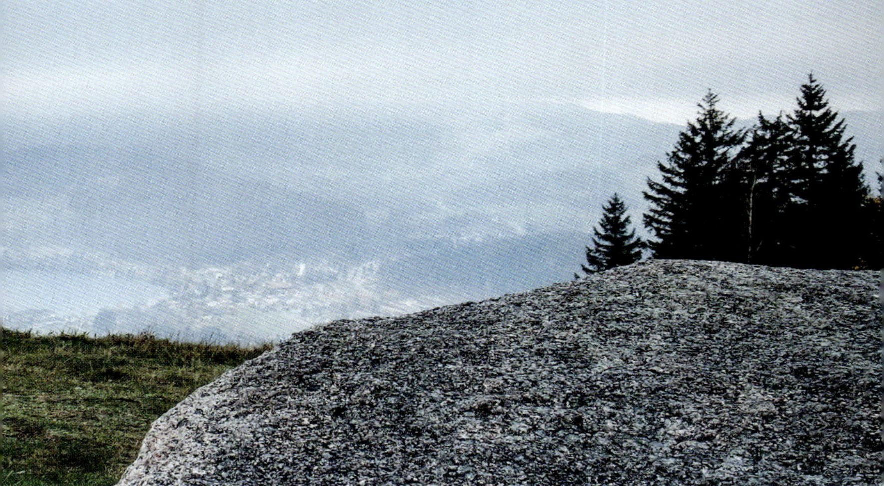

16 BURGRUINE NEUENFELS 689 METER

Ein armer Ritter und ein Mord, der keiner war

Die Burgruine Neuenfels liegt oberhalb von Britzingen zwischen den Gewannen Tannenwald und Schwärze auf einem Felssporn. Vom Wanderparkplatz Schwärze aus führt der Weg zur Burg durch wunderschöne Mischwälder. Auf der Ruine führt eine Steintreppe zu einem Aussichtspunkt, von dem aus sich herrliche Aussichten auf die Rheinebene und die Vogesen bieten.

Ein schmaler Pfad leitet uns in den Wald hinein. Beim Überwinden einiger umgestürzter Bäume wird es abenteuerlich. Der Neuenfelsweg führt uns bergauf durch lichte Wälder, und bald schon sehen wir die Umrisse der Ruine im laublosen Wald.

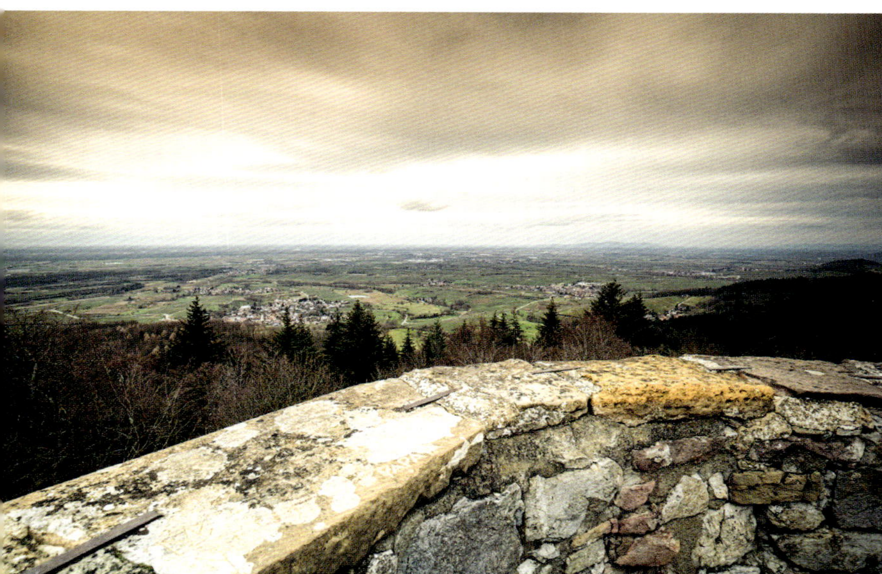

Weiter Blick auf die Rheinebene

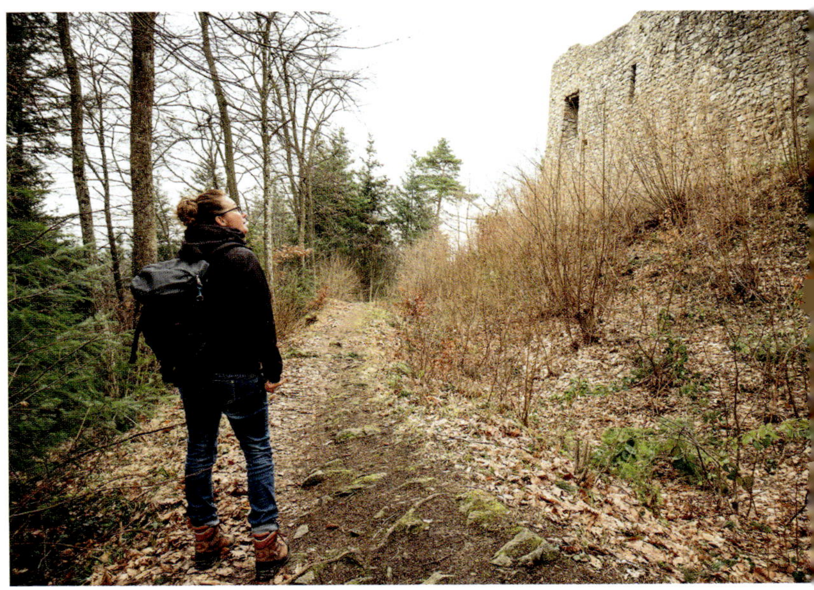

Auf der Burg sollen sich grausame Morde ereignet haben

Burg Neuenfels diente als reine Wohnburg und besitzt keinen Bergfried. Sie wurde vor 1250 erbaut und gehörte den Rittern von Neuenfels, die als Burgvögte, Stadthalter oder Abt von St. Trudpert wirkten und über großen Land- und Waldbesitz verfügten. Eine Tafel berichtet, dass der letzte Ritter Christoph von Neuenfels sich verschuldet hatte und Burg, Wälder und Ackerbesitz 1538 für 400 Gulden verkaufen musste. Zwei Jahre später wurden er, seine Frau, Tochter, Mägde und Knechte brutal ermordet. Neue Erkenntnisse gehen allerdings davon aus, dass es eher eine Legende ist, denn aus Dokumenten geht hervor, dass der Ritter bis 1550 in Freiburg lebte und seine Tochter verheiratet hat. Vermutlich wurde die Burg klammheimlich verlassen, was allerhand Anlass für wilde Spekulationen gab. Wir steigen von der Ruine ab und entdecken wenig später eine arg verkommene Ruhebank. „Zum Gedenken an Erwin Lichtblau, Waldfacharbeiter von 1955–1999." Die schöne Aussicht ist von zwei Fichten zugewachsen. Vermutlich würde sich Herr Lichtblau bei diesem Anblick im Grabe umdrehen. Wir wan-

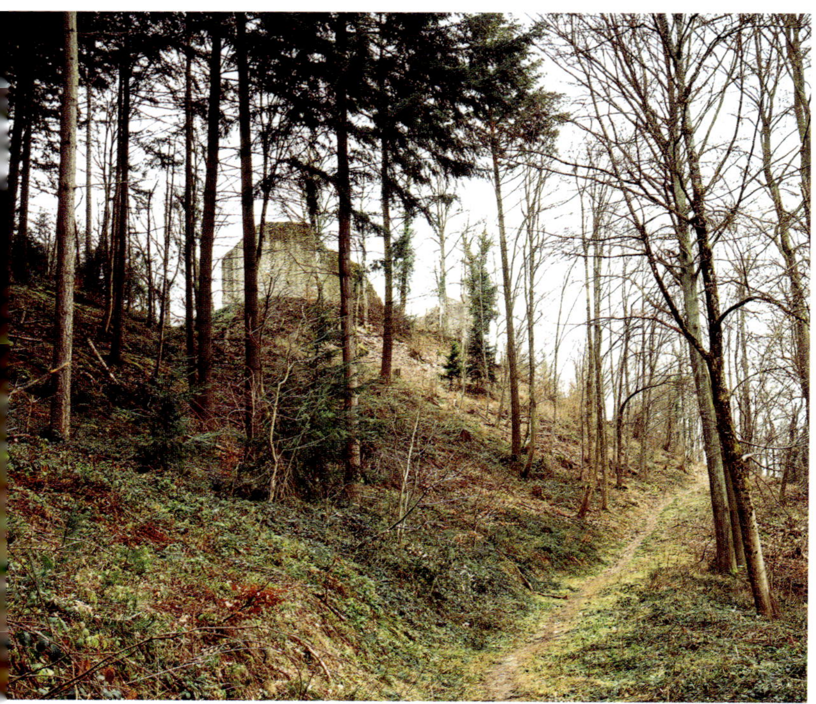

Im Sommer bleibt die Burg hinter dem Blattwerk verborgen

dern nun auf dem Panoramaweg, einer geologisch sehr interessanten Gegend, am Rand des Oberrheingrabens zwischen Schwarzwald und Vogesen und erfreuen uns an den Ausblicken auf das Markgräfler Hügelland, den Kaiserstuhl und die Vogesen. Durch wunderbaren Eichenwald gelangen wir zur Grube Fürstenhut, in der noch im 18. Jahrhundert Silber abgebaut wurde. Das Mundloch ist vergittert. Mit unserem Handylicht leuchten wir in den Gang. Weit reicht es nicht, spannend ist es allemal. Beim nächsten Besuch nehmen wir Taschenlampen mit.

Tipp

Nehmen Sie unbedingt eine Taschenlampe zum Ausleuchten der Grube Fürstenhut mit.

Hinkommen

Von Badenweiler Richtung Schweighof fahren, dann weiter Richtung Römerberg-Klinik auf die Schwärzestraße abbiegen.
Der Wanderparkplatz Schwärze befindet sich nach einer langen Kurve auf der linken Seite an der Verbindungsstraße zwischen Badenweiler und Britzingen.

Tourbeschreibung

Start und Ziel: Wanderparkplatz Schwärze
Länge: 5,5 Kilometer, 140 Höhenmeter Auf- und Abstieg
Dauer: rund 1.30 Stunden
Schwierigkeit: einfach

Vom Wanderparkplatz aus auf schmalem Pfad der gelben Raute und Ausschilderung Burgruine Neuenfels folgen. Am ***Neuenfelsweg*** den breiten Waldweg queren und weiter bergauf bis zur Ruine. Abstieg über ***Theodor-Braus-Weg*** und ***Tannwaldweg***. Beim Holzschild ***Panoramaweg*** rechts abbiegen. Dem Weg folgen bis ***Grube Fürstenhut*** und über den ***Dammbachweg*** zurück zum Wanderparkplatz.

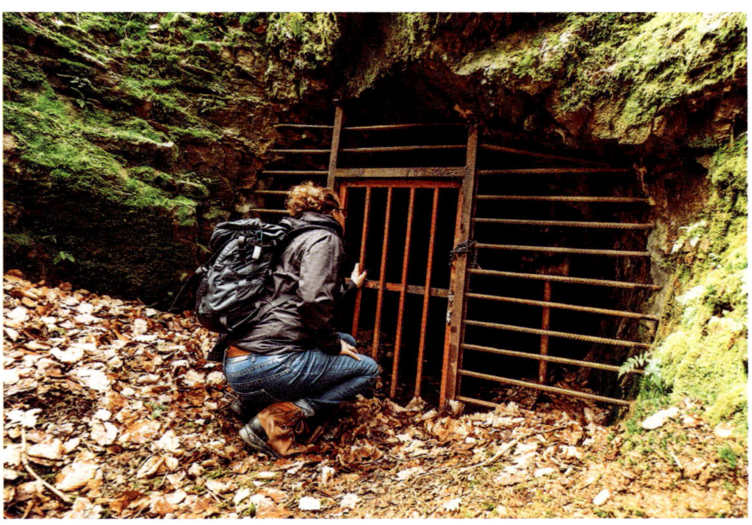

Stolleneingang der ehemaligen Grube Fürstenhut

17 HÜNERSEDEL 744 METER
Hühnerstange mit Aussicht

Waren es Hünen oder Hühner, denen der Hünersedel seinen Namen verdankt? Ein Hüne ist er wahrlich nicht, es reicht nicht einmal auf eine vierstellige Höhenmeterzahl. Selbstbewusst ist er, der Hausberg von Freiamt, er ist schließlich die höchste Erhebung der malerischen Landschaft zwischen Rheinebene und Schwarzwald.

Der Lyriker Wilhelm Jensen (1837–1911) schwärmte vom Hünersedel. „Wie der Hünensessel eines Patriarchen, thront er kahlhäuptig, nur von Pfriemenkraut bedeckt, hoch in schweigender Einsamkeit über seinem besonders nach Westen mit unermesslichen Wäldern überdunkelten Gebiet." Tatsächlich war der Berg um 1900 komplett waldfrei und wurde als Weide genutzt. Wie er zum Namen Hünersedel kam, ist nicht bekannt, wohl aber, dass er im 15. Jahrhundert noch Staufinberg hieß, was so viel wie Kelch ohne Fuß bedeutet. Staufenberg, das klingt fürstlich, aber wie kommt man dann dazu, den Berg in Hünersedel umzutaufen. Das soll, glaubt man einer Beschreibung aus dem

▼ Oben blau, unten grün

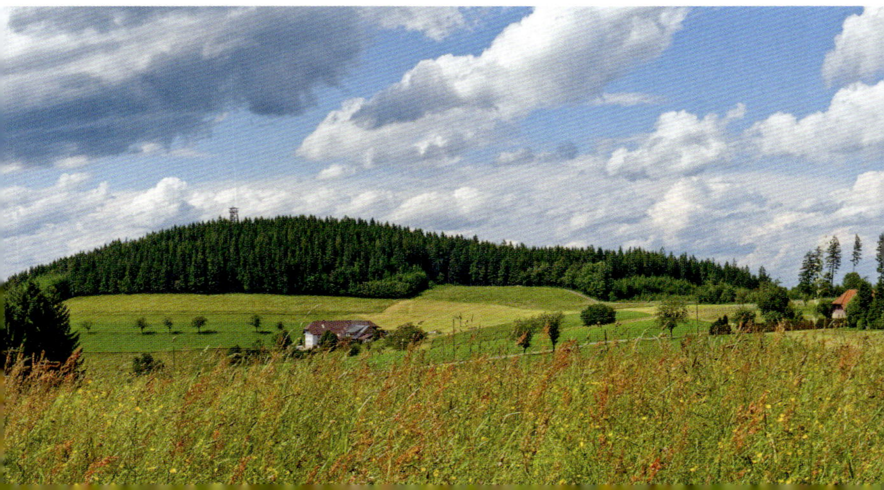

Jahr 1935, die Stange beschreiben, auf der die Hühner in ihrem Stall sitzen. Ein wenig schmeichelnder Name, der womöglich darauf abzielt, dass der Berg kaum eine Hühnerstange hoch ist, im Vergleich zu den echten Schwarzwälder Gipfeln. Phänomenal soll sie jedenfalls gewesen sein, die Aussicht von der Hühnerstange, bevor der Wald die Kuppe zurückeroberte. Bis in die 1950er-Jahre stand auf dem Gipfel ein Vermessungsturm aus Holz, der von einigen „Mutigen" erklettert wurde. Der Blick aus der Höhe soll bis nach Straßburg reichen, was allerdings eine Mär war, genauso wie der Alpenblick vom Stuttgarter Fernsehturm.

Im Jahr 2000 wurde probeweise ein Vermessungsturm aufgebaut und die ersten Pläne geschmiedet. Vier Jahre später, im Oktober 2002, wurde der knapp 30 Meter hohe Hünersedelturm eingeweiht. Erbaut wurde er mit Douglasienstämmen aus dem Freiämter Wald. Mit dem Turm hat sich der Berg seinen Ruf als Hünensessel zurückerobert. Der Blick reicht über die Rheinebene und den Kaiserstuhl bis zu den höchsten Schwarzwaldbergen wie Feldberg, Schauinsland und Belchen, nach Südosten zum Kandel, Gschasi, Hörnleberg und Rohrhardsberg und nach Nordosten bis zum Brandenkopf und zur Hornisgrinde, der höchsten Erhebung im nördlichen Schwarzwald. Idyllisch ist die Sicht über die Täler des Etten- und Brettentals sowie auf Elz, Kinzig und Schutter.

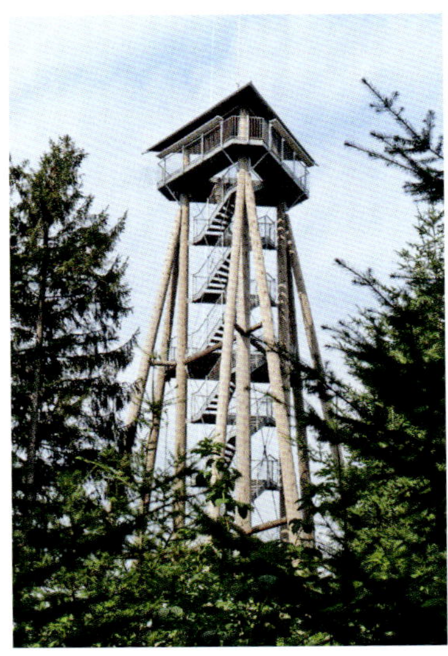
Der Turm besitzt eine eigene Webcam

Tipp

Einkehren im Wanderheim Kreuzmoos. Bodenständige, badische Bauernküche nach alten Rezepten. Vor der Wanderung ist das Morgeesse (Frühstück) eine feine Sache (nur mit Reservierung). Traditionell geht's beim Hüttenabendessen zu, wenn gemeinsam alle rund um den Tisch essen. Nur für Gruppen ab 10 Personen von Januar bis März. www.wanderheim-kreuzmoos.de

Hinkommen

Aus Lörrach kommend auf der A5 bis Ausfahrt Freiburg-Nord, weiter auf der L 294 bis Winden im Elztal, abbiegen auf die Spitzenbacher Straße (Schilder nach Katzenmoos), auf der K 5111 weiter bis Dorf-Dobelstraße, dort links bis zum Wanderheim am Kreuzmoos.

Tourbeschreibung

Kurze Wanderung zum Hünersedel
Start und Ziel: Wanderheim Kreuzmoos
Länge: rund 5 Kilometer, 70 Höhenmeter Auf- und Abstieg
Dauer: etwa 1.30 Stunden
Schwierigkeit: leicht

Ab ***Wanderheim Kreuzmoos*** der Beschilderung ***Kandelhöhenweg*** und ***Zweitälersteig*** folgen und über ***Kreuzmoosmatte*** bis ***Dürrhöfe Parkplatz***. Dort links auf dem ***Blaue-Raute-Weg*** zum ***Hünersedelturm***. Zurück auf demselben Weg.

Längere Hünersedel-Tour

Hinkommen

Anfahrt über A 5 Ausfahrt Freiburg Nord, weiter auf der L294 über Gundelfingen und auf der B3 Ausfahrt Richtung Freiamt/Sexau/Vörstetten/Denzlingen. Weiter auf der L 110 nach Sexau. Weiter über Keppenbach und Reichenbach bis Freiamt. Abbiegen auf die Niedertalstraße bis Brettenbach, dort auf die Bildsteinstraße zum Wanderparkplatz Brettental.

Start und Ziel: Wanderparkplatz Brettental, Bildsteinstraße, Freiamt-Brettental
Länge: 12,6 Kilometer, 394 Höhenmeter Auf- und Abstieg
Dauer: rund 4 Stunden
Schwierigkeit: mittelschwer

Die aussichtsreiche Wanderung ist mit dem Wanderschild ***Hünersedel-Tour*** beschildert und führt vom ***Brettental*** hinauf zu herrlichen Wiesen, im Nadelwald folgt ein steiler Aufstieg zum ***Hünersedelturm***. Über den Bergrücken geht es zum ***Wanderheim Kreuzmoos*** und hoch über dem Brettental zurück ins Tal zum Ausgangspunkt.

18

SCHWABENBERG 665 METER

Grenzüberschreitung zwischen Schwabenkreuz, Schwedenkreuz und Schutterquelle

Höhenhäuser auf 667 Metern ist ein Passübergang vom Elztal ins Schuttertal und Kinzigtal. Zwischen Biederbach-Höhenhäuser und Schweighausen mit zahlreichen idyllischen Siedlungen auf einer Höhenlage von 400 bis 700 Metern mit Tälern und Hochflächen liegt eine herrliche Wandergegend mit historischen Wegkreuzen und spannenden Geschichten.

Das unscheinbare Schwedenkreuz ist beim Vorbeiwandern leicht zu übersehen. Ein Schild macht auf

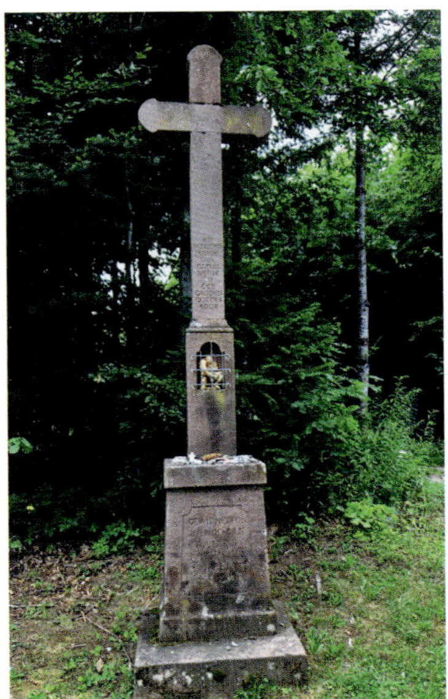

Das Schwabenkreuz

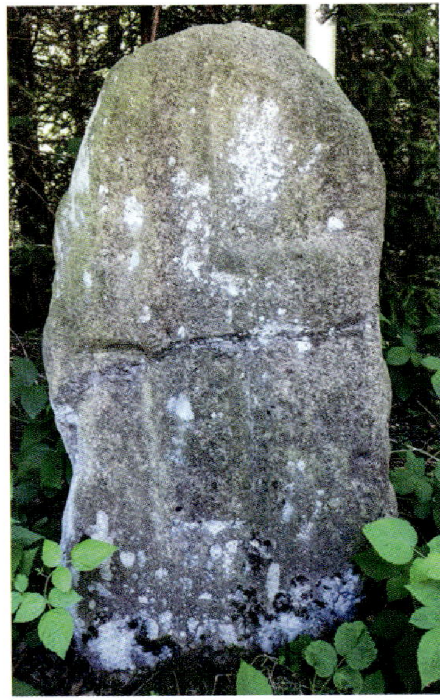

Das Schwedenkreuz

das älteste historische Zeugnis der Gemeinde Biederbach aufmerksam. Es steht gegenüber vom markanten Schwabenkreuz am Wegesrand. An wen das Kreuz erinnert, ist nicht bekannt. Während des Dreißigjährigen Krieges plünderten die Schweden Oberbiederbach, dabei wurden vier Einwohner ermordet. Überliefert ist, dass sich hier die Gräber von drei schwedischen Soldaten befinden sollen. Das Kreuz wurde vermutlich zum Gedenken der ermordeten Biederbacher Bauern errichtet. Das Schwabenkreuz stammt aus dem Jahr 1869 und gehörte zum einstigen Schwendemann Hofgut im Vorderen Geißberg. Das Sandsteinkreuz trägt die Inschrift: „Gewidmet Landolin Bauer und Katharina Göppert." Darüber steht: „Im schönen Tempel der Natur siehst du des großen Gottes Spur."
Interessant ist der Schwabenberg. Er stellte eine kirchliche wie auch territoriale Grenze dar. Hier verlief die Grenze zwischen der Schwabendiözese Konstanz und der Straßburger Diözese. Auf der südöstlichen Seite der Biederbacher Höhe, am Hesseneck, entlang des Hansjakob-Weges, liegt eine weitere, ehemalige Grenze, die auf meiner Wanderkarte als „Confinium Alemannorum" verzeichnet ist. Hierbei handelt es sich um eine hochmittelalterliche Grenze, die das Gebiet der Alemannen von dem der Franken abgrenzte. Unweit davon befindet sich ein 1992 errichteter, 1,50 Meter hoher Dreimärker Grenzstein. An dieser Stelle treffen die Gemarkungen Biederbach, Hofstetten und Schweighausen sowie die Landkreise Emmendingen und Ortenaukreis aufeinander.

Tipp

Einkehr im Höhengasthof Kreuz, schöner Panoramawintergarten und Terrasse, saisonale badische Küche. Ideal gelegen als Etappenübernachtung auf dem Zweitälersteig.
www.hoehengasthaus.de

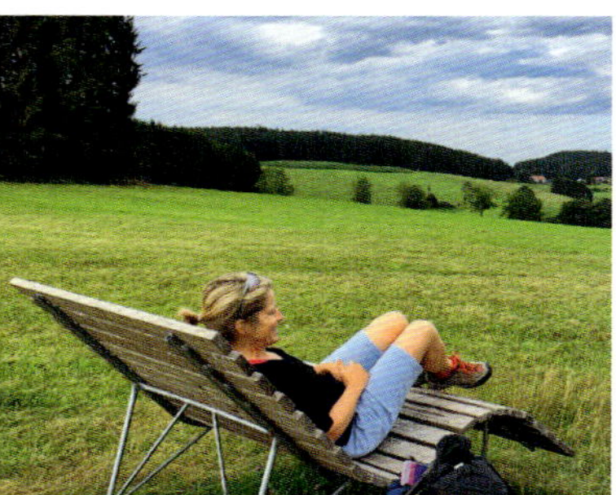

Landschaft – zum Hinliegen schön

Hinkommen
Von Lörrach und Müllheim kommend auf der A 5 bis Freiburg-Nord, weiter auf der B 294 bis Elzach, abbiegen auf die L 101 bis zur Passhöhe beim Höhengasthof Kreuz. Der Wanderparkplatz befindet sich neben dem Gasthaus auf der Gemarkung Schweighausen.

Tourbeschreibung
Start und Ziel: Wanderparkplatz Höhenhäuser
Länge: rund 13 Kilometer, 410 Höhenmeter Aufstieg, 390 Höhenmeter Abstieg
Dauer: rund 4 Stunden
Schwierigkeit: mittelschwer

Vom ***Wanderparkplatz Höhenhäuser*** aus der Wegbeschilderung Zweitälersteig/Kandelhöhenweg folgen. Beim ***Schwabenkreuz*** (wo sich auch das Schwedenkreuz befindet) weiter zur ***Schutterquelle***. Am Wegschild ***Bei den Dürrhöfen*** zum ***Hünersedel*** abzweigen. Nach dem ***Aussichtsturm Hünersedel*** steiler Abstieg auf Zickzackweg zum ***Brettentaler Eck***. Weiter über ***Hohe Stein*** nach ***Kniesteinkapelle*** bis ***Schweighausen***. An der ***Annakapelle*** Richtung ***Schwabenberg***. Auf dem Geisbergweg zur ***Lahrer Hütte*** und zurück zum ***Wanderparkplatz Höhenhäuser***.

Wer zum Grenzpunkt ***Confinium Alemannorum*** möchte, wandert vom ***Höhengasthof Kreuz*** auf dem ***Hansjakobweg*** Richtung ***Hesseneck***. Die Wegstrecke beträgt 2,8 Kilometer, 80 Höhenmeter Auf- und Abstieg.

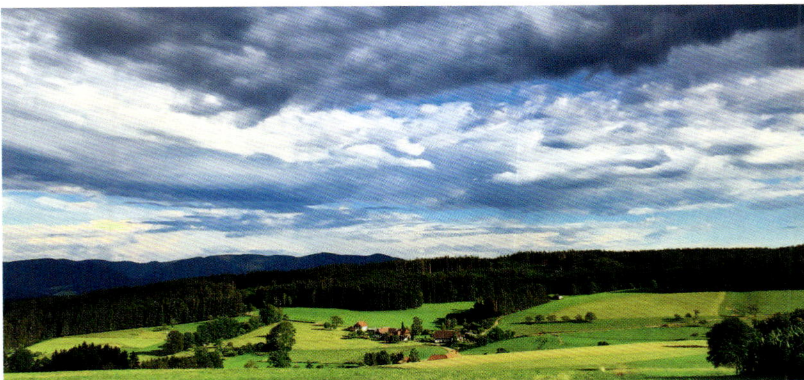

Weite Wolken und weite Sicht

19 GOLDENER KOPF 496 METER

Der Gipfel ist nicht das Ziel

Die Goldene-Kopf-Tour ist keine Wanderung für Gipfelstürmer, die auf „Tausender" aus sind. Der Weg führt im steten Auf und Ab rund um Elzach und das mit den besten Ausblicken ins Elztal. Eine ideale Strecke zum Abschalten, abwechslungsreich und nicht allzu schwer. Denn Wandern macht den Kopf frei, egal ob ein Gipfel dabei ist oder nicht.

In der Morgenfrische steigen wir aus dem Städli, wie die Einheimischen ihr Elzach nennen, hinauf durch taubenetztes Gras in den Wiesenhängen des Bustberges. Nur vom Gezwitscher der Vögel begleitet, die ersten Sonnenstrahlen flirren durch das sommerliche Grün des Waldes. Nach den ersten Höhenmetern atmen wir tief durch. Noch keine zwei Kilometer sind wir

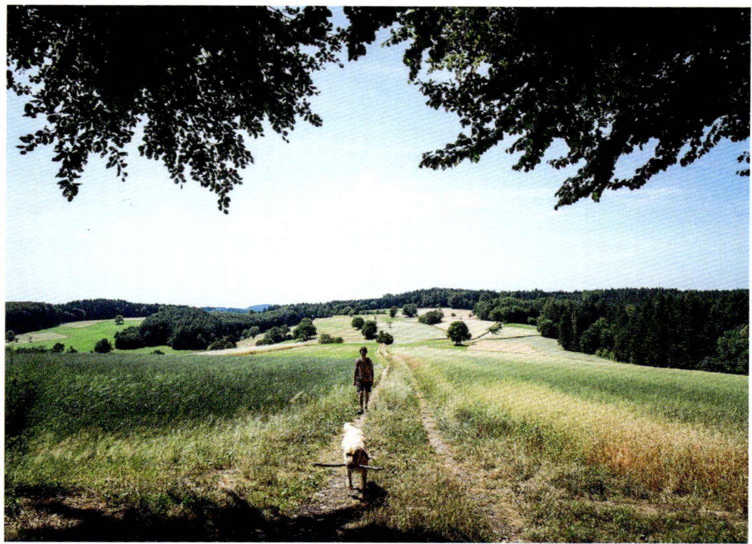

Wald- und Wiesenpfade kennzeichnen die Goldene-Kopf-Tour

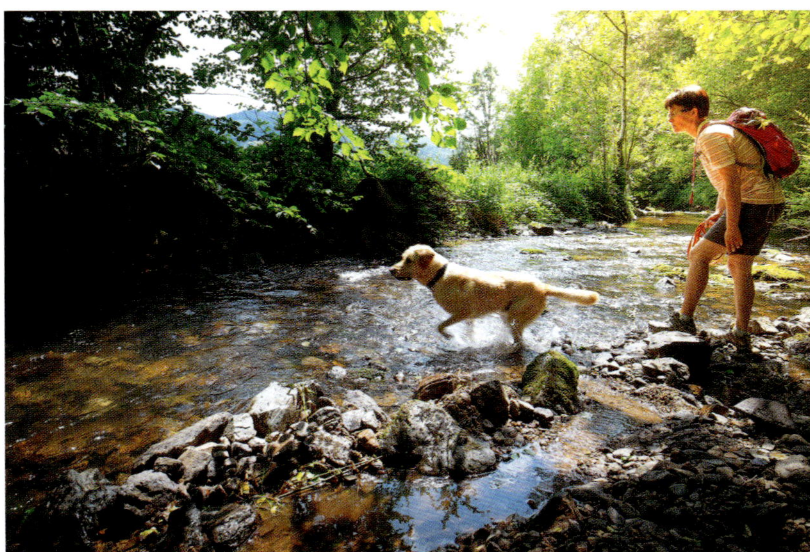

Sam ist glücklich über das kühle Nass

gewandert und stehen bereits am höchsten Punkt unserer Tour auf 514 Metern. Natur ist natürliche Medizin und nach einer anstrengenden Arbeitswoche unser altbewährtes Hausmittel, um einige Gänge runterzufahren. Im Grünen unterwegs sein, frische Luft und Sonnenlicht tanken, das klärt die Sinne. Der Weg führt uns aus dem schattigen Wald hinab nach Reichenbach. Nach den Schrahöfen folgen wir der Elz, Labrador Sam ist glücklich über das frische Nass. Wir wechseln auf die andere Talseite, spazieren am Elzufer entlang und gewinnen wieder an Höhe. Auf der Hochebene des Ankenbühl tut sich ein herrliches Panorama auf. Der Hügel verdankt seinen Namen vermutlich dem Namen Anke, was im alemannischen Butter bedeutet. Vielleicht war das Gras hier besonders würzig und ergab eine schmackhafte Butter.

An einer Weggabelung, unter einer mächtigen Kastanie, steht ein echtes Schatzstück: die kleine Pfaffenkapelle. Und einige Meter weiter eine Himmelsliege, die für diesen Ort wirklich wie geschaffen ist. Ein kleiner Abstieg führt uns zur Fischerhütte. Dort legen wir auf den Bänken neben dem Fischweiher eine Pause ein und lassen uns die knusprigen Forellen schmecken. Ein letzter Aufstieg führt uns zum Goldenen Kopf mit der Neunlindenkapelle. Die Wallfahrtskapelle im neugotischen Stil wurde 1913 erbaut. Ursprünglich befand sich die Kapelle am Elzufer, wo sie 1778 bei einer Flut zerstört wurde. Das Gnadenbild, das den Ölberg darstellt, konnte aus den Fluten gerettet werden und wurde in der neuen Kapelle angebracht.

Vom Goldenen Kopf führt ein steiler Abstieg hinab nach Elzach zum Bahnhof, dort endet unsere Tour.

Tipp

Einkehr in der urigen Fischerhütte in idyllischer Lage. Frisch zubereitete Forellen aus eigener Zucht. Öffnungszeiten erfragen.
fischerzunft.biederbach@gmail.com

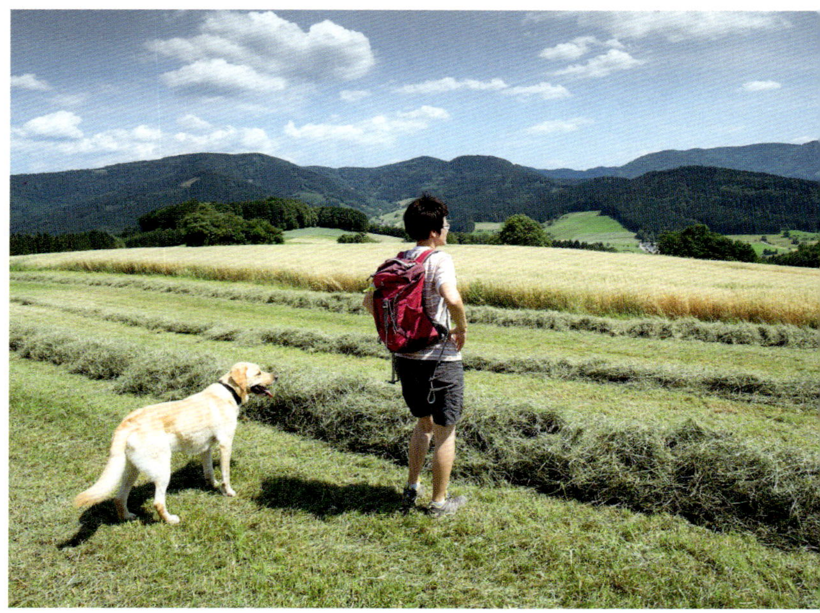

Ausblicke zum Aufatmen

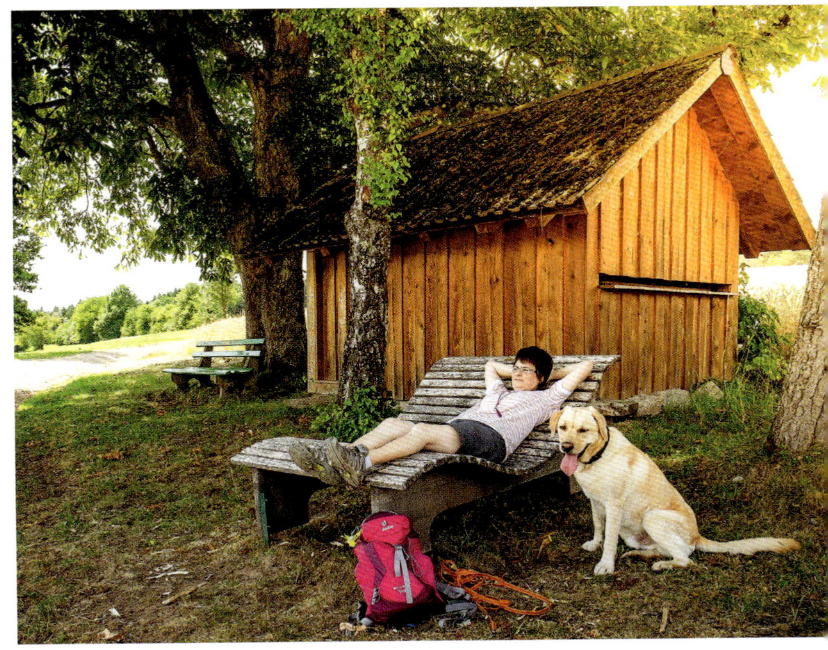

Einfach die Seele baumeln lassen

Hinkommen

Von Lörrach kommend auf der A5 bis Ausfahrt Freiburg-Nord, weiter auf der B 294 bis Elzach. Am ersten Kreisverkehr die erste Ausfahrt nehmen und direkt links zum Parkplatz an der Elz oder am Bahnhof Elzach.

Tourbeschreibung

Start und Ziel: Bahnhof Elzach
Länge: rund 11,5 Kilometer, 364 Höhenmeter Auf- und Abstieg
Dauer: rund 4 Stunden
Schwierigkeit: mittelschwer

Vom Bahnhof Elzach der Beschilderung ***Goldener-Kopf-Tour*** folgen.

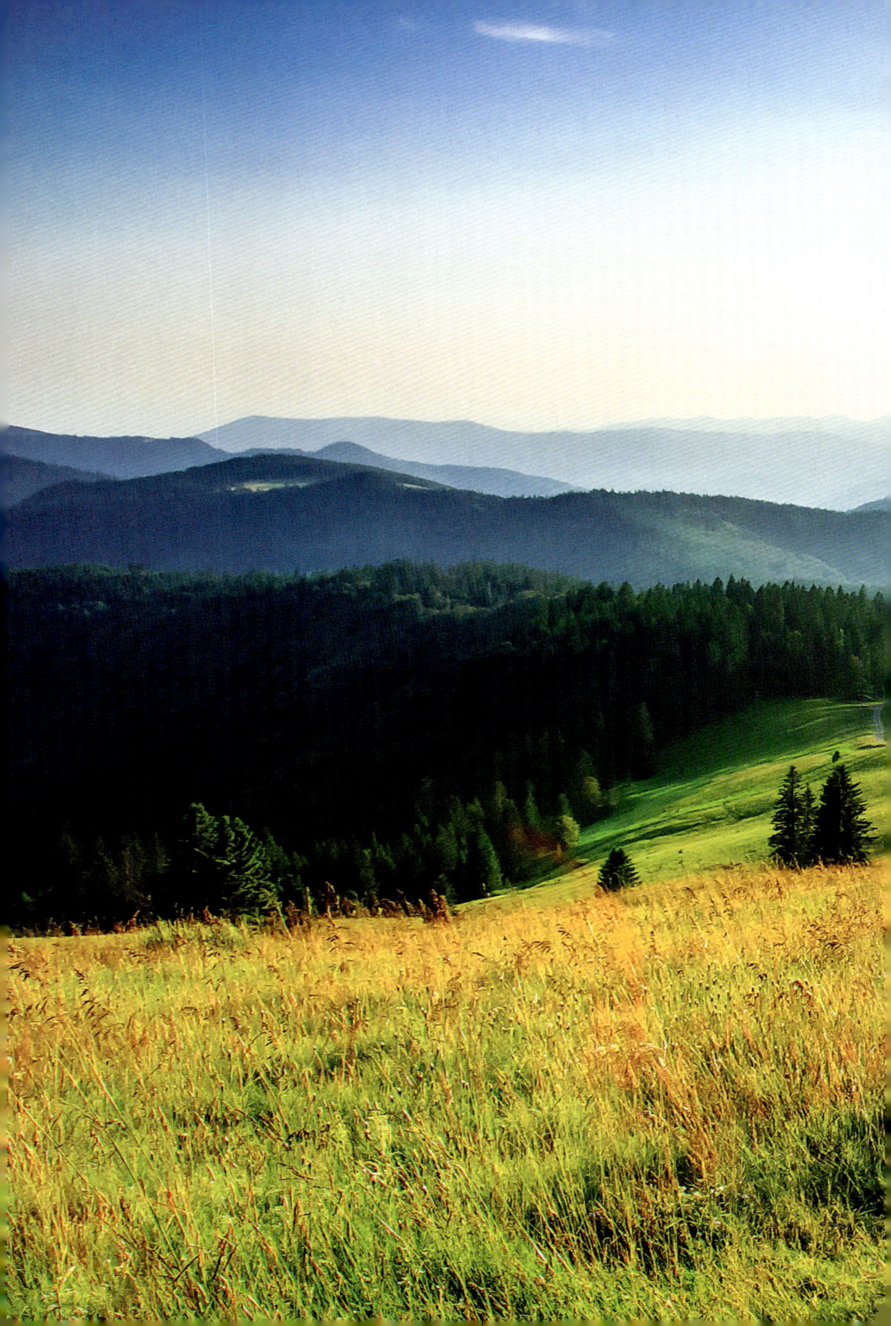

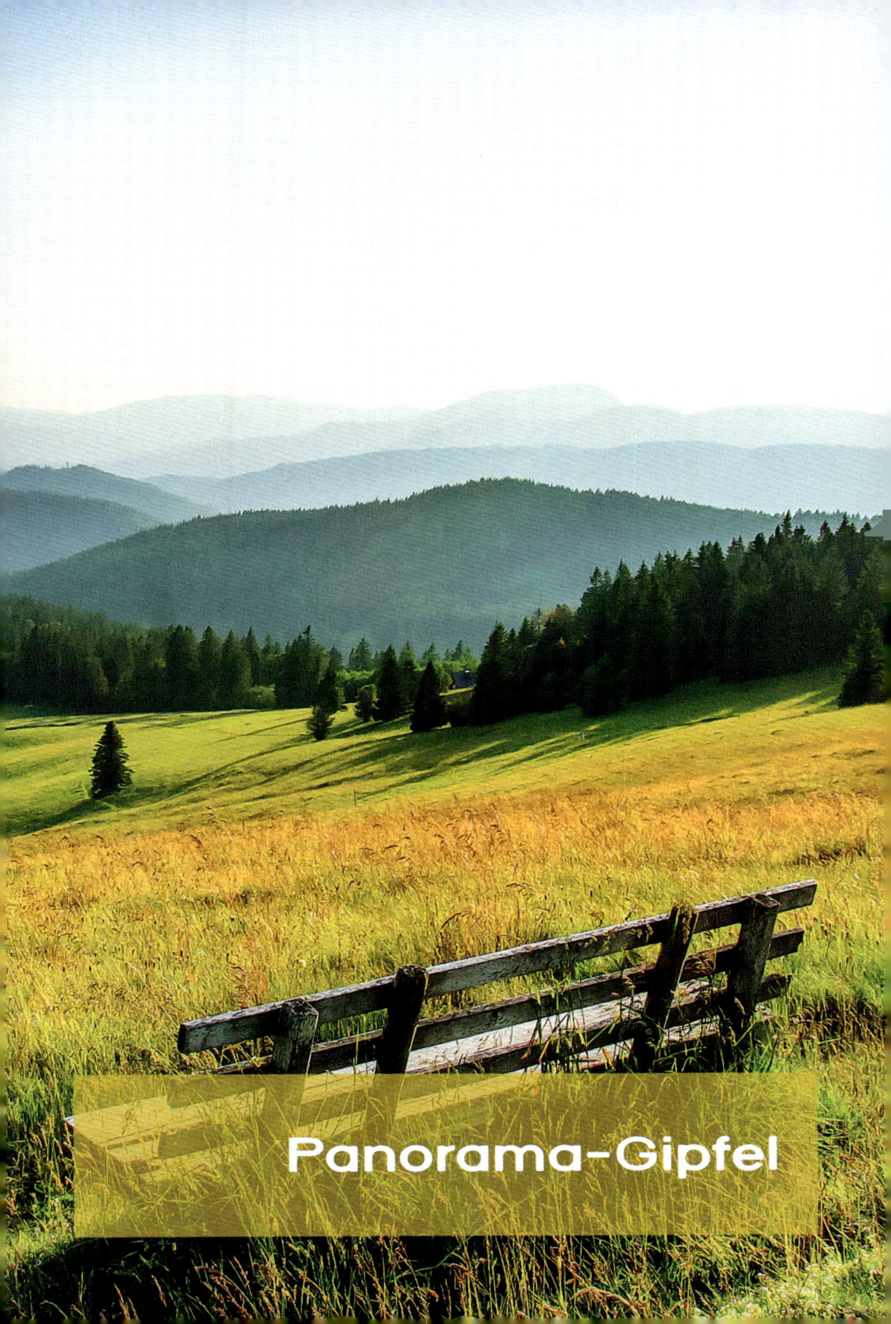

Panorama-Gipfel

20 HOCHBLAUEN 1165 METER

Der keltische Mondberg und die bitteren Tränen der Sirona

Der bergtypischen Gipfelsilhouette verdankt der Markgräfler Hausberg seine bis weit über die Grenzen sichtbare Strahlkraft als Wahrzeichen und Leuchtturm – nachts mit angestrahlter Fassade des Hochblauenhauses und rot leuchtendem Fernsehturm. Die Aussicht vom Gipfel ist ebenso phänomenal wie der Rummel, der an schönen Tagen herrscht.

Seinen Anmut und Charakter entfaltet der Hochblauen besonders während der Inversionswetterlage, wenn die Täler vernebelt sind und sich der Gipfel wie eine geheimnisvolle Insel mitten aus dem Wolkenmeer erhebt. An diesen Tagen sind die traumhaften Blicke nach Süden auf die Alpen überirdisch schön.

Die touristische Erschließung ist ausführlich in meinem Buch Kraftorte im südlichen Schwarzwald beschrieben. Die Frage, was es mit dem Blauen als Mondberg auf sich hat, ist indes noch nicht ge-

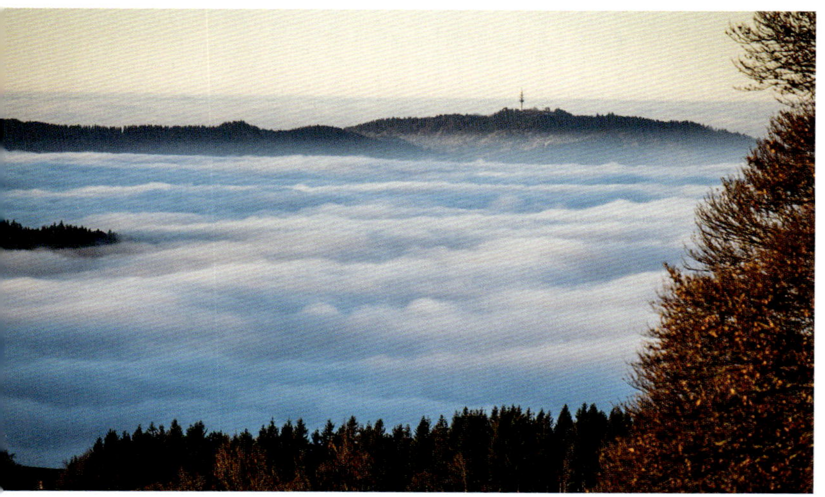

Wie eine Insel im Wolkenmeer zeigt sich der Hochblauen vom Schauinsland aus

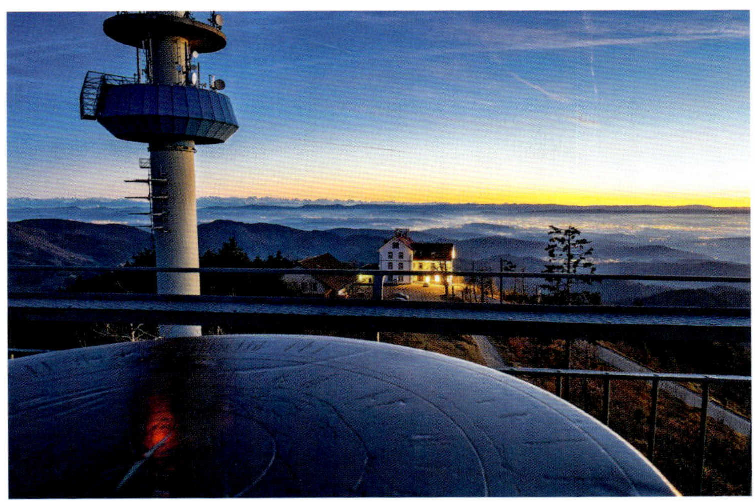

Alpenblick in der Morgenröte vom Hochblauenturm aus

löst. Von den Kelten wurden markante Berggipfel als Fixpunkte zur Bestimmung von Sonnen- und Mondfesten verwendet. Wir kennen das Belchendreieck, das die Belchen-Berge in den französischen Vogesen, im Schweizer Jura und dem Schwarzwälder Belchen als Visurpunkte (Sichtverbindungen) verband, um anhand der Sonnenaufgänge die keltischen Feste zu bestimmen. Die Blauen-Berge im Elsässer und Schweizer Jura, der Zeller Blauen und der Hochblauen dienten ebenfalls als Kalendersystem für Mondstände. In einem Aufsatz von 1918 wird der Blauen im Zusammenhang mit der keltischen Göttin Sirona genannt. Sirona war die Göttin der Quellen und des Nachthimmels, der Name bedeutet soviel wie „erhabener, großer Stern". Obwohl es keine Belege gibt, dass der Berg in frühgeschichtlicher Zeit als Kultstätte diente, liegt die Vermutung nahe, dass der Blauen eine Anbetungsstätte der Göttin Sirona war, zumal der nahe gelegene Belchen dem Sonnengott Belenos gewidmet war. Als Beweis meiner These kann ich nur von den fantastischen Vollmondaufgängen auf dem Hochblauen schwärmen. Und vom Anblick eines erhabenen, großen Sternes, den ich als Komet C/2020 F3 – genannt Neowise – im Juli 2020 am Morgenhimmel beobach-

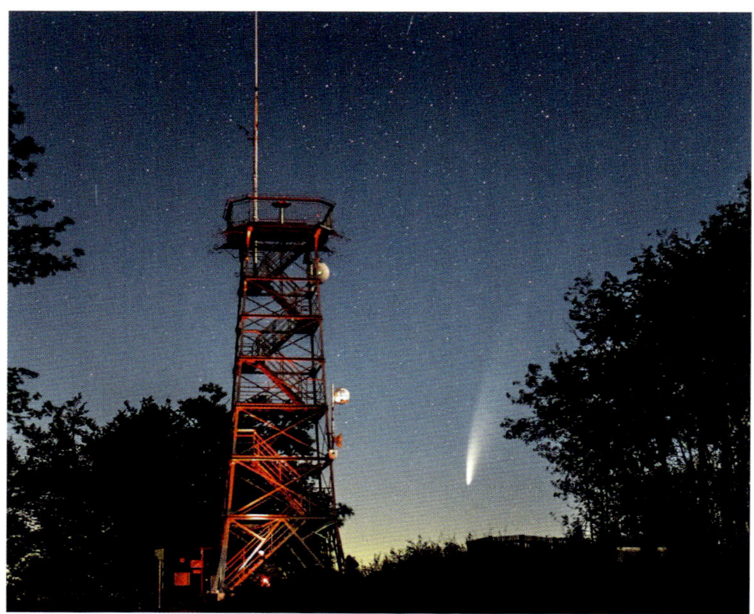

Komet Neowise am Hochblauenturm

ten konnte. Zusammen mit dem rötlichen Mars, der hellen Venus, Jupiter und dem Vollmond bot Neowise ein einzigartiges Stelldichein am Firmament, das bei seiner letzten Erscheinung vor einigen Tausend Jahren, bei den damaligen Beobachtern sicher zur Verehrung der Sternengöttin Sirona geführt haben dürfte.

Und was hat es mit den Tränen der Sirona auf sich? Den Sternenschweif des Kometen könnte man als Tränen interpretieren. Gut möglich auch, dass Sirona bittere Tränen vergießt, wenn sie auf ihren, einst als heilig verehrten Mondberg blickt. Gastronomisch betrachtet leuchtet seit Jahren hier oben nichts, das annähernd eine Erwähnung verdient. Mir bleibt nur der Hinweis, die schönen Mondaufgänge zu bestaunen und mit Blick auf das Berggasthaus, mich den Worten Wolfgang Abels zu bedienen, der in seinem Reiseführer bereits 2015 Folgendes schrieb: „Der Gast erkunde die aktuelle Situation mit der gebotenen Umsicht und entscheide nach Augenschein."

Hinkommen
Aus Lörrach kommend über Kandern und über Malsburg-Marzell bis zum Wanderparkplatz Auf der Egerten direkt an der L 140.

Tourbeschreibung
Start und Ziel: Wanderparkplatz Auf der Egerten auf der (linken Seite) von Marzell kommend
Länge: 7,3 Kilometer, 270 Höhenmeter Auf- und Abstieg
Dauer: rund 2.20 Stunden
Schwierigkeit: mittelschwer, Trittsicherheit auf den schmalen Pfaden erforderlich

Vom Parkplatz ***Auf der Egerten*** der roten Raute (Westweg) Richtung ***Blauen*** folgen. Zunächst auf schmalem Pfad, später auf angenehmem Waldweg mit schönem Ausblick auf die beiden Gleichen und unserem Ziel, den Hochblauen. Nach dem Sattel ***Fischerbrunn*** folgt ein steileres Stück, bevor unterhalb vom Gipfel die L 140 überquert wird. Der letzte Aufstieg führt direkt zum ***Hochblauen Aussichtsturm*** (Eintritt 50 Cent).
Abstieg auf dem Westweg (rote Raute) Richtung ***Kandern*** auf einem traumhaften Pfad, der an einigen Felsen vorbeiführt, bis er auf eine Ruhebank trifft. Dort links abzweigen auf den breiten ***Hexenplatzweg***, der zurück über ***Steinenboden*** zum Waldparkplatz führt.

Tipp

Alternativ Abstieg auf dem schmalen Pfad direkt beim *Hochblauenhaus* bis *Fischerbrunnsattel*. Dort Abstecher auf den *Stockberg* (sehr steiler Aufstieg – siehe Beschreibung im Kapitel Stockberg) und zurück auf dem Westweg zum Waldparkplatz *Auf der Egerten*. Für die zusätzliche Strecke rund 700 Meter und 45 Minuten mehr einplanen.

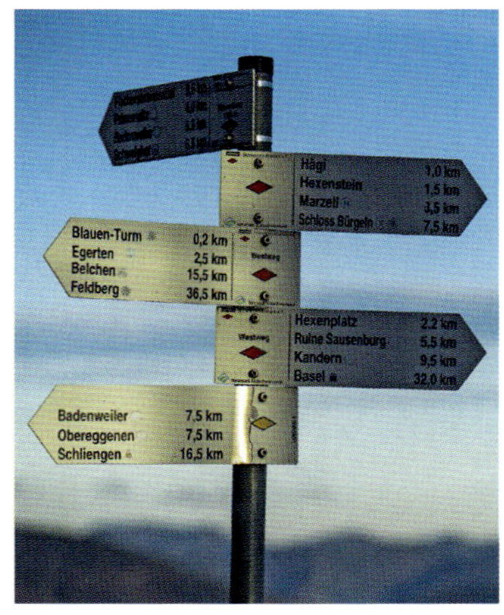

21 RABENFELSEN | OBERE STUHLSEBENE 1114 METER

Fetthenne, Bauernsenf und Ausdauernder Knäuel

Die Stuhlsebene erstreckt sich als breiter Bergrücken vom Belchen aus Richtung Südosten. Es ist ein landschaftlich einzigartiges Gebiet, das durch die Gletscher der letzten Eiszeit geformt wurde. Am Rabenfelsen eröffnet sich ein einmalig schöner Blick auf das Tal und die umliegenden Berge.

Für mich zählt die Stuhlsebene zu den eindrucksvollsten Orten im südlichen Schwarzwald. Es sind die herrlichen Weiden mit zahlreichen Felsblöcken, bizarren Weidbuchen, Vogelbeeren und Fichten, die eine einmalige Charakterlandschaft geschaffen haben.

Das Gewann Ob dem Stuhl war seit alters her begehrtes Weideland. Noch um 1889 wurde hier Reutfeldbewirtschaftung betrieben, bei der sich Acker- und Weidenutzung ab-

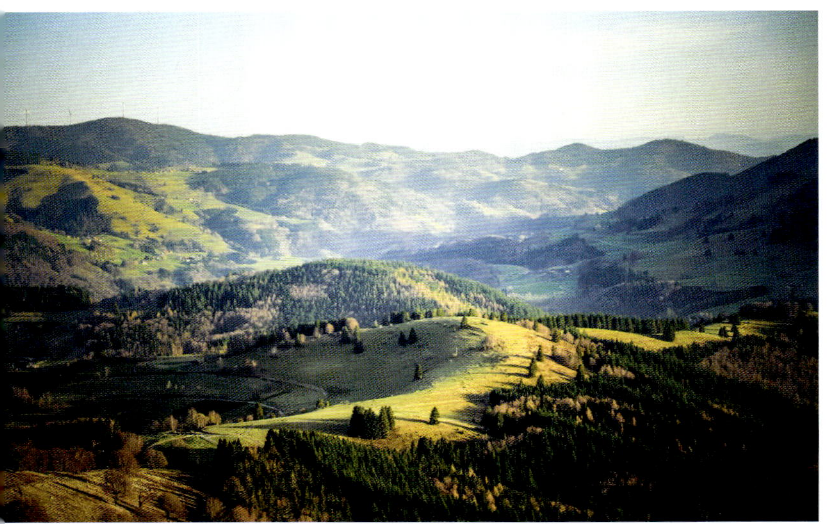

Großes Kino über dem Kleinen Wiesental

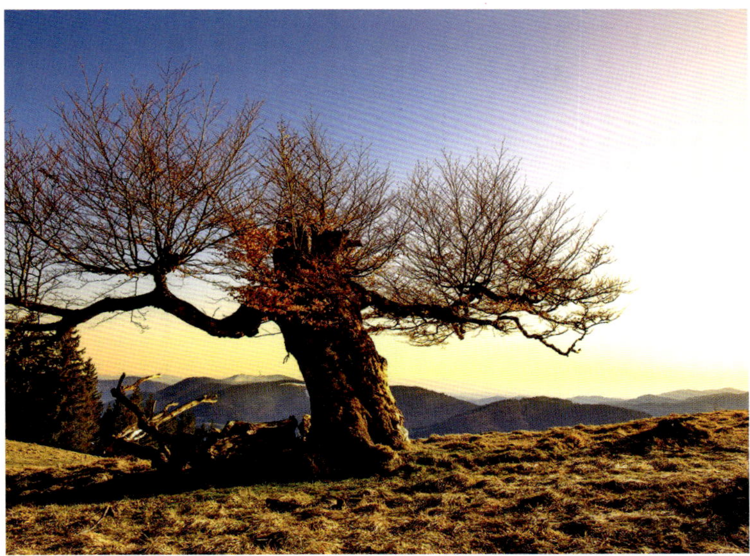

Der Rabenbaum auf der Stuhlsebene

wechselten. Dazu wurde die obere Rasenschicht von Hand ausgehackt (geschorbt), getrocknet und angezündet. Die entstandene Asche wurde zur Düngung verwendet. Danach konnte auf dem Feld Roggen oder Hafer angebaut werden. Nach etwa zwei Jahren waren die Nährstoffe verbraucht und das Feld wurde erneut für 15 bis 20 Jahre als Viehweide genutzt. Der auf diese Weise entstandene karge, steinige Boden bot einen hervorragenden Lebensraum für eine seltene Pflanzenvielfalt. Am schönsten ist die Stuhlsebene im August. Dann verwandelt das Heidekraut die Weide in ein violettes Blütenmeer. Im September duftet es herrlich nach wildem Thymian, im Frühsommer zaubert der Flügelginster gelbe Tupfer auf die Weiden.

Wenn ich auf der Stuhlsebene den steilen Weg hinauf zum Rabenfelsen wandere, bin ich jedes Mal aufs Neue ergriffen. Mein Herz geht auf in dieser urigen Landschaft. Der Anblick der stolzen, alten Weidbuchen mit ihren verwachsenen Stämmen erfüllt mich mit Ehrfurcht. Auf der Anhöhe auf 1100 Metern steht mein Rabenbaum. Es ist eine sehr alte Weidbuche, deren Krone abgebrochen ist. Mit ihren

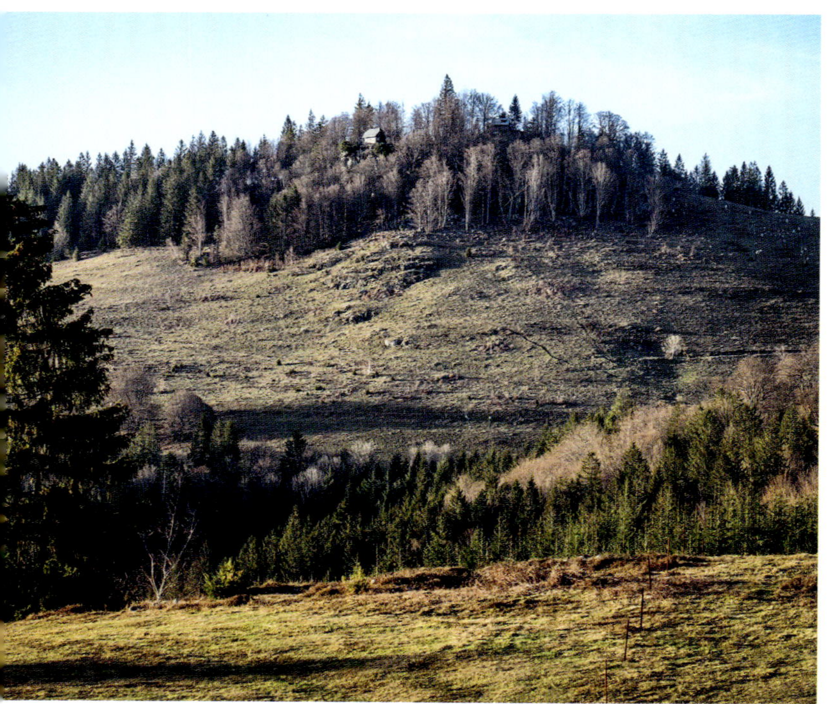

Der Rabenfelsen vom Dossen aus gesehen

bizarr nach beiden Seiten ausgestreckten Ästen sieht sie aus wie ein Totempfahl in Form eines Raben. Über einen Pfad gelangen wir zum Rabenfelsen. Zwei private Hütten stehen auf dem Felsen, der sich wie ein Adlerhorst über die Weidfelder erhebt. In den Felsblöcken unterhalb des Rabenfelsens wachsen noch Vorkommen des stark gefährdeten Bauernsenfs, die einjährige Fetthenne und der Ausdauernde Knäuel. Zarte, kleine Pflanzen, die hier in der Höhe Winden, Frost und Schnee trotzen und im Frühjahr trotzig aufbegehren. Auch selten gewordene Singvogelarten wie Grasmücke, Baumpieper, Zippammer und Neuntöter sind hier heimisch.

Vom Rabenfelsen aus blicke ich in das Landschaftsporträt eines genialen Künstlers: Ein Mosaik aus den unterschiedlichsten Grüntönen, das sich auf den Berghängen, den bewaldeten Gipfeln und in den Tälern dazwischen entfaltet. In einer Welt, in der es immer enger wird, in der wir den größten Teil des Lebens in Räumen verbringen, ist der Blick in die Weite dieser Landschaft wie ein Atemzug, der Leben schenkt.

Tipp

Weidbuchen Themenpfad Broschüre für 1 Euro bei der Schwarzwaldregion Belchen Tourist Information in Schönau.
www.schwarzwaldregion-belchen.de

Hinkommen
Von Kandern kommend über Malsburg-Marzell zum Lipple, weiter auf der L 140 bis Tegernau. Links auf die L 139 bis Neuenweg. Weiter auf der L 131 bis Böllen. Kurz hinter Niederböllen zweigt in einer engen Kurve eine unscheinbare Straße Richtung Wildböllen ab. Durch Wildböllen weiter auf der geteerten Waldstraße. Achtung: Schmale Straße, enge Kurven und Straßenschäden bis zum Parkplatz auf der Passhöhe Sägeneck.
Von Schönau kommend auf der B317 nach Schönenberg bis Ortsende und links auf die geteerte Straße bergauf abzweigen bis zur Passhöhe Sägeneck. Achtung: Die Straße ist an Sonn- sowie Feiertagen für den Kraftfahrzeugverkehr gesperrt.

Tourbeschreibung
Start und Ziel: Wanderparkplatz Sägeneck
Länge: rund 5 Kilometer
Dauer: rund 1.50 Stunden
Schwierigkeit: mittelschwer, stellenweise steiler Auf- und Abstieg

Der Weidbuchenpfad auf der Stuhlsebene führt zu den markantesten Buchen und vermittelt an 11 Stationen Wissenswertes rund um die Weidbuchen. Vom Wanderparkplatz ***Sägeneck*** zunächst auf dem Gelbe-Raute-Weg bis ***Mittelbühl***. Ab dort weiter auf dem Blaue-Raute-Weg bis ***Eisenbläue***. Dort Abstecher auf dem kleinen Pfad zum ***Rabenfelsen***. Zurück zum Wegschild ***Eisenbläue*** und weiter auf dem Blaue-Raute-Pfad bis ***Obere Stuhlsebene***. Weiter auf dem Gelbe-Raute-Weg bis ***Untere Stuhlsebene*** und zurück zum Wanderparkplatz ***Sägeneck***.

22 HEIDECKFELSEN 1110 METER
Hochgefühl am heiligen Fels

Die beste Lage für eine Horizonterweiterung befindet sich am Südhang des Belchens. Dort ragen Rabenfelsen, Hohfelsen und Heideckfelsen wie Inseln der Kraft in den Himmel. Hoch über dem Wiesental bieten sie fantastische Weitblicke bis zu den Schweizer Alpen. Hier herrscht genügend Weitblick, um die Sinne zu klären und dem Alltag zu entrücken.

Mein liebster Horizont ist mir das Meer. Stundenlang kann ich auf diese Linie schauen, in der Meer und Himmel miteinander verschmelzen. Es ist die wohltuende Leere, in der ich meine Gedanken ordne. Leider besteht mein Horizont aus dunklen Nadelbäumen, die derart spitz in den Himmel ragen, als wollten sie die Wolken piksen. Wenn ich vor lauter Fichten den

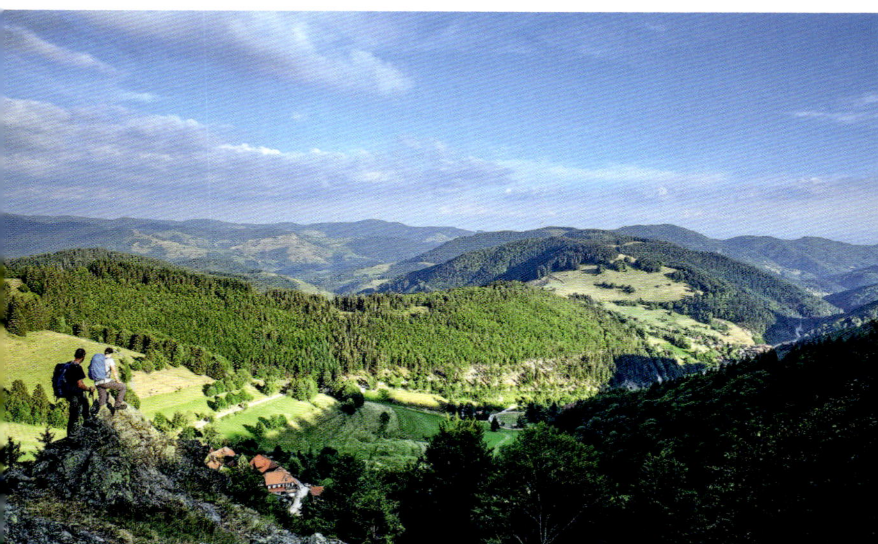

Am Heideckfelsen mit Blick auf die Belchenhöfe

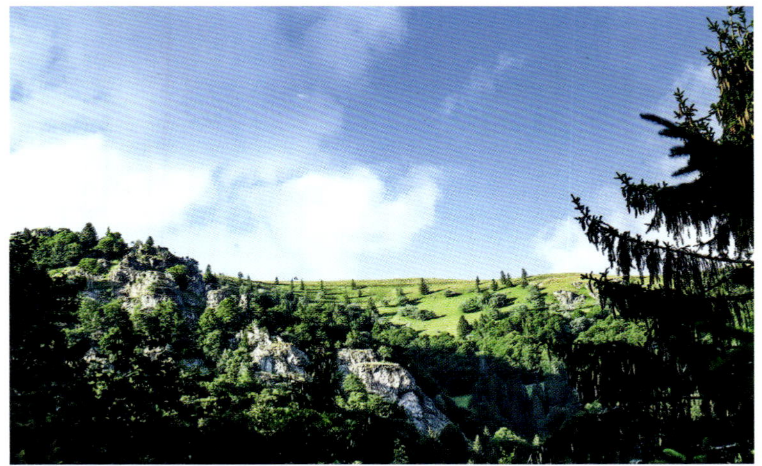

Blick zum Hohkelch

Wald nicht mehr sehe, ist es an der Zeit für einen neuen Horizont.

Der Heideckfelsen verfügt über eine solch kraftvolle Präsenz, in der ich stundenlang sitzen und meine Gedanken ordnen kann. Wie ein versteinerter Dinosaurierrücken ragt er aus der Weidelandschaft. Er ist die Linie, zwischen Himmel und Erde. Die Füße am Felsen geerdet, den Kopf himmelwärts gewandt. Dasein und Nichtstun. Den Wolken zuschauen und ihnen fantasievolle Namen geben. Wie herrlich ist das denn bitteschön?

War dieser Ort einst eine Heiden-Ecke? Ein Ort, an dem kultische Rituale vollzogen wurden? Interessant ist eine andere Deutung, die sich auf das nahe gelegene Hofgut Haidflüh bezieht, das zur Gemeinde Böllen gehört. Heide, althochdeutsch Heyde, ist eine Bezeichnung für unfruchtbare, nicht urbar machende Landschaft, im besten Sinne des Wortes, eine Wildnis. Auf der Gewannkarte von 1786 ist der Felsen als Heydeck Felsen verzeichnet. Als Heide wurden später die Allmendweiden bezeichnet, die gemeinsam von den Bauern bewirtschaftet wurden. Aus dem Schweizerdeutsch kennen wir das Wort Flühe, das sich auf Felsen und Felsgipfel bezieht. Oder, um es mit meinen Worten zu beschreiben: Ein wundersamer Felsen in der rauen Bergwildnis des Belchen. Wenn die Alltagssorgen wie eine Brandung heranrol-

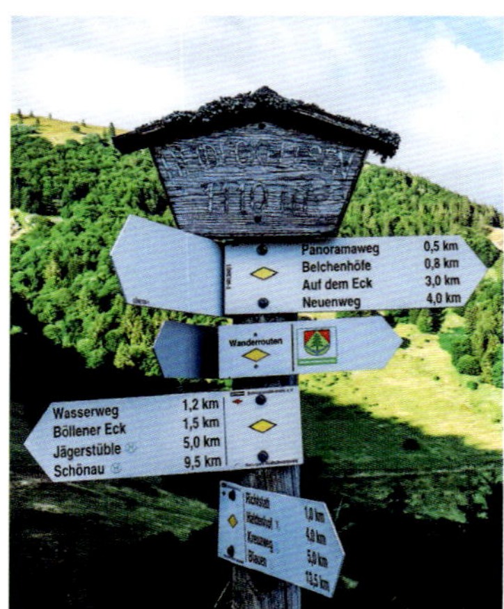

Der Felsen liegt etwas abseits des Wanderweges

len, zerstäubt sich die Gischt auf dem Felsen in feine, glitzernde Tröpfchen und zaubert im Licht der Sonne einen Regenbogen.

Tipp

Wer ein Wochenende oder eine Woche in traumhafter Umgebung verbringen möchte, findet im Gästehaus Birkenhof eine herrliche Ruheoase. Ein tolles Erlebnis für die Familie sind geführte Lama-Wanderungen am Belchen. Bachblüten- und Kräuterwanderungen und Seminare.
https://gaestehaus-birkenhof.de/

Hinkommen

Von Müllheim kommend auf der L131 über den Sirnitz-Pass. Nach der Ortschaft Mittelheubronn auf dem Wanderparkplatz Auf dem Eck parken. Von Lörrach kommend auf der B317 bis Steinen. Weiter auf der L135 bis Weitenau und auf der L136 bis Wieslet. Weiter auf der L139 bis Neuenweg. Weiter auf der L131 bis zum Wanderparkplatz Auf dem Eck.

Tourbeschreibung

Start und Ziel: Wanderparkplatz Auf dem Eck
Länge: rund 6 Kilometer, 280 Höhenmeter Aufstieg, 240 Höhenmeter Abstieg
Dauer: rund 2 Stunden
Schwierigkeit: leicht

Vom Wanderparkplatz ***Auf dem Eck*** der gelben Raute bis ***Schlossboden*** folgen. Weiter zur ***Richtstatt***. Ab dort der roten Raute (Westweg) folgen bis ***Alte Grenzmauer***. Von dort wieder auf den Gelbe-Raute-Weg wechseln und bis Wegweiser ***Heideckfelsen*** wandern. Dort Abstieg zum Felsen Richtung ***Panoramaweg***. Ab dort Abstieg Richtung ***Schlossboden*** und zurück zum Wanderparkplatz ***Auf dem Eck***.

HOHFELSEN AM BELCHEN 1268 METER

23

Zur Felskanzel mit der Wunderbuche

Die nach Süden hin exponierte Felsnase, aus der eine Weidbuche wächst, ist einer meiner Lieblingsplätze am Belchen. Hoch über dem Kleinen Wiesental gelegen, öffnet sich ein fantastischer Fernblick auf Alpen, Täler und Berge. Ein Kraftort, der inspiriert und Achtsamkeit lehrt.

Beim Wandern geht es mir nicht in erster Linie darum, einen Gipfel zu besteigen oder möglichst viele Kilometer hinter mich zu bringen. Es ist das schlichte Unterwegs sein in freier Natur, das mich begeistert. Das Glück des Augenblicks entdecke ich beim Wandern. Es ist die Unbeschwertheit, die ich im Wald und auf den Gipfeln erlebe, das Verlassen des Alltags mit seinen Verpflichtungen und Besorgungen. Einer dieser unbeschwerten Wege

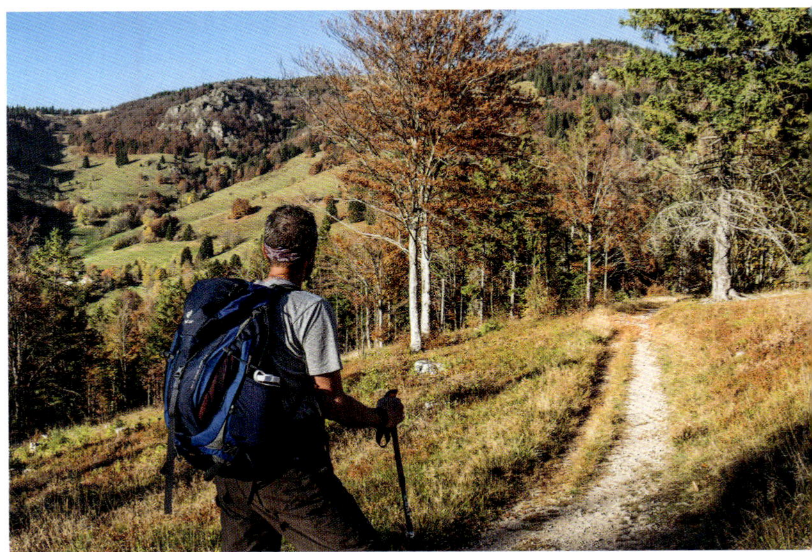

Traumhafte Wegstrecke zum Hohfelsen

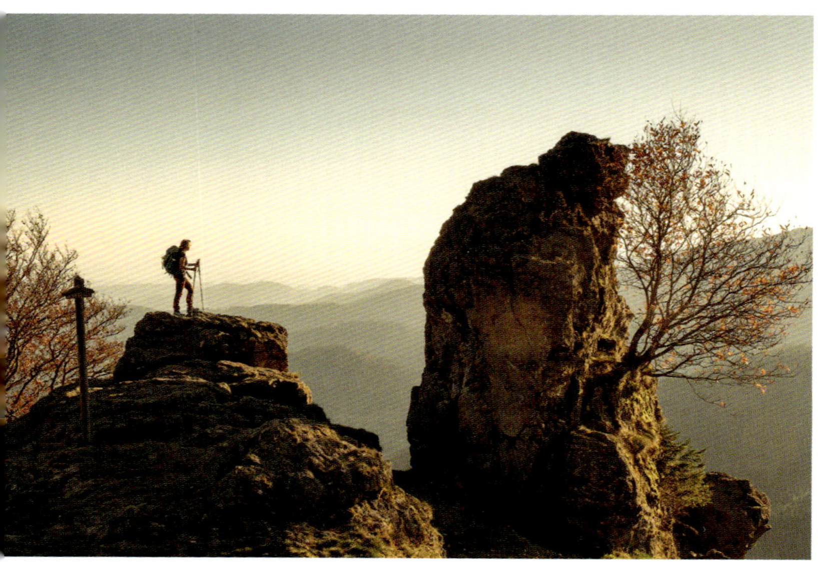

Fotogen: Der Hohfelsen am Belchen

führt mich zum Hohfelsen, wo ich oft und gerne verweile. Ich liebe den Blaue-Raute-Pfad, dem ich vom Wanderparkplatz am Hau aus folge. Ich tauche ein in die wilde Natur, streife über Stock und Stein, steige aus dem Tal empor, wandere durch einen märchenhaft anmutenden Weidbuchenwald. Mit jedem Meter fällt der Alltag von mir ab. Der neu gewonnene Horizont über den Weidfeldern eröffnet neue Blicke, meine Sinne werden klar, Lösungen zeichnen sich ab. Wandern ist das Abweichen vom Alltäglichen.
Am Hohfelsen angekommen, setze ich mich auf den von der Sonne erwärmten Felsen. Ich staune über die Kraft der Weidbuche, die in der einsamen Höhe mit dem Felsen verwachsen ist. Ich sitze einfach da und betrachte still die Symbiose der beiden.

Es ist nicht die Luft allein, die heilt und erfüllt, sondern das, was man mit ihr atmet: den Geist der freien Natur, die Weite des Himmels. Man greift nach dem grenzenlosen Horizont. Das lässt einen Menschen wachsen, verleiht ihm innere Stärke.

Stephen Graham

Vom Hohfelsen ist es nicht mehr weit bis zum Gipfel des Belchens. Doch anstatt auf den Gipfel zu steigen, mache ich mich wieder auf den Rückweg. Ich muss nicht zum Gipfelkreuz, um damit meine Wanderung zu krönen. Die Zeit am Hohfelsen war wertvoll und erfüllend, der Aufstieg zum Gipfel würde dieses Erlebnis nur schmälern. Langsam wandere ich den schmalen Pfad zurück ins Tal, wohl wissend, dass das Glück nicht nur auf den Gipfeln zu finden ist.

Tipp

Das Blumencafé – Landgasthof Rosenstübchen in Neuenweg offeriert eine feine Auswahl an Kaffeespezialitäten, Kuchen und Torten. Saisonale Schwarzwälder Gerichte werden nach Großmutters Rezepten zubereitet.
www.rosenstuebchen.de

Hinkommen
Aus Lörrach kommend auf der B317 bis Steinen und auf der L136 bis Wieslet. Ab dort weiter auf der L139 bis nach Neuenweg. Im Ort rechts auf die L131 abbiegen und weiter bis zum Hau-Pass.
Aus Müllheim kommend auf der L131 über den Sirnitz-Pass über Neuenweg bis zum Hau-Pass.
Aus Kandern kommend über Scheideck nach Tegernau, alternativ auf der L135 bis Schlächtenhaus, weiter auf der L136 bis Wieslet. Ab dort weiter auf der L139 über Neuenweg zum Hau-Pass.
Parken auf dem Wanderparkplatz Hau direkt an der Passhöhe.

Tourbeschreibung
Start und Ziel: Wanderparkplatz Hau
Länge: 6,5 Kilometer, 330 Höhenmeter Auf- und Abstieg
Dauer: rund 2.30 Stunden
Schwierigkeit: mittelschwer

Vom Wanderparkplatz Hau die L131 überqueren und auf dem Blaue-Raute-Pfad ***Richtung Belchen*** wandern. Der Weg führt stetig ansteigend über eine Weide, dann entlang eines Waldstücks mit schönen Weidbuchen. Am ***Böllener Eck*** öffnen sich erste Fernblicke, bevor der Weg durch einen wunderschönen märchenhaften Weidbuchenwald ansteigt und zur exponierten Felsnase des ***Hohfelsen*** führt. Abstieg auf demselben Weg.

24 HOHKELCH 1264 METER

Auf alpinen Pfaden zum Heiligen Gral

Die Rede ist vom charakteristischen, nach Westen hin hervorragenden Höcker, der dem Belchen seine unverwechselbare Kontur verleiht. Auf der Hohkelch-Tour erleben wir die wilde Seite des Belchen. Die abenteuerliche Wanderung führt über felsige Flanken und schmale Bergpfade. Indiana Jones lässt grüßen.

Der Name Hohkelch weckt Assoziationen, ja genau, an den Heiligen Gral, jenen geheimnisvollen Abendmalkelch, um den sich zahlreiche Mythen und Legenden ranken. Wie aber kommt dieser markante Höcker, den manche auch als Belchennase bezeichnen, zu seinem Namen? Erstmals taucht der Hohe Kelch in einer Beschreibung des Neuenweger Banns von 1773 auf und zwar als Kirchfelsen, auf alemannisch Chilchefelse ausgesprochen. Eine treffende Be-

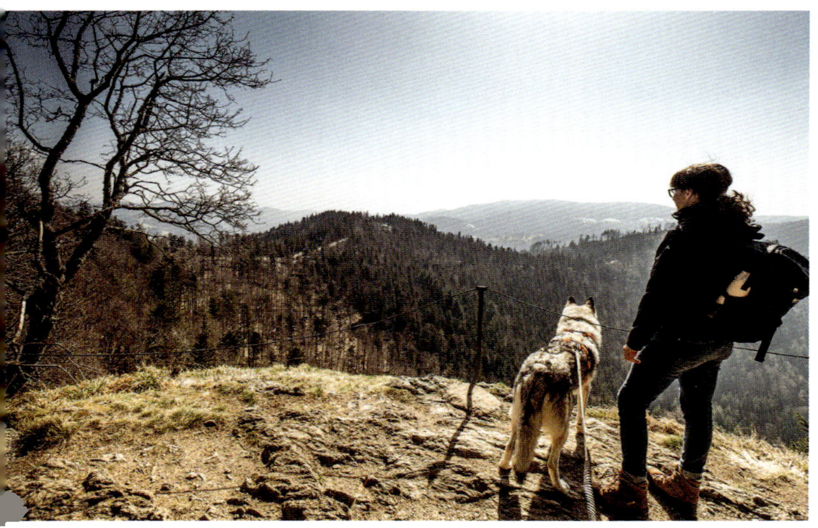

Am Felsplateau des Lünzmann-Platzes

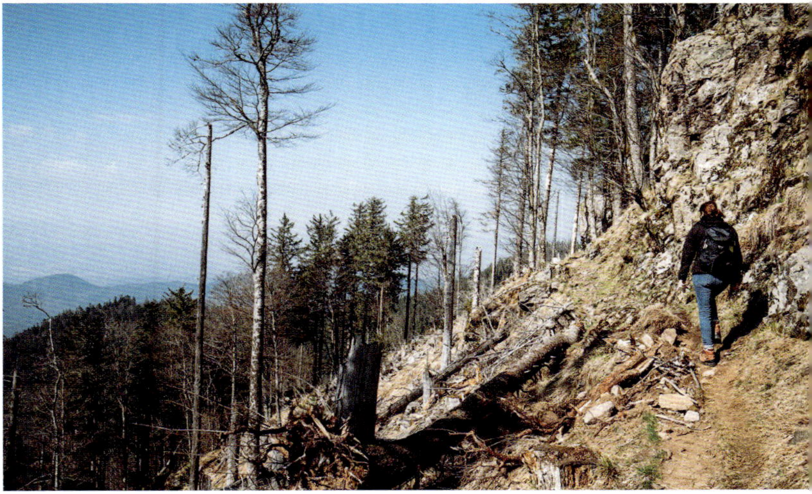

Alpiner Pfad mit Weitblick

zeichnung für die steil aufragende, kathedralartige Felsformation. Daraus hat sich vermutlich im Laufe der Zeit die Hohe Kilch entwickelt, was wiederum zum Hohe Kelch, bis zum heute gebräuchlichen Hohkelch wurde.

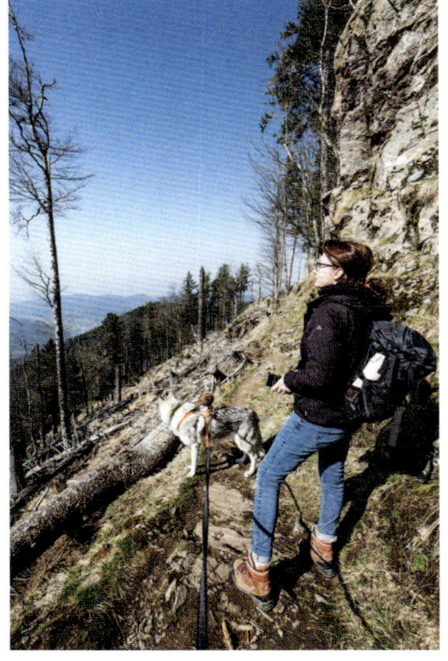

Der Hohkelch ist über einen schmalen Grat mit dem Belchen verbunden und führt nach Südwesten weiter über die Heideck zum Stuhlskopf. Mit Fantasie wähnt man sich beim Anblick der schroffen, zerklüfteten Felsen in den kanadischen Rocky Mountains. Lange, steile Anstiege, teilweise über Geröllhalden und extrem schmale Pfade, die entlang der nordwestlichen Steilflanke verlaufen, erfordern nicht nur Kondition, sondern auch Trittsicherheit. Wer sich auf den Weg macht, wird mit einer echten Bergwanderung mit alpinem Charakter belohnt. Der Anstieg erfolgt über die Nordwand des Belchen mit ihren dunklen Fichtenwäldern zum Hohkelchsattel, weiter über die Hohkelch-Felsen hinüber auf die sonnige Südflanke des Belchen, auf dem es sich mit den lichten Buchenwäldchen im Frühjahr mediterran anmutet. Bei gutem Wetter übertrifft die Alpensicht die kühnsten Erwartungen. Ach was, nicht nur die Alpensicht, es ist das Gesamtpaket. Die schmalen Steige, Geröllhalden, Wurzelpfade. Die Herausforderung, 1200 Höhenmeter zu bewältigen. Wilde Wälder und weite Horizonte. Eine Topografie voller Überraschungen. Der so nüchtern klingende Lünzmann-Platz, der sich als aussichtsreiche Felskanzel mit einer atemberaubenden Fernsicht entpuppt. Die überragende Aussichtsterrasse des Belchenhauses. Der alpine Pfad über Stege und Steigen auf der Nordwand, der steile Abstieg auf den schmalen Pfaden ins Kaltwassertal.

Die Tour über den Hohkelch, sie ist zurecht der Heilige Gral der Wanderpfade im Schwarzwald.

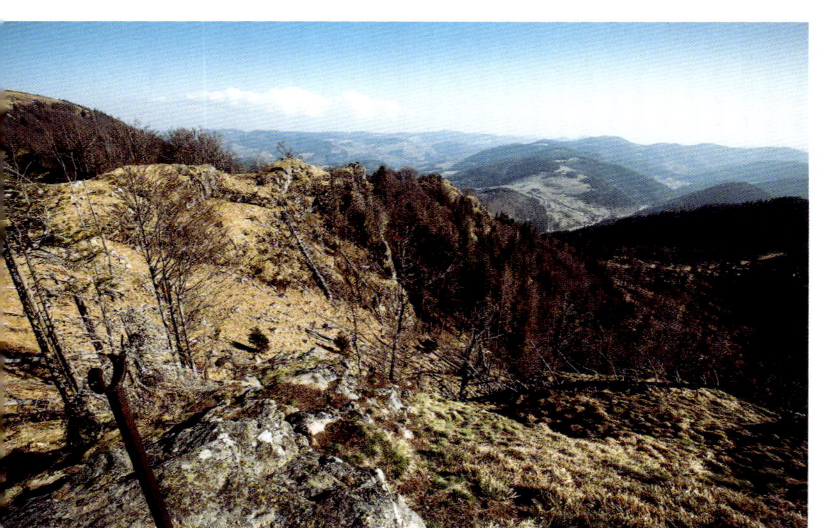

Die Felsen am Hohkelch erfordern einige Kletterei

Tipp

Abstecher zur Käserei Glocknerhof in Kaltwasser. Auf dem 300 Jahre alten Hof wird Heumilchkäse produziert. Unbedingt den frischen Bibbeleskäs, Münstertaler oder Bergkäse probieren. www.kaeserei-glocknerhof.de

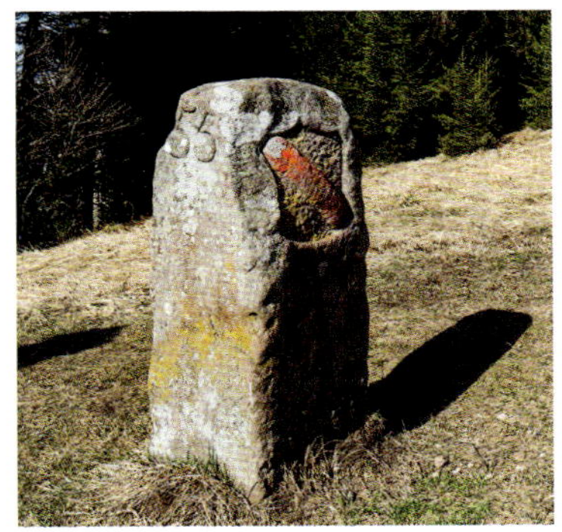

Alter Grenzstein mit badischem Wappen

Hinkommen
Auf der L 123 bis nach Münstertal, ab Rathaus abzweigen auf die L 130 bis Rotenbuck/Langeck. Parken auf dem Wanderparkplatz Neumühle. Der Parkplatz befindet sich auf der rechten Seite kurz hinter der Abzweigung zum Besucherbergwerk Teufelsgrund.

Tourbeschreibung
Start und Ziel: Wanderparkplatz Neumühle
Länge: rund 20 Kilometer, 1250 Höhenmeter Auf- und Abstieg
Dauer: rund 8.30 Stunden
Schwierigkeit: schwer

Vom Wanderparkplatz ***Neumühle*** zunächst zum 200 Meter entfernten Landgasthof Langeck laufen, ab dort anfangs auf breitem Weg, danach auf Bergpfaden (blaue Raute) zum ***Feuersteinfelsen*** und weiter zum ***Hohkelchsattel*** auf 1245 Metern. Auf dem Waldpfad zu den ***Hohkelch-Felsen***, den Ausblick am ***Lünzmann-Platz*** bestaunen. Auf schmalem Weidepfad oberhalb der ***Belchenhöfe*** geht es auf der gelben Raute über ***Alte Grenzmauer*** und ***Heideckfelsen*** zum ***Wasserweg*** und weiter zum ***Böllener Eck***. Ab dort auf dem Blaue-Raute-Pfad zum ***Hohfelsen*** aufsteigen. Weiter zum ***Belchenhaus*** und über den ***Alpinen Pfad*** am Nordhang die Ausblicke am ***Weißen Felsen*** ins Münstertal genießen. Abstieg auf der blauen Raute bis ***Feuersteinfels***, danach auf der gelben Raute über ***Knappengrund*** durch das ***Kaltwassertal*** zurück zum Wanderparkplatz ***Neumühle***.

25 BELCHEN 1414 METER

Hebels esoterisches Nature Writing und der Belchismus

Kein anderer Berg im Schwarzwald ist erhabener, mystischer und esoterischer als der Belchen. Ob als Anbetungsstätte des Keltengottes Belenos oder als Altar des Proteus – der Berg, dessen Namen „der Strahlende" heißt, übt eine magische Anziehungskraft aus. Wer einmal auf dem dritthöchsten Schwarzwaldgipfel den Sonnenaufgang erlebt hat, kommt von der Faszination des Berges nicht mehr los.

Irgendwas muss dran sein, an diesen mystischen Kraftlinien, die den Belchen auf geheimnisvolle Weise durchströmen. Der alemannische Mundartdichter, Theologe und Lehrer Johann Peter Hebel (1760 bis 1826), war begeisterter Wanderer und Esoteriker. 1791 bestieg er mit seinem Kameraden Friedrich Wilhelm Hitzig den Belchen und war derart verzaubert, dass er dem Berg den Hymnus Ekstase wid-

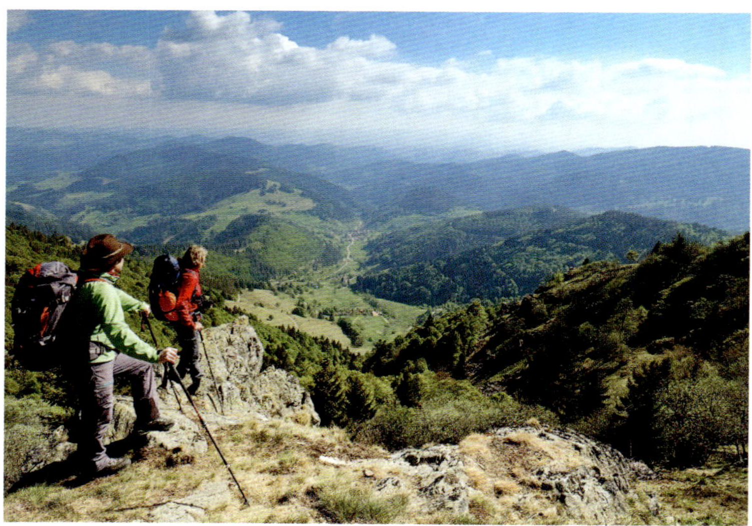

Wolken, Weite, Wanderlust

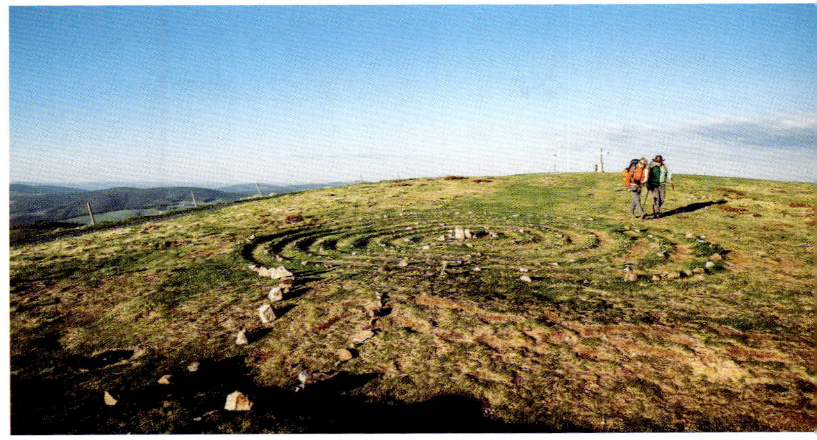

Der Belchismus lebt noch heute

mete. Hebels Faszination ging so weit, dass er sogar eine Geheimsprache entwarf, den Belchismus. Zusammen mit Freunden gründete er den Geheimbund Proteus. Es war mehr als eine launige Stammtischgesellschaft. Bei ihren Zusammenkünften drehten sich die Gespräche um Religion, Wissenschaft, Literatur, Kunst und Philosophie. Inspirieren ließen sich die Männer von der wilden Natur des Schwarzwalds, insbesondere am Belchen, dessen Gipfel sie als Altar dem Proteus, dem Gott der Wandlung, weihten. Hebel war alles andere als ein schreibender Sonderling und viel mehr als nur ein alemannischer Mundartdichter. Er war hochintelligent, unterrichtete als Professor für Hebräisch, Latein, Griechisch und Naturwissenschaften und ist, so gesehen, ein Vertreter der Naturlyrik, das sich heute Nature Writing nennt.

Ihn verehrt in weiter Ferne
Und steigt zum Sphärenklang der Sterne
Sein Lob ein irdischer Konflikt
Sein geweihter Priester sitzet,
Wo sich der hohe Belchen spitzet,
Den Irdischen in Nichts entrückt.

Proteuser seine Schar!
Der Belchen sein Altar
Sieben Buchen
Am Matten Rein
Sein Feÿerhain!
Was Rhein u. Wiese tränkt ist sein.

Auszug aus Ekstase

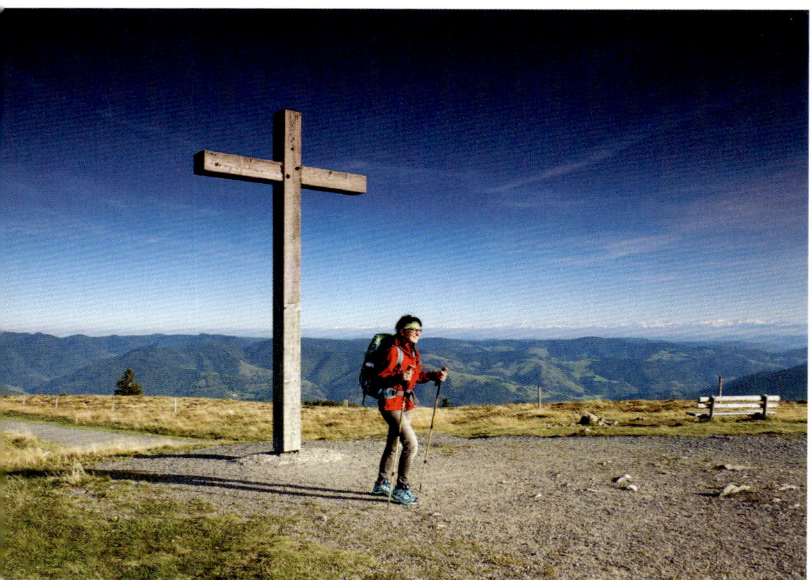

Belchengipfel

Für den gläubigen Hebel waren die Wanderungen am Belchen körperliche Betätigung in freier Natur, aber auch Inspiration, suchte er doch die Götter in den Wäldern und auf den Gipfeln. Noch heute existiert das Wörterbuch des Belchismus und jedes Jahr am 10. Mai findet in Hausen im Wiesental das Hebelfest statt.

Der Belchen ist auch mein Lieblingsberg, ich könnte ganze Bücher über ihn füllen. Über den Lumbricus Badensis, den badischen Riesenregenwurm, einem Überbleibsel der letzten Eiszeit. Oder die Miramella Alpina, die Alpine Gebirgsschrecke. Über die knorrigen Weidbuchen, die felsigen Steilhänge, die fantas-

Tipp

Lernen Sie einige der 113 belchischen Wörter vor der nächsten Belchen-Besteigung
Wobas = Landkarte
Feldochsen = Felsen
Usala = Weg
Sirmina = Bier
Muli machen = Dummheiten anstellen

tischen Panoramasichten auf die Vogesen und die Schweizer Alpen. Über Vollmondaufgänge und Sternennächte. Doch der Belchen ist kein Berg, der sich einfach in Worte oder Bilder pressen lässt. Ob es an geomantischen Kraftlinien liegt oder an der puren Schönheit der Natur. Den Mythos dieses Berges muss jeder für sich selbst entdecken.

Hinkommen
Mit der Gondel auf den Belchengipfel.
Aus Freiburg kommend über Staufen bis Münstertal und weiter bis zur Passhöhe Wiedener Eck, ab dort der Beschilderung Belchen-Seilbahn folgen.
Aus Lörrach auf der B317 Richtung Schönau, nach Schönau der Beschilderung Belchen-Seilbahn folgen.
www.belchen-seilbahn.de

Auf dem Belchensteig
Start und Ziel: Wiedener Eck
Länge: rund 15 Kilometer, 621 Höhenmeter Auf- und Abstieg
Dauer: 6 Stunden
Schwierigkeit: mittelschwer

Tourbeschreibung
Ab Wiedener Eck der Ausschilderung ***Genießerpfad Belchensteig*** folgen.
Der Weg ist an schönen Wochenenden und Feiertagen sehr stark frequentiert.

Alternativer Aufstieg über Münstertal
Start und Ziel: Wanderparkplatz Neumühle an der L130
Länge: rund 14 Kilometer, 900 Höhenmeter Auf- und Abstieg
Dauer: rund 6 Stunden
Schwierigkeit: schwer

Tourbeschreibung
Vom Wanderparkplatz ***Neumühle*** auf der blauen Raute unterhalb des Gasthofs Langeck aufsteigen. Entlang der ***Langecker Viehweide***, dann auf schmalem Bergweg über die ***Langeck-Hütte*** zum ***Feuersteinfelsen***. Weiter der Ausschilderung Belchen folgend. Ab ***Hohkelchsattel*** weiter auf dem Westweg (rote Raute), auf dem alpinen Pfad den Nordhang entlang und Aufstieg zum ***Belchengipfel***. Abstieg zum ***Belchenhaus*** und zurück über ***Hohkelch*** und ***Feuersteinfelsen*** zum Wanderparkplatz ***Neumühle***.

26 HOLZER KREUZ 824 METER

Holz, Stutz, Stadel

Das Holzer Kreuz ist Aussichtspunkt, Wanderparkplatz und uriger Schwarzwaldhof. Zusammengenommen, ein traumhafter Ort zum Abschalten, um ins Weite zu blicken und dabei ein herzhaftes Bauernvesper zu verspeisen.

Das Holzer Kreuz ist kein Gipfel. Es ist eine Institution der Glückseligkeit. Hier oben lässt sich die Welt vergessen. Und es ist bestes Beispiel dafür, dass es lohnt, sich öfters mal auf Abwege zu begeben. Holz. Stutz. Stadel. Historische Klopfsäge. Unzählige Male bin ich an diesem Verkehrsschild vorbeigefahren. Und jedes Mal nahm ich mir vor, beim nächsten Mal abzubiegen, einfach um zu gucken, wie es dort ist, in Holz, Stutz und Stadel. Natürlich bin ich immer dran vorbeigefahren. Eines Tages aber, da schaffte ich es tatsächlich, rechtzeitig den Blinker zu setzen und abzubiegen. Steil und kurvig ging es hinauf und je höher ich kam, desto größer wurden meine Augen. Bisher bestand meine Sicht vom Wiesental vornehmlich aus der B 317, die sich im Tal zwischen dem Fluss Wiese und steilen Felsflanken durch das Obere Wiesental zwängt. Am Holzer Kreuz angekommen, tat sich eine mir völlig neue Welt auf. Steile Almweiden, herrliche Weitblicke. Meine Augen flimmerten vor so viel Grün. Meine Abenteuerlust trieb mich weiter. Ich folgte der Straße wie dem Ruf der Wildnis.

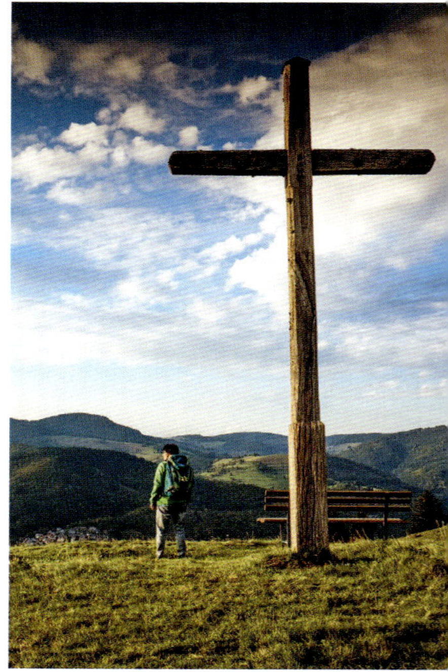

Ausblick am Holzer Kreuz

Sie wurde enger, schmaler, steiler, wilder, wand sich wie ein Band um die grünen Hügel, um dann in die Wälder einzutauchen. Mit meinem alten BMW Cabrio cruiste ich gemütlich dahin, bis, ja bis ein Monster von einem Sattelschlepper um die Kurve kratzte. Ich sah mich bereits filmreif wie Thelma und Louise den Steilhang runtersegeln. Nach einem abrupten Stopp standen wir uns gegenüber. Auge in Auge, ich von unten, der Fahrer von oben. Hätten wir einen Colt im Holster gehabt, ich schwöre, wir hätten beide gezogen. So blieb mir nichts anderes übrig, als einen gefühlten Kilometer rückwärts zu rangieren, bis dieser fiese Elefantentruck an mir vorbeifahren konnte. Wie war das noch mal mit dem Verbot für Fahrzeuge über 7,5 Tonnen? Diese Episode hat nichts mit Wandern zu tun. Sie soll vielmehr dazu ermutigen, sich öfters auf Abwege zu begeben. Zu Fuß, mit dem Fahrrad oder mit dem Auto.

Zurück zum Holzer Kreuz. Alleine um der Himmelsliege willen, ist es die Fahrt nach Holz wert. Dieser herrliche Ausblick auf den Belchen. Unbezahlbar. Vom Holzer Kreuz starten traumhafte Panoramawege und dann wäre da noch das Holzer Kreuz mit seiner urigen Gaststube, dem Herrgottswinkel und den vielen kuriosen Utensilien. Ein Wohlfühlort, der mit leckeren Gerichten aufwartet. Der Speck wird nach altem Familienrezept gebeizt und geräuchert, der Käse stammt aus der Gersbacher Chäschuchi, das Brot wird selbst gebacken. Zum Kaffee gibt's feine Kuchen. Und weil es dort so schön ist, bucht man sich am besten gleich eines der kuscheligen Zimmer.

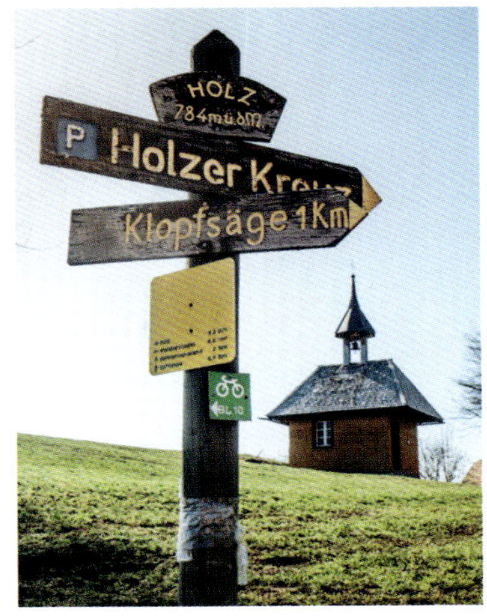

Ankuft mit Andacht – die Kapelle vom Gasthof Holzer Kreuz

Tipp

Einkehren im Holzer Kreuz. Urige Gaststube in einem echten, über 300 Jahre alten Schwarzwaldhaus. Reichhaltige Vesperkarte und wohlige Ferienzimmer. Schön und ruhig gelegen.
www.holzerkreuz.de

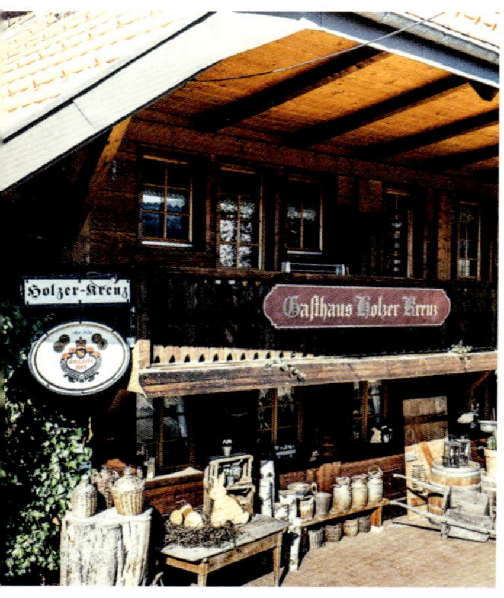

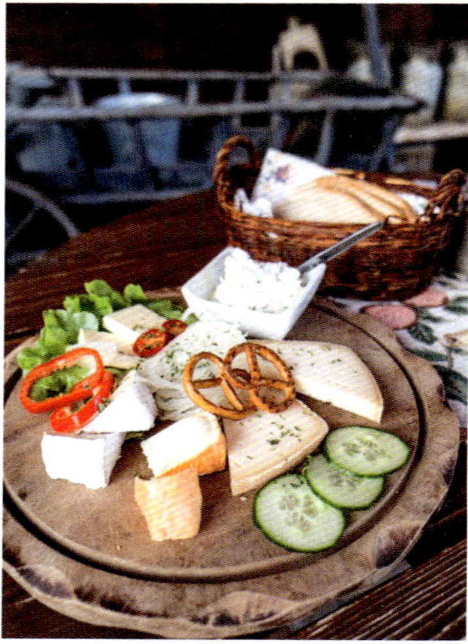

Unbedingt probieren: die Vesperteller im Holzer Kreuz gehören zu den besten im südlichen Schwarzwald

Hinkommen
Von Lörrach auf der B317 bis kurz vor Wembach. Dort rechts abbiegen Richtung Holz, Stutz, Stadel und der kurvigen Straße folgen. Am Gasthaus Holzer Kreuz links abbiegen bis zum Parkplatz Holzer Kreuz. Das Kreuz und die Himmelsliege befinden sich wenige Gehminuten vom Parkplatz entfernt.

Tourbeschreibung
Start und Ziel: Wanderparkplatz Holzer Kreuz
Länge: 11,6 Kilometer, 273 Höhenmeter Auf- und Abstieg
Dauer: rund 3.20 Stunden
Schwierigkeit: leicht bis mittel

Vom Parkplatz ***Holzer Kreuz*** auf dem Blaue-Raute-Weg zunächst auf der Teerstraße, später dann auf Waldwegen um den ***Schneckenkopf*** herum. Der Weg erlaubt immer wieder herrliche Aussichten auf die Täler. An der Kreuzung ***Dornwasen*** nun im Wald bis zur ***Sattelwasenhütte*** und weiter nach ***Herrenschwand*** laufen. Dort wechseln wir auf den Gelbe-Raute-Weg, zum ***Holzer Kreuz*** und ***Stutzer Waidfeld***.

KNÖPFLESBRUNNEN 1124 METER

Zu Hubert und Flocke auf die Alm in luftiger Höhe

27

Schöne Ecken gibt es im Schwarzwald viele. Doch eine hebt sich besonders hervor: Die Hochweiden zwischen Wieden und Todtnau mit dem Almgasthaus Knöpflesbrunnen auf dem gleichnamigen Berg. Oben auf dem Höhenrücken angekommen, wähnt man sich in einer parkähnlichen Landschaft. Saftig grüne Weiden, auf denen es nach Bärwurz und Wiesenkräutern duftet, mächtige, knorrige Weidbuchen, die wie Könige auf den Wiesen thronen, ein traumhafter Ausblick auf den Gipfel des Belchen und bis weit hinein ins Wiesental – bei guter Sicht bis zu den Alpen – belohnen den kräftezehrenden Anstieg.

Die Einkehr in einer urigen Alm ist die Krönung einer jeden Wanderung. Denn was gibt es Schöneres, als sich erst am Berg zu verausgaben, um sich anschließend mit einem zünftigen Vesper zu belohnen? Im Knöpflesbrunnen isst

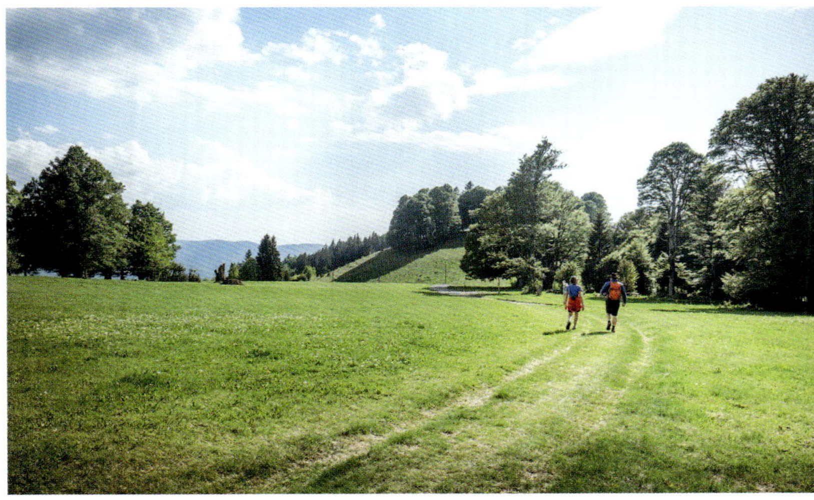

Beseeltes Parkicyll

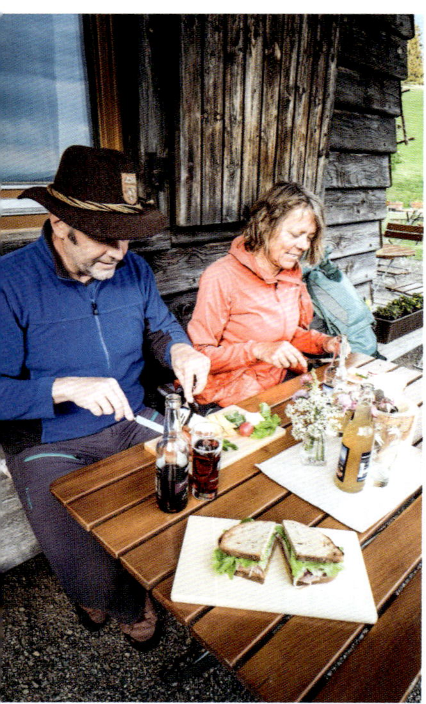

Wandern macht hungrig

das Auge gleich doppelt mit: Zu liebevoll dekorierten Speisen offeriert die Panoramaterrasse einen fantastischen Ausblick nach Süden über das Wiesental bis zu den Schweizer Alpen. Ein Aufstieg zum Runterkommen, der Ausblick, die Lage – herrliches Seelenbalsam.

Es ist einer der Orte, wie man sie heutzutage selten findet. Mitten in der Natur, fernab von Straßenlärm – und nachts sogar ohne künstliches Licht, was in völliger Dunkelheit einen wunderbaren Blick in den Sternenhimmel erlaubt.

Auch jetzt bei Tageslicht herrscht eine himmlische Ruhe. Keine Dudelmusik und keine kreischbunten Werbeplakate stören Stille und Ausblick – stattdessen ein Berggasthof inmitten vom Grün, mit einer Idylle wie in einem Heimatfilm. Im Bienenhaus wird eifrig Nektar eingeflogen, die Hähne Hubert und Flocke wachen mit stolzem Blick über die Hühner.

Der lustige Name von Berg und Almhütte entstammt folgender Geschichte: Der Knöpflesbrunnen wird 1718 erstmals als „des Knöpflins Brunnen" erwähnt. Es bezeichnete einen durch Bergbau zu Reichtum gekommenen Frackträger. Vermutlich versuchte der Neureiche mit seinem mit silbernen oder goldenen Knöpfen versehenen Mantel, Eindruck zu schinden. Als Knöpflin wurde er jedoch zum Spott der Einwohner. So steht es in der Utzenfelder Chronik geschrieben.

Die beiden Pächter Alexandra Haag und Sebastian Schwarz sind viel und gerne in der Natur unterwegs. Auf einer monatelangen Kanu- und Wandertour durch die Wildnis Alaskas sammelten sie viele Erfahrungen, die sie nun in ihrer Schwarzwälder Heimat im Knöpflesbrunnen umsetzen. Auf der Karte stehen Schwarzwälder Spezialitäten, die

Erzeugnisse stammen aus der Region. So wie das Schindelmacher Vesperbrett mit herzhaftem Bergkäse, Schinken, Landjäger und Bauernwurst, der Knöpfle-Burger mit warmem Schäufele zwischen zwei krossen Scheiben Bauernbrot, Wurstsalat, vegetarisches Frühlingsbrot, Salatteller oder die Käsknöpfle mit herzhaftem Alpkäse und Röstzwiebeln.

Tipp

Einkehr im Almgasthof Knöpflesbrunnen. Schöne Basis für mehrtägige Wanderungen mit Doppel- und Mehrbettzimmer inklusive Halbpension. Die aktuelle Wetterlage ist auf der Webcam zu sehen.
www.knoepflesbrunnen.de

Hinkommen

Von Lörrach kommend auf der B317 bis Todtnau, weiter auf der L126 bis Todtnauberg, Parken am Kurhaus.
Von Müllheim kommend über Stohren und Notschrei, auf der L124 bis zur Abzweigung Todtnauer Wasserfälle und zum Kurhaus in Todtnauberg.
Wer den steilen Aufstieg aus eigenen Kräften nicht schafft, gelangt über eine vier Kilometer lange, staubige Forststraße von Utzenfeld aus zum Wanderparkplatz unterhalb der Almgaststätte.

Tourbeschreibung

Start und Ziel: Kurhaus Todtnauberg
Länge: 15,7 Kilometer, 565 Höhenmeter Auf- und Abstieg
Dauer: rund 5.30 Stunden
Schwierigkeit: mittelschwer

Vom Kurhaus der gelben Raute bis ***Radschert*** folgen. Abstieg durch das wildromantische ***Holzschlagbachtal*** bis nach ***Muggenbrunn***. Dort wird die L126 überquert. Weiter auf der gelben Raute oberhalb vom Gasthaus Adler über eine kleine Brücke und weiter bis der Fahrweg in einen Waldweg übergeht. Weiter bis ***Dachsrain (1099 m)*** und ***Lailehöhe***. Ab ***Hasbacher Höhe*** auf dem Blaue-Raute-Weg bis zum ***Knöpflesbrunnen***. Abstieg über den kleinen Pfad ab ***Hasbacher Höhe*** steil abwärts über die Hasbacher Weide nach ***Hasbach*** und weiter nach ***Aftersteg***. An der Kapelle vorbei bis zur L126. Diese überqueren und entlang der Landstraße bis zum ***Todtnauer Wasserfall***. Über mehrere steile Treppenstufen Aufstieg seitlich entlang des Wasserfalls bis nach ***Todtnauberg*** zurück zum Kurhaus.

28 TANNHARZFELSEN AM KNÖPFLESBRUNNEN 1124 METER

Bärwurz und Belchenblick

Der höchste Punkt des Knöpflesbrunnen befindet sich auf einer herrlichen Hochweide mit Weitblick auf die umliegenden Schwarzwaldgipfel Silberberg, Feldberg und Belchen. Wer den Pfad über den lang gestreckten Bergrücken bis zum Ende wandert, gelangt zu einer kleinen, versteckt gelegenen Felsgruppe.

Wir wandern, nein, wir schlendern gemächlich über das Gipfelplateau des Knöpflesbrunnen. Über uns der weißblaue Himmel, unter unseren Füßen eine herrliche, grüne Weide. Immer wieder bleiben wir stehen und schnuppern. In die frische Schwarzwaldluft mengt sich ein herrlich intensiver und würziger Duft. Es riecht nach Kräutern

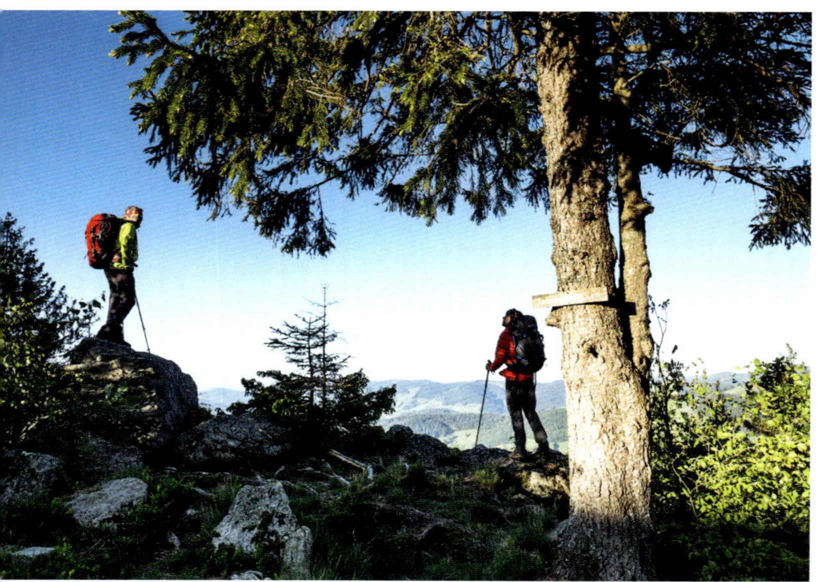

Frühes Licht am Tannharzfelsen

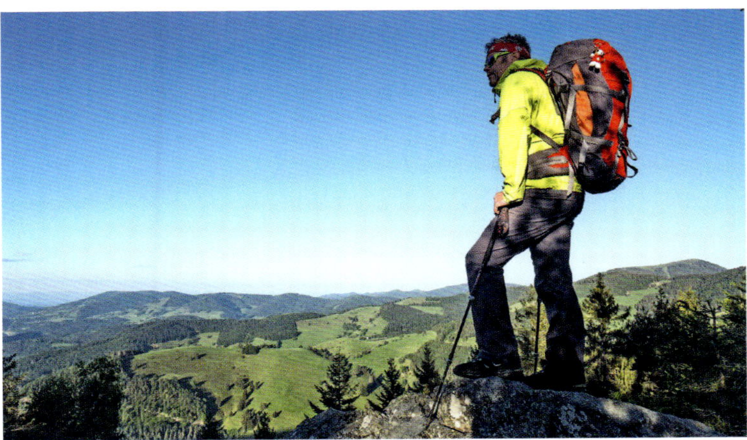

Morgenandacht auf dem Tannharzfelsen

und Blumen, nach unbeschwerten Frühlingstagen mit frühen Sonnenaufgängen und langen, lauen Abenden, die den Sommer ankündigen. Die Weide ist übersät mit Bärwurz, einem krautartigen, buschigen Gewächs, mit filigran gefiederten, dillartigen Blättern und weißlichen Blüten. Ich zupfe eines der Blätter und zerreibe es zwischen den Fingern. Es riecht scharf nach Anis und Petersilie. Aus den getrockneten Blättern lässt sich ein feines Gewürzsalz herstellen. Frisch geerntet verleihen die Blätter jedem Aufstrich ein feinwürziges Aroma. Selten sieht man so prächtige Magerwiesen wie diese. Hier auf über 1000 Metern gedeihen Wildblumen und Kräuter, es ist ein Garten Eden für Insekten und Schmetterlinge.

Ich ziehe meine Wanderschuhe aus, laufe barfuß weiter, es kitzelt zwischen meinen Zehen, Gräser streifen an meiner Haut. Es fühlt sich gut an, ich bin geerdet mit der Natur. Jeden Schritt setze ich vorsichtig, mit Respekt und Dankbarkeit im Herz.

Am Ende des schmalen Pfades, der mittig über den Bergrücken führt, gelangen wir zu einer kleinen Felsgruppe, dem Tannharzfelsen. Eine Tanne breitet ihre langen Äste über den Ort, als wolle sie ihn schützen. Die Felsen liegen nach Westen, mit einem wunderschönen Blick zum Belchen, der im Licht der Morgensonne erstrahlt und seinem Namen als Belenos, Berg des Sonnengottes, alle Ehre macht.

Wir lassen uns auf den Felsen nie-

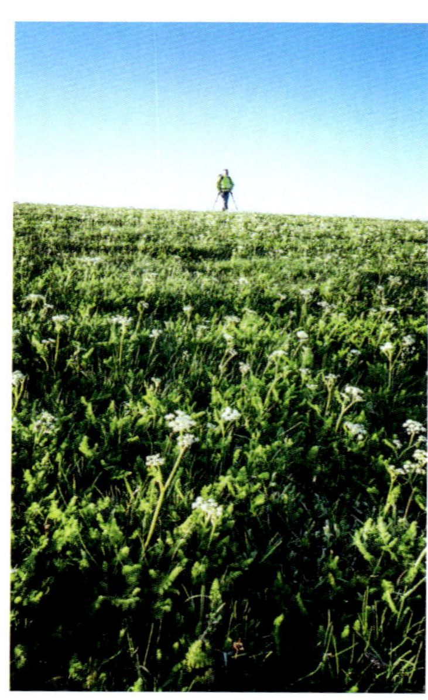
Würzige Weide mit Bärwurz

der, genießen still diese Augenblicke. Ein Morgen wie ein ganzer Urlaubstag. Reich beschenkt kehren wir zurück ins Tal, im Rucksack einige Büschel Bärwurz, den wir zu Hause trocknen und zu Kräutersalz verarbeiten.

Tipp

Der Tannharzfelsen ist der ideale Ort, um eine kleine Achtsamkeitsmeditation auszuführen. Dazu einen bequemen Sitz einnehmen und die Augen schließen. Für 5 oder 10 Minuten langsam Ein- und Ausatmen, sich dabei auf den Atem konzentrieren und jedes Geräusch und jeden Duft aufmerksam wahrnehmen.

Hinkommen

Vom ***Almgasthaus Knöpflesbrunnen*** der Ausschilderung Tannharzfelsen folgen. Vom Almgasthaus, das linker Hand liegt, zunächst kurz den breiten Forstweg gehen. An der Wegebiegung links auf den Wiesenpfad abbiegen. Der Pfad steigt aufwärts und führt an einem kleinen Weidbuchenhain vorbei auf die Kuppe zur Weidfläche. Auf der Anhöhe dem Fußpfad entlang der Kuppe bis zum Ende folgen. Es folgt ein kleiner Abstieg zum ***Tannharzfelsen***. Zurück geht es auf demselben Weg zum Almgasthof.

Start und Ziel: Almgasthaus Knöpflesbrunnen
Länge: 1,5 Kilometer, 15 Höhenmeter Auf- und Abstieg
Dauer: rund 30 Minuten
Schwierigkeit: leicht

HOCHKOPF 1263,5 METER

Raumschiff Apollo lässt grüßen

29

Der Hochkopf besitzt keinen markanten Gipfel, es ist vielmehr ein bewaldeter Höhenrücken, zwischen Präg und Todtmoos gelegen. Die Fernsicht ist dem Hochkopfturm zu verdanken, der mit seinem Holzschindeldach zu den markantesten Aussichtstürmen im Schwarzwald zählt.

Er ist mehr ein Türmchen, denn ein Turm, nur rund 14 Meter hoch und dennoch ist die 360-Grad-Aussicht mehr als phänomenal. Nach Süden hin schweift der Blick über Todtmoos bis zu den Alpen. Im Nordwesten liegt der markante Belchen, nach Norden hin der Feldberg, im Tal der Blick auf den Präger Gletscherkessel, nach Nordosten Schweinekopf, Blößling und das Herzogenhorn, wobei hier einige Fichten den Blick versperren. Den Hochkopf zu besteigen, fällt relativ leicht. Es ist nur ein kurzer Spaziergang vom Weißenbachsattel

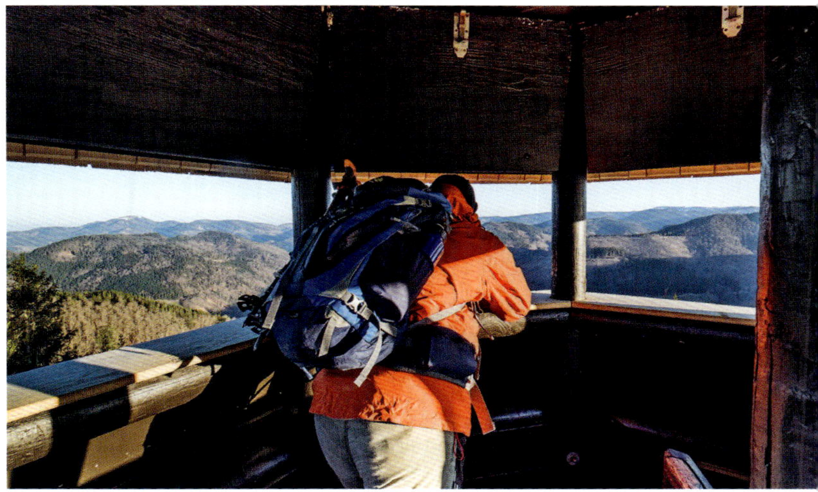

Panoramablick vom Belchen (links) bis zum Feldberggipfel und Seebuck (rechts)

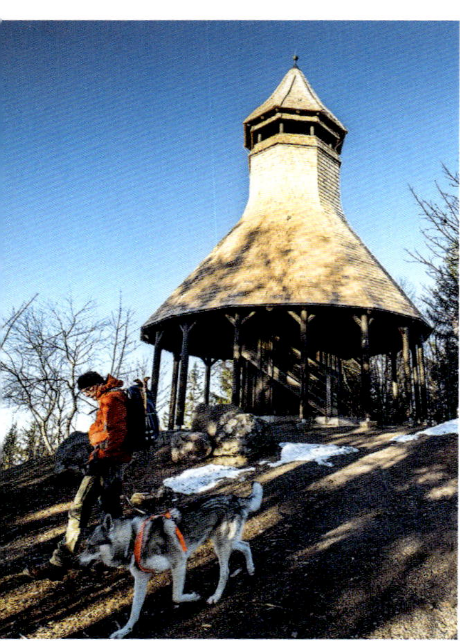

Hochkopf-Turm in Raumschiff-Apollo-Schindeloptik

(1080 m) auf dem Westweg durch die Nadelwälder des Langewald. Ein Holzschild mit der Aufschrift Hochkopfturm, das an einer Fichte hängt, zeigt die Richtung an. Beim Wegschild Am Hochkopf gelangen wir zu einem markanten Kruzifix und einer aussichtsreich gelegenen Ruhebank. Ab dort zweigt ein Weg ab, der auf steilem, felsigen Untergrund hinauf zum Hochkopfturm führt. 2020 wurde die Dacheindeckung des 1926 vom Kurverein Todtmoos erbauten Turms erneuert. Das Werbeplakat, das von der ausführenden Zimmerei aufgestellt wurde, zerstört dabei leider den schönen Eindruck des Turms. Der markante Turm wurde mit Schindeln aus Alaskazeder erneuert, die wesentlich haltbarer sind, als die Fichtenschindeln. Als wir nach kurzem Aufstieg zur Aussichtsplattform gelangen, stellen wir fest, dass diese grade mal zwei Personen und unserem Hund Platz bietet. Zwei aufklappbare Messingplatten informieren über Lage und Namen der Berge, die vom Turm aus zu sehen sind. Nach Gebrauch sollen die Platten zum Schutz wieder geschlossen werden.

Wir stehen zum Sonnenaufgang auf dem Turm und erfreuen uns am herrlichen Morgenlicht und einer Alpensicht. Lange verweilen wir nicht, denn es herrscht ein eisiger Wind, sodass wir, nachdem wir die Messingplatten zugeklappt haben, die Stufen hinabsteigen. Dem Hochkopf hat die Stadt Todtmoos ihren Status als heilklimatischen Kurort zu verdanken. Der hohe Bergrücken hält die eisigen Nordwinde ab, weshalb für Todtmoos ein mildes Reizklima vorherrscht. Nachdem das Türmchen ein neues Dach erhalten hat, will der Todtmooser Schwarzwaldverein das Gelände um den Turm 2021 attraktiver gestalten. Zu den bestehenden Bänken sollen weitere Sitzgruppen und eine Himmelsliege aufgestellt werden, neue Wege angelegt sowie Infotafeln und Fahnenmasten installiert werden. Ich sehe solche Aufhübschungen eher kritisch und finde Orte, je naturbelassener und unberührter sie sind, viel ansprechender als mit einer Menge Klimbim drum herum.

Tipp

Einkehren im Waldhotel Zum Auerhahn direkt beim Wanderparkplatz gegenüber. Die Speisekarte bietet eine gute Auswahl an Gerichten. Tipp: Die hausgemachten Flammkuchenrollen.
www.waldhotel-auerhahn.com

Hinkommen
Von Lörrach kommend auf der B 317 bis Mambach, weiter auf der L 146 bis zum Wanderparkplatz Weißenbachsattel.
Von Müllheim kommend auf der L 131 über den Sirnitzpass nach Neuenweg und weiter bis Wembach. Dort auf die B 317 bis Geschwend, weiter auf der L 149 bis Präg, weiter auf der L 151 bis zum Wanderparkplatz Weißenbachsattel.

Tourbeschreibung
Start und Ziel: Wanderparkplatz Weißenbachsattel an der Hochkopfstraße gegenüber vom Hochkopfhaus Zum Auerhahn
Länge: rund 3 Kilometer, 160 Höhenmeter Auf- und Abstieg
Dauer: rund eine Stunde
Schwierigkeit: leicht, etwas steiler und felsiger Aufstieg zum Gipfel
Vom Wanderparkplatz ***Weißenbachsattel*** aus der roten Raute (Westweg) Richtung Herzogenhorn folgen. Beim Wegschild Am Hochkopf (Kruzifix) links den Anstieg zum ***Hochkopfturm*** hinauf, zurück auf demselben Weg.

Etwas länger ist der Hochkopfrundweg Karl-Asal-Weg. Er ist mit einem roten Kreis mit weißem Punkt ausgeschildert.
Start und Ziel: Wanderparkplatz Weißenbachsattel
Länge: rund 9,5 Kilometer, 250 Höhenmeter Aufstieg, 260 Höhenmeter Abstieg
Dauer: rund 3 Stunden
Schwierigkeit: leicht
Vom ***Wanderparkplatz Weißenbachsattel*** der Beschilderung ***Hochkopfrundweg Karl-Asal-Weg*** folgen. Markierung: roter Kreis mit weißem Punkt. Bei ***Am Hochkopf*** Aufstieg zum ***Hochkopfturm***. Weiter über ***Ledertschobenstein*** bis ***Zinken***. Dort wird der Westweg verlassen. Unterhalb des Hochkopfes verläuft der ***Weißenbachkopfweg*** mit schönem Ausblick auf den Präger Gletscherkessel, bevor wieder der ***Wanderparkplatz Weißenbachsattel*** erreicht wird.

30 HERZOGENHORN 1415 METER

Der Königsgipfel mit dem Gipfelkreuz

Das Herzogenhorn ist nur der zweithöchste Gipfel, doch er ist unbestritten der König unter den Schwarzwaldbergen. Mit seinem filigranen Gipfelkreuz und dem felsigem Plateau auf 1415 Metern verkörpert er das Bild vom wilden mystischen Schwarzwald. Da verblasst selbst der Feldberg im Schatten des majestätischen Herzogenhorns.

Auf dem Herzogenhorn erlebte ich unbeschreibliche Sonnenauf- und untergänge, magische Vollmondnächte, kämpfte mich auf Schneeschuhen bei minus 20 Grad Celsius in eisigem Schneesturm zum Gipfel. Es gibt keinen Berg, den ich so gut kenne wie das Herzogenhorn in Bernau.

Seit 2006 befindet sich am Gipfelkreuz eine Blechkassette mit Gipfelbuch. Über 35 Bücher wurden seitdem gefüllt. Eine Bürgerinitiative verhinderte – Gott sei Dank – den Bau einer Kabinenbahn

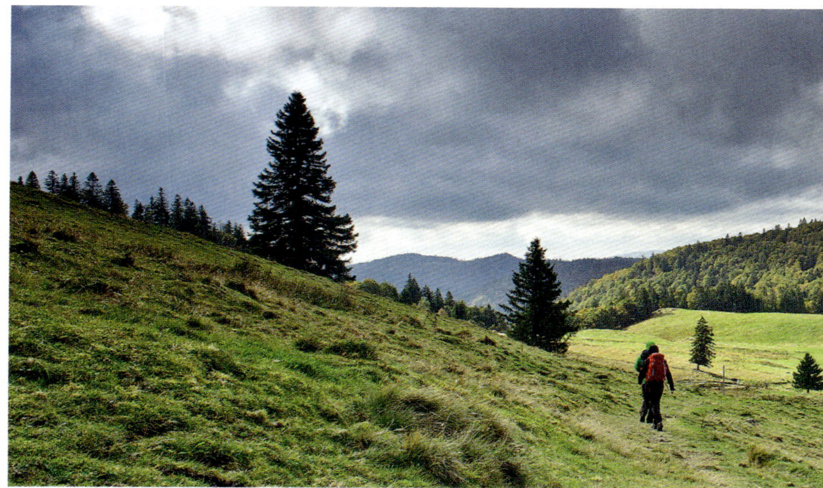

Blick zum Herzogenhorn

zum Gipfel. Der wurde mit zwei Himmelsliegen etwas kommerzialisiert, was aber verkraftbar ist. Zuviel des Guten wurde es mit wildem Campieren. Wer abends sein Basislager auf dem Gipfel aufschlägt, darf sich nicht wundern, wenn er morgens anstatt in die aufgehende Sonne, in das Gesicht eines Rangers blickt. Im Naturschutzgebiet ist Zelten oder Lagern verboten.

Erwähnt wurde der Berg erstmals 1328 als Grenzpunkt „des herzogen horne" zum Kloster St. Blasien. 1904 baute der Adlerwirt aus Fahl auf dem Gipfel eine kleine Blockhütte mit Turm. Für Wanderer gab es Bier, Wein und Landjäger. Vier Jahre später sprangen Funken aus der Küche über, der Wind, der stetig über den kahlen Gipfel weht, entfachte ein Feuer und legte das Blockhaus in Schutt und Asche. Anstelle einer neuen Hütte wurde um 1910 am Südhang der Grafenmatte das Gasthaus Zum Herzogenhorn gebaut, das 1957 vom Skiverband Schwarzwald gekauft wurde und später dem Deutschen Skiverband überlassen wurde, der es zu einem Leistungszentrum für Sportler ausbaute.

Seit 1982 steht ein hohes, schlankes Kreuz auf dem Gipfel. Damit löste der Bernauer Förster Artur Schweizer ein Versprechen für unfallfreie Waldarbeiten in einem be-

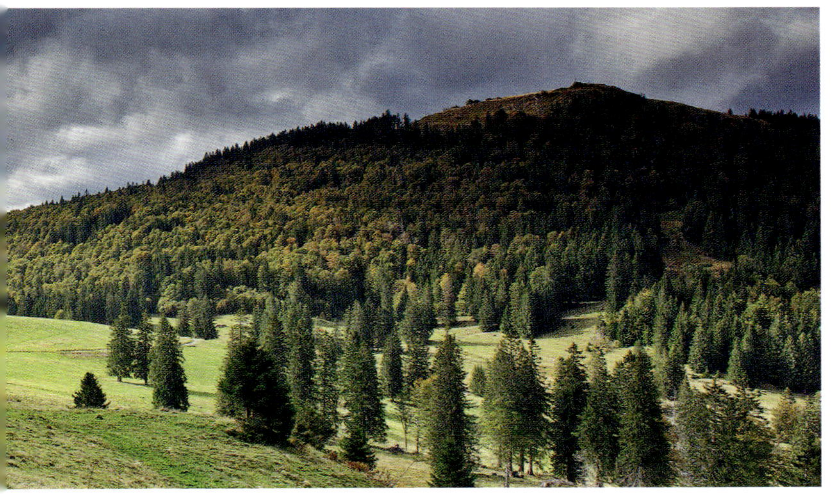

sonders unzugänglichen Gelände am Herzogenhorn ein. Dreimal musste es seitdem erneuert werden, weil es durch Blitzschlag und Sturm zerstört wurde. Das dritte, 13 Meter hohe Gipfelkreuz wurde 1998 aufgebaut, dafür wurde den Bernauern ein alter Strommast gespendet. Seither trotzt das filigrane Kreuz den eisigen Winterstürmen und musste im Winter 2013 mehrmals repariert werden. Es ist und bleibt ein wilder, unbezähmbarer Gipfel, auf dem die Elemente toben. Wer den Berg erwandert, sich ins Gipfelbuch einträgt, das grandiose Alpenpanorama und den herrlichen Blick über das Bernauer Tal genießt, der steigt beglückt aus der Höhe ins Tal und kehrt mit bleibenden Eindrücken zurück nach Hause.

Tipp

Einkehr im Landgasthof Bergblick in Bernau-Dorf. Naturparkwirt Jürgen Schön kocht kreativ und mit Herz. Wildgerichte aus eigener Jagd, vegetarische und vegane Menüs. Dessertkarte zum Dahinschmelzen. Wer übernachtet, darf sich auf eines der besten Frühstücksbüfetts freuen.
www.bergblick-bernau.de

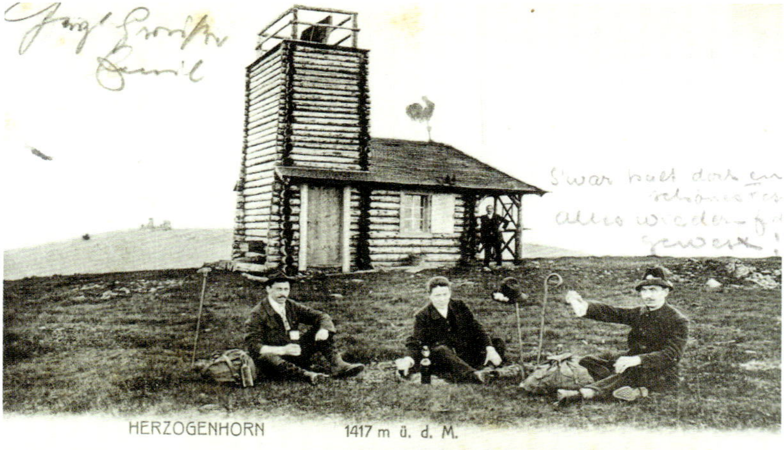

HERZOGENHORN 1417 m ü. d. M.

Historische Aufnahme des ehemaligen Turms

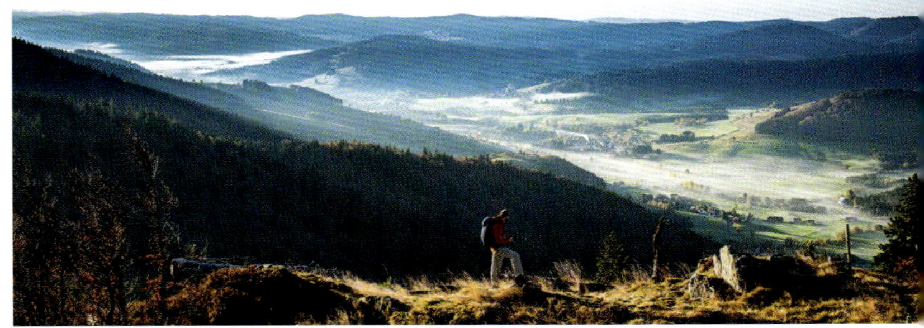

Morgenstimmung über dem Bernauer Hochtal

Hinkommen

Aus Lörrach kommend über die B317 bis Geschwend, weiter auf der L149 bis Bernau-Dorf. Kurz nach dem Ortsschild links abbiegen nach Bernau-Hof. Parken am Skilift Hofeck.

Tourbeschreibung

Start und Ziel: Skilift Hofeck, Bernau-Hof
Länge: rund 9 Kilometer, 500 Höhenmeter Aufstieg, 520 Höhenmeter Abstieg
Dauer: rund 3 Stunden
Schwierigkeit: mittelschwer, Trittsicherheit beim Pfad durch den Wächtenkessel erforderlich.
Achtung: Im Winter den Abschnitt Wächtenkessel aufgrund Lawinengefahr nicht begehen.

Meine Lieblingswanderung aufs Herzogenhorn startet am ***Skilift Hofeck*** und führt auf dem ***Hofmättleweg*** aus dem Tal hinauf. Nach rund 2 Kilometern beim Wegweiser ***Gerstenfelsen*** links abbiegen, es geht kräftig bergauf, bis ein Pfad (gelbe Raute) rechts abzweigt und auf leichten Serpentinen durch einen Buchenwald bis zum Wegweiser ***Oberes Hofmättle*** führt. Es folgt ein steiler Aufstieg über den Westhang zum Gipfel. Beim Abstieg ein kurzes Stück auf demselben Weg zurück, dann rechts auf den Weg zur ***Glockenführe*** abzweigen. Am Wegweiser ***Glockenführe*** dem Blaue-Raute-Pfad folgen, der auf einem abenteuerlichen Pfad durch den ***Wächtenkessel*** führt. Nach diesem Abschnitt kommt die Pause in der ***Krunkelbachhütte*** wie gerufen, bevor es zurück ins Tal zum ***Parkplatz am Hofecklift*** geht.

31 Gipfel-Tetralogie in Bernau

HOHFELSEN AM KAISERBERG 1075 METER

Wenn es einen Weg ins Glück gibt, dann liegt der Bernauer Hochtalsteig ziemlich nah dran. Auf 15 Kilometer führt der Weg durch herrliche Weiden, Wälder und über Gipfel, mit fantastischen Ausblicken auf das Hochtal, den Schwarzwald und die Alpen.

Der erste Kilometer ist noch nicht bewältigt, da schnappen wir bereits nach Luft. Aber nicht, weil es uns an Kondition mangelt. Wir können nicht anders. Wir müssen stehen bleiben, schnuppern, tief einatmen. So rein, so klar, so belebend. Dass staatlich anerkannte Luft – Bernau ist Luftkurort – so gut tun kann!

Mit derlei Glücksgefühlen erfüllt, sollte der Anstieg mit links zu schaffen sein. Dieser beginnt unweit vom Startpunkt am Parkplatz Ankenbühl, auf knapp 900 Metern Höhe. Ab dem Holzmättle sind

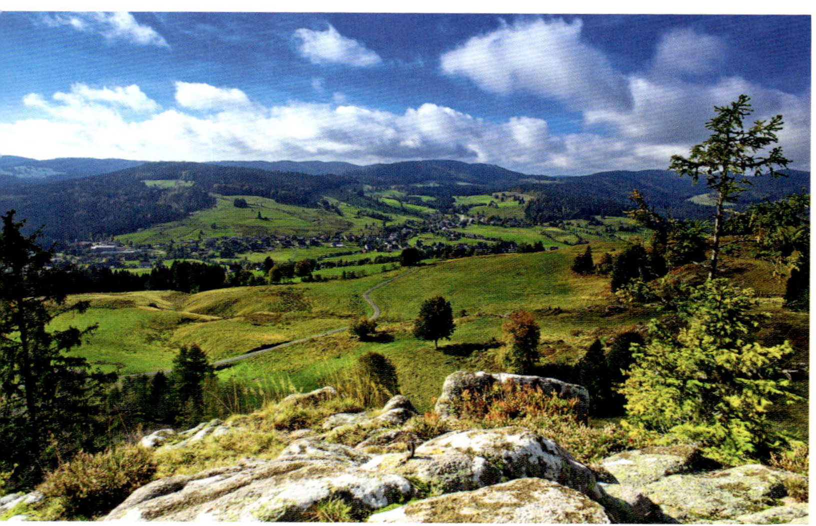

Blick vom Hohfelsen

KLEINES SPIEßHORN 1330 METER

32

238,8 Kilometer bis zum Mont Blanc

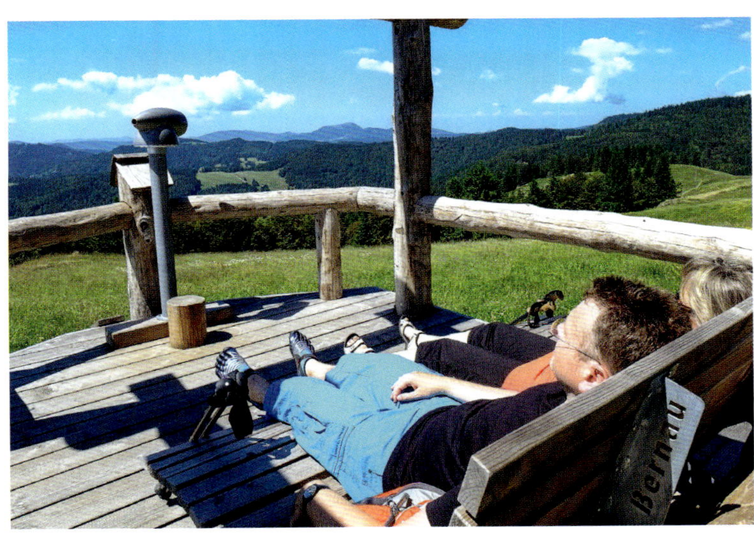

Die Himmelsliege mit Viscope am Kleinen Spießhorn

die Waden gefordert. Aber Hallo! Ein schmaler, felsiger Pfad windet sich aus dem Tal bergauf. Mit kleinen Schritten steigen wir aufwärts. Tannen rauschen über unseren Köpfen, das Moos schimmert perlgrün, der Wald riecht wie eben Wald so riecht. Waldig. Harzig. Intensiv. Erdig, nach unbändiger Kraft und sprühendem Leben.

Doch der Weg lohnt. Denn das, was sich uns auf dem 1075 Meter hohen Felsmassiv Hohfelsen auf dem Kaiserberg offenbart, ist so kitschig wie auf alten Heimatpostkarten, und einfach traumhaft schön: Das Bernauer Tal mit seinen zehn Ortsteilen, eingestreut ins Wiesengrün. Breit und lang döst es in der Sonne, angekuschelt an Bergkuppen und Tannenwald. Wolkenschatten streichen wie Wellen über die grünen Weiden. Im Spiel des Lichts erhält das lang gestreckte Tal einen

33 GROẞES SPIEẞHORN 1350 METER

Logenplatz über der Domstadt

märchenhaften Glanz. Die Wegbeschreibung hat Himmelsliegen versprochen, Logenplätze in der Natur. Hier auf dem Kaiserberg steht die erste. Die Aussicht: Eine Augenweide, von der wir uns kaum trennen können. Wären da nicht noch 13 Kilometer vor uns. Der Weg führt aus dem Wald heraus auf eine Hochebene. So viel Weite, so viel Landschaft. Man möchte die Arme ausbreiten, den Augenblick umarmen. Getunkt in Himmelsblau und Wiesengrün, über das der Bergwind bläst und auf das die Sonne brennt. Ist das wirklich der Schwarzwald? So grün, so satt, es könnte Neuseeland sein. Statt Schafen sehen wir Hinterwälder. Leichthufig, graziös und zäh sind sie, Europas kleinste Rinderrasse. Wie geschaffen für die steilen Berghänge. Glücklich müssen sie sein, diese Viecher, so zufrieden wie sie auf der Matte liegen.

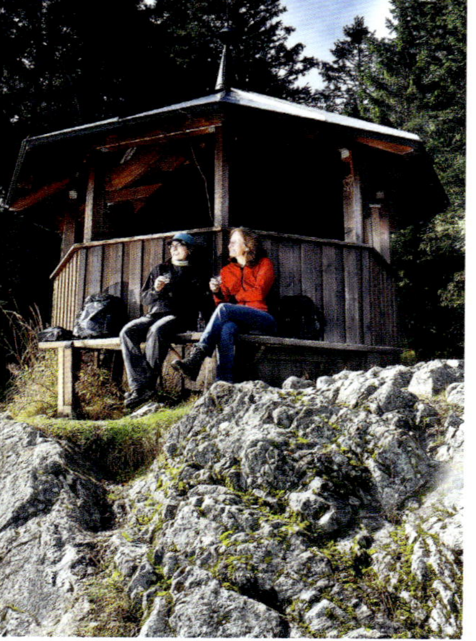

Die Schutzhütte am Großen Spießhorn

Am Kleinen Spießhorn auf 1350 Metern entdecken wir am Waldrand eine Holzkonstruktion, die merkwürdig fremd in die Landschaft ragt. Auf dem Podest befindet sich eine weitere Himmelsliege mit Panoramablick in eine beseelte Landschaft. Schwarzwaldberge, Vogesen, Alpen, die sich mit dem Hochpräzisionsgerät, dem sogenannten Viscope, heranzoomen lassen. Damit sieht man sogar den Mont Blanc: 4810 Meter hoch und 238,8 Kilometer weit entfernt. Den Schriftzug können wir klar erkennen, den Alpengipfel jedoch nicht.

MILCHBERG 1293 METER

Aussicht statt Milchschäumerei

34

Versteckt sich hinter den Wolken. Ganz in der Nähe, 1414 Meter hoch, räkelt sich der Belchen in der Landschaft wie eine Diva. Heute ist er konkurrenzlos. Keine Alpen, die ihm die Blicke rauben. Und da links, mit dem schlanken Gipfelkreuz, buhlt das Herzogenhorn um die Gunst unseres Augenblicks.
Nur einen Kilometer weiter sind wir erneut zum Rasten verpflichtet. Wieder ein Logenplatz mit Aussicht. Von der Bergflanke windgeschützt, sitzen wir am Pavillon des Großen Spießhorn, genießen den Ausblick bis zum Dom in St. Blasien und lachen in die Sonne. Anstoßen mit Gipfelschnaps auf 1350 Metern, dem höchsten Punkt des Hochtalsteigs.

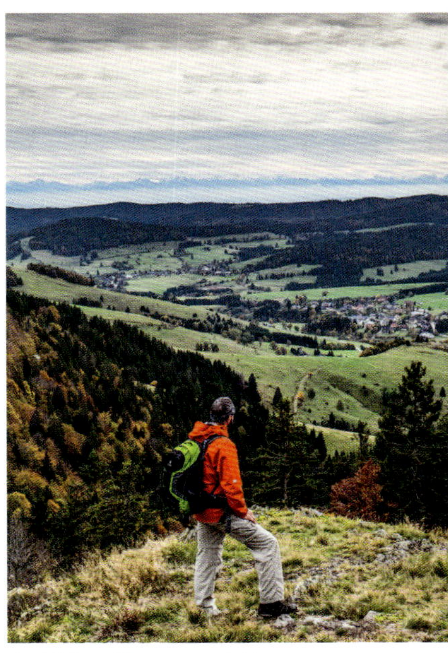

Ausblick auf Bernau und Alpen

Endlich geht es bergab, durch Nadelwälder und über Wurzelpfade, wir treten aus dem Wald heraus. Hügelige Weidfelder gehen über in Wälder, die ihr Laub wie eine prächtig leuchtende Krone zur Schau tragen. Darüber glänzt das Herzogenhorn in der späten Nachmittagssonne. Wir wandern unterhalb des zweithöchsten Schwarzwaldberges, den 1415 Meter hohen Gipfel werden wir aber heute nicht erklimmen.

An der Krunkelbachhütte grinst uns der Kachelmann entgegen. Hat ja gut lachen, der Wettermann. Hier, auf 1294 Metern, befindet sich seine 417. Wetterstation. Ist übrigens nicht das einzige Banner, das

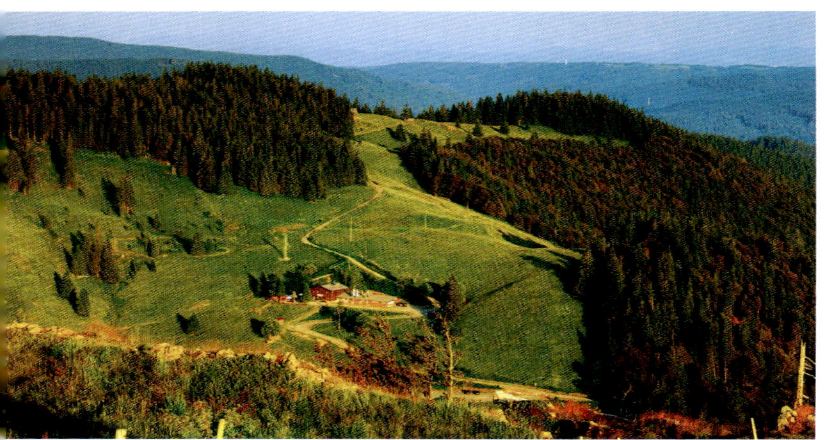

Blick auf die Krunkelbachhütte, dahinter das Kleine und Große Spießhorn

bei der Hütte prangt. Wir genießen den Blick aufs Herzogenhorn bei Zwetschgenkuchen und einem Enzianschnaps. Als die Rinder über die Weide zur Tränke galoppieren, deuten wir es als Zeichen zum Aufbruch. Auf geht's. Nicht mal die Hälfte haben wir! Und dann – man ahnt, was kommen wird, ja was kommen muss – Himmelsliege mit Ausblick. Keine fünf Minuten vom Gasthof. Auf dem 1293 Meter hohen Milchberg mit herrlichem Blick ins Bernauer Tal. Wir wandern durch einen märchenhaften Buchenwald, treten ein wie durch das Portal einer Kathedrale. Stumme Wächter sind es, die sich voller Anmut himmelwärts strecken. Mittendrin verläuft ein Serpentinenpfad wie ein Pilgerweg zur Stille.

Mit der Stille ist es vorbei, als wir die Weide zum Scheibenfelsen passieren. Mitten auf dem Weg ein Gatter. „Vorsicht, neugierige Geißenherde" steht am Zaun. Dann kommen sie. Mit einem Schlag, die ganze Herde. Vorneweg der Leithammel, ganz in Weiß. Und wir plötzlich mittendrin. Seine dunklen Augen glotzen uns an. Die erste Geiß springt übermütig, bettelt um Leckereien. Nichts da! Schnell weg von hier. Aufatmen, als wir das Geißenterritorium durchquert und das Gatter hinter uns geschlossen haben.

Die Beine sind müde, die Augen auch. So viel Aussicht, das muss sich setzen. Gemütliches Auslaufen auf dem Panoramaweg. Zum Finale bietet der Hochtalsteig noch einmal alles auf. Berglicht, wie nicht von dieser Welt. Orchestriert von einer unsichtbaren Hand. Eine Symphonie von Licht und Schatten. Im Tal liegen die ersten Höfe im Dunkel, bei uns oben leuchtet es golden. Ein Licht, das uns trunken macht. Weit reicht unser Blick über das lang gezogene Tal bis zum Horizont, wo sich das Blau mit dem zarten Schimmer der Abendröte vereint. Weit ist es nicht mehr, ein oder zwei Kilometer noch. Wenn es einen Weg zum Glück gibt, dann haben wir ihn heute gefunden.

Tipp

In Bernau gibt es zwei sehenswerte Museen: Der über 200 Jahre alte Resenhof mit dem Holzschnefler-Museum zeigt das Leben und Arbeiten im Jahr 1850. Das Hans-Thoma-Kunstmuseum zeigt in einer Dauerausstellung die Werke der Maler Hans Thoma und Karl Hauptmann sowie Sonderausstellungen mit regionalen Künstlern. Informationen zu den Museen über die Tourist-Info Bernau.
www.bernau-schwarzwald.de,
Telefon 07675/1600-30

Hinkommen
Von Lörrach kommend über die B317 nach Schopfheim, weiter auf der B518 bis Wehr, auf der L148 nach Todtmoos und dann auf der L146 nach Bernau. Von Müllheim kommend auf der L131 über Sirnitzpass bis Wembach. Weiter auf der B317 bis Geschwend und auf der L149 nach Bernau. Parken auf dem Wanderparkplatz Ankenbühl, Bernau-Kaiserhaus.

Tourbeschreibung
Start und Ziel: Wanderparkplatz Ankenbühl, Bernau-Kaiserhaus
Länge: 15,6 Kilometer, rund 700 Höhenmeter Auf- und Abstieg
Dauer: rund 5 Stunden
Schwierigkeit: mittelschwer

Der ***Bernauer Hochtalsteig*** ist mit dem Wanderzeichen Schwarzwälder Genießerpfad (Bollenhut) und Bernauer Hochtalsteig gekennzeichnet. Unterwegs informieren Schautafeln über das Hochtal und viele Ruhebänke und Himmelsliegen laden zum Verweilen ein. Auf der ***Krunkelbachhütte*** (geöffnet Montag bis Sonntag, warmes Essen von 11 bis 18 Uhr) bietet sich eine Einkehr an. Der Hochtalsteig ist sehr beliebt und an schönen Wochenendtagen entsprechend stark bewandert. Falls möglich, unter der Woche wandern oder früh starten.

Der Wanderparkplatz Ankenbühl ist gebührenpflichtig. Parken kostet pro angefangener Stunde 1 Euro, Tagesticket 5 Euro.

35 IBACHER FRIEDENSKREUZ AUF DEM BÜHL 1079 METER

Sonne, Mond und Kreuz

Eine kleine Anhöhe über dem hübschen Dörfchen Ibach besitzt eine so wundervolle Atmosphäre, dass man sie kaum in Worte fassen kann. Am eindrucksvollsten offenbart sich der Ort bei Tagesanbruch in aller Stille.

Bevor mir unterstellt wird, ich sei geografisch nicht ganz auf der Höhe, eine Erklärung: Ibach liegt genau genommen nicht im südlichen Schwarzwald, sondern im oberen Hotzenwald. Deshalb hat es eigentlich in diesem Buch nichts zu suchen. Aber, es ist ein so wunderbarer, einzigartiger Ort, dass ich nicht anders konnte. Sie werden es mir sicherlich nachsehen, wenn Sie nach Ibach kommen, um den Panoramaweg zu wandern.
Noch bevor die ersten Sonnen-

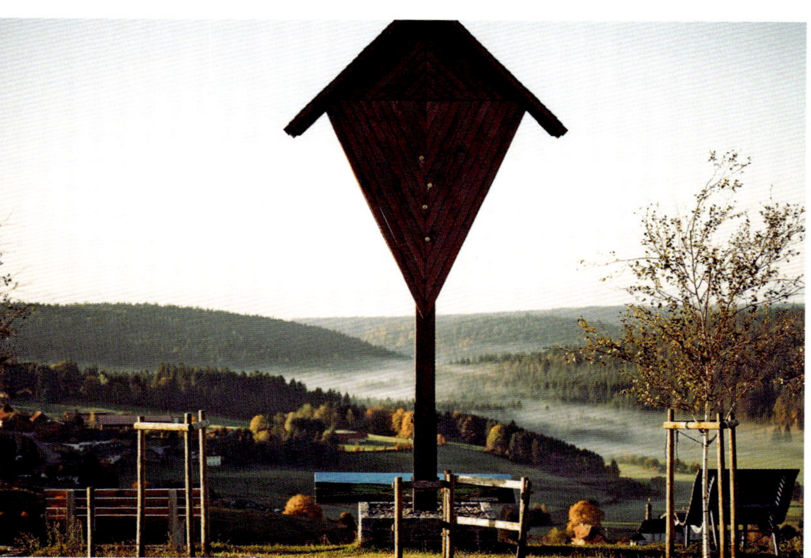

Herrlicher Ausblick vom Ibacher Friedenskreuz

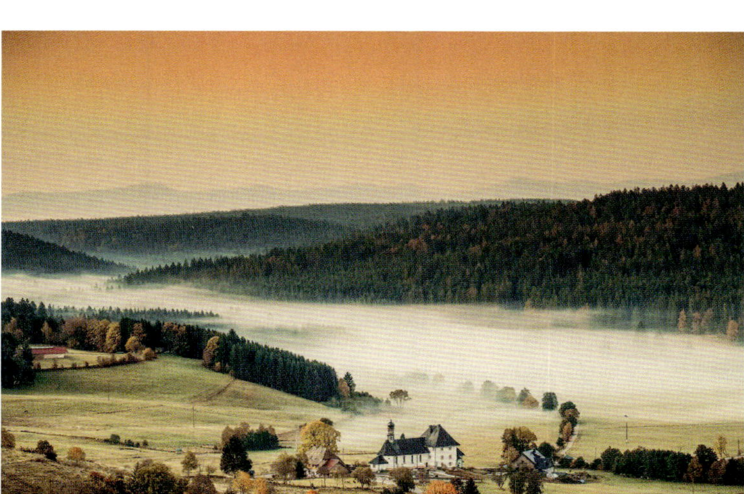

Wie aus der Zeit gefallen erscheint die Pfarrkirche des heiligen Georg und Cyrill im Morgenlicht

strahlen über die Spitzen der Nadelwälder klettern, erreichen wir vom Schorrmättleplatz nach einem kurzen Aufstieg auf einem Wiesenweg die Anhöhe auf dem Bühl mit dem Ibacher Friedenskreuz. Oben angekommen, schenken wir uns heißen Tee aus der Thermoskanne ein und genießen den Weitblick über das Hochtal bis zum Voralpenland. Schwach zeichnen sich am Horizont die Zacken der Schweizer Alpen ab. Weitaus spektakulärer hingegen ist der Blick ins Tal auf die Pfarrkirche des heiligen St. Georg und Cyrill. Im rötlichen Licht des Herbstmorgens ziehen Nebelschleier durch das Tal. Der Nebel scheint einen Zauber in sich zu bergen, das Tal wirkt in diesem diffusen Licht wie eine Märchenwelt, die nicht von dieser Welt scheint. Im Grün der Nadelwälder, die das Tal umgeben, leuchten einzelne Farbtupfer der golden verfärbten Laubbäume. Von solch einem Farbenspiel träumt jede Landschaftsmalerin und jeder Landschaftsmaler. In aller Stille liegt das Tal vor uns wie ein Gemälde, mit seinen sanften Formen und Rundungen, die der Feldberggletscher in der Landschaft hinterlassen hat.

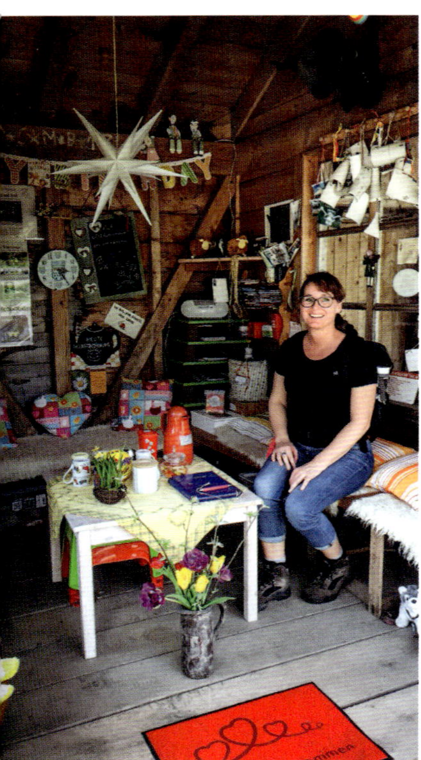

In diesem Bushäuschen ist es egal, ob der Bus kommt, da wartet man gerne einfach so

Über all dem wacht das hohe Ibacher Friedenskreuz als Ort des Friedens und der Besinnung. Die Jesusfigur wurde vom einheimischen Holzbildhauer Anton Maier gefertigt und zeigt eine Figur mit ausgebreiteten Armen, das den Bibelvers „Kommet her zu mir alle" anzudeuten scheint. Das Kreuz soll als Symbol für Versöhnung, Dankbarkeit und Mahnung für zukünftige Generationen an den Frieden erinnern. Daneben gibt eine Infotafel Auskunft über den Ort und touristische Attraktionen. Wir haben keinen Blick dafür, denn in diesen Minuten spielt sich ein ganz besonderes Schauspiel ab: Je höher die Sonne im Osten steigt, desto tiefer sinkt der Vollmond im Westen, bis er hinter den Tannenwäldern verschwindet. Das sind die Augenblicke, für die es sich lohnt, früh aufzustehen. Zum Sonnenaufgang ein Vollmonduntergang, das sind in der Tat unbezahlbare Naturerlebnisse. Ein fantastischer Auftakt zum Start unserer Wanderung. Der offizielle Start des Panoramaweges befindet sich zwar am Wanderparkplatz Kohlhütte, aber da es sich um einen Rundweg handelt, spielt es keine Rolle, an welchem Ort gestartet wird. Wir wandern den Panoramaweg wie vorgesehen im Uhrzeigersinn. Unterwegs laden viele Ruhebänke an wunderschönen Aussichtsstellen zum längeren Verweilen ein. Kurios ist die Bushaltestelle in Unteribach, das „schönste Bushäusle der Welt" ist wirklich ein Unikum, das gute Laune verbreitet und für Wanderer sogar eine Erfrischung bereithält. Wunderschön ist das Naturschutzgebiet Kirchspielwald-

Ibacher Moos mit seinen Wäldern, Borstgrasrasen, Mooren und Magerwiesen. Zum Abschluss geht es wieder hinauf auf die Höhen zum Ibacher Friedenskreuz mit herrlichen Landschaftsblicken. Der Panoramaweg ist kein Weg für eine schnelle Wanderung, vielmehr ein Weg, für den man sich etwas mehr Zeit nehmen sollte, um ihn auszukosten.

Tipp

In Ibach gibt es das Museum für Bürstenmacherei und Waldgewerbe, das eine Ausstellung von Bürsten und Bürstenmacherwerkzeug sowie über Köhlerei und Holzfällerei präsentiert. Das Museum wird auf Anfrage und Voranmeldung für Besuchergruppen geöffnet. Informationen unter Telefon 07672/9905-0.

Hinkommen

Von Lörrach kommend über die B317 bis Schopfheim, weiter auf der B518 nach Wehr. Weiter auf der L148 bis Todtmoos und auf der L150 zum Wanderparkplatz Schorrmättleplatz unterhalb des Ibacher Friedenskreuzes. Von Müllheim kommend auf der L131 über Sirnitzpass und Kleines Wiesental bis Wembach. Weiter auf der B317 bis Geschwend und auf der L149 bis über Bernau bis St. Blasien. Weiter auf der L150 bis zum Wanderparkplatz Schorrmättleplatz unterhalb des Ibacher Friedenskreuzes.

Tourbeschreibung

Start und Ziel: Wanderparkplatz Schorrmättleplatz beim Ibacher Friedenskreuz an der L150 bei Oberibach
Länge: rund 12 Kilometer, 230 Höhenmeter Auf- und Abstieg
Dauer: rund 3.30 Stunden
Schwierigkeit: mittelschwer

Der Ibacher Panoramaweg ist als ***Schwarzwälder Genießerpfad*** mit dem Bollenhutlogo ausgeschildert. Gestartet werden kann am ***Wanderparkplatz Schorrmättleplatz*** oder alternativ am ***Wanderparkplatz Kohlhütte***. Empfehlenswert ist die Wanderung im Uhrzeigersinn.

36 HASENHORN 1158 METER

Todtnauer Adrenalin-Arena

Das Hasenhorn ist der Hausberg von Todtnau und Actionberg im südlichen Schwarzwald. Mit Seilbahn, Hasenhorn-Coaster und dem Bikepark Todtnau steht er für Fun und Adrenalin. Wem der Trubel zu viel ist, der wandert zum Hasenhornturm und genießt in Ruhe in der Höhe den wunderbaren Ausblick.

Um zum Hasenhornturm zu gelangen, gibt es zwei Möglichkeiten: auf einem sehr steilen Anstieg über die Hebelshöhe aus Todtnau hinauf oder über den gemächlichen Spazierweg über den Mauswinkel ab dem Gisiboden.

Der Anstieg aus Todtnau heraus ist zwar schwer, belohnt aber mit einem herrlichen Ausblick vom Rabenfelsen. Vorbei an der Hasenhornhütte geht es zum Hasenhornturm. Der Turm ist aus 120 Jahre alten Douglasienstämmen gebaut, 21 Meter hoch und besitzt eine große, bedachte Aus-

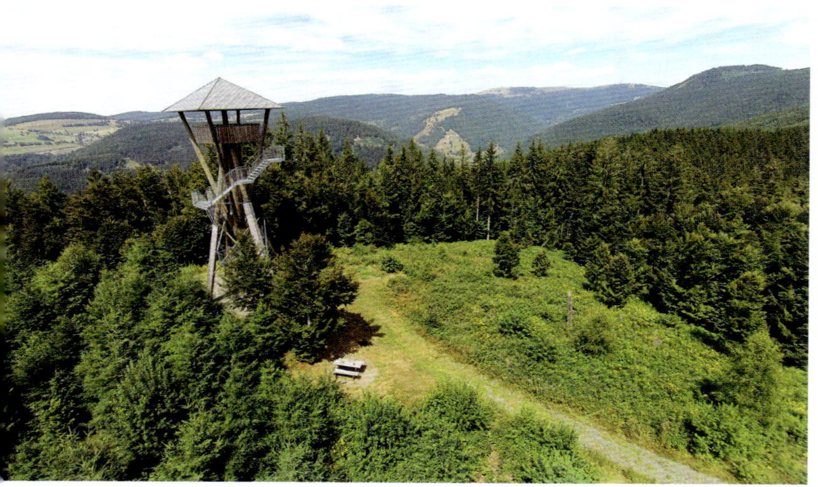

Hasenhornturm aus der Vogelperspektive

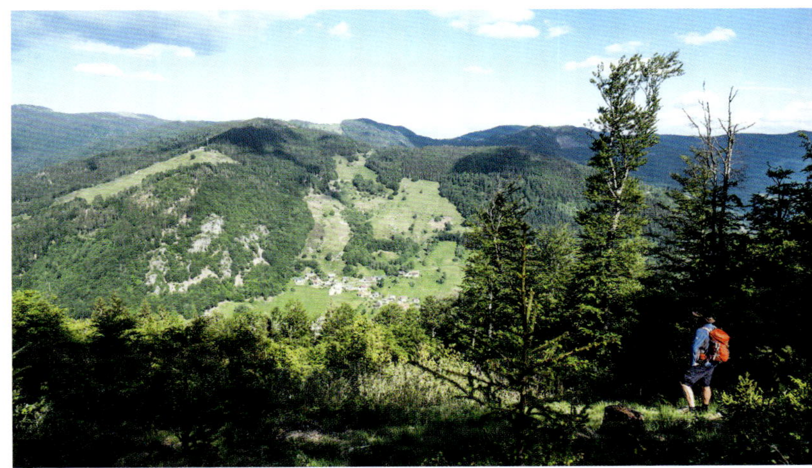

Bergstation Hasenhorn mit Hasenhornturm

sichtsplattform. Bei guter Wetterlage ist die Sicht phänomenal. Da wären Feldberg, Herzogenhorn und Blößling, etwas weiter entfernt die Hohe Möhr, Blauen und Belchen sowie der Schauinsland. Am Horizont fällt der Blick auf die Vogesen und das Schweizer Jura, dahinter erstrecken sich die Alpen.

Am Fuß des Turms gibt es einen schönen Picknickplatz, auf dem wir in der Sonne unser mitgebrachtes Vesper verzehren. Unsere Rundwanderung führt uns auf dem bewaldeten Höhenkamm zu den wunderschönen Almwiesen des Gisiboden. Wir wandern weiter über den Mauswinkel zum Bernauer Kreuz, auf 1155 Metern gelegen. Das Bernauer Kreuz ist eine uralte Wegkreuzung, auf der im Mittelalter der Handelsweg von Freiburg über Todtnau und Bernau zum Kloster St. Blasien verlief. An dieser Stelle kreuzen sich die Wege Gisiboden-Herzogenhorn und Todtnau-Bernau. Heute befindet sich dort eine herrliche Lichtung mit

Tipp

Einkehren im familienfreundlichen Berggasthaus Gisiboden Alm auf 1183 Metern. Geöffnet Mittwoch bis Sonntag von 10 bis 17 Uhr, Sonntagsbrunch von 10 bis 14 Uhr. Übernachtungsmöglichkeiten in Doppel-, Einzel- und Mehrbettzimmern.
www.berggasthaus-gisiboden.de

einem wunderschönen Rastplatz mit Grillstelle und Schutzhütte.
Ab hier wandern wir über die Schutzhütte am Mausboden wieder zurück zum Ausgangspunkt in Todtnau.
Bei der Variante ab Gisiboden parken wir am Parkplatz Gisiboden und wandern über den Mauswinkel entlang der herrlichen Almwiesen bis zum Hasenhornturm, umrunden den Turm und wandern auf einem Pfad bis zu einer Ruhebank, wo wir auf den Blaue-Raute-Weg treffen und wieder zurück zum Gisiboden wandern.

Hinkommen

Von Lörrach kommend auf der B317 bis Todtnau.
Von Müllheim kommend auf der L131 über Sirnitzpass bis Wembach, weiter auf der B317 bis Todtnau. Parken bei der Hasenhorn-Rodelbahn.

Tourbeschreibung ab Todtnau

Start und Ziel: Hasenhorn Talstation
Länge: Rund 12,5 Kilometer, 600 Höhenmeter Auf- und Abstieg
Dauer: rund 4.15 Stunden
Schwierigkeit: mittelschwer

Von der ***Hasenhorn Talstation*** steiler Aufstieg auf der blauen Raute vorbei am ***Rabenfelsen*** und ***Hasenhorngasthaus*** bis zum ***Hasenhornturm***. Von dort wandern wir auf einem waldigen Pfad bis ***Mausköpfle*** und über ***Mauswinkel*** zum ***Gisiboden***. Ab dort schlagen wir den Blaue-Raute-Pfad Richtung ***Bernauer Kreuz*** ein. Von dort geht es zurück auf dem Gelbe-Raute-Weg über ***Mausboden*** und nach ***Todtnau*** zur ***Hasenhorn Talstation***.

Tourbeschreibung ab Gisiboden

Anfahrt zum Gisiboden auf der B317 bis Geschwend, im Ort der Beschilderung Gisiboden Alm folgen. **Achtung:** sehr enge, steile Bergstraße, Steinschlaggefahr.
Start und Ziel: Wanderparkplatz bei der Gisiboden Alm
Länge: rund 5,5 Kilometer, 130 Höhenmeter Auf- und Abstieg
Dauer: rund 1.40 Stunden
Schwierigkeit: leicht

Vom ***Parkplatz Gisiboden Alm*** auf der blauen Raute Richtung ***Mauswinkel*** und weiter an den Weiden entlang bis sich am ***Mausköpfle*** bei einer Aussichtsbank der Weg gabelt. Weiter auf dem Weg mit der Beschilderung S 1 bis zum ***Hasenhornturm***. Zurück auf dem Pfad, der beim ***Mausköpfle*** auf den Blaue-Raute-Pfad trifft. Von dort gelangen wir wieder zur ***Gisiboden Alm***.

STÜBENWASEN 1386 METER
Alpiner Gipfel mit Auerhahn

37

Der Stübenwasen ist ohne beeindruckenden Gipfel einer der höchsten Berge im Schwarzwald. Der waldfreie Berg liegt zwischen dem Pass Notschrei und dem Feldberg, an den er sich mit einem breiten Sattel anschließt. Die rote Raute des Westwegs verläuft über den Bergrücken, der durchaus alpinen Charakter aufweist. Er ist wichtiges Auerhahnhabitat, was entsprechenden Umgang und Respekt von uns verlangt.

Der Stübenwasen liegt inmitten des Naturschutzgebiets Feldberg,

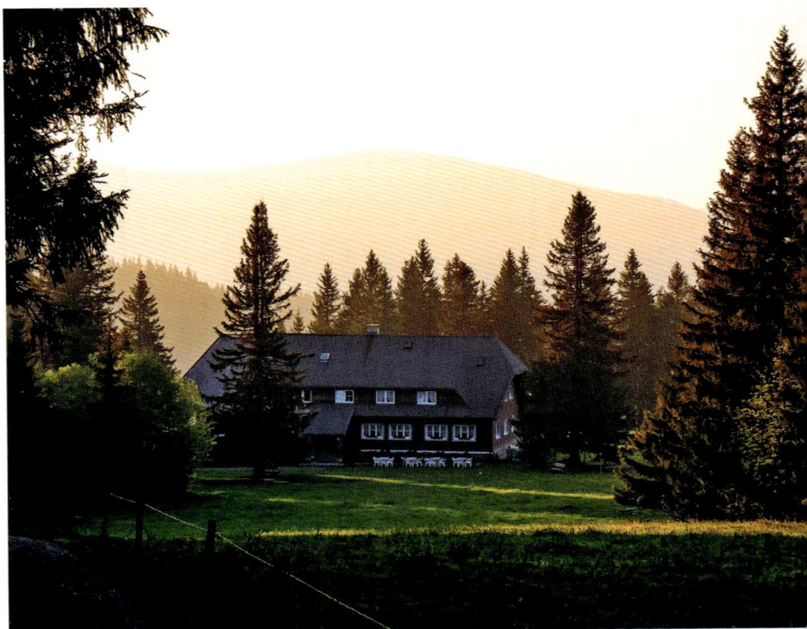

Natur pur am Berggasthaus Stübenwasen

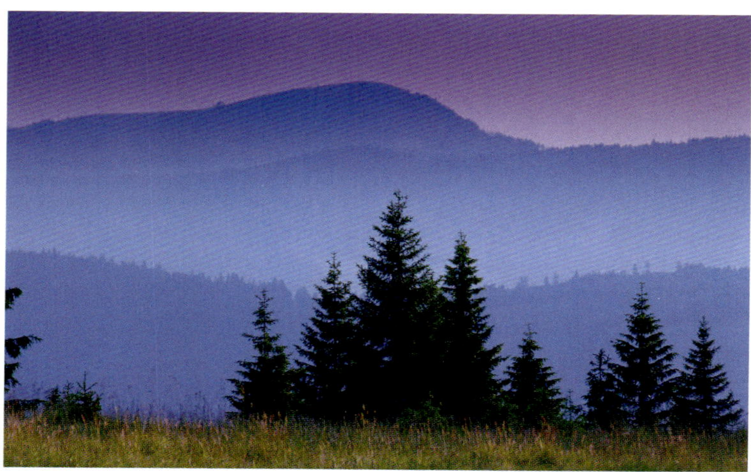

Schwarzwaldikone Belchen vom Stübenwasen aus fotografiert

was allerdings viele nicht davon abgehalten hat, auf dem aussichtsreichen Berg ihre Zelte aufzuschlagen. „Stellenweise ging es zu wie auf dem Campingplatz", berichteten die Ranger, die um die Ruhe des gefährdeten Auerwilds fürchteten. An dieser Stelle die Bitte, sich den Wildtieren zuliebe entsprechend respektvoll zu verhalten und die Regeln im Naturschutzgebiet beachten. Hier gilt das Verbot von Zelten und Lagern (dazu gehört auch das Übernachten auf der Isomatte am Boden oder in der Hängematte). Am Stübenwasen setze ich meine Virtual-Reality-Brille auf, die mich zurück in die Eiszeit führt. Ich beobachte, wie sich ein Gletscher von der Südseite des Stübenwasens ins Tal herabzieht und es buchstäblich ausschält. Gleichzeitig kriecht vom Pass des Notschrei ein kleiner Gletscherstrom ins Langenbachtal, vom Osten her schiebt sich das Eis vom Rotwiesenbach. Die Gletscherströme vereinen sich, allerdings beißt sich der Stübenbach die Zähne am harten Gneis aus und hinterlässt ein Hängetal. Aus dieser geologischen Störung bildet sich der Todtnauer Wasserfall. Ich bin ziemlich sicher, dass wir uns in einigen Jahren auf diese Weise den Schwarzwald erwandern werden. Auf Knopfdruck sehen wir mit Virtual Reality, wie die vor uns liegende Landschaft in Jahrmillionen geformt wurde. Früher hieß das Gewässer Erlenbach, erst später wurde es in Stübenbach umbenannt. Seitdem wird das Quellgebiet Stübenwasen genannt. Als Wasen werden Wiesen bezeichnet, die wenig ertragreiche Böden vorweisen. Tatsächlich kam die schmale Talsohle für eine Besiedlung nicht infrage, obwohl das Tal im Gegensatz zum Wiesental viel sanfter geformt ist. Noch heute sind Spuren der einstigen Moränen sichtbar. Der kahle Höhenrücken, auf dem es viele Heidelbeersträucher, Borstgras und Heidekraut gibt, mutet durchaus alpin an.

Ich kenne den Stübenwasen von unseren vielen Westweg-Wanderungen, die wir jedes Jahr von Hinterzarten bis Kandern unternommen haben. Unsere Etappenunterkunft war stets der Berggasthof Stübenwasen, der auf 1270 Metern in herrlicher Schwarzwaldlandschaft liegt. Nach dem Abendessen wanderten wir auf den Wasen hinauf, wo wir nachts, fernab von Lichtquellen aus den Städten, einen fantastischen Sternenhimmel bewundern konnten.

Tipp

Übernachtung im Berggasthaus Stübenwasen. Umgeben von Tannenwald und herrlicher Luft, ruhige Lage auf 1270 Metern. Gutbürgerliche Küche und leckere Kuchen. Der Stübenwasen ist für Wanderer im Sommer und Skitourengänger und Skilangläufer eine Institution.
www.berggasthof-stuebenwasen.de

Hinkommen
Am schnellsten kommt man vom Wanderparkplatz in Todtnauberg-Rütte zum Stübenwasen. Vom Parkplatz aus sind es knapp 2 Kilometer und 290 Höhenmeter.

Mein Tipp: Die 2-Tages-Wanderung auf dem Westweg von Hinterzarten über den Stübenwasen bis zum Haldenhof unterhalb des Belchen.

Tourbeschreibung
1. Etappe
Start: Bahnhof Hinterzarten
Ziel: Berggasthaus Stübenwasen
Länge: rund 14 Kilometer, 720 Höhenmeter Aufstieg, 240 Höhenmeter Abstieg
Dauer: rund 4.40 Stunden
Schwierigkeit: mittelschwer

Tourbeschreibung

Vom ***Bahnhof Hinterzarten*** zum ***Kurhaus/Touristinfo*** gegenüber. Dort befindet sich eine große Infotafel und in der Tourist-Info gibt es Auskünfte, freies WLAN und Kartenmaterial. Wir folgen nun immer der roten Raute des Westwegs. Durch den ***Kurpark*** zur Straße ***Am Keßlerberg***, vorbei am ***Hotel Sonnenberg***. Der Weg führt nun in das idyllische ***Zartenbach-Tal*** bis ***Stuckwald***. Hier lohnt ein Abstecher (etwa 500 m) zum ***Matthisleweiher***. Die Wege wechseln, mal ein breiter, mal ein schmaler Forstweg bis zum ***Rufenholzplatz***. Bald verlassen wir die Forstwege, es wird wild und steil. Der Weg steigt auf wurzeligen und steinigen Pfaden bergwärts, teilweise über Holzstege. Als Variante bietet sich der abenteuerliche Weg auf dem ***Felsensteig***, durch die steile Karwand des Feldsees bis zum ***Seebuck***, an. Alternativ geht es über einen steilen Pfad am Waldrand hinauf zum ***Grüblesattel***. Weiter zum ***Feldberggipfel***, Abstieg über ***St. Wilhelmer Hütte*** (Einkehr-Tipp). Von dort geht es auf dem Sattel hinüber zum ***Stübenwasen***, und ein letzter kleiner Abstieg führt zum ***Berggasthaus Stübenwasen***.

2. Etappe

Start: Berggasthaus Stübenwasen
Ziel: Haldenhof
Länge: rund 23 Kilometer, 550 Höhenmeter Aufstieg, 1020 Höhenmeter Abstieg
Dauer: rund 7 Stunden
Schwierigkeit: schwer

Tourbeschreibung

Vom ***Berggasthaus Stübenwasen*** folgen wir immer der roten Raute auf zunächst waldreicher Strecke bis zur ***Passhöhe Notschrei***. Weiter durch das idyllische ***Langenbachtal*** bis zu den Weiden am ***Wiedener Eck*** mit seinen wetterschiefen Weidbuchen. Ab ***Wiedener Eck*** zunächst am Waldrand bergauf bis zum ***Am Heidstein***, dann folgt der Abstieg zur ***Krinne***. Der Weg geht bald in einen schmalen Pfad über hinauf zum ***Belchenhaus*** und weiter zum ***Belchengipfel*** auf 1414 Metern Höhe. Über ***Hohkelchsattel*** und ***Alte Grenzmauer*** zu ***Spähnplatz***. Vorbei an der ***Dekan-Strohmeyer-Kapelle*** bis zur Bushaltestelle am ***Haldenhof***.

Anreise mit der Bahn bis Hinterzarten. Bei der Übernachtung im Berggasthaus Stübenwasen erhält der Gast die KONUS-Gästekarte für freie Nutzung des öffentlichen Nahverkehrs im Schwarzwald. Rückreise mit dem Bus ab Haltestelle Haldenhof bis zum nächsten Bahnhof der Wahl.

FELDBERG 1493 METER

Ja, wo ist denn hier der Gipfel?

Der Feldberg ist der höchste Berg im Schwarzwald. Er ist auch der höchste Berg Baden-Württembergs und darf sich rühmen, höchster Gipfel Deutschlands außerhalb der Alpen zu sein. Dabei ist er alles andere als ein eindrucksvoller Berg. Er gleicht eher einem, wie sein Name vermuten lässt, Feld, das auf einem Berg liegt.

Ja, wo ist er denn nun, der Gipfel? Sind die ersten Höhenmeter vom Haus der Natur aus zurückgelegt, sind die Erwartungen an den Berg entsprechend hoch. Anstelle einer imposanten Bergspitze fällt der Blick auf eine grüne Hochfläche, auf der Kühe weiden. Es gibt weder Gipfelkreuz noch Gipfelbuch, auch ist die „Besteigung“ ohne allzu

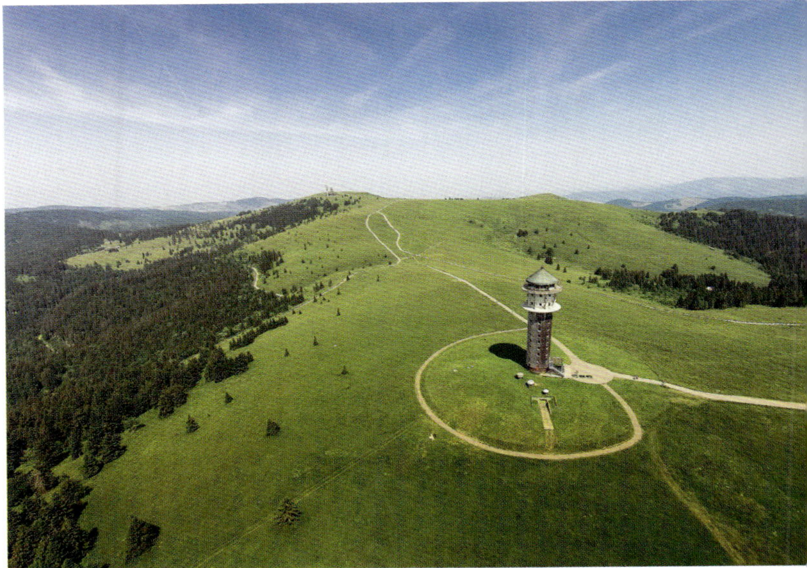

Der Feldberg mit seinen drei Gipfeln aus der Vogelperspektive

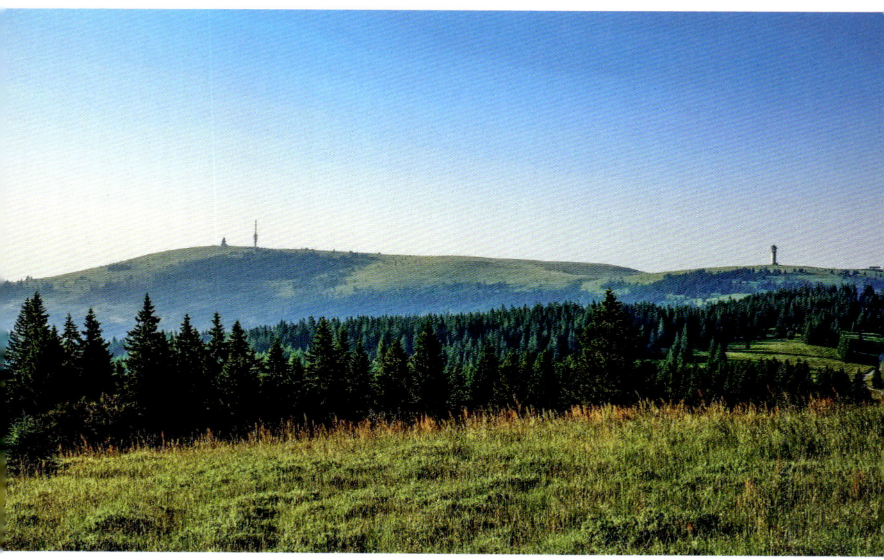

Das Feld auf dem Berg

große Anstrengungen möglich. Das ist für einen Berg, der ja immerhin höchster Mittelgebirgsgipfel unseres Landes ist, sehr ernüchternd.

Genau genommen sind es drei Gipfel, die den Feldberg ausmachen: Der Baldenweger Buck mit 1460 Meter, der Seebuck mit 1448 Meter und der eigentliche Gipfel, mit 1493 Meter, der als der „Höchste" bezeichnet wird. Ich zähle Seebuck und Baldenweger Buck nicht zu den eigenständigen Berggipfeln, sondern als Nebengipfel des Feldbergs.

Tipp

Vor der Wanderung unbedingt einen Besuch im Haus der Natur einplanen. Die interaktive Ausstellung über das Naturschutzgebiet Feldberg ist kurzweilig und mit viel Humor gespickt. Legendär sind die Rangertouren mit Feldberg-Ranger Achim Laber oder die virtuelle Ballonfahrt. Infos und Programm unter: www.haus-der-natur-feldberg.de. Eintritt: Erwachsene 4 Euro, Kinder ab 6 Jahren 2,50 Euro, Familie 10,50 Euro.

BALDENWEGER BUCK 1460 METER

Zur Mastung ungemein tauglich

38

Der Name stammt vom Baldenweger Hof, dessen Ursprünge bis zurück in die Karolingerzeit reichen. In seinem Reisebericht „Des hochwürdigsten Herrn Martin Geberts Reisen durch Alemannien" beschreibt der Autor 1759 dass die Weiden des Feldbergs, der oft auch als „Viehberg" bezeichnet wurde, „zur Mastung der Tiere ungemein tauglich seien". Dies hauptsächlich wegen der Kräuter und Wurzeln, die sogar viele Kräuterverständige von weither auf den Berg lockten.

Heute ist es vor allem das Laurentiusfest, das Tausende von Besuchern zum Laurentiustag am 10. August zu den bewirtschafteten Hütten am Feldberg zieht. Aus dem einstigen Viehmarkt wurde gegen Ende des 19. Jahrhunderts ein Volksfest mit Musik und Tanz, das in den vergangenen Jahren als Partygelage im Naturschutzgebiet stets unschöne Schlagzeilen machte. Die Tötung eines geschützten Auerhahns 2019 durch betrunkene Partygänger entfachte eine Diskussion über den künftigen Festablauf.

Hinkommen
Wanderparkplatz am Rinken, 79856 Hinterzarten
Vom Wanderparkplatz bis Baldenweger Hütte benötigt man 30 Minuten.
Öffnungszeiten und Übernachtung: www.baldenweger-huette.com

Tourentipp Feldberg-Steig
Der Premiumwanderweg mit fantastischen Ausblicken führt auf Pfaden und Stegen vom Haus der Natur zum Feldberggipfel über den Baldenweger Buck zum Feldsee und wieder zurück zum Ausgangspunkt.

Start und Ziel: Haus der Natur
Länge: 12,5 Kilometer, 508 Höhenmeter Auf- und Abstieg
Dauer: rund 5 Stunden
Schwierigkeit: schwer, feste Schuhe und Trittsicherheit erforderlich

Einkehr unterwegs in St. Wilhelmer Hütte, Zastler Hütte, Baldenweger Hütte, Raimartihof, www.feldbergsteig.de.

39 SEEBUCK 1448 METER
Atelier und Schinkenmuseum

Der Seebuck mit seinen bekannten Landmarken Feldbergturm und Bismarckdenkmal wird oft mit dem eigentlichen Gipfel verwechselt. In der Nähe der Gondel-Bergstation, die im Winter als Sessellift für Skifahrer betrieben wird, reckt sich die steinerne Pyramide des Bismarckdenkmals in die Höhe, als wolle sie den Gipfel markieren.

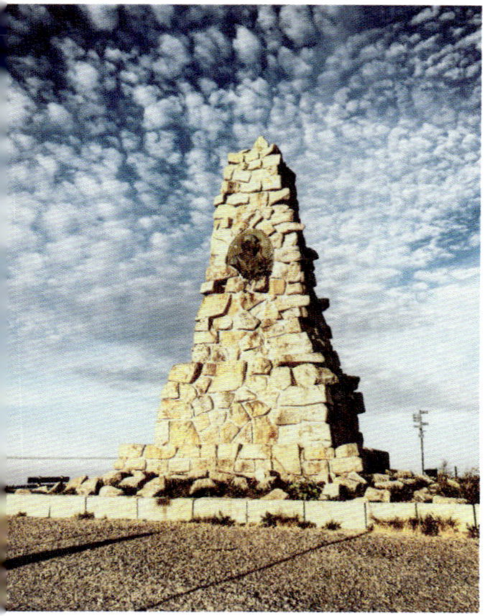

Bismarcks Antlitz leuchtet in der Morgensonne

Am Bismarckdenkmal beeindruckt der Blick in die Tiefe auf den Feldsee und die umliegende Landschaft. Nach Süden hin geht der Blick zum Herzogenhorn mit seinem hohen Gipfelkreuz, am Horizont eröffnet sich ein atemberaubender Blick zu den Alpen.

Der 45 Meter hohe Feldbergturm, ursprünglich als Funkturm errichtet, beherbergt das Schwarzwälder Schinkenmuseum, das sich damit rühmen kann, höchst gelegenes Museum in Deutschland zu sein. Außerdem ein Atelier des Malers Albi Maier, der es einmal jährlich, jeweils am letzten Septemberwochenende für Besucher öffnet.
Von Ende Mai bis Anfang November ist die Aussichtsplattform geöffnet. Bei guter Sicht lohnt sich der Aufstieg oder die Fahrt mit dem Aufzug – die Aussicht von der Zugspitze bis zum Mont Blanc und zu den Vogesen ist atemberaubend. Im 11. Stock befindet sich ein Trauzimmer der Gemeinde Feldberg. Hier dürfen sich Brautpaare ihr Jawort geben – sollte es ihnen vor lauter Panorama nicht die Sprache verschlagen.

Hinkommen
Über die B317 bis Feldbergpass in Richtung Seebuck/Feldberger Hof/Haus der Natur abbiegen. Parken im Parkhaus Feldberg, Dr. Pilet-Spur 2, 79868 Feldberg-Ort.

Tourbeschreibung
Start und Ziel: Haus der Natur
Dauer: rund 40 Minuten (einfache Strecke)
Schwierigkeit: einfach
Länge: rund 2 Kilometer (einfache Strecke), Abstieg auf demselben Weg oder alternativ mit der Feldbergbahn
Durch das Tor zum Höchsten der roten Raute folgen, zunächst auf Asphalt, beim Herzogenhornblick auf den Pfad rechts abbiegen

Seebuck mit Abstieg über den Felsenweg
Start und Ziel: Haus der Natur
Länge: rund 6,5 Kilometer
Dauer: rund 2 bis 2.30 Stunden
Schwierigkeit: mittel, feste Schuhe und Trittsicherheit erforderlich

Der roten Raute folgen bis ***Herzogenblick***, dort auf dem Pfad zum ***Bismarckdenkmal***, ab dort dem Wegweiser Grüble folgen, in der Senke auf den ***Emil-Thoma-Weg*** abbiegen. Der Pfad führt durch die Hochweiden des Feldbergs hinunter zum ***Feldseewald***. Abstieg auf Bohlensteg und schmalen Pfaden weiter auf dem alpinen Felsenweg mit Ausblicken auf den Feldsee zurück zum ***Haus der Natur***.

Mit der Feldberg-Bahn vom 21. Mai bis 1. November durchgehend von 9 bis 16.30 Uhr (Juli, August, September bis 17 Uhr).
Berg- und Talfahrt inklusive Eintritt Feldbergturm Erwachsene 12 Euro, Kinder (6 bis 15 Jahre) 8 Euro. Weitere Informationen und Preise: www.feldbergbahn.de.

Für Familien mit Kindern ist der Wichtelpfad, der Einblick in das Leben des Auerhuhns gibt, eine feine Sache.
Start: am Haus der Natur
Länge: 2,2 Kilometer
Schwierigkeit: einfach
Infos zum Wegeverlauf erhalten Sie im Haus der Natur und unter www.wichtelpfad.info.

40 FELDBERGGIPFEL 1493 METER

Das ist der Gipfel

Der Gipfel des Höchsten ist recht unscheinbar. Ein steinernes Rondell mit Granitblöcken markiert den höchsten Punkt. Eine Gedenktafel klärt auf: Feldberg 1493 m. „Liebe Wanderer, Naturfreunde, Sie befinden sich an der höchsten Stelle Baden-Württembergs. Hier stand um die Jahrhundertwende das Gasthaus Zum Feldbergturm. Seit 1937 steht der Feldberg unter Naturschutz."

1992 wurde der Gipfel übrigens verschenkt – von der Stuttgarter Hofbräu AG an den Schwarzwaldverein. „Es ist kein Aprilscherz", lautete die Überschrift in einer Anzeige in der Badischen Zeitung vom 30. März 1991. Der Feldberggipfel stand zum Kauf – für 363 000 D-Mark. Am 22. Februar 1992 berichtete die Badische Zeitung, über die Versteigerung des Feldberggipfels. Neuer Besitzer wurde die Stuttgarter Hofbräu AG, die für 9000 D-Mark den Zuschlag erhielt. Die Brauerei schenkte den Gipfel dem Schwarzwaldverein mit der Auflage, das 1,8 Hektar große Grundstück, dem Naturschutz entsprechend, zu pflegen. Auf dem Gipfelplateau befinden sich der 82 Meter hohe Fernsehturm und eine Wetterstation mit Radaranlage. Die höchste je am Feldberg gemessene Temperatur betrug am 31. Juli 1983 27,4 Grad, die tiefste wurde am 10. Februar 1956 mit minus 30,7 Grad verzeichnet. Die größte Schneehöhe gab es am 9. und 10. März 1970 mit 3,50 Metern. Die stärkste je gemessene Windgeschwindigkeit stürmte am 3. Januar 2018 mit 217 km/h über den Feldberggipfel.

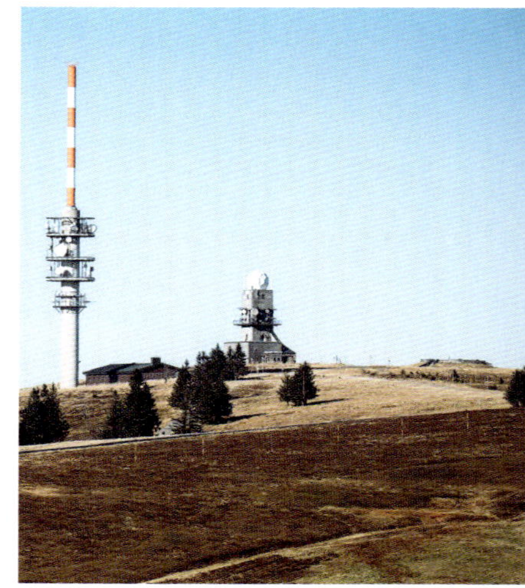

Das Rondell rechts kennzeichnet den höchsten Punkt auf 1493 Metern

Hinkommen
Über die B317 bis Feldbergpass in Richtung Seebuck/Feldberger Hof/Haus der Natur abbiegen. Parken im Parkhaus Feldberg, Dr. Pilet-Spur 2, 79868 Feldberg-Ort.

Vom Haus der Natur der Ausschilderung rote Raute folgen, am Herzogenhornblick weiter über Seebuck, Grüble bis zum Feldberggipfel.

Länge: 3,24 Kilometer (einfach)
Mit der Feldberg-Bahn bis zum Seebuck, weiter zu Fuß über Grüble bis zum Feldberggipfel.
Dauer: rund 30 Minuten (einfach)
Schwierigkeit: einfach

Alternativ für geübte Wanderer: Abstieg über den Felsenweg

Tourentipp
Gipfeltour über Windeck (1209 Meter) zum Höchsten

Start und Ziel: am Kurhaus Hinterzarten
Länge: 26,7 Kilometer, 943 Höhenmeter
Dauer: rund 7.30 Stunden
Schwierigkeit: schwer
Einkehren: Baldenweger Hütte, www.baldenweger-huette.com

Über ***Säbelthoma*** (siehe Gipfel Windeck) bis zum ***Windeckkopf***. Dann auf dem ***Emil-Thoma-Weg*** über Rufenholzplatz weiter Richtung ***Feldberg***. Auf dem Gipfel entweder Abstieg auf den Naturlehrpfad Richtung ***Zastler-Hütte*** und weiter auf dem Pfad zum ***Rinken*** (1196 Meter) oder auf der blauen Raute Abstieg Richtung ***Baldenweger Hütte*** und unterhalb der Hütte auf dem ***Feldberg-Steig*** zum ***Rinken***. Weiter über ***Wieswaldkopf*** zur ***Lochrütte*** und wieder zurück nach ***Hinterzarten***.

41

BILDSTEIN 1134 METER

Geologisch exotisch die Schluchseer Freilicht-Bühne

Der Bildstein ist kein Gipfel, sondern vielmehr ein gigantischer Felsblock, der sich oberhalb des Schluchsees befindet. Von seinem Plateau eröffnet sich ein einmaliger Blick auf den See. Der glatt geschliffene Felsen birgt eine geologische Besonderheit und könnte aufgrund seiner exponierten Lage eine frühere Kultstätte gewesen sein.

400 Millionen Jahre, so alt ist der Felsen, auf dem ich stehe. Das erklärt mir die Schautafel, die auf dem Bildstein steht. Er besteht aus Tonschiefer und das ist tatsächlich eine Besonderheit. Der Schwarzwald besteht hauptsächlich aus Gneisen und Graniten. Doch in einem, etwa vier bis fünf Kilometer breiten, von West nach Ost verlaufendem Band, der sogenannten Badenweiler-Lenzkirch-Zone, entstanden ganz unterschiedliche Gesteine, darunter der Tonschiefer. Sie lagerten unter der Meeresoberfläche und traten erst mit der Hebung des Schwarzwalds zum Vorschein.

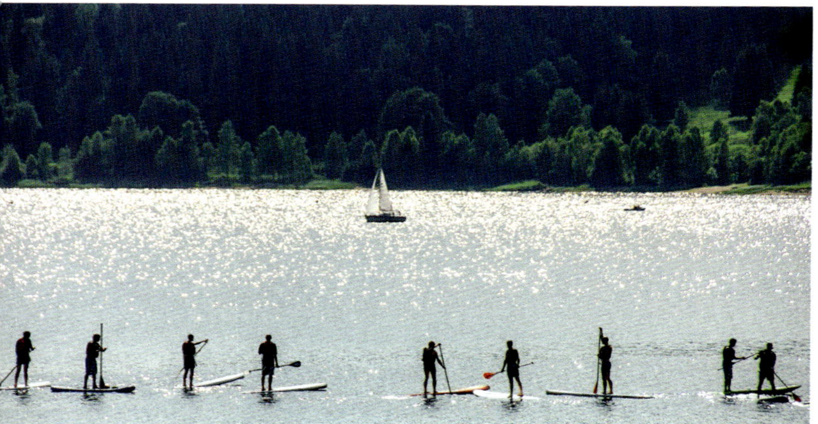

Voll im Trend: Stand-Up-Paddling auf dem Schluchsee

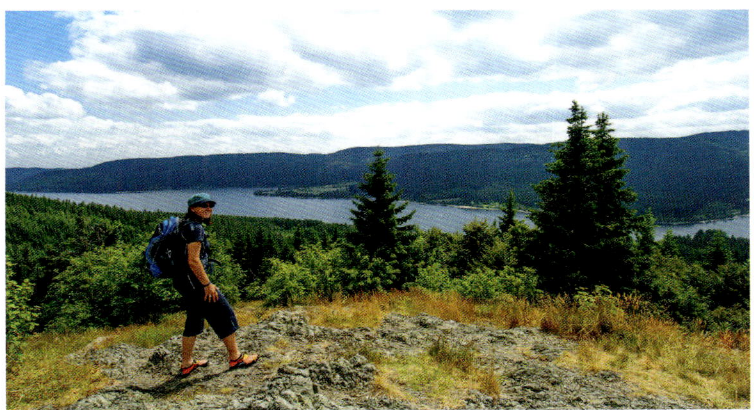

Felsenfest über dem Schluchsee

Der Bildsteinfelsen mutet an wie eine riesige Freilichtbühne. Es ist in der Tat ein erhabener Platz, hoch über dem Schluchsee, dessen sanfte Wellen im Sonnenlicht glitzern. Ich stelle mir vor, wie der ehemalige Gletschersee damals ausgesehen hat. Bei Bildsteinen handelt es sich um auffällige, exponierte und hervorstehende Felsen und Felsgebilde. Gut möglich, dass es ein Ort war, der früher als Kultstätte genutzt wurde. Vielleicht versammelten sich die Menschen auf Booten, um vom See aus den Leuchtfeuern zuzusehen? Heute sind es Angler und Stand-Up-Paddler, die auf dem Schluchsee unterwegs sind. Hier hat die Natur ihre Handschrift hinterlassen, mit sanften Hügeln und tiefen Buchten. Der Schluchsee glitzert wie ein riesiger Diamant in der dunkelgrünen Landschaft des Schwarzwalds. Als wäre ein Stück Himmel zwischen die Wälder gefallen.

Eine ganz eigene Interpretation hält der französische Buchautor Adolphe Landspurg bereit. In seinem Buch Orte der Kraft beschreibt er den Bildstein als einen „kosmotellurischen Kamin", dessen hohe Schwingungswerte auf einen „uralten Ort der Umwandlung" hinweisen. Einfacher gesagt, der Bildstein ist ein Kraftort. Das ist er in der Tat. Wer vom 1134 Meter hohen Bildsteingrad auf dem Felsenweg aus dem Wald heraus und auf die freie Fläche des Felsenplateaus tritt, wird augenblicklich beeindruckt sein durch die besondere Lage und Aussicht. Es ist ein Ort, an dem man verweilen möchte, um die großartige Aussicht auf den See und die umliegenden Berge zu bewundern. Alpensicht herrscht heute keine, dafür sehe ich den Feldberg, davor die Bärhalde und den Kapellenkopf. Mir fällt es schwer, aufzubrechen. Der Blick auf die ruhende Wasserfläche besänftigt und erdet mich in einer Weise, die ich nur dann erlebe, wenn ich auf dem See unterwegs bin, mit einem Boot oder mit dem Stand-Up-Paddle-Board.

Tipp

Eine SUP-Tour zum Sonnenaufgang auf dem Schluchsee bietet Waldwärts an. In der Morgendämmerung geht es nach kurzer Einweisung auf den See, wo das Erwachen der Natur auf dem Wasser erlebt wird. Anschließend am Lagerfeuer Kaffee und Frühstück. Infos und Termine unter www.waldwaerts.com

Hinkommen

Von Lörrach kommend auf der B 317 über Zell, Todtnau und Feldberg, Ausfahrt B 500 Richtung Schluchsee/Altglashütten. Parken am Wanderparkplatz Wolfsgrund direkt an der B 500.

Von Freiburg kommend auf der B 31 Richtung Neustadt, Ausfahrt B 317/B 500 Richtung Basel/Feldberg weiter auf der B 500 Richtung Schluchsee/Altglashütten. Parken am Wanderparkplatz Wolfsgrund direkt an der B 500.

Tourbeschreibung

Start und Ziel: Schluchseer Jägersteig (Einstieg an der B 500 nur unweit vom Wanderparkplatz)

Länge: 11,3 Kilometer, 236 Höhenmeter Auf- und Abstieg

Dauer: rund 4 Stunden

Schwierigkeit: mittelschwer

Vom ***Wanderparkplatz Wolfsgrund*** geht es zunächst durch die Unterführung der B 500, dann links und die L 156 überqueren. Nach der Kreuzung auf dem Rad- und Wanderweg weiter bis zum ***Einstiegsportal Schluchseer Jägersteig***. Ab dort der Beschilderung des Jägersteigs folgen. Der Weg führt zunächst durch Bannwald zur ***Stutzhütte*** und weiter zum ***Hanselefelsen***. Über den ***Ahaberg*** geht es zum ***Bildstein***. Auf schmalem Pfad Abstieg Richtung ***Unteraha***. Weiter bis zur ***Bootsanlegestelle*** und auf dem Seerundweg zur ***Amalienruhe***. Über die Fußgängerbrücke in ***Schluchsee-Ort*** am See entlang zurück zum Wanderparkplatz ***Wolfsgrund***.

TOTE MANN 1321 METER

42

Geisternacht auf dem Toten Mann

Der Tote Mann, der knapp 2 Kilometer nordöstlich vom Feldberg liegt, ist – anders als es sein Name vermuten lässt – ein wunderbarer Aussichtsberg. Gruselig wurde es uns, als wir einen Schatten bemerkten und uns bewusst wurde, dass wir ausgerechnet bei Vollmond an Halloween auf dem Gipfel standen.

„Droben beim Toten Mann", erzählten sich früher die Leute aus Oberried die Geschichte, wie der Berg seinen Namen bekam. Einem Holzmacher, der oben auf der Höhe einen Klotz spalten wollte, sprang die Schneide von der Axt. Und weil ein Unglück selten allein kommt, klemmte er sich auch noch die Hand im Holzspalt ein. Hätte er seine Axt gehabt, er hätte sich die Hand abgehackt, doch die lag außer Reichweite. So wurde er erst viel später gefunden, als er bereits elendig verhungert war.

Bei der Geschichte läuft uns ein kalter Schauer über den Rücken. Wir sitzen gemütlich an einen Felsen gelehnt und verspeisen unser Vesperbrot. Die tief stehende Sonne wirft herrlich warmes Licht über

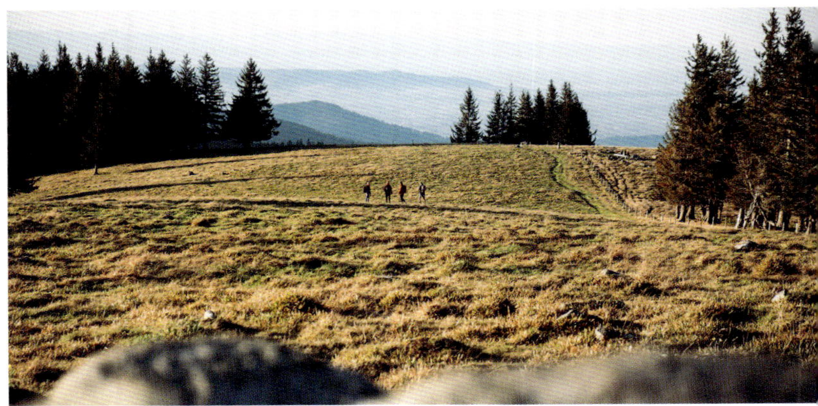

Auf dem Toten Mann herrscht pralles Leben

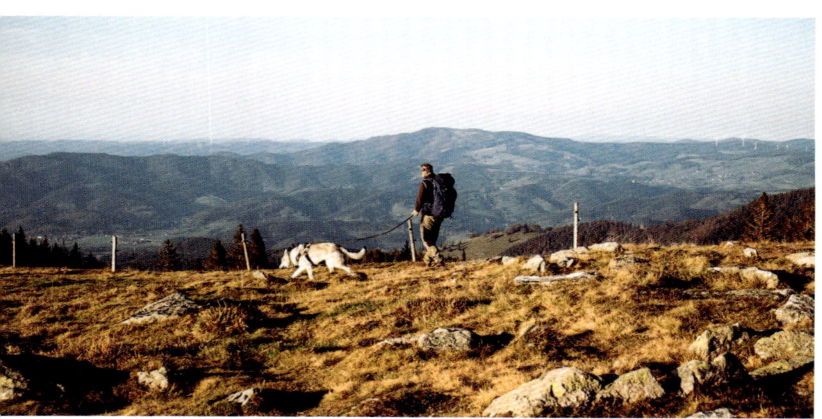

Der Ausblick überzeugt

den waldfreien Bergrücken. Wir genießen die fantastische Aussicht auf die umliegenden Berge und Täler. Später, als die Sonne glutrot hinter dem Belchen verschwindet, ziehen wir unsere Daunenjacken über. Wir wollen auf dem Toten Mann den Aufgang des Vollmonds erleben. Es wird dunkel, kalt und ungemütlich, sogar unser Hund Flake hat sich zusammengerollt. Der Vollmond lässt sich nicht blicken. In der Ferne sehen wir die Lichter der alten Radarstation auf dem Feldberg. Dann plötzlich, ein Rascheln und ein Schatten, der davonrennt. Flake ist mit einem Mal wach. Auch wir, eben noch schlaftrunken, schauen uns an. Wer oder was war das? Die Stille ist mit einem Mal unheimlich. Wir bekommen Gänsehaut vom Grusel, der sich unseren Rücken hinauf schleicht, als uns einfällt, dass heute der 31. Oktober ist, Halloween. Die Nacht, in der, so glaubten es die Kelten früher, die Toten auf die Erde zurückkehren. Spukt etwa der Geist des Toten Mannes noch immer auf dem Berg herum? Als der Vollmond über dem Bergrücken aufgeht, nehmen wir es als Zeichen. Wir brechen auf und lassen ihn in Ruhe, dort droben, den Toten Mann.

Tipp

Einkehr in der Stollenbacher Hütte. Rustikales Berggasthaus mit herzhaften Gerichten, leckeren Kuchen und selbst gemachtem Eis. Für Übernachtungen stehen Matratzenlager und Mehrbettzimmer zur Verfügung. www.stollenbacherhuette.de

Hinkommen
Von Lörrach kommend über die A5 nach Freiburg, weiter auf der B31 bis Kirchzarten, weiter auf der L126 bis Oberried.
Von Schopfheim kommend auf der B317 bis Todtnau, weiter auf der L126 bis Oberried.
Ab Oberried auf der Talstraße ins Zastlertal und dann der Beschilderung Stollenbacher Hütte folgen. Es geht auf einer kurvenreichen Bergstraße hinauf zum Stollenbach. Dort befindet sich ein großer Wanderparkplatz.

Tourbeschreibung einfach
Start und Ziel: Stollenbacher Hütte
Länge: knapp 7 Kilometer, 250 Höhenmeter Aufstieg, 230 Höhenmeter Abstieg
Dauer: rund 2 Stunden
Schwierigkeit: einfach

Von der ***Stollenbacher Hütte*** der gelben Raute bis ***Ob der Hauseckhalde***. Ab dort Aufstieg auf einem schmalen Pfad zum Gipfel des ***Toten Mann***. Schöne Aussichtspunkte auf dem gesamten Bergrücken. Abstieg über den Weg bis ***Stollenbacher Weide*** und ***Pirmin-Kleiser-Denkmal***, von dort zurück zur ***Stollenbacher Hütte***.

Tourbeschreibung schwer
Start und Ziel: Oberried – Parken auf öffentlichen Parkplätzen im Ort
Länge: rund 20 Kilometer, 940 Höhenmeter Auf- und Abstieg
Dauer: rund 6.45 Stunden
Schwierigkeit: schwer

Einstieg bei der ***Wehrlehofstraße***, dieser rund 500 Meter aufwärts folgen bis Wanderschild ***„Zu den Wanderwegen“***. Die Teerstraße geht bald in einen ungeteerten Weg über. Dem Gelbe-Raute-Weg folgen über Am ***Tannenhain***, danach dem Lauf der Brugga folgen bis ins ***Zipfeldobental***. An der Brücke zweigt der ***Felsenweg*** zur Ruine ***Wilde Schneeburg*** ab. Steiler Aufstieg bis zur ***Gfällmatte***. Weiter bis ***Erlenbacher Hütte***, ***Pirmin-Kleiser-Stein*** und bis zu ***Ob der Hauseckhalde***. Dort über den Grad des ***Toten Mann*** zurück über ***Stollenbacher Hof***, über ***Brumis*** und ***Antoniushäusle*** nach ***Vörlinsbach***. Auf der geteerten Straße zurück nach ***Oberried***.

Achtung: Der Felsenweg durch das Gfäll bei der Wilden Schneeburg erfordert gutes Schuhwerk und absolute Trittsicherheit.

43 HINTERWALDKOPF 1199 METER

Mystische Momente am Monument

Hoch über dem Oberen Zastlertal ragt der Hinterwaldkopf empor und beeindruckt mit einer der schönsten Aussichten ins Dreisamtal. Im Licht der Abenddämmerung hüllt sich der kahle Gipfel mit dem Steinkreis in eine mystische Stimmung, die ihn wie eine geheimnisvolle keltische Kultstätte erscheinen lässt.

Der Hinterwaldkopf mit seiner weitläufigen, waldfreien Kuppe ist eine typische Hochschwarzwälder Jungrinderweide, die von den Landwirten aus Höfen und Weilersbach genutzt wird. Das macht ihn zu einem erstklassigen Aussichtsberg, der relativ leicht zu erklimmen ist. Wir haben ihn für eine Feierabendwanderung im Herbst auserkoren und wollen auf dem Gipfel den Sonnenuntergang erleben. Wir starten vom Wanderparkplatz an der Rinkenstraße oberhalb des Hanselehofes in Alpersbach. Auf dem Dr. Ganter-Weg, einer ziemlich breiten und ziemlich langweiligen Forst-

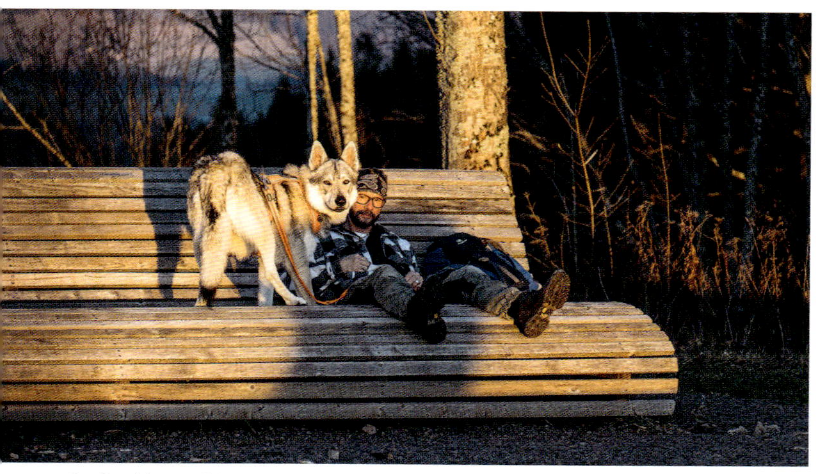

Großes Kino auf dem Natursofa

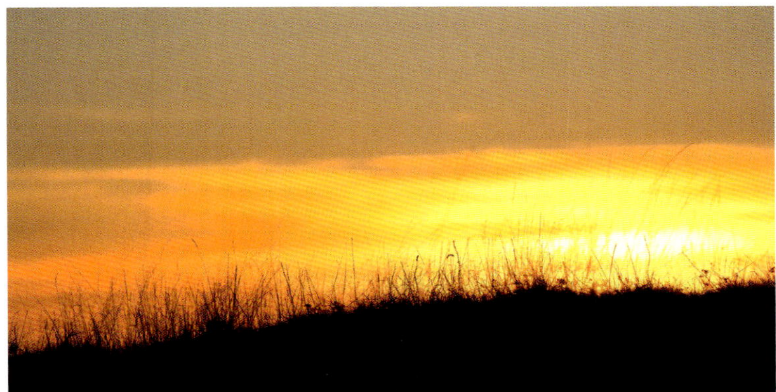

So sieht Stille aus

straße, geht es Richtung Hinterwaldkopfsattel. Die Sonne steht bereits tief im Westen, am Horizont färbt sich der Himmel schon rötlich. Den Sonnenuntergang am Gipfel werden wir nicht mehr schaffen. Dafür erleben wir den Wald mit allen Sinnen. Das erdig riechende Laub, die frische Herbstluft, die abendliche Stille. Die Hinterwaldkopf-Hütte wird von den letzten Sonnenstrahlen beleuchtet, die Weiden leuchten orangegelbgrün. Der Pfad steigt nun an, führt uns auf der Weide hinauf zum Gipfel. Linker Hand von uns liegt der Feldberg mit dem Feldbergturm und der Radarstation. Die im Schatten liegende Nordwand ist für uns ein ungewohnter Anblick. Dazwischen liegt der tiefe Einschnitt des Zastlertals. Rechts daneben liegt der Gipfel vom Toten Mann, auf dem wir einige Wochen zuvor den Vollmondaufgang erlebten. Nach kurzem Anstieg auf dem schmalen Pfad sind wir oben am Gipfel, der uns im Dämmerleuchten des Abendrots empfängt. Ein Steinkreis, in dessen Mitte sich ein steinernes Monument befindet, erinnert mich an einen riesigen Inukshuk, wie ich sie aus der kanadischen Arktis kenne. Die Steinmännchen werden dort als Wegmarkierungen oder Landmarken verwendet. Das Monument auf dem Hinterwaldkopf in der Mitte des Steinkreises ist ein Denkmal der Freiburger Turnerschaft von 1844 für die Gefallenen der Weltkriege. Ein zweites steht etwas unterhalb des Steinkreises. Das ältere wurde 1922 aus einem naturbelassenen Felsen errichtet.

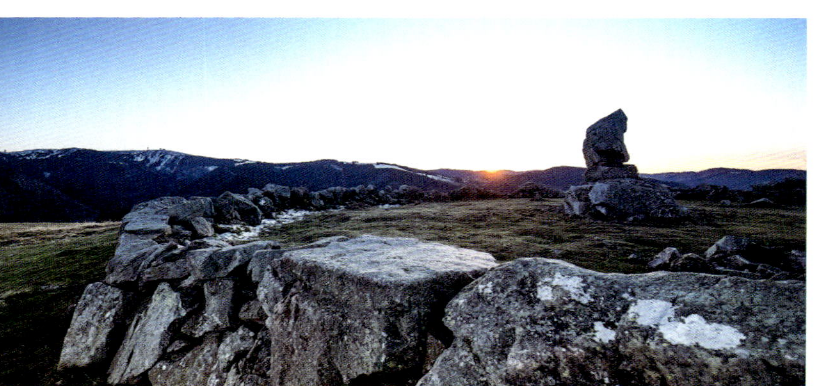

Mystische Stimmung auf dem Hinterwaldkopf

Das zweite Denkmal wurde zu Beginn der 1950er-Jahre eingeweiht.

Hier oben fühlen wir uns umgeben von einer wundersamen Atmosphäre. Wieder einmal erleben wir eines dieser Naturschauspiele, welches uns den Atem raubt. Das letzte Sonnenlicht, der Halbmond, der nun mehr und mehr seine Leuchtkraft entfaltet, der stetig dunkelblau werdende Himmel, der das Kommen der Nacht ankündet. Noch reflektieren die umliegenden Berge Kandel und die Hochebenen rund um St. Peter und St. Märgen das warme Licht des vergehenden Tages. Im Westen hüllt sich der markante Gipfel des Totenkopfes in den bläulich schimmernden Dunstschleier, der über dem Tal liegt. Ein Trailrunner gesellt sich zu uns, genießt für einen Augenblick den Ausblick, bevor er sich leichtfüßig und schnell auf den Weg ins Tal macht. Wir bleiben noch etwas, trinken heißen Tee und essen ein paar Kekse. Im märchenhaften Dämmerblau, über dem der immer heller werdende Mond strahlt, verlassen wir den Gipfel und machen uns auf den Rückweg.

Tipp

Einkehren im Almgasthof Hinterwaldkopfhütte auf 1120 Metern östlich vom Gipfel gelegen. Schöne Terrasse in Südlage mit Blick auf den Feldberg und Almwiesen. Hüttenchef Peter kocht alpenländische Gerichte, außerdem gibt es feine Kuchen der Hüttenchefin Silvia. Ruhetage Montag und Dienstag, außer an Feiertagen.
www.hinterwaldkopf-huette.de

Hinkommen

Von Lörrach kommend über die B317 bis Feldberg-Bärental, weiter auf der B500 bis Hinterzarten. Weiter auf der Alpersbacher Straße und Windeck bis nach Alpersbach. Beim Hanselehof auf die Rinkenstraße abbiegen und bis zum Wanderparkplatz am Waldrand fahren.
Von Müllheim kommend auf der A5 bis Freiburg. Weiter auf der B31 a und B31 durch das Höllental bis Hinterzarten. Weiter auf der Alpersbacher Straße über Windeck bis nach Alpersbach. Beim Hanselehof auf die Rinkenstraße abbiegen und bis zum Wanderparkplatz am Waldrand fahren.

Tourbeschreibung – leichte Wanderung vom Wanderparkplatz Alpersbach

Start und Ziel: Wanderparkplatz oberhalb von Alpersbach auf der Rinkenstraße
Länge: rund 6,5 Kilometer, 170 Höhenmeter Aufstieg, 160 Höhenmeter Abstieg
Dauer: rund 1.30 Stunden
Schwierigkeit: einfach

Vom ***Wanderparkplatz oberhalb Alpersbach*** auf dem ***Dr. Ganter-Weg*** (breite Forststraße, gelbe Raute) bis zum ***Hinterwaldkopfsattel***. Dort auf der Himmelsliege schöne Aussicht ins Höllental. Weiter auf dem Blaue-Raute-Weg, der anfangs als schmaler steiniger Pfad und später als Wiesenpfad zum Gipfel des ***Hinterwaldkopfes*** führt. Zurück auf demselben Weg.

Tourbeschreibung – mittelschwere Wanderung vom Wanderparkplatz Rinken

Start und Ziel: Wanderparkplatz Rinken
Der Wanderparkplatz befindet sich am Ende der Rinkenstraße.
Länge: rund 13 Kilometer, 250 Höhenmeter Auf- und Abstieg
Dauer: rund 3.40 Stunden
Schwierigkeit: mittelschwer

Vom ***Wanderparkplatz Rinken*** auf dem Gelbe-Raute-Weg (Dr. Ganter-Weg) bis zum ***Hinterwaldkopfsattel*** mit der Himmelsliege. Weiter auf dem Blaue-Raute-Pfad bis zum Gipfel des ***Hinterwaldkopfs***. Abstieg über den ***Hinterwaldkopfsattel***, weiter auf dem ***Bankgalliweg*** bis zur übernächsten Wegkreuzung und dort auf dem Blaue-Raute-Weg über ***Spähnplatz*** zurück zum ***Wanderparkplatz Rinken***.

44 SIRNITZKOPF 1114 METER

Die Räuberkolonie auf der Sirnitz

Sirnitz ist ein seltsamer Name. Ein Berg mit der Endung „itz" ist einmalig im badischen Raum und gibt Rätsel auf. Zu behördlicher Bekanntheit hingegen brachten es die Bewohner der Sirnitzhöfe, die als Gesindel, Holzdiebe und Straßenräuber in die Geschichte eingingen.

Heute ist die Sirnitz vor allem als Passstraße bekannt, die als L 131 von Badenweiler, Ortsteil Schweighof, hinüber ins Wiesental führt. Auf dem Sirnitzpass in 1079 Metern Höhe befindet sich der Wanderparkplatz Kreuzweg. Nur wenige Hundert Meter weiter nordöstlich befindet sich der Sirnitzkopf, an den sich das 988 Meter hohe Sirnitzköpfle anschließt. 1428 wird erstmals ein Weiler Sirnitz erwähnt. Es geht hervor, dass die Sirnitz als Weideland genutzt wurde und es damals Meierhöfe gab. Der Heimatforscher Anton Schwaederle sieht im Namen Sirnitz eine Verbindung zu der keltischen Mondgöttin Sirona. Eine andere Deutung sieht

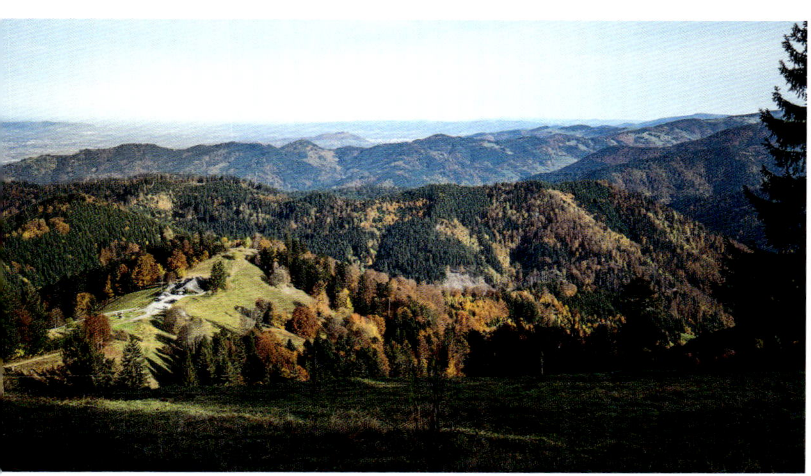

Blick zum Berggasthaus Kälbelescheuer

einen keltischen Ursprung und kombiniert daraus das Wort Sarunetia, was so viel wie Wiesengrund am kleinen Wasserlauf bedeutet, das könnte sich auf den Klemmbach beziehen.

Die Höfe, die sich an der Sirnitzstraße befanden, entwickelten sich aus einer Köhlersiedlung. Zunächst waren es Meierhöfe, später dienten sie als Umschlagstation für den Holzkohlentransport aus dem Münstertal zu den Eisenwerken nach Kandern. Die erste Wirtschaft auf der Sirnitz, Gasthaus zum Hirschen, öffnete 1808. Allerdings beklagten sich die anderen Sirnitzbauern über die ständigen Saufgelage des Wirtes. 1885 wird das Gasthaus umbenannt in Auerhahn. Es war kein leichtes Arbeiten auf der Sirnitz. 1817 bitten die Bauern um Steuerbefreiung, weil sie unter dem kalten Winter litten und kaum Nahrungsmittel für ihre Familien und Vieh mehr hatten. Die Lehensbauern sind hoch verschuldet und den Behörden ein Dorn im Auge. 1834 schreibt ein Forstbeamter, dass es wünschenswert wäre, wenn „die Räuberkolonie auf der Sirnitz endlich einmal vertilgt und die Wohnungen des auf der Sirnitz hausenden Diebs- und Raubgesindels dem Erdboden gleich gemacht werden könnten." Der Beamte unterstellte ihnen Straßenraub und

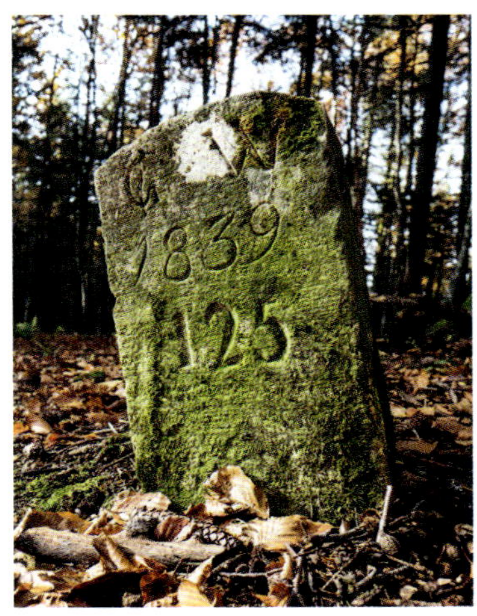

Historische Landmarke

Holzdiebstahl, was der Befriedigung ihrer Sauflust diene. Ein letztes Mal tauchen die Sirnitzhöfe in einem Protokoll aus dem Jahr 1855 auf. Dort heißt es: „Glücklicherweise sind die Sirnitzhöfe jetzt eingegangen."

Heute ist der Sirnitzpass, bekannter unter dem Namen Kreuzweg, ein beliebter Übernachtungsort für Städter, die mit ihren überdimensionalen Wohnmobilien aufs Land flüchten. Dort stehen sie in erster Reihe mit fantastischem Blick auf den Belchen. Als wir auf dem Parkplatz eintreffen, bewundern wir eine atemberaubende Morgenröte, während sich die Wohnmobilisten noch im Tiefschlaf befinden. Vom Kreuzweg aus ist es ein kurzer Anstieg zur Sirnitz. Der Ausblick auf die Almgaststätte Kälbelescheuer auf dem Sirnitzsattel, eingebettet in die weitläufige Schwarzwaldlandschaft, ist ein echter Augenschmaus. Anders als die Himmelsliege, die wie ein deplaziertes Fremdobjekt wirkt. Diese Himmelsliege ist leider wieder einmal ein Beispiel, wie man einen Ort verschandeln kann. Sie sind arg in Mode gekommen, fast schon inflationär auf Gipfeln und Genießerpfaden vorzufinden. Ergonomisch sind sie für den Wanderer eine Katastrophe. Schlecht geformt und denkbar ungeeignet für eine Vesperpause. Die Trinkflasche kippt, der Rucksack fällt um. Wer um Himmels willen hat sich so was ausgedacht?

Tipp

Einkehren im Almgasthof Kälbelescheuer mit schönem Blick auf die Rheinebene und den Belchen. Heimische und deftige Speisen werden im Dirndl serviert – so beschreibt es die Webseite. Ist nicht meins, aber wer auf Schnitzel, Steak und Co. steht, wird nicht meckern.
www.kaelbelescheuer.de

Hinkommen

Von Lörrach kommend auf der B317 bis Hauingen, weiter auf der L138 bis Steinen. Auf der L136 über Wieslet bis Niedertegernau und weiter auf der L139 bis Neuenweg. Dort weiter auf der L131 Richtung Badenweiler bis zum Wanderparkplatz Kreuzweg auf dem Sirnitzpass.
Von Müllheim kommend auf der L131 bis Schweighof und auf der Sirnitzstraße bis zum Wanderparkplatz Sirnitzpass.

Tourbeschreibung

Start und Ziel: Wanderparkplatz Kreuzweg, Sirnitzpass
Länge: rund 6,5 Kilometer, 250 Höhenmeter Aufstieg, 360 Höhenmeter Abstieg
Dauer: rund 2 Stunden
Schwierigkeit: mittelschwer

Vom ***Wanderparkplatz Kreuzweg*** die Sirnitzstraße überqueren. Auf dem Gelbe-Raute-Weg ***Kälbelescheuerweg*** zunächst durch lichten Wald auf breitem Forstweg bis zur Anhöhe mit schönem Ausblick auf die ***Almgaststätte Kälbelescheuer***. Abstieg zum Almhof und auf der gelben Raute zurück über ***Auerhahn*** und ***Sonnenwegle*** zum ***Wanderparkplatz Kreuzweg***.

WEIHERKOPF 1143 METER

45

Schwarzwaldgold unterm Skilift

Der Weiherkopf am Sirnitzpass war früher ein beliebtes Skigebiet. Der Weiherkopflift am Osthang hatte eine Länge von 900 Metern und galt als eine der steilsten Pisten im Schwarzwald. Der kurze Kreuzweg-Schlepplift wurde 2017 reaktiviert. Das interessanteste am Berg ist jedoch sein Goldvorkommen.

Der Weiherkopf ist ein netter, ich will mal sagen, Hügel. So jedenfalls schaut er, vom Wanderparkplatz Kreuzweg am Sirnitzpass gesehen, aus. Wer schnell zwei Tausender für seine Gipfel-Sammlung besteigen möchte, wandert zuerst zur Sirnitz und auf dem Waldpfad anschließend hinüber zum Weiherkopf. Ist der Gipfel erreicht, entpuppt sich der Hügel als ein echter Berg, mit steilen Flanken, die nach Norden hin ins Münstertal abfallen. Interessant ist der Berg für Gleitschirmflieger, da sich auf dem Gipfel ein Startplatz befindet. Achtung: Kein Flug ohne befugten Startleiter steht als Hinweis auf einem Schild am Betonpfeiler des Skilifts. Fliegen darf nur, wer eine Einweisung

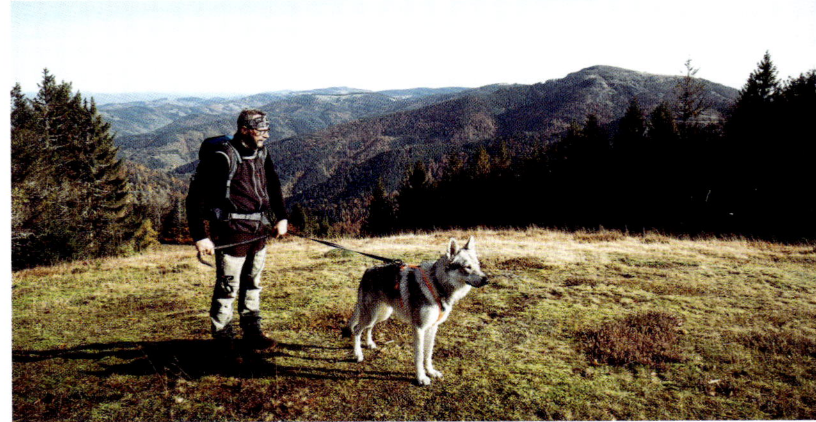

Auf dem Weiherkopf mit Blick nach Westen zum Belchen

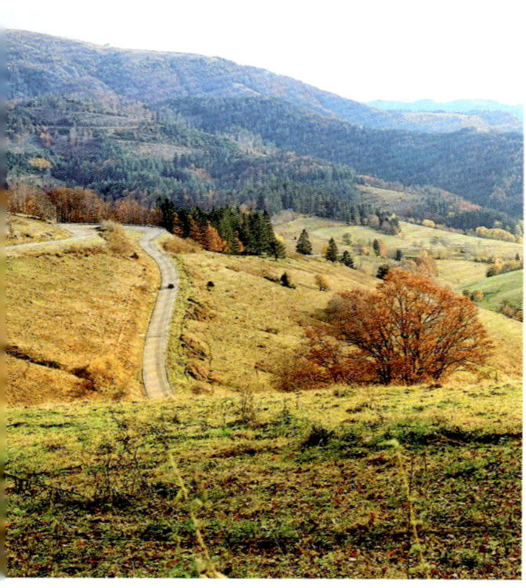

Bisher parken Campmobile auf dem Kreuzweg umsonst, das soll sich künftig ändern

durch den Gleitschirmclub Hochschwarzwald Münstertal erhalten hat.

Im Wald neben dem freien Gipfelplateau, von dem sich eine phänomenale Aussicht bietet, entdecke ich einen riesigen Betonklotz. Vermutlich ein Relikt des einstigen Weiherkopfliftes, der vor über zwanzig Jahren stillgelegt wurde. Soviel zum Thema Rückbau von Anlagen. Vom abgebauten, zweiten Fröhnder Windrad auf dem Ittenschwander Horn stecken die Fundamente ebenfalls noch im Waldboden.

Aber außer Beton gibt es noch etwas anderes, das im Weiherkopf steckt: Gold!

Im Schwarzwald wurde bereits im 13. Jahrhundert nach Gold gesucht. Dass der Schwarzwald keinen Goldrausch wie damals der Yukon erlebte, hat mit dem geringen Goldvorkommen zu tun. Bis Anfang der 1980er-Jahre ein Geologe auf der Suche nach Schwermineralien in einem Bach bei Sulzburg auf Gold stieß. In der Pfanne lag kein Nugget, sondern ein Körnchen von der Größe eines Mohnsamens. Der Fund löste für eine kurze Zeit ein regelrechtes Goldfieber aus, das sogar ein Unternehmen auf den Plan brachte, eine Goldmine zu errichten. Durch Presseberichte angelockt, rückten zahlreiche Hobbyschürfer, mit Pfannen bestückt, ins beschauliche Sulzbachtal. Doch der große Fund blieb aus und bald geriet das Gold wieder in Vergessenheit.

Anfang 2001 erschien ein Bericht des Geologen Dr. Wolfgang Homann über Goldvorkommen in der Badenweiler-Lenzkirch-Zone, ein 40 Kilometer langes und fünf Kilometer breites tektonisches Grabensystem. Darin beschreibt Homann Goldfunde im Sulzbachtal und – erstaunlich – ein erhöhtes Vorkommen am Weiherkopf. Allerdings konnte hier nie eine Goldader erschlossen werden. Das Gold

des Weiherkopfes schlummert also noch heute irgendwo unter den Skiliften. Bevor nun ein neuer Goldrausch losbricht, sei anzumerken, dass mit 0,41 Gramm Gold gerechnet werden kann – pro 40 Tonnen gewaschenem Geröll. Da gehen wir doch lieber auf Gipfel wandern, als Gold zu waschen.
Für den Kreuzweg-Skilift und das alte Skiliftgebäude gibt es große Pläne: Ein Investorenehepaar mit langjähriger Erfahrung im Betrieb von Hüttengastronomie und Skiliften will die Infrastruktur ausbauen und eine Schwarzwald-Alm mit ganzjährigem Betrieb eröffnen.

Tipp

Wer nach Gold suchen möchte (und tatsächlich welches findet), kann sich zu einem Goldwaschkurs bei Franz Josef Andorf anmelden. Termine und Infos unter www.goldsucher.de.

Hinkommen
Von Lörrach kommend auf der B 317 bis Hauingen, weiter auf der L 138 bis Steinen. Auf der L 136 über Wieslet bis Niedertegernau und weiter auf der L 139 bis Neuenweg. Dort weiter auf der L 131 Richtung Badenweiler bis zum Wanderparkplatz Kreuzweg auf dem Sirnitzpass.
Von Müllheim kommend auf der L 131 bis Schweighof und auf der Sirnitzstraße bis zum Wanderparkplatz Kreuzweg auf dem Sirnitzpass.

Tourbeschreibung
Wandertechnisch bietet der Weiherkopf keine großen Möglichkeiten. Am besten man verbindet ihn mit der Sirnitz. Aufstieg über den ***Kälbelescheuerweg***, dann rechts auf schmalem Pfad zum ***Weiherkopf***, Abstieg über den Pfad beim Lift.
Länge: rund 3 Kilometer, 60 Höhenmeter Auf- und 30 Höhenmeter Abstieg,
Dauer: rund 45 Minuten
Schwierigkeit: leicht
Es bietet sich an, anschließend zum ***Nonnenmattweiher*** weiter zu wandern. Der Karsee im Naturschutzgebiet ist einer der schönsten im Schwarzwald. Der Weg ist ausgeschildert und führt auf breiten Wanderwegen durch das ***Heubronner Tal*** mit herrlichem Blick auf den Belchen zum ***Karsee***.

Start und Ziel: Wanderparkplatz Kreuzweg
Länge: rund 4,7 Kilometer, 85 Höhenmeter Aufstieg, 244 Höhenmeter Abstieg
Dauer: rund 1.30 Stunden
Schwierigkeit: leicht.

46 SCHAUINSLAND 1284 METER

Ins-Land-Schauen außerhalb der üblichen Stoßzeiten

Kein Schwarzwaldgipfel liegt so urban und stadtnah wie der Schauinsland. Vermutlich habe ich ihn bisher gemieden, weil mir der Rummel zu viel ist. Aber gut, nun musste ich hin, denn sonst gäbe es dieses Kapitel nicht. Und wie so oft, besuchen wir den Gipfel – aufpassen, jetzt verrate ich einen Geheimtipp – außerhalb der üblichen Stoßzeiten.

Ich muss gestehen, dass ich den Schauinsland bislang eher als städtisches Ausflugsziel, denn als Schwarzwälder Berggipfel wahrgenommen habe. Wie so oft werde ich eines Besseren belehrt. Aber von vorne. Es ist wieder einmal verdammt früh, als uns der Wecker, gefühlt mitten in der Nacht, zum Aufbruch ruft. Es ist eine klare, sehr kalte Novembernacht, über uns glitzern die Sterne, als wir unser Auto am Parkplatz der Bergstation Schauinsland parken. Von dort ist es nicht mehr als ein Spaziergang zum Gipfel. Erstaunlich, dass wir einen so leicht zugänglichen Gipfel an diesem Morgen für uns alleine haben. Vermutlich drücken

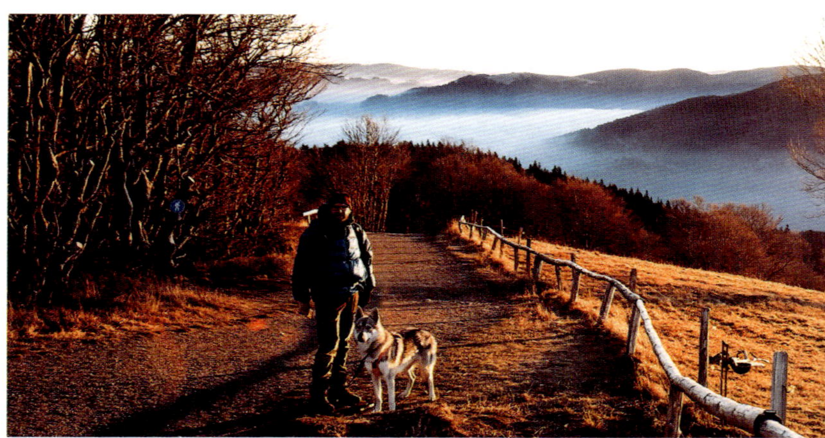

Frühes Licht am Schauinsland

die Freiburger im Tal in diesem Moment schlaftrunken den Knopf ihrer Espressomaschine, während wir in aller Stille auf den gigantisch großen Vollmond blicken, und ihm dabei zusehen, wie er in seiner ganzen Pracht hinter den Vogesen untergeht. Im Osten kündigt sich das zweite Naturschauspiel an. Hinter dem Feldberg wird es mit jeder Minute heller. Mein Motto: Verpasse niemals einen Sonnenaufgang, denn du weißt nicht, wie viele dir im Leben noch bleiben! Fakt ist, sie werden mit jedem Tag weniger. Deswegen versuche ich, so oft es geht, den Sonnenaufgang irgendwo draußen zu erleben. Es ist die Stunde des Erwachens, die bedeutungsvollste Zeit des Tages, schrieb der amerikanische Dichter Henry David Thoreau in seinem Buch Walden, ein Leben in den Wäldern. Tatsächlich ist es so, dass meine Tage leichter und glücklicher verlaufen, wenn ich früh morgens den Sonnenaufgang erlebe.

Der Tagesanbruch auf dem Schauinsland war einer von der Sorte, die einem augenblicklich einen Überschuss an Endorphinen beschert. Ein Nebelmeer über den Tälern, in der Ferne die herrlichen Alpen, Licht, das mit solcher Kraft über die Bergspitzen flutet, dass man am liebsten die ganze Welt umarmen möchte. Südlich vom Schauinsland schweben die Bergspitzen von Belchen und Blauen wie geheimnisvolle Inseln über dem Nebelmeer. Der Himmel wird blauer, die ersten Wiesen und Wälder erstrah-

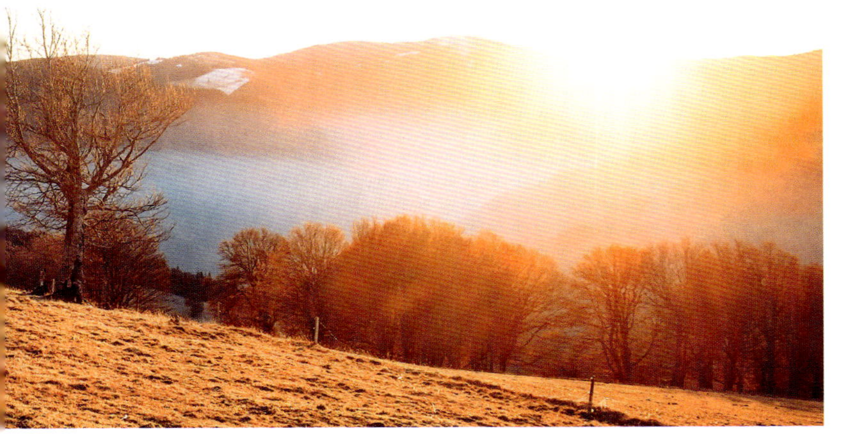

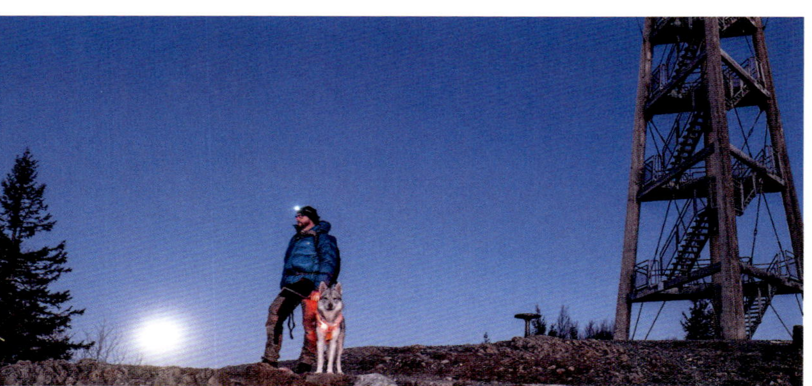

Guter Mond, du gehst so stille.

len im rötlichen Licht des Morgens. Was für ein Farbspektrum, das sich auf dem weitläufigen Rücken des Schauinsland ausbreitet. Licht und Farben von solcher Klarheit, die Konturen sind messerscharf, ich bin im Bilderrausch, während ich diese stimmungsvollen Motive auf den Chip meiner Kamera banne. Für Thoreau bestand die Definition von Erfolg darin, wenn man Tag und Nacht freudig begrüßt, wenn das Leben nach Blumen und süßen Kräutern duftet, es federt und strahlt. Jener Novembermorgen auf dem Schauinsland war demnach großartig erfolgreich.

Der Schauinsland war im Mittelalter ein sehr ertragreicher Silbererzberg. Daher stammt der frühere Name Erzkasten. 1347 wird der Berg als Schouwesland bezeichnet. Über 700 Jahre lang wurde hier Silber gewonnen, bis die letzte Grube 1954 geschlossen wurde. Einer der Stollen, der sogenannte Kappler Stollen, ist noch heute als Hebammenstollen bekannt. Der rund zwei Kilometer lange Stollen war die kürzeste und schnellste Verbindung zwischen Kappel und Hofsgrund und wurde von einer findigen und geschäftstüchtigen Hebamme

Tipp

Führung im Museums-Bergwerk Schauinsland. Führungen unterschiedlicher Länge, auch für Kinder geeignet, von Ostern bis Anfang November immer Mittwoch, Samstag, Sonntag und Feiertag in stündlichem Abstand. Juli und August täglich. Informationen unter www.schauinsland.de – Museums-Bergwerk.

genutzt, um bei Geburten schnell in beide Orte zu gelangen. Und – was heute undenkbar wäre: Im Winter diente der Stollen als Schulweg für die Kinder der Bergbausiedlung – während des laufenden Betriebs in der Grube. Heute sind Teile des rund 100 Kilometer langen Stollensystems des Schauinsland Bergwerks als Museums-Bergwerk erschlossen. Das Besucherbergwerk bietet verschiedene Führungen an.

Hinkommen

Ein Erlebnis ist die Fahrt mit der Schauinslandbahn, Deutschlands längster Umlaufseilbahn. Mit der VAG-Stadtbahnlinie 2 und Bus 21 täglich von 9 bis 17 Uhr, Juli bis September bis 18 Uhr, zur Talstation der Schauinslandbahn.
Ab Freiburg Hauptbahnhof mit der SBG Linie 7215, samstags, sonntags und feiertags von Mitte Mai bis Ende September fast stündlich zur Schauinsland Bergstation.
Von Lörrach kommend auf der B317 bis Todtnau, weiter auf der L126 bis zum Notschreipass, weiter auf der L124 bis Hofsgrund und zum Schauinsland Parkplatz.
Von Müllheim kommend auf der B3 bis Staufen, weiter auf der L123 über Stohren bis zum Schauinsland Parkplatz.

An der Bergstation ist eine kostenlose Wanderkarte erhältlich, außerdem lassen sich die Touren per WLAN aufs Handy laden. Der Themenrundweg Erzkasten informiert anhand Schautafeln über die Bergbaugeschichte.

Tourbeschreibung

Panoramarunde um den Schauinsland
Start und Ziel: Parkplatz bei der Bergstation
Länge: rund 11 Kilometer, 260 Höhenmeter Auf- und Abstieg
Dauer: rund 3.15 Stunden
Schwierigkeit: mittelschwer

Vom ***Parkplatz der Bergstation*** die Treppe hochsteigen und auf der Teerstraße auf dem Blaue-Raute-Weg rechts Richtung ***Halde*** wandern. Bei der Wegkreuzung ***Kohlwald*** auf dem Gelbe-Raute-Weg weiter bis zum ***Seppenbaurenhof***. Dort weiter auf dem ***Rainweg*** bis der Weg nach ***Hofsgrund*** abzweigt. Auf dem Gelbe-Raute-Weg an der ***Kirche*** vorbei bis zur ***Wassertretstelle*** und weiter bis ***Engländerdenkmal*** und ***Kleines Engländerdenkmal***. Über ***Luftmessstation*** und ***Kappeler Wand*** zurück zum ***Parkplatz an der Bergstation***.

47 KANDEL GIPFEL 1241 METER

Hexen, Himbeeren und Hammeltanz

Der Kandel, zwischen dem Elztal, Simonswäldertal und Glottertal, ist ein Klotz von einem Berg. Seine pyramidenartige Form, mit der er wie ein alpiner Gipfel aus der Rheinebene emporragt, macht ihn zu einem der eindrucksvollsten Gipfel im südlichen Schwarzwald. Im Mittelalter war der Kandel als Hexenberg und Teufelssitz gefürchtet.

Der Kandel diente, vermutlich wie auch der südlicher gelegene Belchen, den Kelten als Anbetungsstätte ihres Sonnengottes. Sprachforscher gehen davon aus, dass das Wort Kandel der indogermanischen Wurzel cand entspringt, was so viel wie leuchten, glänzen bedeutet. Der Berg dürfte die Menschen der damaligen Zeit nachhaltig beeindruckt haben, wie er sich so wuchtig aus der Rheinebene emporreckt. Auf dem Gipfel herrscht ein besonderes Mikroklima. Wenn die warmen Luftmassen aus der Rheinebene emporsteigen und auf die oberen, kälteren Schichten stoßen, entsteht eine besondere Thermik, die sich häufig in schweren Gewittern entlädt. Vielleicht stammt daher der Namen des Berges, auf dessen wolkenverhangenen Gipfel es oft heftig blitzte und donnerte.

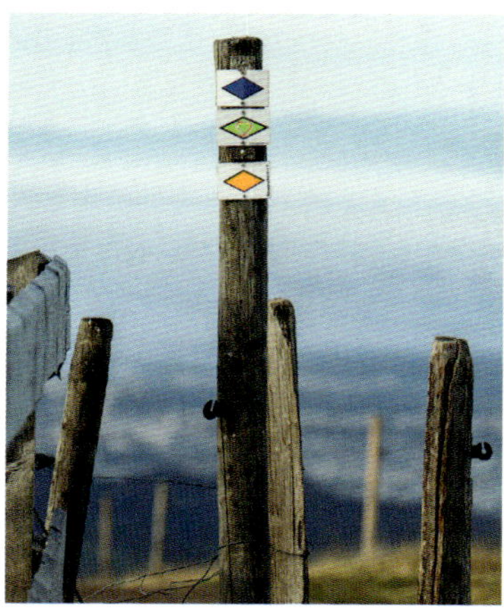

Rautendreierlei am Kandelgipfel

Im Mittelalter vermischte sich der Christusglaube mit den heidnischen Bräuchen. Im Volksglauben sah man in unerklärlichen Naturereignissen dämonische Kräfte am Wirken – oft in Zusammenhang mit bestimmten Personen. So kam es im 16. und 17. Jahrhundert zu schrecklichen Hexenverfolgungen im Elz- und Simonswäldertal. Auf dem Kandel, so glaubten die Menschen, feierten die Hexen mit dem Teufel schreckliche Orgien und ritten auf

GROẞER KANDELFELS 1100 METER

48

Der Reisigbesen im Teufelsfelsen

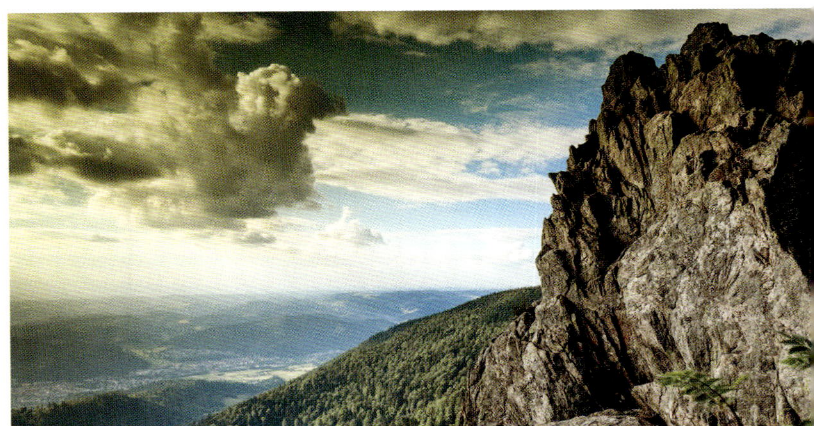

Kraftvoll und kantig – der Kandelfels

Schweinen ins Tal, wo sie Kinder entführten und Vieh verhexten.
Doch der Kandel war nicht nur als Hexenberg bekannt. Es gab einige Feste in der Höhe, bei denen es feucht-fröhlich zuging. Einer der Bräuche war die Kandelkilwi (Kandelkirchweihe), obwohl es auf dem Berg gar keine Kirche gab. Das Fest fand beim Kandelbauer und am Kandelhotel statt. Es gab einen geschmückten Tanzboden, sozusagen die erste Open Air Gipfel-Disco, zu der bei Handorgelmusik getanzt wurde.
In den 1920er- und 1930er-Jahren fand am ersten Mai der Hammeltanz statt. Neben allerlei Essen und noch mehr zu Trinken gab es einen Hammel zu gewinnen, den ein glücklicher Gewinner vom Berg mitnehmen durfte.
Heute ist der Kandel ein beliebtes Freizeitziel, das an schönen Sommertagen einen solch enormen Besucherandrang verzeichnete, dass zeitweise die Kandelstraße gesperrt werden musste. Den Gipfel markiert ein Pyramidensockel, der 1825 als trigonometrisches

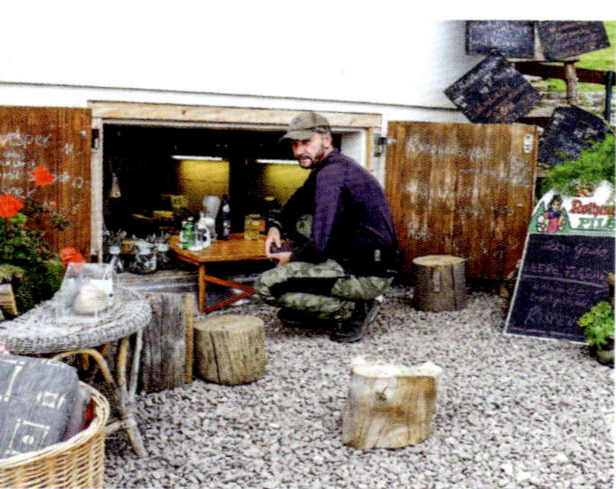

Zur Einkehr beim Fensterliwirt braucht es gute Knie

Signal für die Landesvermessung errichtet wurde. Später wurde darauf eine Aussichtsplattform gebaut. Auf dem Kandelbergland befindet sich auf 1100 Metern die wohl höchst gelegene Himbeerplantage Deutschlands. Seit 2002 baut ein Buchholzer Obstbauer die Sorte Tulameen an, eine Sommerhimbeere, mit leicht süßem, aromatischem Geschmack.

Wer zum Kandel möchte, sollte sich bewusst sein, dass es an schönen Wochenenden und Feiertagen recht turbulent zugehen kann. Deshalb – wenn möglich – unter der Woche oder am frühen Morgen auf den Gipfel fahren, radeln oder wandern. Ein schöner Rundweg, bei dem das mächtige Kandel-Massiv umrundet wird, führt zu den knorrigen Windbuchen, Blumen übersäten Weidefeldern und zur Thomashütte mit herrlichem Ausblick ins Tal.

Höhepunkt der Tour ist der Große Kandelfelsen, der auf rund 1000 Metern Höhe am Westhang des Kandelmassivs liegt. Es ist ein archaischer Ort voller Kräfte, der 1981 in die Schlagzeilen geriet, als die Felsnase der als Teufelskanzel bekannte Spitze des Kandelfelsens in die Tiefe stürzte.

Der Felsen war seit jeher als Versammlungsort der Hexen bekannt. Im 16. und 17. Jahrhundert kam es im Simonswälder Tal zu schrecklichen Hexenverfolgungen. Auslöser waren Aberglauben und unerklärlich und plötzlich auftretende Krankheiten bei Menschen und Tieren. So glaubten die Talbewohner, dass die Hexen auf Schweinen zur Teufelskanzel geritten kämen, um

Tipp

Urig geht es auf der Gummenhütte zu. Herzhafte Vesper und entspannte Atmosphäre in der Wurzel-Lounge unter freiem Himmel. Übernachtungen in Einzel- und Mehrbettzimmern sowie unter freiem Himmel. https://gummenhuette.g-valley.de/

Neu auf dem Kandel ist die Bergwelt Kandel, Berggasthaus und Hotel in außergewöhnlicher Holzbauweise aus heimischer Weißtanne. Große Panoramaterrasse. Eventlocation für private und öffentliche Veranstaltungen. www.bergwelt-kandel.de

dort Hexensabbate abzuhalten. Dabei vermählten sie sich mit dem Teufel und feierten abscheuliche Orgien, bei denen Leichen verspeist wurden. Danach flogen sie ins Tal, um auf den Höfen ihr Hexenhandwerk auszuüben.

In der Nacht vom 30. April auf den 1. Mai 1981 geschah es: Die Teufelskanzel brach ab und krachte in die Tiefe. Genau zur Geisterstunde an Walpurgisnacht. In den Felstrümmern fand die Bergwacht neben dem Gipfelbuch – kein Scherz – einen Reisigbesen! Die Sache mit dem Reisigbesen konnte geklärt werden: Es war kein Hexenbesen, er gehörte einem Felskletterer, der einige Monate zuvor am Teufelsfelsen Sicherungsarbeiten durchgeführt hatte. Offen ist noch, wer den Felssturz auslöste: War es der Frost, der den Gneis sprengte oder der wilde Tanz der Kandelhexen?

Hinkommen

Von Lörrach kommend auf der A5 Richtung Freiburg, Ausfahrt Freiburg-Nord, weiter auf der B294 bis Waldkirch, Ausfahrt Waldkirch-Ost und weiter auf der L186 bis zum Kandel. Parken auf dem Wanderparkplatz.

Tourbeschreibung

Start und Ziel: Wanderparkplatz Kandel
Länge: 7 Kilometer, 230 Höhenmeter Auf- und Abstieg
Dauer: rund 2 Stunden
Schwierigkeit: mittelschwer
Für bessere Orientierung eignet sich die Wanderkarte der ZweiTälerLand-Tourismus, auf der die Josef-Seger-Weg-Wanderung eingezeichnet ist.

Vom ***Wanderparkplatz Kandel*** der Beschilderung ***Kandel-Tour Josef-Seger-Weg*** (gelbe Raute) folgen. Zunächst über die Bergwiesen nach Norden, dann auf schmalen, teils felsigen Pfaden um den Nebengipfel der ***Sattelhöhe*** (1217 m), im nördlichen Steilhang über dem Langendobel. Am ***Heiberefelsen*** öffnet sich ein herrlicher Blick zur Hornisgrinde. Auf der Westseite nun durch lichten Wald über ***Sauttränke*** und ***Kohlplätze*** zum ***Großen Kandelfelsen***. Kurz nach dem Wegweiser ***Bei der Thomashütte*** gelangen wir zum Thomasfelsen, der sich weit über dem Glottertal erstreckt. Die ***Thomashütte*** ist eine geniale Rastmöglichkeit fürs mitgebrachte Vesper. Vorbei am ***Hoschgetkreuz*** geht es nun zur ***Gummenhütte***, wo der Fensterliwirt das Essen tatsächlich aus dem Fenster reicht. Ein letzter Anstieg über die Bergwiesen führt zurück zum ***Wanderparkplatz Kandel***.

49 HÖRNLEBERG 906 METER

Wandere ich noch oder pilgere ich schon?

Der Hörnleberg ist ein kegelförmiger, auffälliger Berg, der sich zwischen den Tälern der Elz und Wilder Gutach weithin sichtbar über dem Tal erhebt. Der Hörnleberg ist der einzige Gipfel in diesem Buch, auf den nicht gewandert, sondern gepilgert wird.

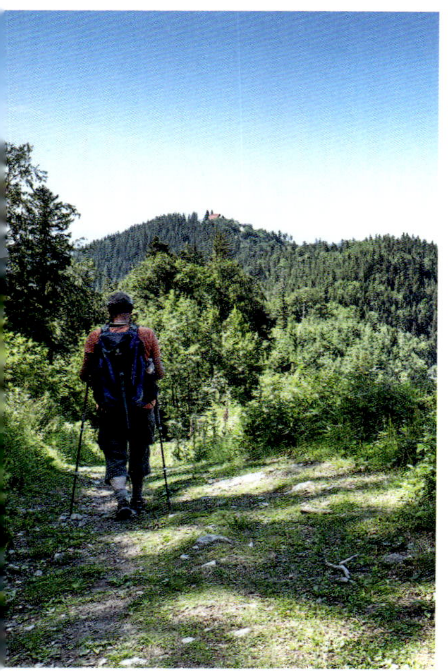

Wandern oder Pilgern?

Wann wird das Wandern zum Pilgern? Und ist jede(r) ein(e) Pilger*in, der/die den Jakobsweg wandert? Ehrlich gesagt, ich habe keine Ahnung. Der Duden erklärt, dass Pilger eine Wallfahrt machen. Wenn ich zum Hörnleberg wandere, auf dessen Gipfel sich eine Wallfahrtskirche befindet, bin ich demnach nicht mehr Wanderin, sondern Pilgerin. Pilgern ist nach wie vor etwas, das viele Menschen unternehmen, wenn sie ihrem Leben eine neue Richtung geben wollen. Sich besinnen, neu ausrichten oder einfach mal zu sich selber finden. Raus aus dem Alltag, Rucksack geschultert und ab auf den Jakobsweg. Viele träumen davon, einmal bis nach Santiago de Compostela zu pilgern. Für die ersten Schritte als Pilger*in bietet sich die Hörnleberg-Kapelle Unserer Lieben Frau an. Wer die 700 Höhenmeter Anstieg hinter sich gebracht hat, wird oben auf der Höhe gar nicht anders können, als ein Halleluja zu singen. Mit Pilgern kann ich mich trotzdem nicht anfreunden. Ich möchte stattdessen das Wort Meditationswandern verwenden. Das ist etwas, das ich recht häufig unternehme. Meditieren muss nicht heißen, in sich versunken, in unbequemer Haltung auf einem Kissen zu sitzen. Viel lieber gehe ich mit offenen Augen durch eine wunderschöne Landschaft. Eine Meditationswanderung unternehme ich alleine, denn in Begleitung oder gar in einer Gruppe ist es fast unmöglich, in Stille zu wandern. Ich verstehe es als achtsames Wandern, bei dem ich mir Zeit nehme, auf meine Atmung achte, bewusst einen Fuß vor den anderen setze. Mich auf das Tun des Wanderns konzentriere, was sonst nebenbei und unbewusst abläuft. Das schärft meine Sinne für die Umgebung. Es klärt meine Gedanken und hilft mir, Lösungen zu finden oder etwas, das mich belastet, zu verarbeiten.

Natürlich kann ich dazu auf jeden anderen Gipfel meditierend wandern. Über dem Hörnleberg liegt eine Mystik, eine überirdisch himmlische Ruhe, die ihn zu einem außergewöhnlichen Berg macht. Nicht umsonst wird er seit vielen Jahrhunderten von Menschen als Wallfahrtsort angesehen. Chroniken berichten, dass in vorchristlicher Zeit ein keltischer Sonnentempel auf dem Berg gestanden haben soll. Eine Sage erzählt, dass ein blinder Mann aus dem Elsass ein Versprechen einlöste: Sollte er je wieder sehend werden, würde er auf dem Berg, den er als ersten

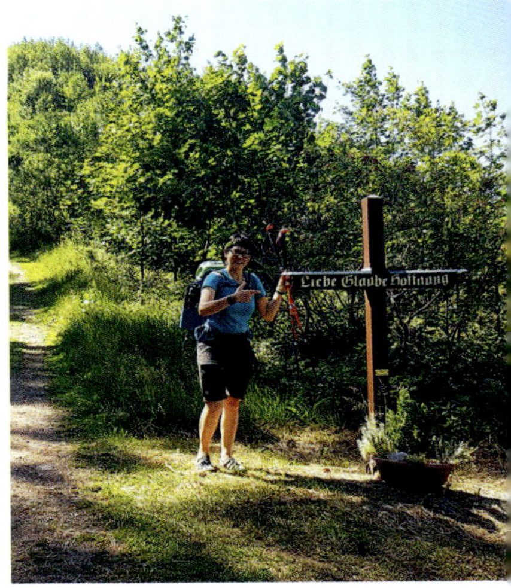

Nie die Hoffnung verlieren

erblickt, eine Kapelle zur Ehre der Muttergottes erbauen.

Auf dem Berg befindet sich neben der Kapelle eine Pilgergaststätte mit Kiosk, an dem es heiße Würste und Linzerschnitte während der Wallfahrtstage gibt. Termine zu Wallfahrtstagen finden sich unter www.hoernleberg.de.

Tipp

Die wunderschön gelegene Alkehütte (ehemaliges Jagdhaus der Fabrikantenfamilie Gütermann) kann von Gruppen gemietet werden. Wer möchte, kann sich Vesperplatten dazubuchen. Infos und Buchung über Telefon 07682/8242.

Hinkommen
A 5 Ausfahrt Freiburg-Nord, weiter auf der B 294 über Waldkirch und beim Rathaus Niederwinden in die Bahnhofstraße abbiegen und weiter bis zum Bahnhof Oberwinden.

Tourbeschreibung

Kurze Variante
Start und Ziel: Bahnhof Oberwinden
Länge: 12,25 Kilometer, 590 Höhenmeter Auf- und Abstieg
Dauer: rund 4 Stunden
Schwierigkeit: schwer

Vom ***Bahnhof Oberwinden*** geht es über ***Braunhöfe*** zum ***Elztalhotel*** und weiter zu ***Unter dem Kegelplatz*** und bis ***Am Kegelplatz***. Weiter zum Wegschild ***Sulzbach*** und ***Am Umsetzer*** und ***Hörnleberg Stationenweg*** bis zur ***Hörnleberg Kapelle***. Abstieg über ***Hörnleberg Stationenweg*** bis ***Hörnleberghütte*** und bis ***Hörnlebergerrank***. An der ***Alkehütte*** vorbei durch das Erzenbachtal ***Im Erzenbach*** und ***Steinmattensee*** bis zum ***Bahnhof Oberwinden***.

Längere Variante
Start und Ziel: Bahnhof Oberwinden
Länge: 16,5 Kilometer, 774 Höhenmeter Auf- und Abstieg
Dauer: rund 5.30 Stunden
Schwierigkeit: schwer

Vom ***Bahnhof Oberwinden*** geht es über ***Braunhöfe*** zum ***Elztalhotel*** und weiter zu ***Unter dem Kegelplatz*** und bis ***Am Kegelplatz***. Weiter zum Wegschild ***Sulzbach*** und ***Am Umsetzer*** und ***Hörnleberg Stationenweg*** bis zur ***Hörnleberg Kapelle***. Weiter auf dem ***Hörnlepfad***, der mit der blauen Raute markiert ist und hier parallel mit dem Zweitälersteig (grüne Raute mit rotem Herz) verläuft. Am ***Schimmelbildstock*** schöner Talblick, dann weiter über ***Schönecklebühl*** und ***Schöneck*** (945 m) bis ***Am Raucheneck***. Dort abzweigen und über ***Gestelle*** zurück zum ***Bahnhof Oberwinden***.

Zur besseren Planung die GPS-Daten laden oder Wanderkarte der Zweitälerland Tourismus nutzen, www.zweitaelerland.de. Die Wanderung verläuft überwiegend auf breiten Forst- und Waldwegen. Ausreichend Getränke und Proviant mitnehmen, da unterwegs keine Einkehrmöglichkeiten außerhalb der Wallfahrtstage.

50

BREND 1149 METER

Heidenschloss und Donauquelle

Der Brend ist die höchste Erhebung auf der Gemarkung Furtwangen, nach Süden hin liegt er auf der Gemarkung von Simonswald. Zusammen mit dem Rohrhardsberg-Massiv bildet der Brend eine der größten, über 1100 Metern gelegenen und weitgehend unberührten Hochflächen. Markant ist der 17 Meter hohe Granitquaderturm auf dem Gipfel, der eine der schönsten Rundsichten im Schwarzwald bietet.

Den Brend hatte ich bislang nicht als Gipfel auf dem Schirm. Wann immer ich am Brend vorbeiwanderte, es stellte sich nie ein Gipfelfeeling ein. So auch bei meiner Fernwanderung auf dem Wasserweltensteig. Was einfach daran lag, dass ich mich bereits auf der Höhe befand, als ich den Brend erreichte. Doch es geht auch anders, wie die folgende Gipfeltour zeigt. Vom Aussichtsturm bietet sich eine herrliche Rundsicht auf Feldberg, Belchen, Schauinsland und den Kandel. Nach Westen und Nordwesten sind die Vogesen mit dem Odilienberg zu sehen und im Osten die Schwäbische Alb. Bei guter Sicht zeigen sich die Alpen am Horizont.

Nicht eindeutig geklärt ist die Namensherkunft des Berges. Wolfgang Kleiber ordnet es einem galloromanischen Ursprung zu. Seiner Theorie nach kommt der Name von bhrendh, was so viel wie aufschwellen, erheben, aufragen, aber auch

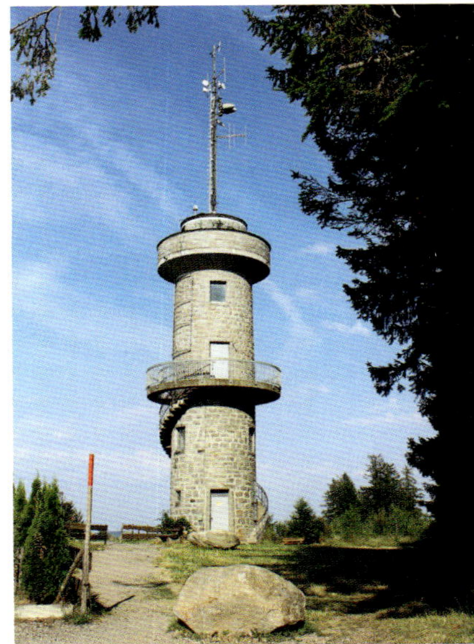

Um 17 Meter überragt der Turm den 1149 Meter hohen Gipfel

hervorquellen oder sprudeln bedeutet. Dies könnte auf die in der Nähe liegenden Quellen von Breg, Brigach und Elz hinweisen. Bei der Martinskapelle finden wir die Bregquelle, die wir durch den bekannten Spruch „Brigach und Breg bringen die Donau zu Weg" kennen. Tatsächlich ist die Bregquelle die am weitesten entfernte Quelle des Flusses, der 2888 Kilometer weiter östlich in das Schwarze Meer mündet. Erst ab dem Zusammenfluss der beiden Quellen hinter Donaueschingen wird aus den beiden Quellflüssen offiziell die Donau. Die Bregquelle liegt unterhalb des Gasthofes Kolmenhof. Vor einigen Jahren erhielt sie eine Aufhübschung in Form einer Bronzeskulptur, die den römischen Flussgott Danuvius darstellt, der sich wie eine Meerjungfrau über der Quelle räkelt. Auf dem Brend befindet sich die höchste und westlichste europäische Wasserscheide außerhalb der Alpen zwischen Rhein und Donau.

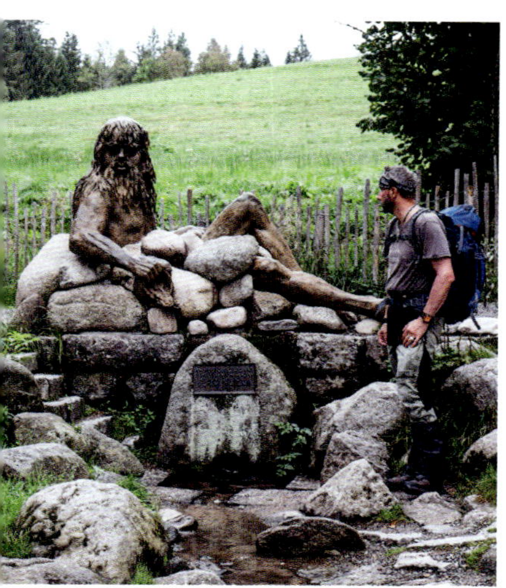

Über der Bregquelle wacht der Flussgott Danuvius

Tipp

Einkehren und Übernachten im Berggasthaus Brend. Idealer Rastpunkt für Fernwanderer oder für ein Wochenende. Ruhige Lage, herrliche Aussicht von der Sonnenterrasse und Küche mit heimischen Produkten.
www.berggasthofbrend.de

Interessant ist der Flurname Heidenschloss, für ein Gebiet, das sich zwischen Brend und den Günterfelsen befindet. Der Name taucht erstmals in amtlichen Pfarrbüchern von 1784 und 1787 im Zusammenhang mit zwei kleineren Häusern auf. Angeblich gab es um 1813 dort auch noch Überreste einer alamannischen Burg. Zusammen mit Brendturm, den mystischen Günterfelsen und der Donauquelle an der Martinskapelle stellt der Brend einen interessanten Berg dar, auf dem es vieles zu entdecken gibt. An schönen Ausflugstagen ist er jedoch stark frequentiert.

Leichte Rundwanderung auf den Brend

Hinkommen
Ab Furtwangen auf der K5730 der Beschilderung Donauquelle, Martinskapelle, Kolmenhof folgen. Parken auf dem Parkplatz bei der Martinskapelle.

Tourbeschreibung
Start und Ziel: Parkplatz Martinskapelle/Donauquelle
Länge: rund 5,5 Kilometer, 106 Höhenmeter Auf- und Abstieg
Dauer: rund 1.25 Stunden
Schwierigkeit: leicht

Vom Parkplatz ***Martinskapelle*** starten wir auf der roten Raute des Westwegs. Zunächst zum ***Kolmenkreuz***, dort verlassen wir den Westweg und wandern weiter bis zum Wegschild ***Siegelwald*** und weiter bis ***Brendhäusle*** und ***Brendturm***. Zurück auf dem Westweg (rote Raute) über ***Naturfreundehaus*** und ***Günterfelsen*** zurück zur ***Martinskapelle***.

Anspruchsvolle Gipfeltour zum Brend

Hinkommen
Von Waldkirch/Elzach kommend auf der B294 bis Ausfahrt Gutach/Simonswald. Auf der L173 bis Obersimonswald, beim Gasthaus Rebstock links nach Nonnenbach abbiegen. Nach rund 4 Kilometern auf einer schmalen Bergstraße ist der Wanderparkplatz beim Wolfhof erreicht.

Tourbeschreibung
Start und Ziel: Wanderparkplatz beim Wolfhof Simonswald-Nonnenbach
Länge: 10,2 Kilometer, 613 Höhenmeter Auf- und Abstieg
Dauer: rund 4 Stunden
Schwierigkeit: schwer, teilweise steiler Auf- und Abstieg, Wanderstöcke von Vorteil

Vom ***Wanderparkplatz beim Wolfhof*** zunächst rund 500 Meter die Straße zurücklaufen. Beim ersten Haus hinter der Nonnenbachbrücke auf den ***unscheinbaren Steig*** abbiegen. Es geht steil und felsig durch Bergwald zum ***Holzschlagrank*** hinauf. Weiter zum ***Kilpenhof*** über Weidegelände bis ***Oberer Nonnenbachhof***. Nun folgt der letzte Abschnitt bis zum ***Brendturm***. Der Abstieg erfolgt auf dem Westweg (rote Raute) über ***Brendhäusle*** zum ***Naturfreundehaus***, weiter über die ***Günterfelsen*** und ***Kolmenkreuz*** zur ***Donauquelle***. Von dort zurück zum ***Kolmenkreuz*** und über ***Siegelwald*** und ***Siegelhäusle*** zurück zum ***Wanderparkplatz am Wolfhof***.

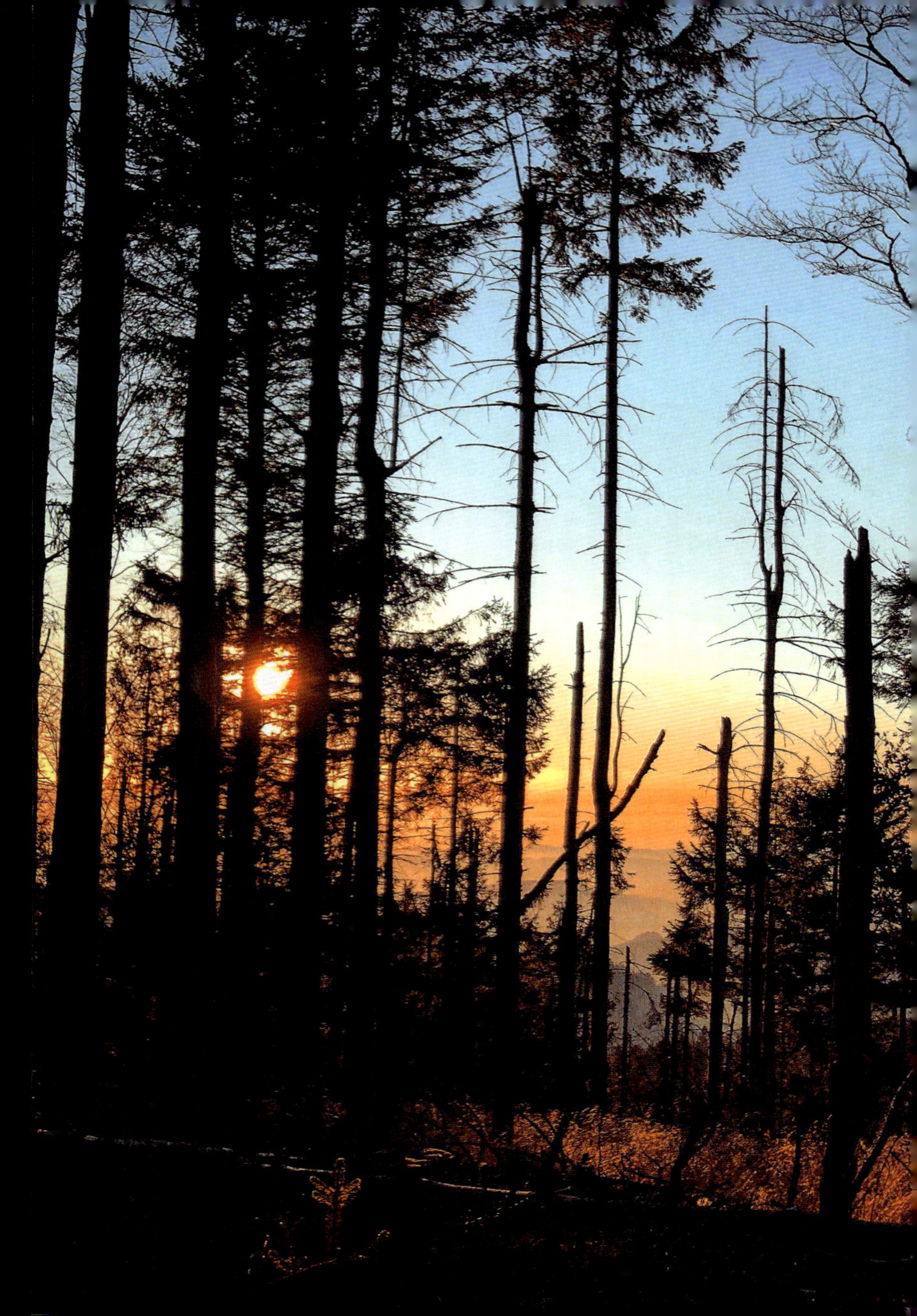

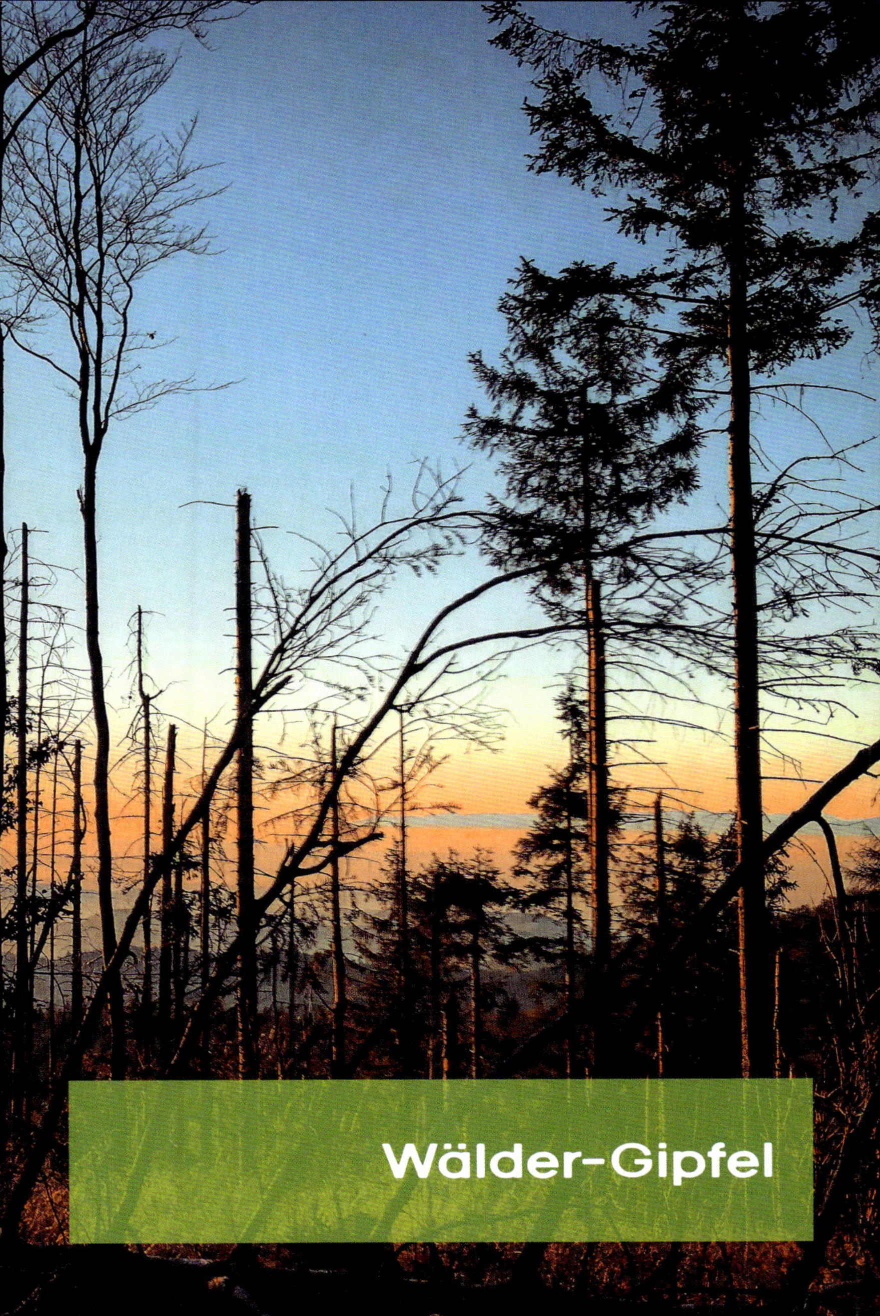
Wälder-Gipfel

51 HOHE MÖHR 989 METER
Moria oder der Berg mit der Hausnummer 41

Wer als Postbote eine an die Hausnummer 41 in Schopfheim-Raitbach adressierte Sendung zustellen soll, sucht im Ort vergebens danach. Der Weg führt einen steilen Zickzackweg hinauf bis eben jene Adresse erreicht ist: der Hohe-Möhr-Turm, hoch über dem Wiesental.

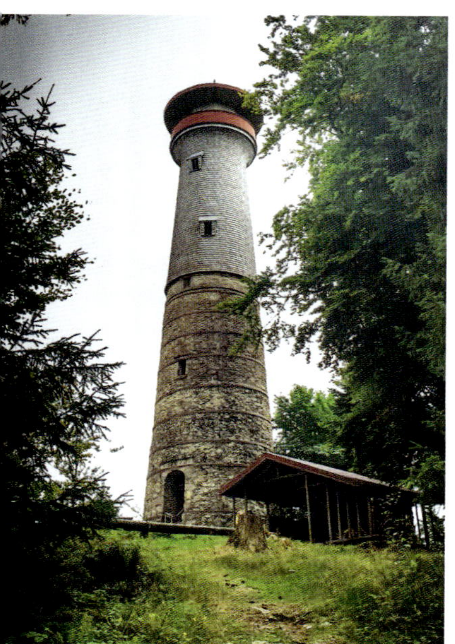

Der Turm mit der Hausnummer 41

Hohe Möhr, damit ist der Aussichtsturm des Schwarzwaldvereins gemeint, nicht der gleichnamige Berg, auf dem sich der Turm befindet. Dieser wurde im Juni 1922 vom Blitz getroffen und brannte ab. Danach bestand die Versicherung auf die Zuteilung einer Hausnummer. So kam es, dass der Gipfel der Hohen Möhr der wohl einzige im Schwarzwald ist, der eine eigene Hausnummer besitzt.

Interessant ist auch die Namensherkunft des Berges, auf dem die Ortsgruppe Schopfheim 1894 den schönen, rund 30 Meter hohen Aussichtsturm errichtete. Auf einer Raitbacher Gemarkungskarte von 1763 ist der Berg als Auf der höchsten Möhr verzeichnet. Später hat sich im allgemeinen Sprachgebrauch Hohe Möhr durchgesetzt. Was aber hat es mit der Möhr auf sich? Kommt der Name von Möhren oder Mohren? Meine Suche führt mich zu Heimat- und Flurnamenforschern. 1439 hieß die betreffende Gemarkung An dem Mören, 1552 Am Mören. Experten auf dem Gebiet der Flurnamenforschung ordnen die Bezeichnung einem keltischen Ursprung zu, sie geht wohl

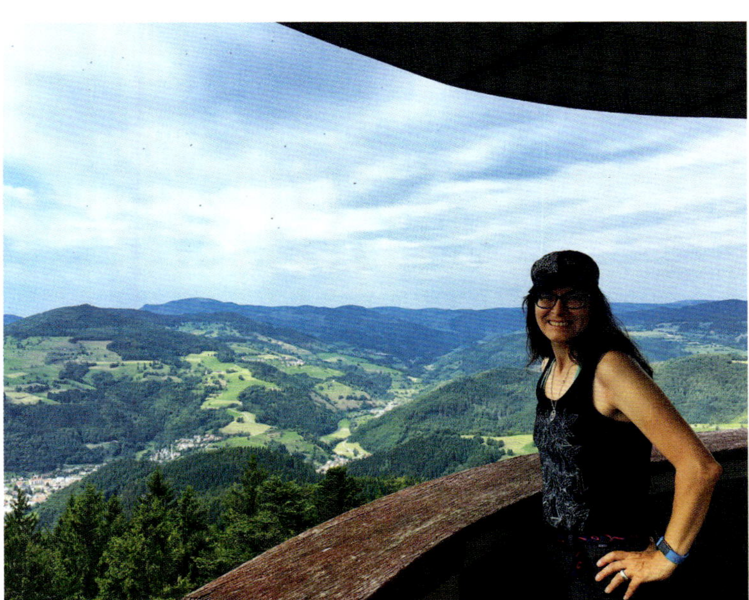

Rundum Ausblick in 25 Metern Höhe mit Mückengeschwirr

auf das Wort Moria zurück, was Sumpf oder sumpfartiges Land bedeutet.

Bei schönem Wetter bietet sich aus über 1000 Metern Höhe ein herrlicher Rundblick auf das Wiesental, Rheintal, die Schweizer Alpen, die Vogesen und die höchsten Berge des Schwarzwalds mit Feldberg, Belchen und Herzogenhorn. Am Fuße des Turms laden schöne Picknick- und Grillplätze zum Rasten ein. Wer die 54 Steinstufen und im oberen Teil die 87 Holzstufen hinaufsteigt, dem sollte es den einen oder anderen Euro wert sein, damit der Schwarzwaldverein Ortsgruppe Schopfheim den unter Denkmalschutz stehenden Turm auch für künftige Besucher instand halten kann.

Tipp

Badesachen mitnehmen und unterwegs abkühlen im Waldschwimmbad in Schweigmatt. Infos über http://www.schwimmbad-schweigmatt.raitbach.de/

Hinkommen
Auf der B317 bis Hausen, über Raitbach weiter nach Schweigmatt. Parken beim Schwimmbad Schweigmatt. Von dort 2,5 Kilometer und 240 Höhenmeter über den Fahrweg zur Hohen Möhr (geeignet für Kinderwagen und Radfahrer).
Ab Schweigmatt gibt es weitere, schmalere Wanderwege zum Turm.
Wer eine längere Wanderung plant, folgt der Tourbeschreibung.

Tourbeschreibung
Start und Ziel: Zell-Riedichen, Wanderparkplatz Eckhag an der K6352
Länge: 9 Kilometer, 443 Höhenmeter Aufstieg, 445 Höhenmeter Abstieg
Dauer: rund 3 Stunden
Schwierigkeit: mittelschwer, steiler Aufstieg über den Zickzackweg zur Hohen Möhr.

Auf dem Westweg (rote Raute) zum ***Tannenkopf*** (891 m). Weiter zur Schutzhütte Rotruhe, vorbei an Grenzsteinen von 1899 und 1790. Auf dem Zickzackweg Aufstieg zur ***Hohen Möhr***. Von dort steiler Abstieg zur ***Kastendycktanne***. Weiter auf dem Möhrenweg zu ***Beim Waldhaus***. Der gelben Raute folgen bis ***Haferbühl*** und ***Sandwürfe***. Nach rund 500 Metern kommen gelbe und rote Raute zusammen. Am Wegschild ***Tannenkopf*** auf dem Westweg (rote Raute) zurück zum Parkplatz Eckhag.

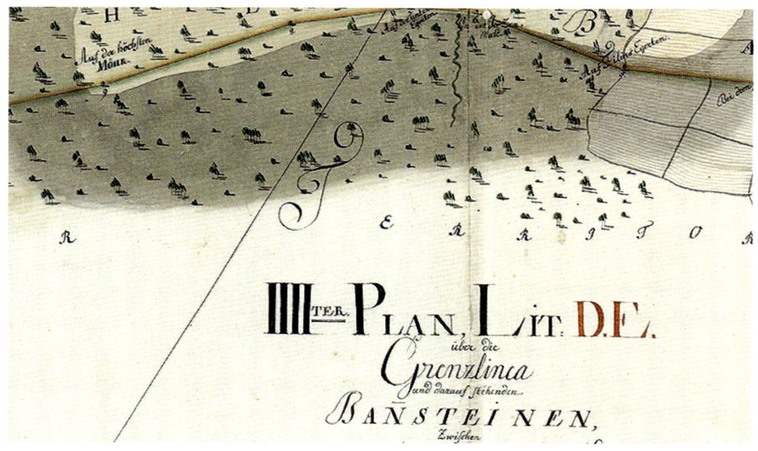

Plan über die Grenzlinien und Bannsteine zwischen Raitbach und Hausen von 1763

STÜHLE 803 METER

Bitte Platz nehmen!

52

Stühle liegt zwischen Malsburg, Endenburg und Wambach. Es ist ein Bergsattel zwischen dem Kander- und dem Wiesental und ein Wegeknotenpunkt. Spinnenartig gehen von der Stühle sieben Wege nach allen Himmelsrichtungen ab. Es ist ein interessantes Gebiet mit wenig bekannten Bergen: Federlisberg, Hohe Stückbäume und Schlöttleberg treffen bei der Stühle aufeinander. Aber was hat es mit den Stühlen, die es dort tatsächlich gibt, auf sich?

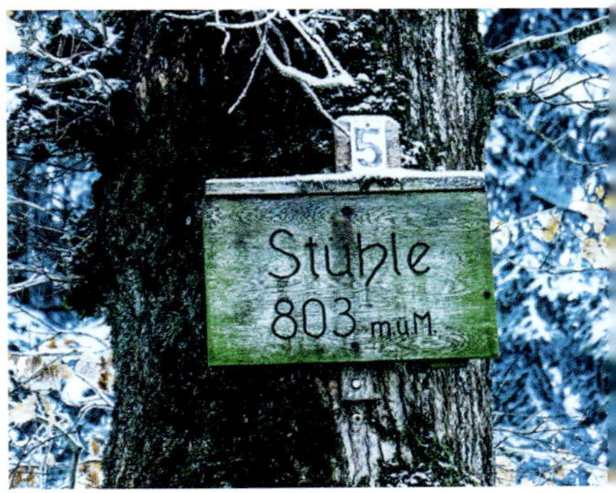

Die Stühle markiert den Sattel zwischen Malsburg und Endenburg

Bei der Stühle fiel mir jedes Mal dieses Phänomen auf: Umso näher wir ihr kommen, desto merklich kälter wird es. Auf der Stühle herrscht Durchzug, die Luft ist eisig, die Bäume sind mit frostigem Raureif überzogen. Die kalte Luft wird hier regelrecht über den Sattel gesaugt. Egal, zu welcher Jahreszeit ich vorbeikomme, an der Stühle ist es immer einen Ticken kälter.

Ein auffälliger Eichenbaum mit einem Holzschild „Stühle 803 m“, davor eine Ruhebank und einige aus Holz gezimmerte Stühle markieren die Stühle. Für mich strahlt dieser Ort eine geheimnisvolle Aura aus.

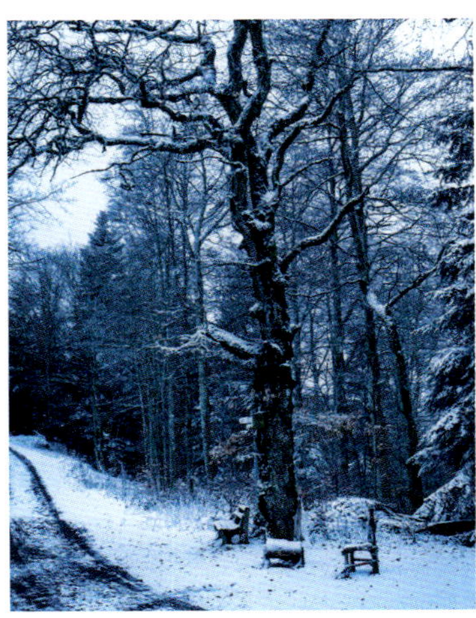
Frostig: Die Stühle in der kalten Jahreszeit

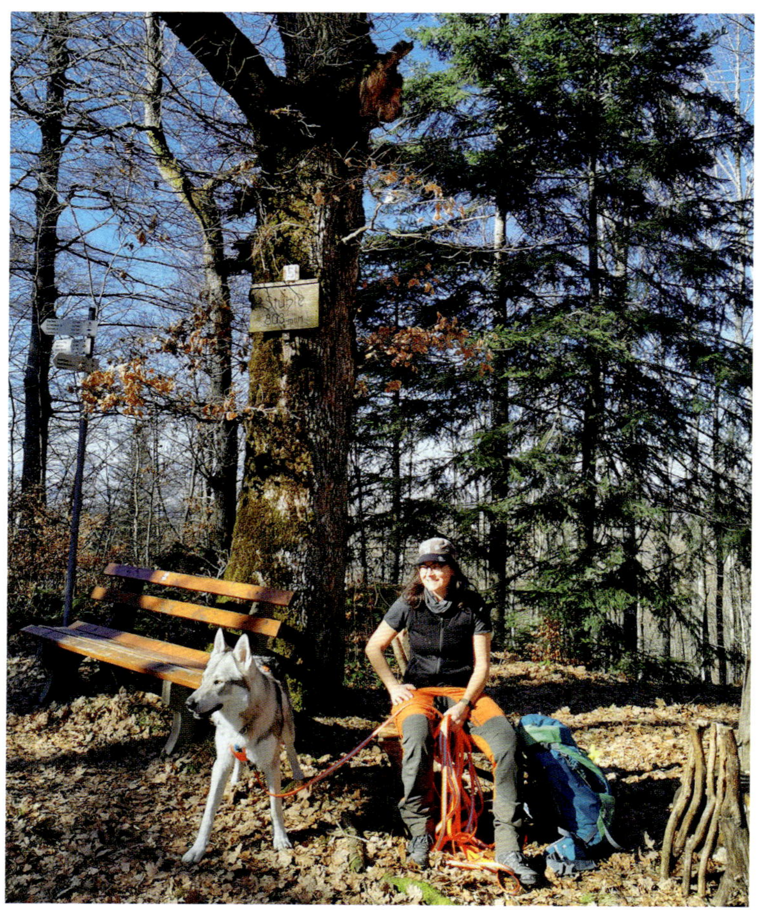

Stühle im Frühjahr

Ob es an dem Kältepunkt liegt oder an den Stühlen? Vielleicht schlummert an diesem Ort ein Geheimnis, das von der Eiche wie ein Wächter behütet wird?

Die Stühle hat übrigens nichts mit Stühlen zu tun. Es ist vielmehr eine alemannische Wortgebung. Es bezeichnet einen Gerichtsort oder Schöffensitz. Vermutlich wurde frü-

her an diesen Orten über Bannstreitigkeiten gerichtet.
Die Berge und Wälder rund um die Stühle sind stille Wandergebiete abseits der ausgetretenen Pfade. Für Wanderer und Wanderinnen, mit Lust auf lange Strecken und Höhenmeter, bietet sich eine Vielzahl von Möglichkeiten zur Tourgestaltung an. Rucksack und Verpflegung sind ein Muss, da es keine Einkehrmöglichkeiten gibt. Eine schöne Rundwanderung führt von der Scheideck zur Stühle mit Abstieg über die Ameisenhütte und durch die romantische Höllschlucht.

Tipp

Eine Rast mitten in der wildromantischen Höllschlucht an der Höllhütte mit Grillplatz. Die Schlucht gehört zum Flora-Fauna-Habitat Dinkelberg und Röttler Wald. Eine Tafel an der Hütte informiert über die Bedeutung von Totholz für Vögel und Insekten.

Hinkommen

Wanderparkplatz Scheideck, direkt an der L 135 gelegen, zwischen Kandern und Schlächtenhaus.

Tourbeschreibung

Start und Ziel: Wanderparkplatz Scheideck
Länge: rund 14 Kilometer, 500 Höhenmeter Aufstieg, 540 Höhenmeter Abstieg
Dauer: rund 4.30 Stunden
Schwierigkeit: mittelschwer

Von ***Scheideck*** der blauen Raute Richtung ***Stühle-Egerten*** folgen, bis zum Wegweiser ***Ellbacher Graben***, ***Hagenmatt*** und ***Stalten***. Ab dort weiter auf dem Gelbe-Raute-Weg durch ***Endenburg Rathaus*** und ***Kirche*** weiter bis ***Stühle***. Dort rechts auf den ebenen ***Schlöttlebergweg*** (gelbe Raute) abbiegen, weiter bis ***Ameisenhütte*** und kurz vor ***Endenburg*** den Ameisenweg verlassen und zwischen Wiesen und Baumgruppen den Pfad Richtung Dorf gehen. Vom ***Rathaus Endenburg*** die Kreisstraße Richtung Kirchhausen etwa 100 Meter entlang bis ein schmaler Pfad (gelbe Raute) in die ***Höllschlucht*** führt. Weiter durch die Höllschlucht bis ***Schrohmühle***. Dort weiter Richtung Auhof-Scheideck zurück zum Wanderparkplatz.

53 WAMBACHER WASEN 920 METER

Zum Picknickplatz auf einer märchenhaften Lichtung

Zwischen Schlöttleberg und Federlisberg liegt der Sattel Wambacher Wasen. Auf 900 Metern, zwischen Malsburg und Wambach, lädt der Wasen mit einer Lichtung und Picknickplatz zum Verweilen ein. Es ist ein traumhaft schöner Ort, um ein Vesper oder Feierabendbier zu genießen oder er eignet sich prima als Pausenstopp während einer längeren Wanderung.

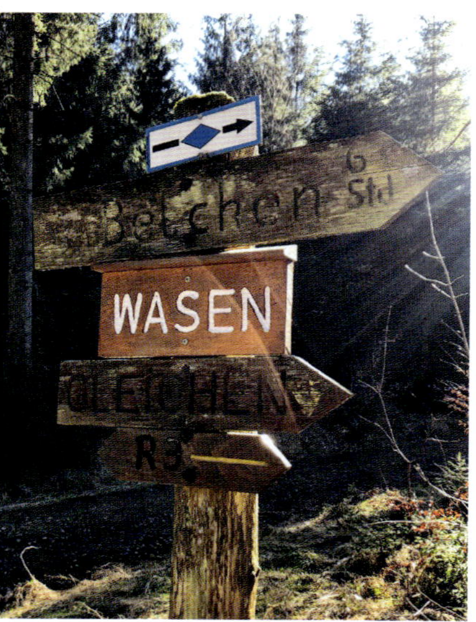

Wegweisung am Wasen

Der Wasen scheint einer Märchenwelt entsprungen. Es ist ein stiller, fast mystisch wirkender Ort, von einer zauberhaften Atmosphäre durchdrungen. Am Rande der Lichtung befindet sich die Wasenhütte, eine kleine, sehr urige Blockhütte mit Tisch und Holzbänken, daneben ein Freisitz mit Tisch und Sitzgelegenheit. Bei einer kalten Winterwanderung am ersten Weihnachtsfeiertag 2020 rasteten wir in der Wasenhütte, wo wir uns vor dem frostigen Wind schützten und uns bei einem heißen Tee aufwärmten. Zwei Monate später, pausieren wir am Picknickplatz, der sich direkt am Weg zwischen Wasenhütte und Sattel befindet, bei herrlichem Sonnenschein und frühlingshaften Temperaturen von 20 Grad plus. Bei sonnigem Wetter ist es ein echter Logenplatz, der durch die Schneise im Wald einen Blick auf das Schweizer Jura und bei guter Sicht bis zu den Alpen erlaubt.

Der höchste Punkt des Wasen ist von großen, über 100 Jahre alten Graufichten gekennzeichnet. Der Flurname Wasen bedeutet Matte, früher diente das Gebiet als Weidelandschaft. Bis Mitte der 1950er-

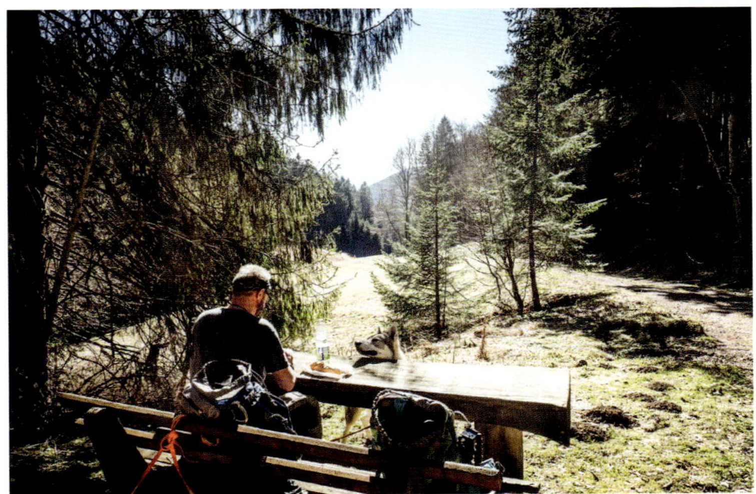

Flake geht's nur um die Wurst

Jahre wurde hier oben noch Heu gemäht. Die Lichtungen waren Lebensraum des Schwarzwälder Urvogels, dem Auerhuhn. Gut möglich, dass sich wieder einige der streng geschützten Vögel niederlassen, da sie auf den Magerwiesen und Lichtungen des Wasen optimale Lebensbedingungen vorfinden.

Am Wasen entspringen viele Quellen, die zur Trinkwassernutzung gefasst sind. Außerdem der Höllbach, der zwischen Endenburg und Schlächtenhaus über 250 Höhenmeter durch die wildromantische Höllschlucht hinab rauscht. Nicht auszudenken, was mit diesem Ort passiert, wenn der geplante Windpark Wasen verwirklicht wird, der auf dem Höhenrücken zwischen Wildsberg, Wasen, Federlisberg, Schlöttleberg und Hohe Stückbäume bis zu sieben Windräder vorsieht.

Tipp

Einkehren im Gasthaus Zur Schnecke in Kandern. Historisches Gasthaus, urige Stube mit original Eichenholzvertäfelung aus dem Jahr 1893. Küchenchef Florian Assenheimer bietet eine feine Auswahl an regionalen Speisen und vegetarischen Spezialitäten. Gute Etappenunterkunft für Westweg-Wanderer. www.zur-schnecke.de

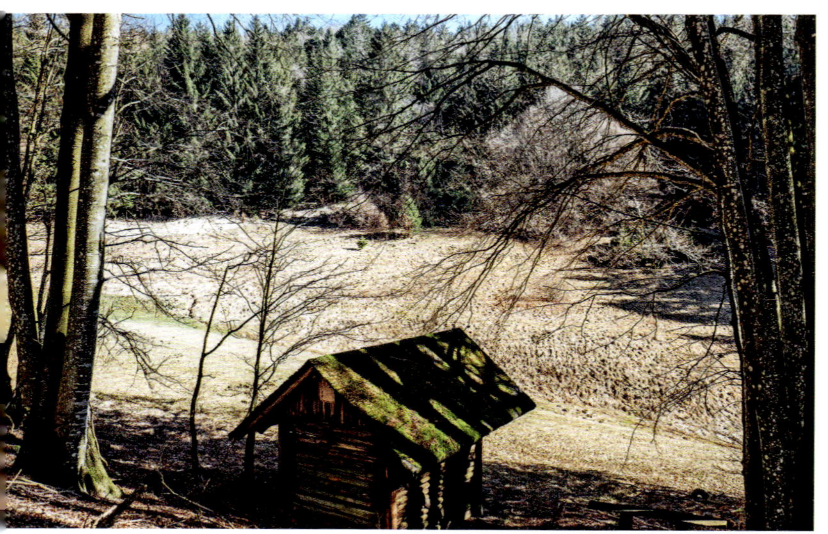

An der Wasen-Hütte

Hinkommen

Zum Wambacher Wasen gelangt man von Kandern oder Malsburg aus kommend über Stühle (803 m) oder von Wambach aus über das Windenbückle (902 m) und den Wasenweg.

Tourbeschreibung

Start und Ziel: Wanderparkplatz Scheideck, Kandern
Länge: rund 10 Kilometer, 400 Höhenmeter Auf- und Abstieg
Dauer: rund 3 Stunden
Schwierigkeit: mittel

Auf Wald- und Forstwegen ***Obere Stühleweg*** bis ***Stühle*** und weiter auf dem ***Wasenweg*** bis zum ***Wasensattel***. Zurück auf demselben Weg.

AMMELENKÖPFLE 863 METER

54

Mit Hexen ist nicht gut Kirschen essen

Das Ammelenköpfle liegt auf halbem Weg zwischen Vogelbach und Blauen. Bekannter ist der Ort als Hexenplatz, der direkt am Westweg liegt. Etwa einen Kilometer weiter, nordwestlich am Streitblauen, steht der geheimnisvolle Hexenstein. Sind wir hier etwa an einem einstigen Versammlungsort böser Hexen gelandet?

Der Hexenplatz ist eine einladende Lichtung mit Rastplatz und der Hexenplatzhütte, auf 845 Metern gelegen. Ein Gedenkstein erinnert an einen Flugzeugabsturz: Am 16. März 1978 kam eine zweimotorige Piper bei schlechtem Wetter vom Kurs ab und stürzte über dem Streitblauen ab. Die Maschine schlug neben der Hütte auf. Beide Insassen überlebten zunächst, verstarben jedoch im Laufe der eisigen Winternacht, weil das als vermisst gemeldete Flugzeug in einer anderen Gegend vermutet wurde.

Bei den Recherchen zur Namensherkunft des Hexenplatzes war mir Fred Wehrle, Heimatforscher aus Käsacker, erneut eine unschätzbare Hilfe. Er erklärte mir den Zusammenhang von Ammelenköpfle und Hexenplatz. Früher war es üblich, dass Flurnamen die Bezeichnungen von Tieren, Bäumen oder Pflanzen erhielten. Ammelenköpfle

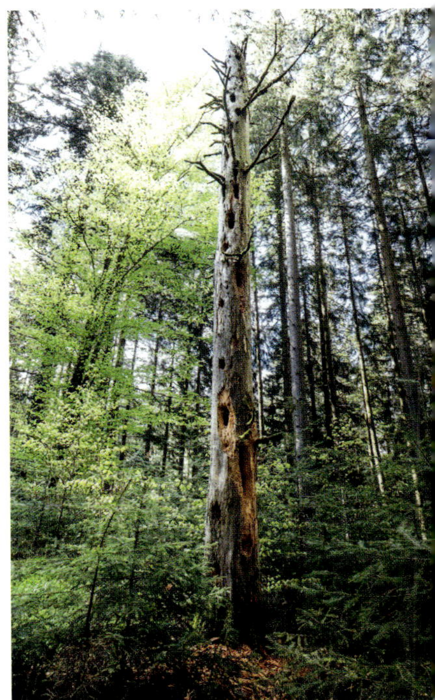

Totholz im Mischwald auf dem Ammelenköpfle

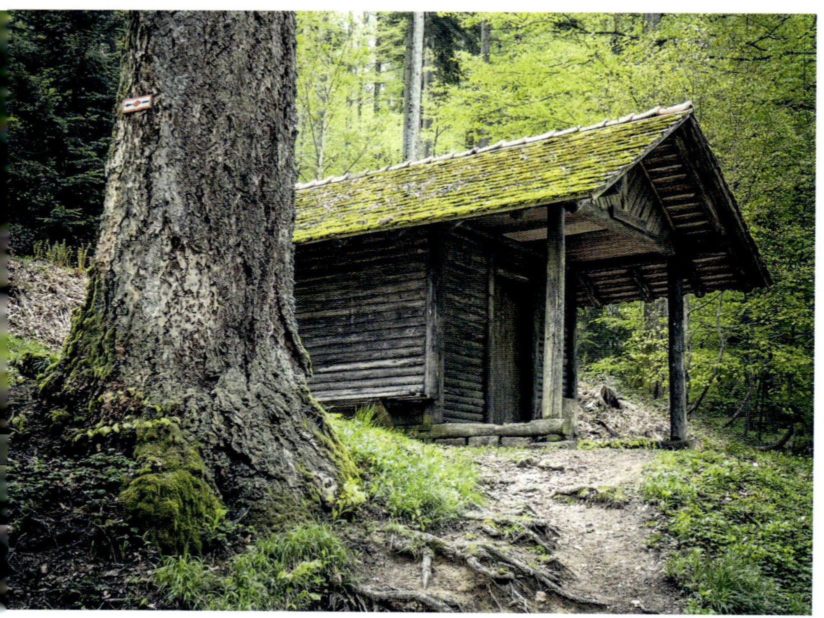

Die Hexenplatzhütte liegt direkt am Westweg

bezieht sich auf „Ammele", eine alte Sauerkirschsorte mit kleinen, süßsauren Früchten, die quasi ausgestorben war. Als „Gresger Ammele" wurde sie mittels Genanalyse nachgezogen. Fred Wehrle erzählte mir, dass es früher sehr viele dieser wilden Kirschbäume im Wald gegeben hat.

Die Früchte der Bäume, die am Ammelenköpfle reiften, zogen scharenweise Elstern an. Diese wurden früher als Hetzen bezeichnet. Im Heimatgeschichtsbuch von Obereggenen schreibt der Heimatforscher

Tipp

Wer von hier weiter zum mystischen Hexenstein, der in Kapitel 55 Streitblauen beschrieben ist, wandern möchte, folgt dem Westweg bis zum Wanderschild „Hägi", ab dort der gelben Raute Richtung Hexenstein folgen. Abstieg über den Gelbe-Raute-Weg bis zum Hexenplatz und auf dem Westweg (rote Raute) zurück zum Lindenbückle. Zusätzliche Wegstrecke: 2,7 Kilometer, 120 Höhenmeter Auf- und 130 Höhenmeter Abstieg, Dauer rund eine Stunde.

Hans Trenkle, dass das Gewann Hexenmatt noch 1348 als Hetzenmatt, also Elstermatte, bezeichnet wurde. Elstern galten zudem als Symbol der Schwatzhaftigkeit. Auch geschwätzige Frauen wurden früher als „Hetzen" bezeichnet.
Die Elster wurde im Mittelalter auch als Hexen- und Galgenvogel gesehen. Es gab also keine wilden Hexentänze, die an diesem Platz während Vollmondnächten abgehalten wurden. Der Hexenplatz verdankt seinen Namen diebischen Elstern, die sich über die leckeren Ammele hermachten und lautstark um die saftigsten Kirschen stritten. Eine Geschichte über Hexen, mit denen nicht gut Kirschen essen ist, hätte ich eigentlich spannender gefunden.

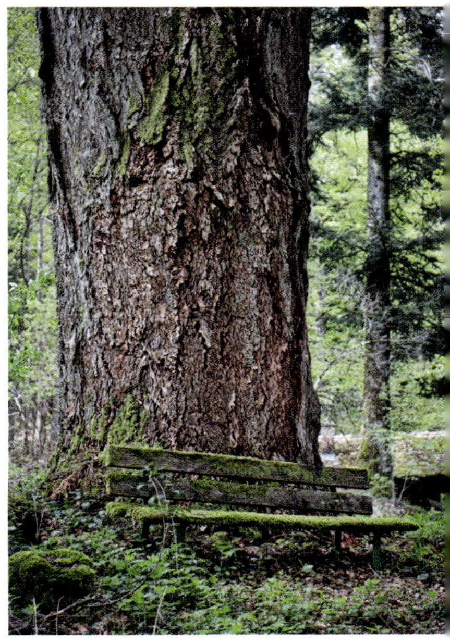

Etwas in die Jahre gekommen

Hinkommen
Von Kandern oder Badenweiler/Lipple kommend auf der L 134 bis Abzweigung Vogelbach (K6312), weiter bis Ortsende Vogelbach, und am Waldparkplatz Lindenbückle parken.

Tourbeschreibung
Start und Ziel: Waldparkplatz Lindenbückle
Länge: rund 5,6 Kilometer, 200 Höhenmeter, Auf- und Abstieg
Dauer: rund 1 bis 2 Stunden
Schwierigkeit: leicht

Vom ***Waldparkplatz Lindenbückle*** auf dem ***Westweg*** (rote Raute) dem ***Hexenplatzweg*** folgen. Am Hexenplatz führt ein Pfad hinauf zum ***Ammelenköpfle***. Auf derselben Strecke wieder zurück zum Wanderparkplatz.

55 STREITBLAUEN 948 METER

Eine Kalte Küche und die Sage vom Hexenstein

Ein weiteres Fundstück, das ich auf meiner Wanderkarte entdeckte, ist der Hexenstein am Streitblauen. Nicht weit davon, am Westweg, der zum Blauen führt, liegt der Hexenplatz. Trieben hier tatsächlich Hexen ihr Unwesen? Existiert der Hexenstein heute überhaupt noch? Aus den neuen Wanderkarten ist er nämlich verschwunden.

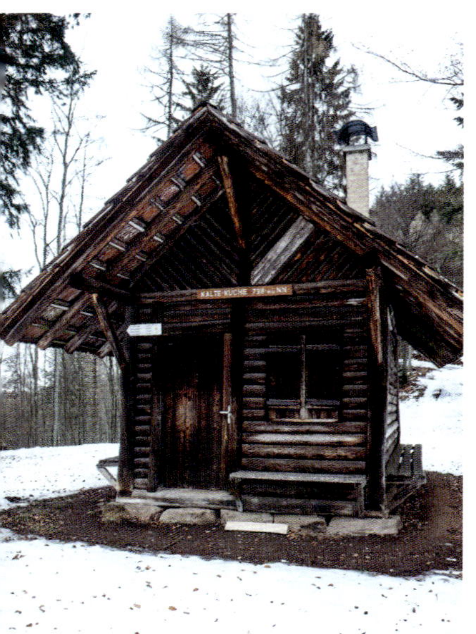

Trotz Ofen blieb das Essen kalt

Zusammen mit meiner Freundin Christina und meinem Hund Flake mache ich mich auf die Suche nach dem Hexenstein. Vom Parkplatz beim Schloss Bürgeln am Wanderschild Bürgler Waldwegli, folgen wir der gelben Raute Richtung Kalte Küche, Leideck, Blauen. Obwohl es in den vergangenen Tagen stark taute, liegt im Wald noch erstaunlich viel Schnee. Wir sinken in der sulzig-pappigen Masse ein und kommen langsamer voran als uns lieb ist. Der Hexenstein steht in einem Waldstück, das als St.-Nikolaus-Wald und Streitblauen bezeichnet wird. Um das Waldstück, das einst zur St. Nikolaus Kapelle in Vogelbach gehörte, wurde von 1592 bis 1754 zwischen Obereggenen und Vogelbach prozessiert, daher der Name Streitblauen.

Auf 738 Metern erreichen wir die Hütte Kalte Küche. Der Name taucht bereits 1744 auf. Waldarbeiter, die mit dem Wegebau beschäftigt waren, versuchten wohl während eines eisigen Wintertages vergeblich, ihr Essen aufzuwärmen. Die Hütte befindet sich auf einem Grat zwischen den Talmulden des Blauenbachs und des Kleegrabens, über die der Wind erbarmungslos pfiff. Ab der Kalten Küche folgen wir weiter bergwärts dem Leideckweg. Es ist seltsam still im Wald. Am Leideck auf 847 Metern Höhe dann endlich ein Wegschild, das sogar den Hexenstein anzeigt. Noch 1,4 Kilometer. Das Gelände abseits vom Waldweg wird felsig, ein schroffer Abhang tut sich auf.

Endlich sehen wir ihn, ein gigantischer Klotz, mit grünem Moos bewachsen, ist er das, der Hexenstein? Er ist es nicht, enttäuscht stapfen wir weiter durch den Schnee bis wir einen weiteren Grad erreichen. Dort steht eine Bank und da, tatsächlich da, steht der Hexenstein auf 948 Metern. Etwa einen Meter hoch ragt der Findling aus dem Boden. Geisterhaft umwabert Nebel die Fichten und Buchen, eine wahrlich gespenstische Stimmung haftet an diesem abgeschiedenen Ort. Wir wärmen uns mit Tee auf und machen uns auf den Rückweg.

Was aber hat es mit dem mysteriösen Hexenstein auf sich? Ich treffe mich mit dem Heimatforscher Fred Wehrle in seinem Wohnort Käsacker, einem Ortsteil von Malsburg-Marzell. Den Hexenstein, erzählt er mir, kenne er aus den Erzählungen seines Vaters und Großvaters. Vermutlich handelt es sich um einen Findling vom Wegebau. Der Stein ist seit 1846 bekannt. Fred Wehrle

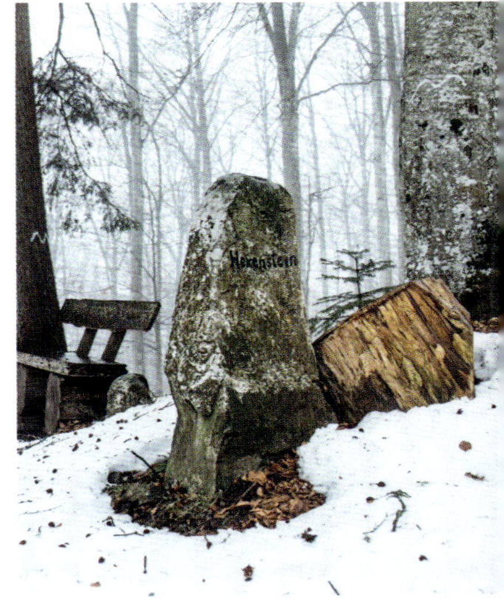

Denkmal mit Parodonthose

vertraut mir die Sage vom Hexenstein an, die er nach Erzählungen seines Vaters und Großvaters aufgeschrieben hat und die in diesem Buch erstmals veröffentlicht wird.

Eine Hexe wohnte in ihrem Häuschen bei der „Kalten Küche" unweit des Ameisenkopfes. Eines Tages beschloss sie, nach langer Zeit ihre Verwandten auf dem Hexenplatz wieder einmal zu besuchen. Um diesen eine Freude zu bereiten, suchte sie sich als Geschenk einen besonders schönen und großen Stein im Wald aus und machte sich auf die Wanderung. Beschwerlich ging sie mit dem Stein auf dem

Rücken die Leideck hinauf und hatte dabei einen leidvollen, finsteren Blick. Auf der höchsten Stelle auf dem Weg zum Hexenplatz wurde ihr die Last schließlich zu schwer und sie ließ den Stein fallen. Um noch rechtzeitig zum Hexentanz auf dem Hexenplatz bei ihren Verwandten sein zu können, entschloss sie sich, ohne den schweren Stein weiterzugehen. Freudig wurde sie von der Hexenschar auf dem Hexenplatz begrüßt und alle wunderten sich über ihre Traurigkeit. Als sie erzählte, dass sie das Geschenk auf der höchsten Stelle des Weges hatte liegen lassen müssen, wurde beschlossen, diese Stelle fortan Hexenstein zu benennen. Und so liegt der Hexenstein noch heute an dieser prägnanten Kuppe im Wald.

Tipp

Die Häuserchronik von Malsburg-Marzell. In über 15-jähriger Forschungsarbeit erstellte Fred Wehrle ein faszinierendes zeitgeschichtliches Werk, das die Gebäude und das Leben der Einwohner im oberen Kandertal dokumentiert.
350 Seiten, fester Einband, zahlreiche Bilder und Fotografien, 55 Euro. Erhältlich bei der Gemeinde Malsburg-Marzell.
www.malsburg-marzell.de

Hinkommen
Aus Richtung Kandern auf der L132 Richtung Müllheim/Obereggenen, abbiegen auf die K6343 Richtung Schloss Bürgeln.
Von Müllheim kommend über Vögisheim und Schallsingen, beim Parkplatz mit Aussicht L132 überqueren und Ausschilderung Schloss Bürgeln folgen.
Parken beim Waldparkplatz Sandboden

Tourbeschreibung
Start und Ziel: Wanderschild Bürgler Waldwegli
Länge: knapp 9 Kilometer, 320 Höhenmeter Aufstieg, 300 Abstieg
Dauer: rund 2.30 Stunden
Schwierigkeit: mittelschwer

Wegschild mit der gelben Raute Richtung ***Kalte Küche***, ***Leideck***, ***Blauen*** folgen, dabei am Holzschild mit der Aufschrift „Hauptweg" Weg 1+5 Blauen orientieren. Weiter auf Weg 1 ***Kalte Küche Weg***. Ab ***Kalte Küche*** (738 m) dem ***Leideckweg*** folgen bis ***Leideck*** (847 m). Dort der Ausschilderung ***Hexenstein***, ***Hexenplatz***, ***Blauen*** folgen, bis die Kuppe mit Ruhebank und ***Hexenstein*** erreicht ist. Abstieg auf demselben Weg.

STOCKMATTER KOPF 986 METER

Hier riechts nach Maggikraut

56

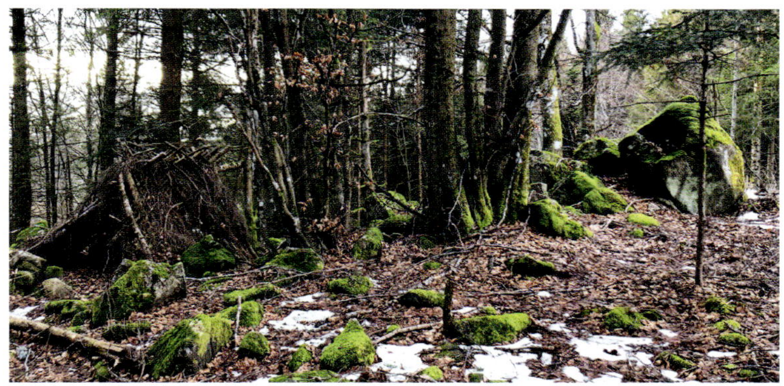

Der bewaldete Gipfel des Stockmatter Kopfes

Der Stockmatter Kopf ist ein unscheinbarer, einsamer und wilder Berg unweit der Passhöhe Lipple beim Wanderheim Stockmatt. Totholz und Baumgerippe säumen den Pfad zum Gipfel, der aus einer kleinen Lichtung mit einigen Felsblöcken besteht. Der vielerorts aufgewühlte Boden und der Geruch nach Maggikraut weisen auf eine große Wildschweinrotte hin, die dort ihr Domizil hat.

Die meisten Ausflügler spazieren vom Lipple zum Wanderheim Stockmatt. Wer an der Abzweigung auf dem Lipple-Stühle-Weg weitergeht, gelangt zum Stockmatterkopfweg, den ein altes Holzschild markiert. Der Holzabfuhrweg geht bald in einen Pfad über, der durch ein interessantes Waldgebiet führt. Überall finden sich bizarre, teils baumhohe Totholzstämme. Der Name Stockmatt lässt darauf schließen, dass der Berg einst „ausgestockt" war, also mitsamt der Wurzel gerodet wurde. Eine Matte bezeichnet ein alemannisches Wort für Wiese im Bergland. Der Stockmatter Kopf wurde früher vermutlich als Weideland für Vieh genutzt.
Heute ist es bevorzugtes Gebiet der Schwarzkittel, wie ich anhand des

aufgewühlten Bodens, dem Geruch von Maggikraut und Wildschweinkot feststelle, als ich den Pfad zum Gipfel auf 986 Metern wandere. Von der Lichtung aus blicke ich durch den noch laublosen Mischwald auf den Rauhkopf (1071 m), die Sirnitz (1114 m) und den Köhlgarten (1224 m). Auf dem Gipfel liegen einige mit Moos bewachsene Felsblöcke. Der Stockmatter Kopf liegt in einem Schutzgebiet für gefährdete Wildtiere. Das Betreten des Waldes außerhalb befestigter Schotterwege sowie markierter Wanderwege und Loipen ist vom 1. November bis 15. Juli nach Paragraf 38 Abs. 1 Landeswaldgesetz verboten.

Tipp

Einkehr im Wanderheim Stockmatt, etwa 10 Minuten vom Parkplatz Lipple entfernt. Sonnenterrasse mit Alpenblick, rustikale Gaststube. Gutbürgerliche Küche, Übernachtungsmöglichkeiten.

Landschaftlich reizvoller ist die Wanderung um den Stockmatter Kopf zum Ritterhof ins Tal der Köhlgartenwiese, eines der einsamsten Täler im Kleinen Wiesental. Abgesehen von der breiten Forststraße bietet die Wanderung herrliche Ausblicke ins Tal. Früher standen hier fünf Höfe, die alle durch Blitzschlag einem Brand zum Opfer fielen.

Hinkommen

Von Kandern über Malsburg-Marzell auf der K6350, nach Marzell abbiegen auf die L140 Richtung Kleines Wiesental. Parken auf dem großen Waldparkplatz Lipple. Von Badenweiler auf der L140 Richtung Kleines Wiesental, von Tegernau Kleines Wiesental kommend in Badenweiler auf der L140 bis zum Waldparkplatz Lipple fahren.

Tourbeschreibung

Start und Ziel: Wanderparkplatz Lipple (893 m) auf dem Pass zwischen Malsburg-Marzell und Wies-Stockmatt.
Länge: rund 8 Kilometer, 230 Höhenmeter Aufstieg, 220 Höhenmeter Abstieg
Dauer: rund 2.30 Stunden
Schwierigkeit: mittel

Vom ***Parkplatz Lipple*** bis zur Abzweigung zum Wanderheim Stockmatt. Dort beginnt der ***Ritterhofweg***. Beim Ritterhof weiter bis ***Sägengrund*** (918 m) und zur ***Stühle*** (1043 m). Ab Stühle entweder auf dem ***Lipple-Stühle-Weg*** zurücklaufen oder dem Pfad Richtung ***Meierskopf*** und ***Meierskopfhütte*** folgen zurück zum Ausgangspunkt Wanderparkplatz Lipple.

57

MEIERSKOPF 1054 METER

Achtung! Angriffslustiger Auerhahn

Der Meierskopf ist vor allem unter Skilangläufern bekannt. Die Meierskopfspur ist die schönste aber auch schwerste Loipe des Nordic Aktiv Zentrums Lipple-Kreuzweg des Skiclubs Malsburg-Marzell. Außerhalb der Saison erleben Wanderer stille Waldeinsamkeit abseits des bekannten Westwegs am Hochblauen, der westlich vom Meierskopf liegt.

Die Wintersaison 2008/2009 ist mir bis heute lebhaft in Erinnerung. Es war ein Bilderbuchwinter mit bis zu einem Meter Schnee auf den Loipen. An einem Nachmittag im Februar starteten meine Schwester und ich zu unserer Tour auf der Meierskopfloipe. Wir keuchten noch von den ersten, steilen Anstiegen, als uns plötzlich ein Schild mitten auf der Spur stoppte: Achtung, angriffslustiger Auerhahn. Meine Schwester stakste wie wild den Berg hinauf. Dachte sie etwa, der Vogel wartet nur darauf, sich mit seinen Krallen auf sie zu stürzen? Ich hechelte hinterher. Eine halbe Stunde später blieb meine Schwester wie angewurzelt stehen. „Da ist er!" Tatsächlich. Der Auerhahn, abseits der Loipe, keine 20 Meter von uns entfernt. Er hockte auf dem schneebedeckten Boden, drehte sich und gab rülpsende Geräusche von sich.

Bis heute war das meine einzige Beobachtung von Auerwild im südlichen Schwarzwald. Die Population des Urvogels des Schwarzwalds ist seit Jahren rückgängig und leider wird er wohl in weni-

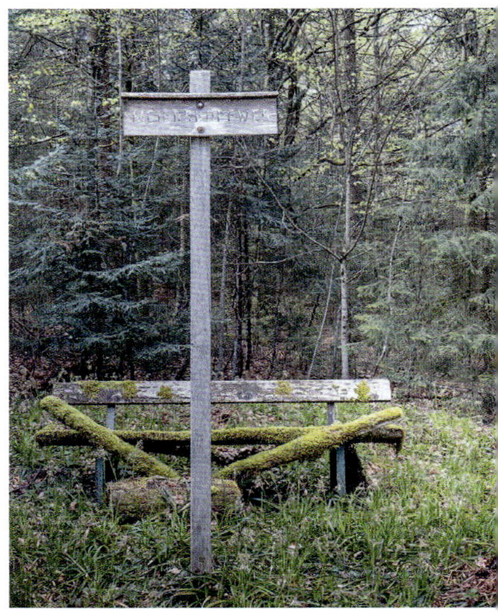

Ausgesessen. Einsame Bank am Marzeller Übergang

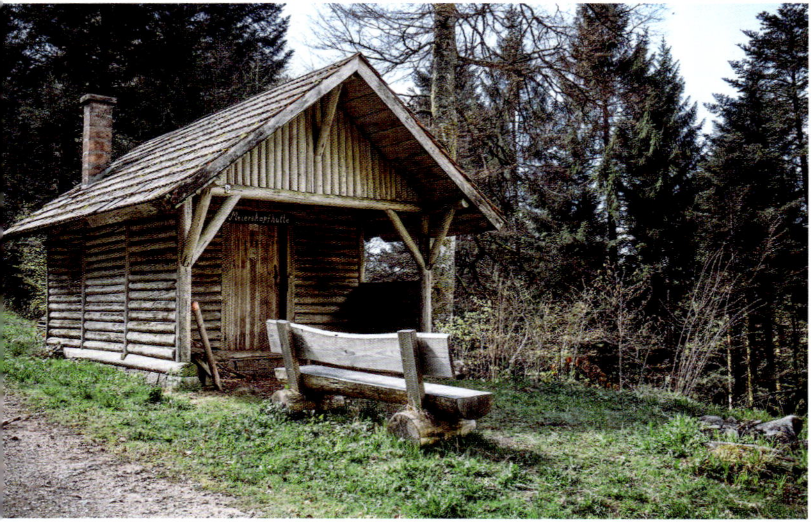

Die Meierskopfhütte in urigem Blockhausstil

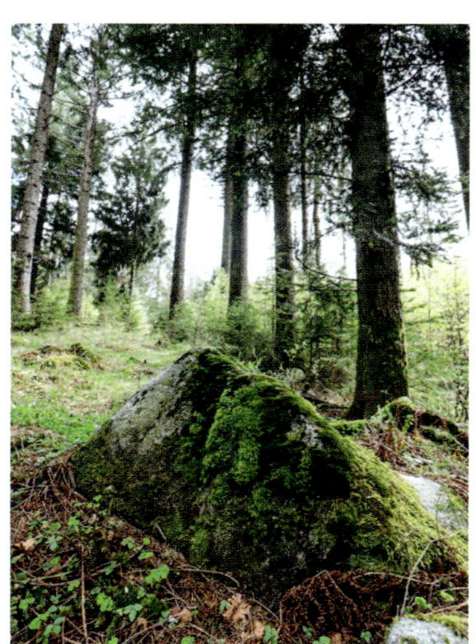
Der Gipfel des Meierkopfs

gen Jahren aus unseren Wäldern verschwunden sein. Bei einer Bestandsaufnahme im Frühjahr 2019 wurden nur noch 100 balzende Hähne im gesamten Schwarzwald erfasst. Der Meierskopf zählt als wichtiges Habitat dazu. Besonders während des Winters reagieren die Vögel sehr sensibel auf Störungen von Schneeschuhgängern und Skitourenläufer, die abseits der ausgewiesenen Wege oder sogar in Wildschutzzonen unterwegs sind. Daher mein dringender Appell, im Winter und während der Schonzeiten nicht frei im Wald herumzulaufen und auf den Wegen zu bleiben – den Wildtieren zuliebe.

Wer sich außerhalb der Skisaison auf die Meierskopfspur begibt, wandert durch Mischwald mit Senken, Quellen und kleinen Felsen. Unterwegs erquicken die stillen Wälder mit waldwürziger Luft, eine Fernsicht bis zu den Alpen und erfrischendes Quellwasser.

Tipp

Auf der Webseite des Skiclubs Malsburg-Marzell gibt es eine Übersichtskarte mit Loipen- und Streckenplan zum Wandern und Biken. www.lipple.de

Hinkommen

Von Kandern kommend auf der K 6350 nach Malsburg-Marzell, nach dem Ortsende Marzell auf die L 140 Richtung Kleines Wiesental abbiegen. Parken auf dem Waldparkplatz Lipple am Passübergang.
Von Badenweiler kommend auf der L 140 Richtung Kleines Wiesental, von Tegernau Kleines Wiesental kommend auf der L 140 Richtung Badenweiler bis zum Waldparkplatz Lipple.

Tourbeschreibung

Start und Ziel: Wanderparkplatz Lipple
Länge: 12,4 Kilometer, 266 Höhenmeter Aufstieg, 199 Höhenmeter Abstieg
Dauer: rund 3.30 Stunden
Schwierigkeit: mittelschwer

Die Wanderung ist mit der Beschilderung Loipe Meierskopf markiert und gibt die Entfernungen bis zum Ziel an. Der Weg beginnt bei der ***Lipple-Quelle*** beim großen Holzschild ***Meierskopfspur***. Auf gut ausgebauten Forstwegen geht es zunächst zum ***Kanderwasen***. Am Ursprung der Kander lässt sich herrlich frisches Quellwasser schöpfen. Vorbei an der ***Meierskopfhütte*** geht es nun kräftig bergauf zum ***Meierskopf*** und weiter bis ***Stühle*** (1043 m). Von dort Richtung ***Brandeck*** und zurück zum Wanderparkplatz ***Lipple***.

Wer die Strecke abkürzen möchte, wandert am Marzeller Übergang auf dem Grasweg, der über den Gipfel führt zurück oder folgt der Beschilderung Grasweg-Sackweg zum Wanderparkplatz Lipple.

58 BRANDECK 1116 METER

Auf schmalen Pfaden zur Stühle-Hütte

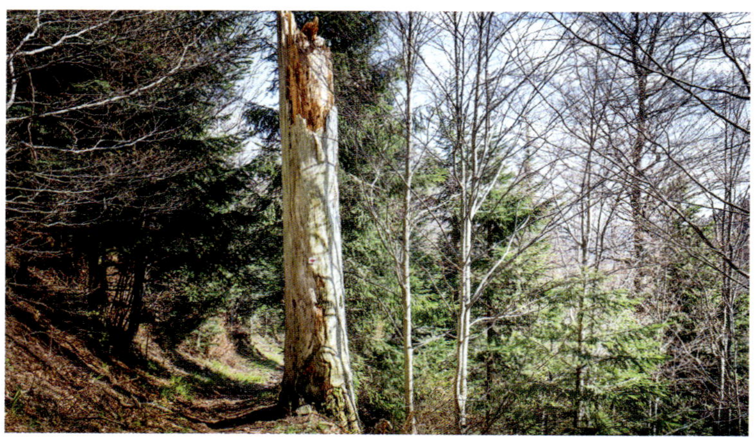

Schmale Pfade und viel Totholz kennzeichnen den Westweg auf diesem Abschnitt

Der Brandeck ist ein stiller, bewaldeter Berg nördlich der Reha-Kliniken oberhalb von Marzell. Wie auch der Meierskopf ist der Brandeck Schutzgebiet für gefährdete Wildtiere. Purer Wandergenuss verspricht der Westweg, der als schmaler Pfad von Stühle bis zur Egerten führt.

Der Brandeck ist von zahlreichen Wegen durchzogen. Es ist ein weitläufiges Waldgebiet, das Potenzial für stundenlange, einsame Wanderungen bietet, allerdings ohne direkten Aufstieg zum höchsten Punkt. Deshalb auch der Hinweis, dass sich hier ein Schutzgebiet für gefährdete Wildtiere befindet und das Betreten des Waldes außerhalb befestigter Schotterwege und markierter Wanderwege vom 1. November bis 15. Juli verboten ist.

Der Name Brandeck weist darauf hin, dass hier einst der Wald durch Brand gerodet wurde. Auf der Flurkarte von 1770 ist das gesamte Gebiet des Brandecks waldlos. Auf Wanderkarten fällt am Brandeck ein eingezeichneter Gedenkstein auf. Er erinnert an den Absturz eines Kampfjets der französischen Armee. Am Morgen des 1. Juni 1967 erschütterte eine gewaltige Explosion den Berg und schreckt die Einwohner von Marzell aus dem Schlaf. Pilot Leutnant Vernex-Loset streifte mit seinem Düsenjäger vom Typ Sabre F-100 bei dichtem Nebel die Baumwipfel des Brandeck. Ihm gelang der Ausstieg mit dem Schleudersitz, bevor der Düsenjet am Berghang explodierte. Ein Waldarbeiter fand den Piloten tot in den Bäumen hängend. Der Vernex-Loset-Gedenkstein steht direkt am Wanderweg in der Nähe vom Waldparkplatz Auf der Egerten.

Tipp

Vesper und Grillzeug einpacken, da unterwegs keine Einkehrmöglichkeiten. Die Stühle-Hütte bietet sich als Rastmöglichkeit mit Grillstelle an.

Von den höher gelegenen Wegen am Brandeck bieten sich Aussichten ins Kandertal und zur Rheinebene. Am Waldparkplatz befindet sich eine große Tafel mit Wandervorschlägen, sodass sich eine eigene Route zusammenstellen lässt. Ich empfehle die Wanderung auf dem Westweg (rote Raute) bis Stühle, zurück auf dem Forstweg, der am Vernex-Loset-Gedenkstein vorbeiführt.

Hinkommen

Von Kandern über Malsburg-Marzell auf der K 6350, weiter auf der L 140 bis zum Pass und Waldparkplatz Auf der Egerten (923 m), Parkplatz mit Hütte auf der rechten Seite. Von Badenweiler auf der L 140 Richtung Malsburg-Marzell bis Waldparkplatz auf der linken Seite.
Achtung: Der Parkplatz Auf der Egerten bietet auf beiden Seiten der Straße Parkplätze an. Die Tour startet auf der Seite mit der Rasthütte.

Tourbeschreibung

Start und Ziel: Waldparkplatz Auf der Egerten an der Hütte
Länge: 8 Kilometer, 190 Höhenmeter Auf- und Abstieg
Dauer: rund 1.50 Stunden
Schwierigkeit: mittelschwer

Vom Waldparkplatz ***Auf der Egerten*** auf dem Westweg (rote Raute) bis ***Stühle***. Schmaler Pfad, teilweise durch bannwaldartiges Gebiet. An der ***Stühle-Hütte*** dann auf dem breiten Forstweg, der unterhalb des Westwegs verläuft wieder zurück zum Ausgangspunkt. Auf dem Rückweg wird das ***Vernex-Loset-Denkmal*** passiert.

59 ZELLER BLAUEN 1077 METER

Kosmische Frequenzen auf dem Wiesentäler Mondberg

Der Zeller Blauen erhebt sich nördlich der Stadt Zell empor und dominiert mit seinem markanten Bergrücken die Mitte zwischen dem Kleinen Wiesental im Westen und dem Großen Wiesental im Osten. Auf dem Gipfel, heißt es, befinden sich geheimnisvolle Heidentische und Mondsteine.

Bereits die Anfahrt zum Wanderparkplatz Blauen vom Kleinen Wiesental oder von Zell kommend, ist großes Kino im Panoramaformat. Schmale Sträßchen, enge Kurven und fantastische Ausblicke auf

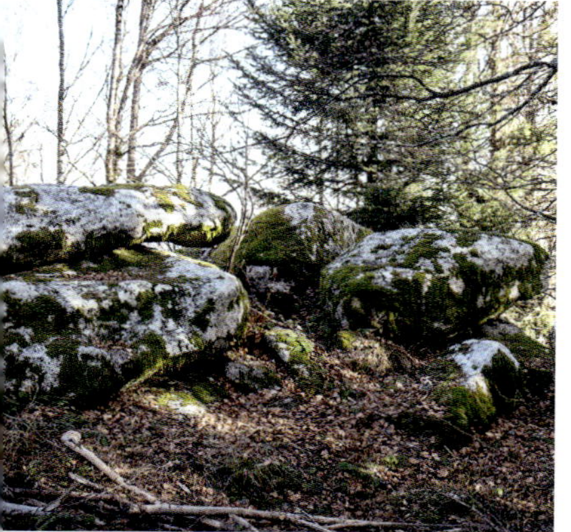

Die geheimnisvollen Mondsteine

Täler und Berge. Eine echte Südschwarzwälder Traumroute, die am Wanderparkplatz Blauen genau dann endet, wenn sich das Gefühl einstellt, dass man sich verfahren hat. Von dort führt der Weg zum Gipfel des Zeller Blauen auf kurzer, aber knackiger Strecke. Ich folge der gelben Raute und dem blauen Punkt, die mich auf angenehmen Waldwegen im Zickzack steil aufwärts führen. Der Wald ist licht und luftig, ein schöner Mischwald, durchsetzt mit Felsen, die wie versteinerte Gnome aus dem Waldboden emporragen.

Bald tut sich ein erster Fernblick auf, die Alpen bleiben leider im Dunst verborgen. Mit der Ankunft auf dem Gipfel macht sich Ernüchterung breit. Statt geheimnisvoller Mondsteine, stapfe ich direkt auf einen ziemlich hässlichen Funkmasten zu. Der Gipfel ist zwar übersät mit interessanten Steinformationen, doch von der Mystik der keltischen Mondsteine ist erst einmal nichts zu verspüren. Das Gipfelplateau mit dem Gipfelkreuz, das sich energisch in die Höhe reckt, als wolle es dem Funkmast trotzen und die Ruhebank nebenan, finde ich

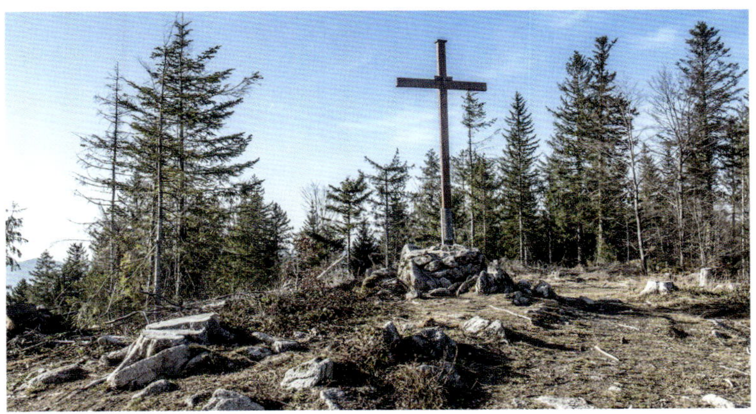
Durch Holzeinschlag präsentiert sich das Gipfelkreuz etwas luftiger

wenig einladend. Also wandere ich weiter, einen schmalen Pfad in den Wald hinein.
Nur wenige Meter weiter ändert sich die Atmosphäre. Der Wald wirkt, auf eine seltsam angenehme, fast schon unheimliche Art, beruhigend. Er strahlt eine Geborgenheit aus, in der ich mich augenblicklich wohl fühle. Ich suche mir einen Platz auf dem moosigen Boden. Durch die Äste fällt das warme Licht der Spätnachmittagssonne. Für einige Minuten genieße ich vollkommene Stille in einer friedlichen Atmosphäre. Als ich mich wieder auf den Weg zurück zum Gipfelkreuz mache, nehme ich die vielen unterschiedlichen Formen der Steine wahr. Ja, der hier sieht aus wie der Heidentisch, und

Tipp

Wer die Tour mit einer Einkehr verbinden möchte, steigt vom ***Zeller Blauen*** auf der gelben Raute Richtung ***Käsern-Linde/Pfaffenberg*** ab. Ab ***Käsern-Linde*** auf der blauen Raute nach ***Käsern-Tanne*** und auf gelber Raute weiter bis ***Zimmerplatz-Parkplatz*** und weiter nach ***Pfaffenberg***. Einkehr im Gasthaus Schlüssel (www.berggasthof-schluessel.de). Schön gelegen, fantastische Speisekarte und günstige Zimmer, ideal für eine kurze Auszeit.
Zurück auf gelber Raute über ***Zimmerplatz*** und ***Grüben*** zum Wanderparkplatz ***Blauen***.
Streckenlänge ab Zeller Blauen: 9 Kilometer, 230 Höhenmeter Aufstieg, 460 Höhenmeter Abstieg, Dauer rund 3 Stunden. Schwierigkeit: mittelschwer

diese Kugel, das könnte ein Mondstein sein. Und dort, diese beiden bilden im Schattenlicht ein Kreuz. Gedankenversunken lasse ich meiner Fantasie freien Lauf, als ich plötzlich eine seltsame Stange vor mir sehe. Als ich nach unten blicke, sehe ich am Boden sitzend einen Mann, der mit einem Gerät hantiert. Will er damit die kosmische Strahlung des Mondbergs messen? Ich erkenne einen gelben Aufkleber: SOTA, die Abkürzung für Summits on the Air. Es ist eine Funkantenne. Der Zeller Blauen sei ideal für lange Reichweiten, erzählt mir der Amateurfunker.

Interessant, denke ich, dass auch auf dem Hochblauen ein großer Funkturm steht. Ob die Mondsteine die kosmische Strahlung bündeln, die wiederum die Funkverbindung verstärkt? Schmunzelnd mache ich mich auf den Abstieg. Als ich an den gnomenhaften Steinen vorbei gehe, meine ich ein Flüstern zu hören. Oder war es das Rauschen interstellarer Frequenzen?

Hinkommen

Von Lörrach kommend über die B317 bis nach Zell, dort links in die Stadtmitte abbiegen. Auf schmaler Straße bis Adelsberg und weiter bis Blauen. Am Ortsschild Blauen ist der Waldparkplatz ausgeschildert.

Aus Müllheim und Badenweiler kommend über die L140 bis Tegernau und weiter über Gresgen und Adelsberg bis Blauen.

Aus Kandern kommend auf der L135 bis Wieslet, weiter auf der L139 bis Tegernau und über Gresgen und Adelsberg weiter bis Blauen.

Achtung: Auf der Straße von Adelsberg bis Blauen Steinschlaggefahr!

Parken auf dem Waldparklatz Blauen oberhalb des Dorfes.

Tourbeschreibung

Start und Ziel: Wanderparkplatz Blauen (839 m)

Länge: rund 5 Kilometer, 250 Höhenmeter Auf- und Abstieg

Dauer: rund 1.30 Stunden

Schwierigkeit: mittelschwer

Vom ***Wanderparkplatz Blauen*** Richtung ***Blauer Ebene***, zunächst auf geteerter Straße, dann auf Forstweg am Waldrand. Nach rund 300 Metern bei einem ***hölzernen Kreuz*** (am Baum befindet sich ein Schild mit blauem Punkt) rechts auf den breiten Waldweg abbiegen und weiter bis ***Wüstmatt***. Nun der gelben Raute und dem blauen Punkt folgen, der Weg geht im Zickzack hinauf zum Gipfel bis zum Gipfelkreuz ***Zeller Blauen***. Abstieg auf demselben Weg.

60

ERDBEERBODEN 783 METER

Erdbeeren unterm Tannenkopf

Alte Grenzsteine, Schanzanlagen und Signalfeuerposten: In den Wäldern des Tannenkopfes befinden sich bedeutende historische Kulturgüter. Bei der Erkundung von Schanzanlagen oberhalb von Bürchau und Elbenschwand stießen die Heimatforscher auf ungewöhnliche Steinmauern. Was zunächst als militärische Anlage gedeutet wurde, entpuppte sich – auf knapp 1000 Höhenmetern – als Erdbeerplantage.

Wie spannend Heimatgeschichte ist, dokumentiert die Webseite MINIFOSSI. Die Seite bündelt Forschungsergebnisse aus über 30 Jahren und wird stetig mit neuen Erkenntnissen aktualisiert. Aus dem Material ließen sich ganze Serien über die Vergangenheit des Südschwarzwalds füllen. Hinter MINIFOSSI steckt Werner Störk, pensionierter Lehrer und passionierter regionalgeschichtlicher Rätsellöser. Nachdem feststand, dass die aufwendig angelegten Hangterrassen am Südhang des Tannenkopfes nicht militärischen, sondern vielmehr landwirtschaftlichen Zwecken dienten, ging Störk der Frage

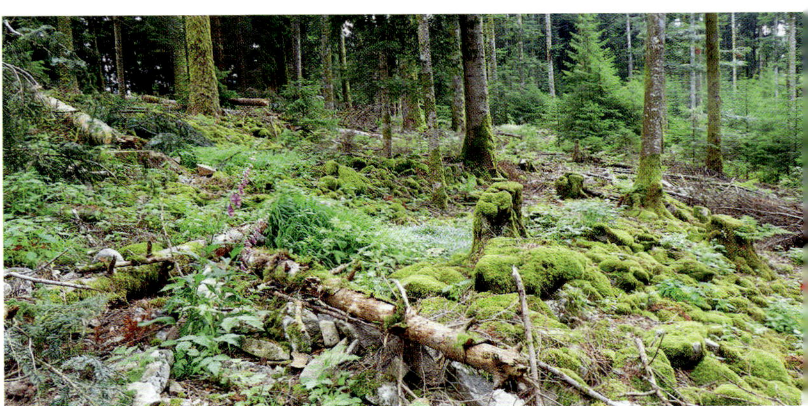

In diesem Waldstück befand sich die einstige Erdbeerplantage

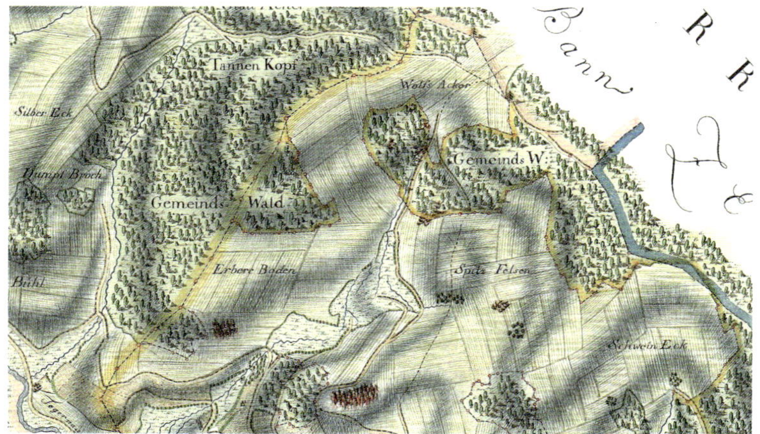

1779 war der Erdbeerboden komplett waldfrei

nach, was dort oben in der Höhe ohne künstliche Bewässerung angebaut wurde.

Wichtige Erkenntnisse geben oftmals die Flurnamen der jeweiligen Gebiete. Flurnamen sind sehr alt und lassen Schlüsse auf die Vergangenheit zu. Grob unterscheidet man zwischen Naturnamen und Kulturnamen. Naturnamen geben Rückschlüsse auf Pflanzen, Tiere, die Form von Bergen und Tälern. Kulturnamen geben hingegen über die Bodenbeschaffung oder Lage Auskunft, wo der Mensch Felder bestellt oder etwas gebaut hat. Auf einem topografischen Plan von Elbenschwand aus dem Jahr 1779 ist die waldfreie Hanglage als Erbere Boden verzeichnet, dem mittelhochdeutschen Wort für Erdbeere. In späteren Karten ist das Gebiet als Erdbeerboden betitelt. Wurden hier im Mittelalter tatsächlich Erdbeeren angepflanzt? Gar nicht so abwegig, denn ein schlauer Reiseschriftsteller schrieb 1873 einen Artikel über das Erdbeerenland Schwarzwald.

Was die Elbenschwander Siedler auf ihren Hangterrassen kultivierten war die wilde Wald-Erdbeere. Sie war das Superfood unserer Vorfahren: Reich an Vitamin C, Folsäure, Eisen und Kalzium.

Und noch eine weitere Besonderheit: Das Flurnamenlexikon Baden-Württemberg führt Gewannnamen für Erdbeeranbau mit Brästling auf, dem schwäbischen Wort für Erdbeere. Einen Erdbeerenboden gibt es in ganz Baden-Württemberg hingegen nur einmal: Südlich des Tannenkopfes in Elbenschwand. Erstaunlich, welche Geschichten sich hinter den Gewannnamen, die oft auch die Namen der Wegestandortsanzeiger des Schwarzwaldvereins tragen, verstecken.

Tipp

Die Webseite MINIFOSSI dokumentiert die Erforschung über den Erdbeerboden sowie weitere interessante Themen zu Archäologie, Bergbau, Glashütten, Schanzen und Signalfeuerstellen. www.minifossi.pcom.de

Hinkommen

Von Lörrach kommend auf der B 317 bis Steinen, weiter auf der L 135 bis Weitenau, auf der L 136 bis Wieslet, dann auf der L 139 bis Tegernau. Weiter bis Abzweigung Elbenschwand.
Von Müllheim kommend über die L 131 bis Neuenweg, weiter auf der L 139 über Bürchau bis zur Abzweigung Elbenschwand.
Auf der schmalen Teerstraße am Jugendheim Sonnenheim vorbei bergauf zum Waldrand bis zum Wanderparkplatz Holzschlag.

Tourbeschreibung

Start und Ziel: Wanderparkplatz Holzschlag, oberhalb von Elbenschwand
Länge: rund 7 Kilometer, 280 Höhenmeter Aufstieg, 200 Höhenmeter Abstieg
Dauer: rund 2.10 Stunden
Schwierigkeit: mittelschwer
Wer ab Wolfsacker über den Hirschkopf zum Mahnmal wandern möchte, folgt hier der Beschilderung der gelben Raute zum Hirschkopf (siehe auch Kapitel Hirschkopf).

Vom Wanderparkplatz ***Holzschlag*** zunächst der Teerstraße bergauf folgen bis Wanderschild Holzschlag. Dort links auf den Waldweg Richtung ***Erdbeerenboden*** abzweigen. Am Tiergehege vorbei weiter auf dem Gelbe-Raute-Weg. Der Weg führt bergwärts auf einem nicht in Wander-Apps und Karten eingezeichneten Weg unterhalb des Tannenkopfes. Orientierung bieten die Schilder mit der gelben Raute. Am Wegschild ***Erdbeerenboden*** rechts bergauf gehen Richtung ***Hörnlebrunnen***. Bei einem markanten Felsklotz rechts auf dem ***Tannenbodenweg*** weiter bis ***Hörnlebrunnen***. Ab dort auf dem Blaue-Raute-Weg bis ***Wolfsacker*** und weiter auf der blauen Raute über ***Spinneck*** (Markierung an einem abgesägten Baum) bis ***Dobel***. Ab dort Abstieg auf dem Gelbe-Raute-Weg und zurück bis zum Wanderparkplatz ***Holzschlag***. Auf dem letzten Abschnitt gelangt man an der ***Buck-Hütte*** vorbei, die sich hervorragend für eine Rast eignet.

61 HIRSCHKOPF 1053 METER

Die Werwolfmorde von Elbenschwand

Auf einer einsamen Höhe zwischen dunklen Tannen liegt ein Ort, der lange ein düsteres Geheimnis bewahrte. Ende April 1945 erschossen Jugendliche, die der HJ-Einheit der Werwölfe angehörten, auf Befehl ihres Offiziers fünf Zwangsarbeiter und verscharrten sie im Wald. Seit 2015 erinnert ein Granitklotz als Mahnmal an die Tat.

Über 30 Jahre beschäftigte sich der Verein KuK – Krone und Kultur Kleines Wiesental mit der Aufarbeitung der Ereignisse während der NS-Zeit in den Dörfern des Kleinen Wiesentals. Über die Tat wurde nicht geredet, das Thema wurde verdrängt. Erst mehr als 70 Jahre danach sprechen Zeitzeugen darüber.

Es ist ein sommerlicher Apriltag 2018, als ich mit Dr. Hans Viardot, dem Vorsitzenden des Vereins und Jürg Baumgartner aufmache, zu den Orten am Tannenkopf und Hirschkopf. Mit Allradfahrzeug und Motorsäge geht es in die Wälder. Der Sturm Burglind hat auf den Forstwegen eine Spur der Verwüstung hinterlassen. Bäume und Äste

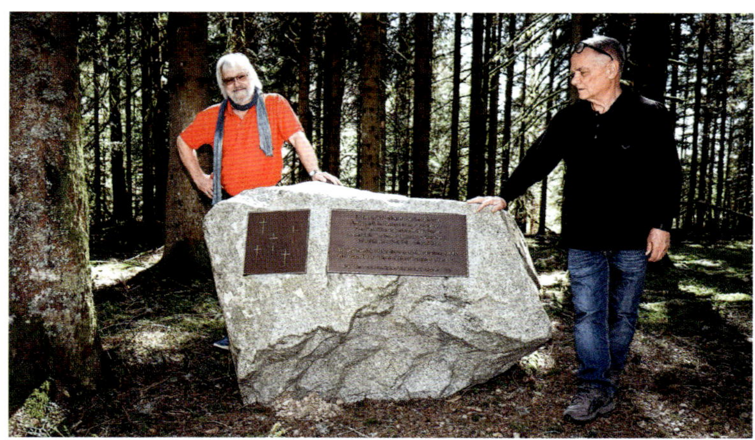

Das Mahnmal auf dem Hirschkopf

TANNENKOPF 967 METER
Mit der Motorsäge zum Gipfel

62

liegen wie Mikadostäbe über dem Weg. Alle paar Meter halten wir an, Viardot wirft die Motorsäge an, Baumgartner räumt die Stämme zur Seite. Am Wolfsacker gibt es kein Durchkommen mehr, eine große Fichte liegt quer über dem Weg. Wir lassen den Wagen stehen und gehen zu Fuß weiter.

Beim Aufstieg zum Gipfel des Hirschkopfs fallen mir am Wegesrand alte Grenzsteine auf. Auf einigen sind die Jahreszahlen 1790 und Wappen zu erkennen. Es ist der frühere Grenzverlauf zwischen dem Großen Wiesental, das zum österreichischen Haus Habsburg gehörte und dem Kleinen Wiesental, das dem badischen Markgrafen unterstand.

Je weiter wir Richtung Hirschkopf gelangen, desto düsterer wird die Atmosphäre. Eine merkwürdige Stille umgibt uns. Die Ruhe ist unheimlich. Keine Vögel singen, kein Wind rauscht durch die Tannenwälder. Plötzlich krächzen zwei Krähen. Der Laut geht uns durch Mark und Bein. Die grausame Tat, die sich vor 76 Jahren ereignet hat, ist noch immer gegenwärtig.

Auf der Anhöhe des Hirschkopfs, direkt am Weg, steht das Mahnmal. Ein großer, grauer Granitklotz, auf dem zwei Tafeln angebracht sind. Eine Tafel trägt 5 Kreuze, eine andere die Inschrift: *„In diesem Waldstück starben im April 1945 fünf jugendliche Zwangsarbeiter aus Osteuropa. Den Werwölfen angehörende Hitlerjungen haben sie in den letzten Tagen des 2. Weltkriegs auf Befehl eines SS-Offiziers hingerichtet. Wir gedenken der Opfer dieser menschenverachtenden Tat und setzen diesen Stein als Mahnmal gegen das Vergessen. KUK – Kunst und Kultur Kleines Wiesental e. V. – November 2015.“*

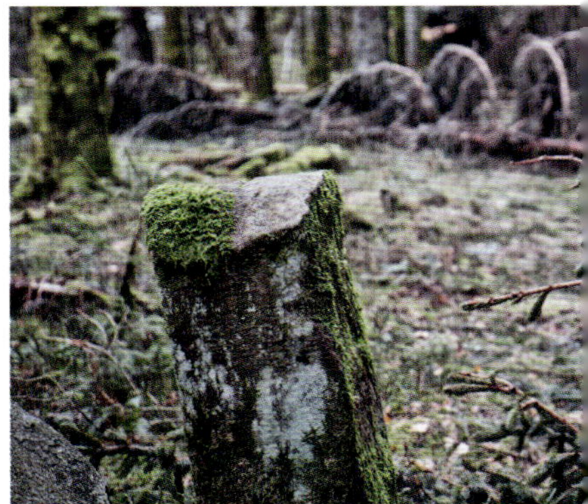

Historischer Grenzstein

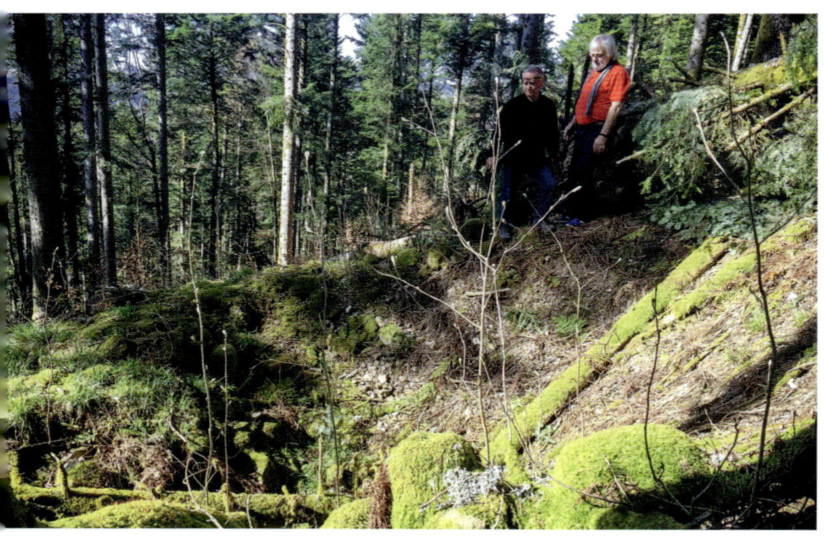

An den ehemaligen Gefechtsstellungen am Tannenkopf

Während der letzten Kriegstage, es war im April 1945, legten jugendliche Angehörige der Werwölfe am Tannenkopf und Hirschkopf Stellungen an. Vermutlich lautete der Auftrag, den kleinen Pass am Wolfsacker gegen den Vormarsch der französischen Truppen zu verteidigen. Beim Ausheben der Unterstände wurden sie von Zwangsarbeitern unterstützt. Sicher ist, dass die Männer dort gemeinsam in ihren Stellungen hausten. Berichten von Elbenschwander Zeitzeugen zufolge, waren es sechs oder sieben Unterstände, an denen MG-Stellungen angebracht, Waffen und Munition vergraben wurde. Vermutlich sollten aus den Wäldern heraus Anschläge auf die Besatzungstruppen ausgeführt werden. Als am 23. April 1945 die französischen Soldaten in die Täler vordrangen, gab ein Offizier den Befehl, die Zwangsarbeiter zu erschießen, um zu verhindern, dass sie den Standort der Stellungen verraten. Nach Kriegsende fand man drei Leichen auf der Gemarkungsgrenze zwischen Elbenschwand und Käsern. Die Toten wurden auf dem Friedhof in Atzenbach bei Zell im Wiesental beerdigt. Die beiden Toten auf der Elbenschwander Seite wurden indes nie gefunden.

Wir kehren zum Auto zurück und schlagen am Wolfsacker einen anderen Forstweg ein. Nach mehreren Fehlversuchen finden wir unterhalb des Weges im Hang einen der Unterstände, die damals ausgehoben wurden.

Im Mai 1950 wurde den Werwölfen in Freiburg vor dem französischen Militärgericht der Prozess gemacht. Die jugendlichen Täter erhielten zwischen drei Monaten und sieben Jahren Haft. Der befehlshabende Offizier wurde in Abwesenheit zum Tod verurteilt. Er hatte sich ins Ausland abgesetzt und entzog sich der Verurteilung. Er lebte später in Deutschland, eine erneute Anklage wegen Mord wurde abgeschmettert. Den anderen Beteiligten, so erzählte mir Viardot, gelang es nie, darüber hinwegzukommen. Sie wurden Alkoholiker, einige nahmen sich das Leben. Die ganze Geschichte ist nachzulesen auf: http://www.kuk-kleines-wiesental.de/werwolfmorde_gedenkstein_einweihung.htm

Tipp

Führungen und weitere Infos zum Mahnmal bietet der Verein KuK Kleines Wiesental an.
http://www.kuk-kleines-wiesental.de

Hinkommen

Von Lörrach kommend auf der B317 bis Steinen, weiter auf der L135 bis Weitenau, auf der L136 bis Wieslet, dann auf der L139 bis Tegernau.
Weiter bis Abzweigung Elbenschwand.
Von Müllheim kommend über die L131 bis Neuenweg, weiter auf der L139 über Bürchau bis zur Abzweigung Elbenschwand.
Auf der schmalen Teerstraße am Jugendheim Sonnenheim vorbei bergauf zum Waldrand bis zum Wanderparkplatz Holzschlag.

Tourbeschreibung

Start und Ziel: Wanderparkplatz Holzschlag oberhalb von Elbenschwand
Länge: Rund 12 Kilometer, 500 Höhenmeter Auf- und Abstieg
Dauer: rund 4 Stunden
Schwierigkeit: mittelschwer, teilweise mit steilen und verwachsenen Passagen.

Der Rundweg ist als ***Mahnmal-Rundweg*** ausgeschildert. Bitte auf die Tourbeschreibung achten, da es Passagen gibt, an denen die Wegeführung nicht eindeutig ist!

Vom Wanderparkplatz der Teerstraße bergauf folgen bis Wegweiser ***Holzschlag***. **Achtung:** Nicht dem Wegweiser Mahnmal geradeaus folgen! Der ***Mahnmal-Rundweg*** zweigt links in den eben verlaufenden Waldweg ab Richtung ***Erdbeerenboden***. Wir kommen an einem Tiergehege vorbei, dort dem Gelbe-Raute-Weg weiter folgen. Der Weg führt bergwärts auf einem nicht in Wander-Apps und Karten eingezeichneten Weg unterhalb des Tannenkopfes. Orientierung bieten die Schilder mit der gelben Raute. Am Wegschild ***Erdbeerenboden*** rechts bergauf gehen Richtung ***Hörnlebrunnen*** und ***Wolfsacker***. Hier befindet sich auch ein Wegschild mit Aufschrift ***Mahnmal-Rundweg***. Bei einem markanten Felsklotz rechts auf den ***Tannenkopfweg*** abbiegen. Auf gelber Raute weiter zum ***Hörnlebrunnen***. Dort auf dem Blaue-Raute-Weg weiter bis zu einer Anhöhe mit kleiner Lichtung. Achtung: Hier rechts halten und weiter auf dem Blaue-Raute-Weg mit Pfeil rechts abbiegen.

Durch wunderschönen Nadelwald weiter bis zur ***Schutzhütte Wolfsacker***. Hier treffen wir auf eine große Wegkreuzung. Wir gehen ein kleines Stück bergauf Richtung ***Schopfheim*** und ***Kopp-Hütte*** bis wir den Wegweiser ***Beim Wolfsacker*** erreichen. Achtung: Hier ist der Mahnmal-Rundweg mit einer blauen Raute ausgeschildert.

Wir wandern auf diesem Wegstück aber auf der gelben Raute bergauf Richtung ***Hirschkopf*** an alten Grenzsteinen vorbei bis zur Anhöhe auf dem ***Hirschkopf*** und zum Mahnmal. Wir bleiben auf dem Weg bis zu der Verzweigung Wegschild ***Hirschkopf***. Dort biegen wir rechts ab Richtung ***Spinneck*** und wandern zwischen Nadelwald bergab, bis wir aus dem Wald treten und sich am ***Spinneck*** vor uns ein Panoramablick auftut.

Wir wechseln auf den Blaue-Raute-Weg Richtung ***Im Dobel/Buck-Hütte***. Danach kommen wir an einem abgesägten Baum vorbei mit Holzschildern ***Kopp-Hütte*** und ***Buck-Hütte*** und Blaue-Raute-Wegweiser Mahnmal-Rundweg. Wir gehen den breiten Weg bergab bis Wegweiser ***Im Dobel***. Ab dort wieder der gelben Raute folgen bis zur Abzweigung ***Buck-Hütte***, die linker Hand des Weges liegt (etwa 100 m) und sich als Rastplatz anbietet. Von dort geht es zurück zum Waldparkplatz ***Holzschlag***, der unterhalb der Buck-Hütte liegt.

Gipfel-Trilogie über dem Wiesental

63

HOCHGESCHEID 1205 METER

Es gibt Wege, da geht einem das Herz ganz weit auf. Der Panoramaweg von Herrenschwand um den Hochgescheid, Gscheidkopf und Schneckenkopf zum Holzer Kreuz gehört dazu. Zu den Glücksgefühlen auf dem Weg gesellt sich ein herrliches Panorama. Großes Kino eben.

Das Glück fängt in etwa auf 1000 Metern Höhe an. Herrenschwand liegt auf einem Hochplateau auf 1120 Metern, umgeben von Wäldern, über die sich ein tiefblauer Himmel stülpt. Eine wunderbare Unbeschwertheit liegt in der Luft. Der erste Atemzug schüttet Glücksgefühle aus, die uns ein breites Lächeln ins Gesicht zaubern. Auf unserer Wanderung umrunden wir den Hochgescheid, Gescheidkopf und den Schneckenkopf.

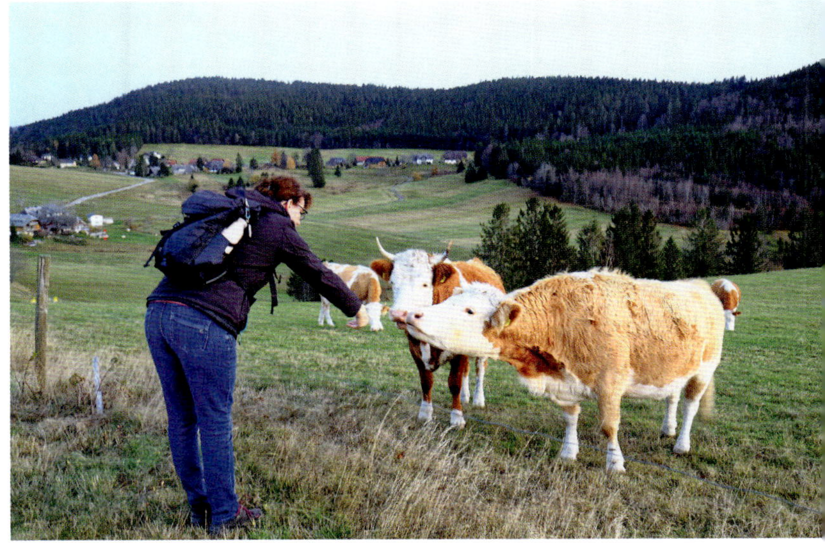

Kontaktaufnahme gelungen

64 GSCHEIDKOPF 1064 METER
Der Schwarzwälder IQ-Gipfel

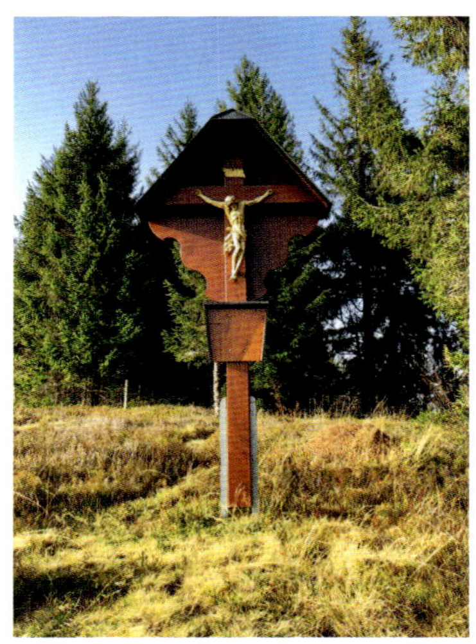

Erleuchtung

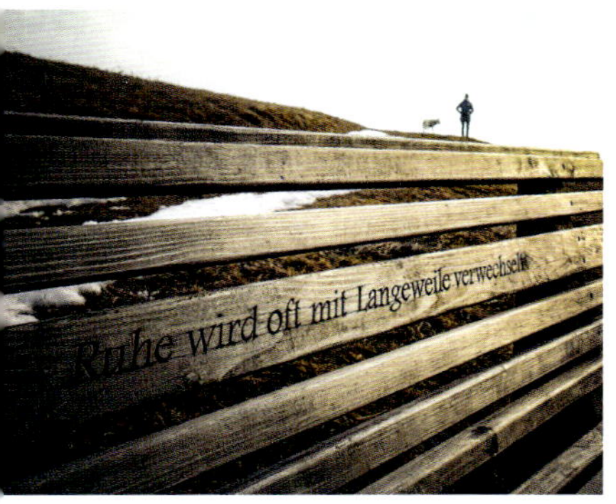

Wahre Worte

Vom Parkplatz am Skilift geht es zunächst gemäßigt auf einem Sträßchen, dann steil auf der Weide bergauf. Mit jedem Höhenmeter weitet sich der Blick. Unterhalb eines Kruzifixes erwartet uns eine Ruhebank, auf der wir die warme Novembersonne auskosten und über Herrenschwand hinweg zum Hochkopf blicken. Linker Hand fällt das Gelände steil in den Präger Gletscherkessel ab. Begrenzt von dem mächtigen Sengalenkopf und Schweinekopf. Auf einem schmalen Pfad wandern wir weiter westwärts Richtung Holzer Kreuz und Sattelwasen. Das Holzschild mit der Aufschrift Hochgescheid ist verwittert und nicht mehr zu lesen. Wir befinden uns unterhalb des Gipfels. Einige Waldwege führen auf den dicht bewaldeten Gipfel, der noch mal rund 50 Meter über uns liegt und uns leider keine Aussicht beschert. Vorbei am Knopfstein, kommen wir zu einer Wegkreuzung, an der die Sattelwasenhütte liegt. Wir wandern nun unterhalb des Gscheidkopfes, bis wir zum Dornwasen kommen, wo sich unterhalb des Waldes eine kleine Wiese befindet.

SCHNECKENKOPF 997 METER

Schlendern im Schneckentempo

65

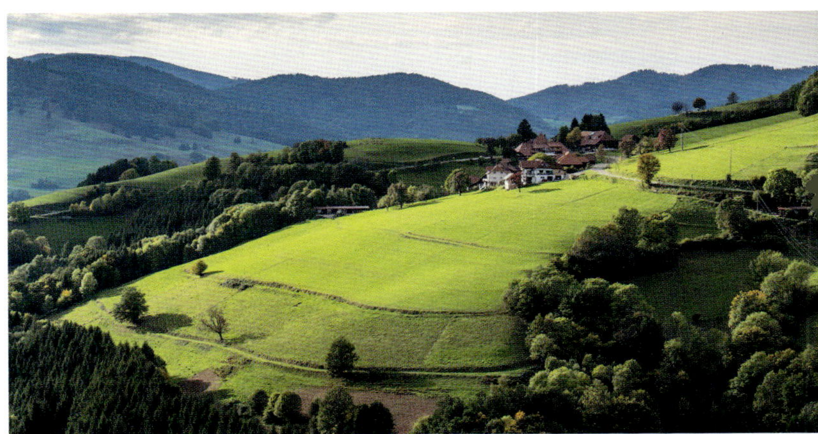

Blick auf Holz unterhalb des Schneckenkopfes

Wir umwandern den Schneckenkopf auf dem unmarkierten Panoramaweg. Wälder, Weiden, Weitblicke. Es wird immer besser. Da der mächtige Belchen, unter uns Schönau mit der markanten, neugotischen Kirche. Eine Bank trägt die Inschrift: Ruhe wird oft mit Langeweile verwechselt. Wie wahr. Die Landschaft, in die wir blicken, strahlt Ruhe aus. Langweilig ist sie nicht. Die sanften Kuppen, die weitflächigen Wiesen mit ihren facettenreichen Grüntonen, sie erdet uns. Wir schlendern, vorbei am Holzer Kreuz, wieder zurück nach Herrenschwand. Wir nehmen den Gelbe-Raute-Pfad, der uns am Stutzer Gumpen, oberhalb der Gutsrütte und unterhalb des Winterberges, auf schmalen Pfaden über die Weideflächen wieder nach Herrenschwand bringt.

Die Namen der Berge haben übrigens nichts mit Intelligenz zu tun. Gscheid steht nämlich eigentlich im Alemannischen für schlau/gescheit. Vielmehr wurde das Wort Gescheid früher für eine Gemarkungsgrenze verwendet. Beim

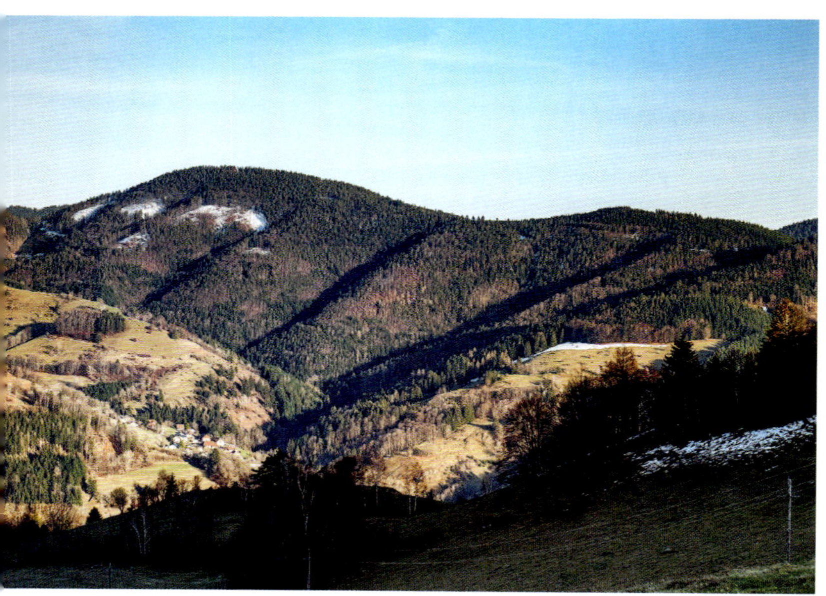

Mildes Abendlicht am Fuße des Hochgescheid

Schneckenkopf, der bereits auf Fröhnder Gemarkung liegt, könnte der Berg die Form eines Schneckenhauses haben oder der Name bezieht sich auf ein hohes Vorkommen von Schnecken in dieser Gegend. Tatsächlich scheint mir ersteres plausibler, der Schneckenkopf weist tatsächlich eine harmonische Form auf, die durchaus an ein Schneckenhaus erinnert.

Als wir uns auf die Heimfahrt machen, fällt uns ein Schild auf. Schönau 9 km. Dürfen wir hier überhaupt fahren, fragen wir uns wegen

Tipp

Einkehren im Naturparkhotel Waldfrieden Herrenschwand oder, noch besser, gleich zwei Kuscheltage buchen. Preisgekrönte und raffinierte Schwarzwald-Architektur zum Wohlfühlen mit herrlicher panoramaSpa. Volker Hupfer ist Naturparkwirt und interpretiert die Schwarzwälder Küche mit Raffinesse. Ein Haus mit Herz und Seele. www.derwaldfrieden.de

der schmalen Straße. Neugierig, wie wir nun mal sind, geben wir Gas und rauschen auf der Fuchswaldstraße, eine der schönsten Passstraßen mit krassen Spitzkehren, die uns Ausblicke ins tiefe Tal ermöglichen, ins Wiesental hinunter. Die Straße ist nichts für Fahrer*innen mit schwachen Nerven und schon gar nichts für Wohnmobile. Herrenschwand, wir kommen wieder, denn bei der nächsten Wanderung wollen wir unbedingt im Waldfrieden einkehren. Der Tipp kommt ohne vorherigen Test, aber wir sind uns sicher, das ist richtig gut dort oben in der Höhe.

Hinkommen
Von Lörrach kommend auf der B317 bis Mambach, weiter auf der L146 bis Mambach, weiter auf der L156 über Häg-Ehrsberg nach Herrenschwand.
Von Müllheim kommend auf der A5 bis Autobahnkreuz Weil am Rhein, weiter auf der A 98 bis Lörrach-Haagen, weiter auf der B317 bis Mambach, weiter auf der L146 über Häg-Ehrsberg nach Herrenschwand.
Parken am Skilift oder beim Parkplatz in der Nähe des Hotels Waldfrieden.

Tourbeschreibung
Start und Ziel: Parkplatz am Skilift in Herrenschwand
Länge: 12,5 Kilometer, 390 Höhenmeter Aufstieg, 400 Höhenmeter Abstieg
Dauer: rund 4 Stunden
Schwierigkeit: mittelschwer

Vom ***Parkplatz am Skilift*** zunächst der Teerstraße folgen, dann bei der Weggabelung nach links abzweigen und entlang des Skilifts die steile Weide hinauf wandern bis zum ***Kruzifix mit Ruhebank***. Weiter bergauf kommt das *verwitterte Wanderschild* **Hochgescheid**, das uns den Weg zum ***Sattelwasen*** anzeigt. Auf schmalen Pfaden geht es am Hang entlang bis in den Wald, wo ein breiter Waldweg beginnt, dem wir nun bis zur ***Sattelwasenhütte*** folgen. Hier links abzweigen und nun auf dem ***Panoramaweg*** um den ***Gscheidkopf*** Richtung ***Dornwasen*** laufen. An der Wegkreuzung weiter links halten bis ***Dornwasen***. Der ***unmarkierte Panoramaweg*** führt uns um den ***Schneckenkopf*** herum, bis wir wieder auf die blaue Raute treffen, der wir nun folgen und dabei rechts bis zum ***Schneckenboden*** gehen. Die nächste Station ist das ***Holzer Kreuz***. Auf der gelben Raute geht es nun wieder zurück nach ***Herrenschwand***, zunächst auf breitem Weg, der dann als schmaler Pfad über die Weiden unterhalb des ***Hochgescheid*** zurück zum Parkplatz führt.

66 LEDERTSCHOBENSTEIN 1214 METER

Wo sälle de Tschobe uff em Schdei verdublet hett

Der Ledertschobenstein befindet sich auf halben Weg zwischen Blößling und dem Weißenbachsattel. Er ist weder Gipfel noch Sattel, was also hat er in diesem Buch zu suchen? Nun, der Name ist einfach zu witzig, deshalb bekommt er ein eigenes Kapitel. Der Platz am Ledertschobenstein ist herrlich gelegen und eignet sich prima für eine Vesperpause.

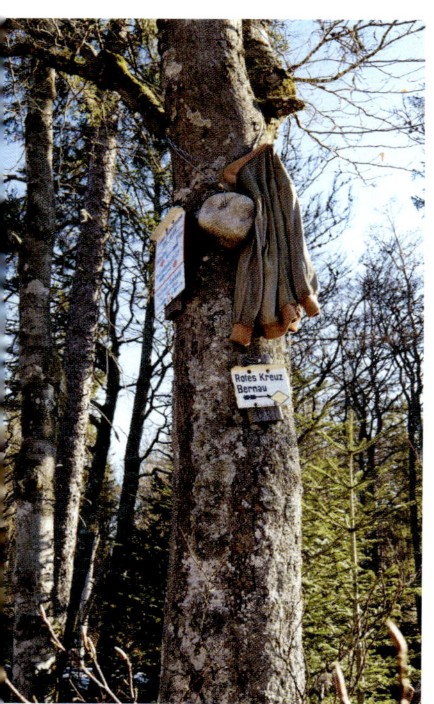

Alemannisch bildhaft in Szene gesetzt

Den Ledertschobenstein passiert man auf der Ostvariante des Westweges vom Blößling zum Hochkopf, auf dem Hochkopfrundweg, oder wenn man den Turmsteig von Todtnau bis Weißenbachsattel wandert. Bei der Abzweigung zum Hochkopfturm führt der Westweg zunächst direkt an einem Funkmasten vorbei. Bald geht der Wanderweg in einen schmalen Pfad über und führt entlang des Höhenrückens durch ein höchst interessantes Gebiet. Viel Totholz und riesige Ameisenhaufen zeugen von der intakten Natur. Der Abschnitt bis zum Ledertschobenstein zählt für mich zu den schönsten Wanderpfaden im südlichen Schwarzwald. Es ist ein bannwaldartiges Gebiet, in dem die Natur tun und lassen kann, was ihr beliebt. Mit etwas Glück kann man in diesem Gebiet Gämsen beobachten. Im Spätsommer wachsen entlang des Weges wunderbare Heidelbeeren und Walderdbeeren.

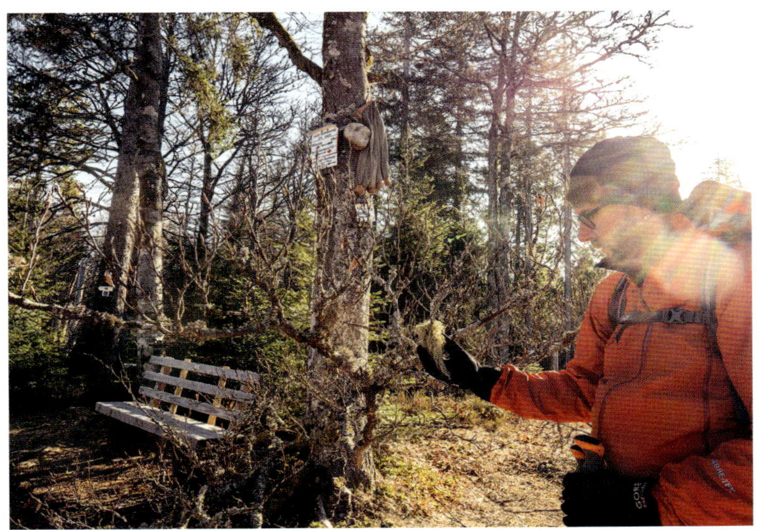

Die Flechten sind ein Zeichen für gute Luft

Riesige Tannen und alte knorrige Fichten lassen erahnen, was für ein gewaltiger Urwald der Schwarzwald einst war, bevor alles abgeholzt und mit Fichtenmonokultur aufgeforstet wurde.

Der Ledertschobenstein markiert auf einer kleinen Anhöhe im lichten Wald eine Wegegabelung an einer Buche. Dort hängt eine Tafel des Schwarzwaldvereins, auf der der Name Ledertschobenstein 1214 m steht. Darunter der Hinweis auf den Westweg mit der roten Raute Richtung Blößling 3,5 km, zum Weißenbachsattel 3,5 km und eine Markierung für den Hochkopf-Rundweg mit dem roten Kreis und weißen Punkt. Auf der anderen Seite des Baums ein weiteres Schild mit Richtungsweiser rotes Kreuz und Bernau. Etwas oberhalb hängt eine grünliche, stark ausgebleichte Jacke und ein großer Stein am Baum. Damit wird das Wortspiel erklärt: Ein Tschobe ist das alemannische Wort für eine Jacke. Ich drücke es mal mit meinen Worten aus: *Wo*

Tipp

Zum Beobachten der Gämsen ein Fernglas in den Rucksack packen. Sich ruhig verhalten, laute Gespräche vermeiden. Geduldig abwarten.

sälle de Tschobe uff em Schdei verdublet hett. Vermutlich hat jemand seine Lederjacke auf einem Stein liegengelassen, seither heißt der Platz eben Ledertschobenstein. Zum Stein, auf dem das gute Stück vermutlich vergessen wurde, gelangt man, wenn man dem Pfad gegenüber der Ruhebank folgt. Er führt zu einem schönen Aussichtspunkt auf einem Felsen. Beim Weitergehen darauf achten, dass man sich tatsächlich auf dem Westweg befindet und nicht versehentlich auf dem Gelbe-Raute-Pfad weiterwandert.

Der Pfad zwischen Hochkopf und Hohe Zinken eignet sich wunderbar für eine meditative Wanderung. Entlang des Weges gibt es viele Ruhebänke mit schöner Aussicht. Hier lässt es sich gut einen Nachmittag verbringen, um sich an der Natur zu erfreuen und, wenn der Weg nicht allzu sehr frequentiert ist, stundenlang Gämsen zu beobachten.

Hinkommen

Von Lörrach kommend auf der B317 bis Mambach, weiter auf der L146 bis zum Wanderparkplatz Weißenbachsattel.

Von Müllheim kommend auf der L131 über den Sirnitzpass nach Neuenweg und weiter bis Wembach. Dort auf die B317 bis Geschwend, weiter auf der L149 bis Präg, weiter auf der L151 bis zum Wanderparkplatz Weißenbachsattel.

Tourbeschreibung

Start und Ziel: Wanderparkplatz Weißenbachsattel
Länge: rund 9 Kilometer, 250 Höhenmeter Aufstieg, 260 Höhenmeter Abstieg
Dauer: rund 3 Stunden
Schwierigkeit: leicht

Vom ***Wanderparkplatz Weißenbachsattel*** der Beschilderung ***Hochkopfrundweg Karl-Asal-Weg*** folgen. Markierung: roter Kreis mit weißem Punkt. Von ***Ledertschobenstein*** bis ***Zinken***. Dort den Westweg verlassen. Unterhalb des Hochkopfes verläuft der ***Weißenbachkopfweg*** mit schönem Ausblick auf den Präger Gletscherkessel bevor wieder der ***Wanderparkplatz Weißenbachsattel*** erreicht wird.

TRUBELSMATTKOPF 1281 METER

Der Mons Samba und seine topografische Bestimmung

67

Der Trubelsmattkopf erhebt sich zwischen Wiedener Eck, Stohren, Notschrei und Muggenbrunn. Es ist ein dicht bewaldeter Gipfel abseits der Wanderwege. Abenteuerlustige gelangen auf einem verwachsenen Grenzpfad zum höchsten Punkt des auch als Mons Samba bezeichneten Berges.

Welcher ist es denn nun? Ratlos stehen Achim, Carolin und ich oberhalb von Muggebrunn und blicken auf den Monitor, auf dem wir die Luftbilder der Drohne sehen. Aus der Luft betrachtet ist der Trubelsmattkopf nicht eindeutig zu bestimmen. Wir sind nicht die einzigen, die mit der topografischen Lage des Berges ihre Schwierigkeiten haben. In einer Urkunde von 1184 taucht erstmals ein Mons Samba auf. Der geheimnisvolle Berg wird in Zusammenhang mit den Besitzgütern des Klosters St. Trudpert genannt, doch die topografische Lage des Berges ist nicht eindeutig. Einmal wird er dem heutigen Etzenbach auf der Gemarkung Grunern zugeordnet, dann wiederum taucht er als Zamba vbi oritur Nvmaga im Quellbereich des Neumagen auf, was in der Nähe des Stohren beim Schauinsland liegt.

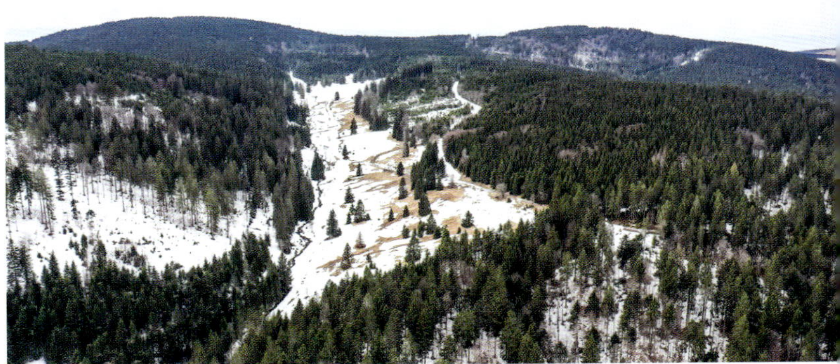

Auf der Suche nach dem Mons Samba

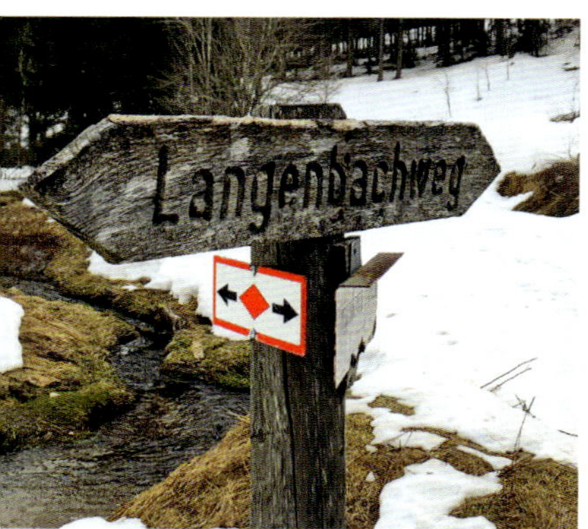

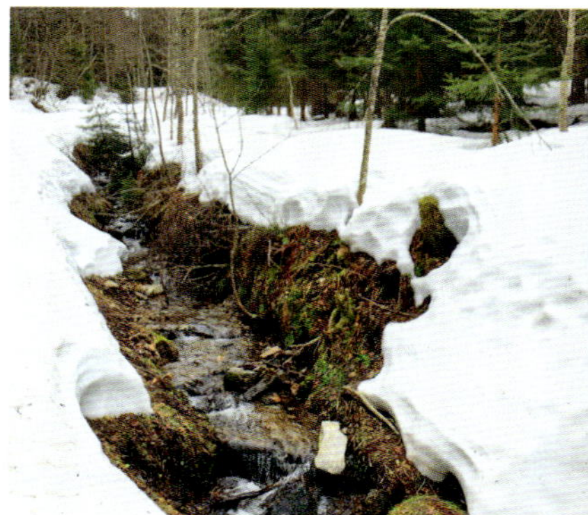

Die Expedition zum Gipfel scheitert am Schnee

Der Berg, der im Quellbereich des Neumagen liegt, ist das Haldenköpfle. Der Trubelsmattkopf liegt jedoch weiter südlich. Weshalb wird er mit dem Mons Samba in Verbindung gebracht? Eine Frage, mit der sich in der Vergangenheit einige Heimatforscher beschäftigten. Dem Bergbau- und Heimatforscher Albrecht Schlageter zufolge wurde der Quellfluss des Neumagen früher dem Wiedener Eck zugerechnet. Das gab Anlass zu Spekulationen. Handelte es sich beim geheimnisvollen Mons Samba etwa um den Keltenberg Belchen? In einer früheren Studie setzt sich Anton Schwaederle damit auseinander. Er kommt zum Ergebnis, dass es sich beim früher als Belenos bezeichneten Belchen sowie beim Mons Samba zwar um Namen handelt, die zum ältesten Sprachgut im Badischen Raum gehören, die sich aber auf zwei verschiedene Berge beziehen. Schwaederle kommt zum Schluss, dass es sich beim Mons Samba um eine Bezeichnung für den Gebirgszug von Haldenköpfle (1265 m), Trubelsmattkopf (1281 m) und Hörnle (1187 m) handelt, der die Besitztümer des im Tal gelegenen Klosters St. Trudpert abschließt.

Der Berg, den wir heute als Trubelsmattkopf kennen, könnte sich aus dem Sankt Trudprechtsmatt gebildet haben. Ob sich der frühere Name Samba tatsächlich aus dem Keltischen ableiten lässt, wie einige Geschichtsschreiber vermuten, ist nicht nachzuweisen.

Die Frage, ob es sich beim Mons Samba um den Trubelsmattkopf handelt, ist spannender als der Gipfel selbst. Dieser ist, anders als der Gipfel des Belchen, dicht bewaldet und mit einem Holzpfahl und einer kleinen Metallplatte gekennzeichnet: „Trubelsmattkopf 1281 m höchster Punkt der Gemeinde Muggenbrunn 2007“. Wer die höchsten Berge im Schwarzwald abwandert, für den gehört der Trubelsmattkopf jedenfalls mit auf die Liste. Schade eigentlich, dass der Mons Samba aus dem Sprachgebrauch verschwunden ist. Es ist eindeutig der interessantere Gipfelname.

Tipp

Für Familien ist der Erlebnis-Rundweg rund um Muggenbrunn eine tolle Sache. Mittels App (bei der Touristinfo Muggenbrunn kostenlos per WLAN downloadbar) lässt sich der 8 Kilometer lange Erlebnisweg entlang von 11 interaktiven Themenstationen erwandern. Die Figur Mugg, der erste Siedler der hier lebte, erzählt spannende Geschichten über Dorfleben, Natur und Umwelt. Infos über www.mein-muggenbrunn.de

Hinkommen
Auf der L 126 bis Todtnau-Muggenbrunn.
Der Parkplatz befindet sich oberhalb von Muggenbrunn gegenüber vom Campingplatz Hochschwarzwald.

Tourbeschreibung
Start und Ziel: am Barfußpfad Muggenbrunn
Länge: 5,4 Kilometer, 190 Höhenmeter bergauf, 180 Höhenmeter bergab
Dauer: rund 2 Stunden
Schwierigkeit: mittel, stellenweise steil und bei Nässe rutschig. Bis in den März hinein liegt oftmals Schnee.

Der Rundweg führt auf Waldwegen und Pfaden durch das wunderschöne Naturschutzgebiet Langenbach-Trubelsbach mit Mooren, Bächen, Weidfeldern und erklärt anhand Schautafeln die Besonderheiten des Naturschutzgebietes. Der Weg ist mit dem Zeichen R markiert.

Wer den Gipfel des Trubelsmattkopf besteigen möchte, wandert ab dem Standortwegweiser ***Trubelsmattkopf*** auf dem Westweg (rote Raute) bis zum Wegweiser ***Auf den Böden***. Bei der Bödenschutzhütte zweigt ein verwachsener Grenzpfad zum Gipfel ab. Zurück bis ***Auf den Böden*** der gelben Raute folgen bis ***Wasserbüttenen***. Weiter auf der blauen Raute bis ***Trubelsbach***. Ab dort der gelben Raute bis zum Ausgangspunkt am Barfußpfad folgen. Für den Abstecher zum Gipfel zusätzlich rund 4,5 Kilometer und 1,5 bis 2 Stunden mehr einplanen.

68 WINDECKKOPF 1209 METER

Auf den Spuren des Säbelthoma

Der Windeckkopf ist ein unscheinbarer, bewaldeter Gipfel bei Hinterzarten. Er lässt sich in eine sehr schöne, mittelschwere Rundwanderung einbinden. Dabei folgen wir der Ausschilderung des Schwarzwälder Genießerpfades Säbelthomaweg, der uns am idyllischen Mathisleweiher vorbeiführt. Die Strecke verläuft auf gut ausgebauten Wegen und Pfaden durch Wiesen und Wälder mit wunderbaren Aussichten und Picknickplätzen.

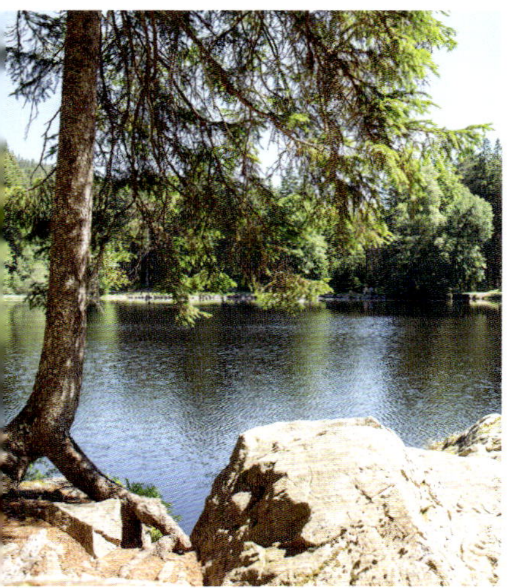

Am Mathisleweiher

Da steht er, in voller Größe, der Säbelthoma. Den gab es tatsächlich, wie wir auf den Informationstafeln am Start der Wanderung beim Kurhaus Hinterzarten erfahren. Mit richtigem Namen hieß er Thomas Steiert. Mitte des 19. Jahrhunderts war er in Hinterzarten als Dorfpolizist tätig. Bei der Ausübung seines Amtes, die Nachrichten zu verkünden, führte er stets einen Säbel bei sich. Bald war er im Ort nur noch als „Säbelthoma" bekannt.

Auf dieser Tour folgen wir seinen Spuren rund um Hinterzarten. Da der Weg durch Schatten spendende Wälder führt, eignet diese Wanderung sich besonders für heiße Sommertage. Gemütlich schlendern wir durch den Kurpark entlang des Zartenbachs, bis der Weg uns jetzt auf der roten Raute des Westwegs am Kesslerhofweiher vorbeiführt. Unterwegs begegnen wir dem Säbelthoma. Seine Geschichten erzählt er uns in Form von kleinen Hinweistafeln, die entlang der Strecke angebracht sind.

Unser nächstes Ziel, der Mathisleweiher, liegt im Naturschutzgebiet Eschengrundmoos, unterhalb des Silberbergs. Am Berg sollen sich

noch ehemalige Stollen befinden, die auf die Zeit zurückgehen, als in der Umgebung des Feldbergs nach Silber gegraben wurde.
Der Moorsee ist knapp 2 Hektar groß und liegt auf 999 Metern Höhe. Wer mag, legt hier eine Rast ein und kühlt seine Füße im bernsteinfarbenen Wasser des Weihers. Beim Häuslebauernhof erblicken wir das Feldbergmassiv. Am Milchhisli wartet eine kühle Erfrischung auf uns. (Kleingeld nicht vergessen). Der weitere Wegeabschnitt führt uns durch den Ospelewald. Beim Durchqueren atmen wir die ätherischen Terpene der Fichten ein und stärken auf diese Weise unsere Abwehrkräfte.
Am Windeckkopf finden wir eine herrliche Rastbank vor. Rucksack abstreifen, Vesper auspacken und dabei die besondere Aussicht ins Tal genießen. Anschließend steigen wir über schmale Pfade durch lichten Wald wieder hinab Richtung

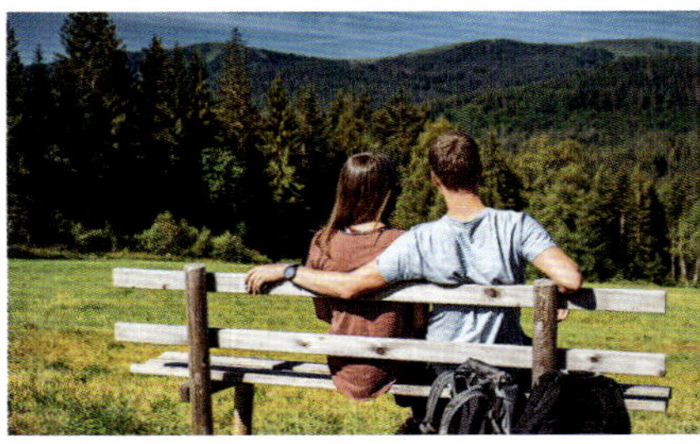
So sieht ein Genießerpfad aus

Hinterzarten. Einen Abstecher machen wir noch zum Vincent-Zahn-Felsen, genießen noch einmal die Aussicht, bevor wir zu unserem Startpunkt am Kurhaus Hinterzarten zurückkehren.

Tipp

Schwarzwälder Skimuseum im Hugenhof. Eindrucksvolle Ausstellung der Wintersportgeschichte im Schwarzwald. Im Hugenhof, 79856 Hinterzarten, www.schwarzwaelder-skimuseum.de

Hinkommen
In Hinterzarten am Bahnhof parken.

Tourbeschreibung
Start und Ziel: am Kurhaus Hinterzarten
Länge: 10,9 Kilometer, 325 Höhenmeter Auf- und Abstieg
Dauer: rund 4 Stunden
Schwierigkeit: mittelschwer

Ab dem Kurhaus der Wegbeschilderung Schwarzwälder Genießerpfad Säbelthomaweg folgen.

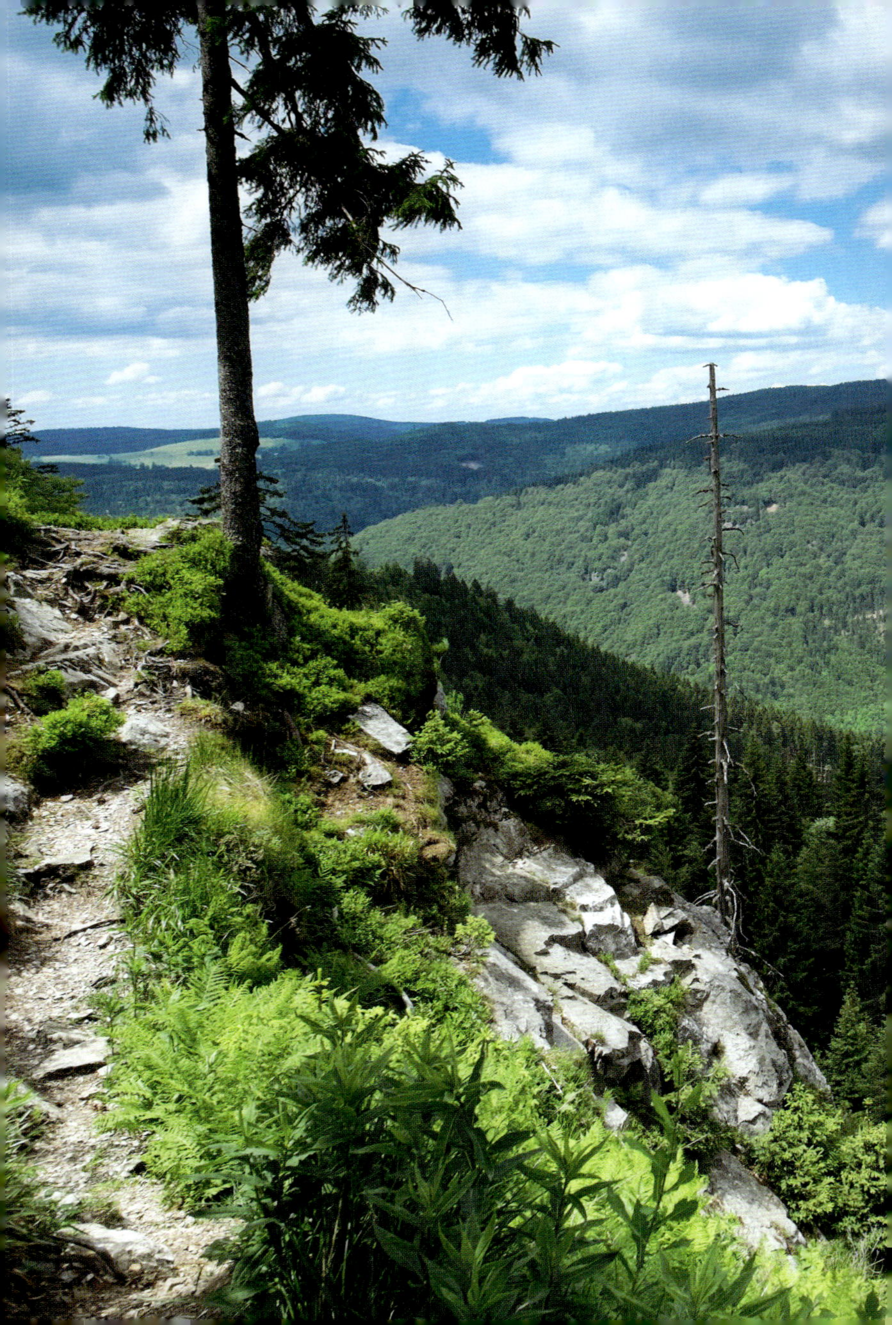

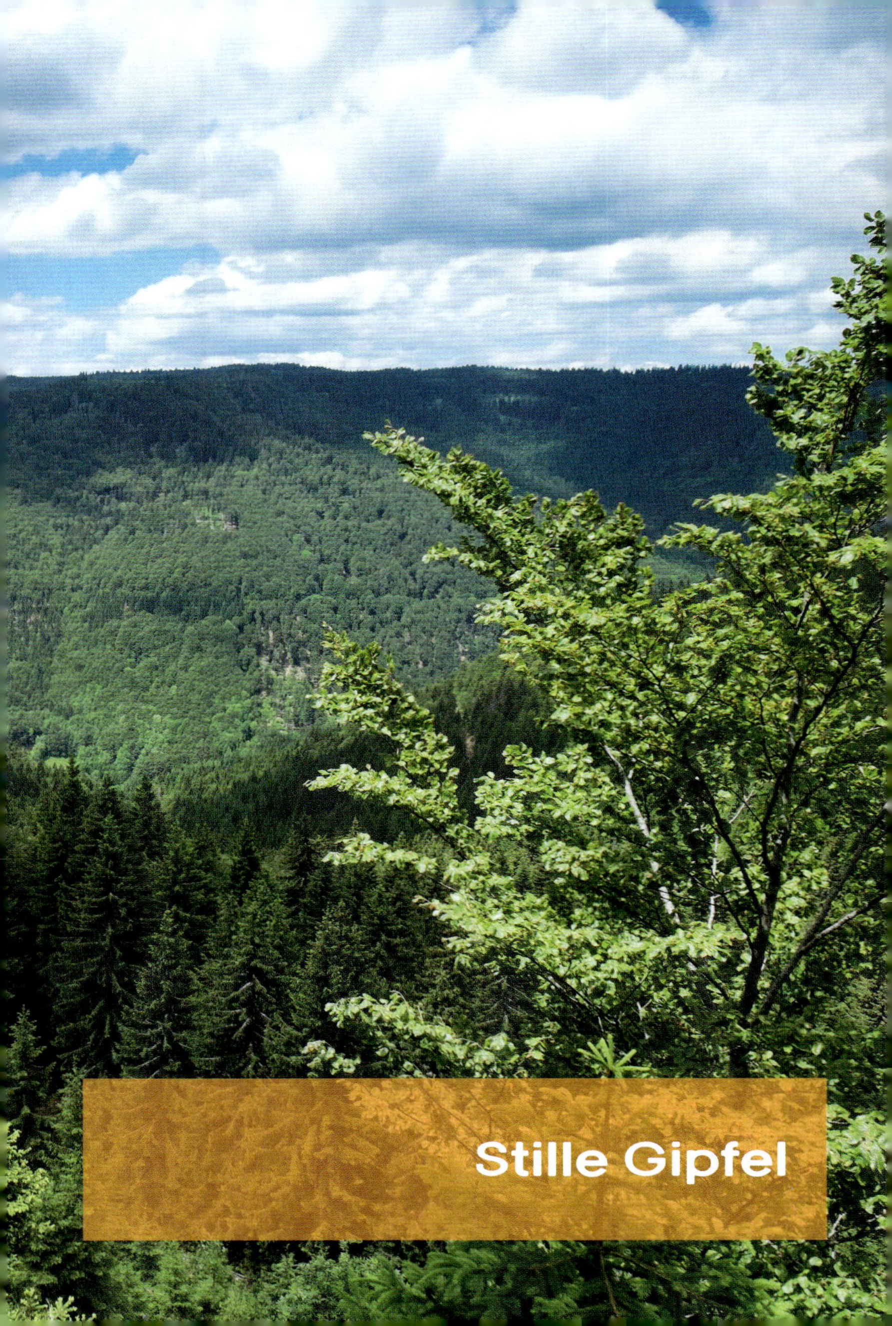
Stille Gipfel

69 ROTENBURG 620 METER

Ein geheimnisvoller Schatz im Kreis der sieben Bäume

Auf vielen Berggipfeln finden wir altes Gemäuer. Leider sind nicht viele Burgruinen so gut erhalten wie Burg Rötteln oder die Sausenburg. Eine Ruine, die wenig bekannt ist, liegt auf dem Rotenberg, einem felsigen Bergkegel zwischen Niedertegernau und Wieslet im Kleinen Wiesental.

Die Burg gehörte den Herren von Rotenberg, die aus einer Seitenlinie der Herren von Rötteln entstammten. Die Burg, die auch als Waldschloss Rotenburg bezeichnet wurde, befindet sich abgelegen im Wald. Über die Burg selbst ist nicht viel bekannt. Vermutlich wurde sie um 1200 erbaut. Auch über das Ende wissen wir nichts, es gibt keine Aufzeichnungen in Chroniken oder Urkunden. Möglich ist, dass die Burg von Feinden eingenommen und zerstört wurde. Wahrscheinlicher ist jedoch, dass sie aufgrund ihrer Lage aufgegeben wurde und langsam zerfallen ist. Im Urbarbuch des Stadtarchivs Freiburg aus dem Jahr 1564 ist vermerkt, dass die Rotenburg bereits damals als „alt Burggestell" bezeichnet wurde, also eine Ruine war. Möglich ist auch, dass die Burg beim Erdbeben

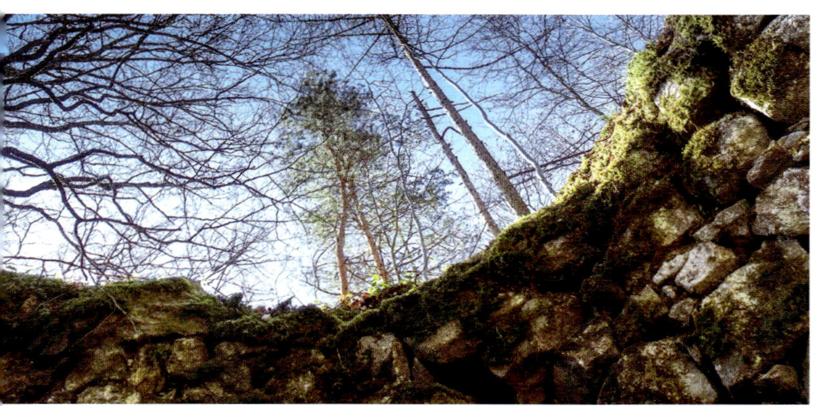

Der ehemalige Bergfried

von Basel im Jahr 1356 zerstört und nicht wieder aufgebaut wurde.
Auf der Burg lebte ein Zauberer, der einen magischen Nebel heraufbeschwören konnte, welcher die Burg unsichtbar machte. Eines Tages durchdrang jedoch eine Räuberbande den Nebel. Die Eindringlinge töteten alle Bewohner bis auf die Burgprinzessin. Sie zwangen die Edelfrau, die Lage des Schatzes zu verraten. *„In der Nähe des Burggeländes zwischen sieben Bäumen, die im Kreis stehen. Ihr werdet ihn nie finden, weil ich ihn beschützen werde." Nach diesen Worten sprang sie von der Burgmauer. Die Bande machte sich auf die Suche nach dem Schatz, verschwand aber spurlos. Bis heute wurde er nicht gefunden und soll sich noch immer bei den sieben Bäumen befinden. Viele, die danach gesucht haben, sind nicht mehr zurückgekehrt …*
Die Rotenburg ist ein stiller Ort, an dem man gerne verweilt. Es gibt eine Ruhebank mit schöner Aussicht ins Wiesental. Eine Grillstelle ist nicht vorhanden und offenes Feuer im Wald verboten. Am besten packt man sich ein Picknick ein und nimmt selbstverständlich seinen Müll wieder mit. Ideal ist ein Besuch der Rotenburg im Frühling, wenn noch nicht alles von üppigem Grün überwachsen ist.

Tipp

Am Neumattboden befindet sich ein Holzpavillon mit Grillplatz. Ideal zum Rasten ist auch der Rudolf-Geiger-Platz am Schlossplatz mit Tisch und Bänken unter einer großen Buche.

Hinkommen
Von Lörrach oder Schopfheim kommend auf der L 139, von Kandern kommend auf der L 135 nach Wieslet.

Tourbeschreibung
Start und Ziel: am Ortsausgang Wieslet Richtung Enkenstein
Länge: rund 5 Kilometer
Dauer: etwa eine Stunde
Schwierigkeit: mittel, steiler Aufstieg zur Burgruine

Vom ***Wanderschild Wieslet 387 Meter*** (Baumgartenweg) der gelben Raute Richtung Rotenburg folgen. Am ***Neumattboden*** weiter zum ***Rudolf-Geiger-Platz*** bis zum ***Schlossplatz*** (565 Meter). Dort der Ausschilderung zur Burgruine folgen. Der Weg führt über eine Treppenstufe und geht als Pfad in Serpentinen steil zur Burgruine hinauf.

70 GLASERBERG 931 METER
Die Wälderalchimisten

Der Glaserberg liegt südöstlich von Wambach und nordwestlich von Sallneck. Auf der Wanderkarte ist er schnell übersehen, weil er auf den ersten Blick als unscheinbarer Berg ohne Besonderheiten erscheint. Mit dem Glaserberg erhalten wir jedoch einen sehr interessanten Einblick in eine längst vergangene Zeitepoche und in eine Handwerkskunst, die eng mit der Geschichte des südlichen Schwarzwalds verknüpft ist.

Bauern, Bergbauarbeiter, Hirten, Holzfäller, Köhler und Müller waren die ursprünglichen Berufe in den Siedlungen im südlichen Schwarzwald. Noch heute sind historische Mühlen und Sägewerke erhalten, alte Stollen sind zu Besucherbergwerken ausgebaut. Ein weiterer, wichtiger Wirtschaftszweig war die Glasherstellung. Im Schwarzwald sind bis heute 200 Standorte von historischen Glashütten nachgewiesen. Auch im Oberen Kander-

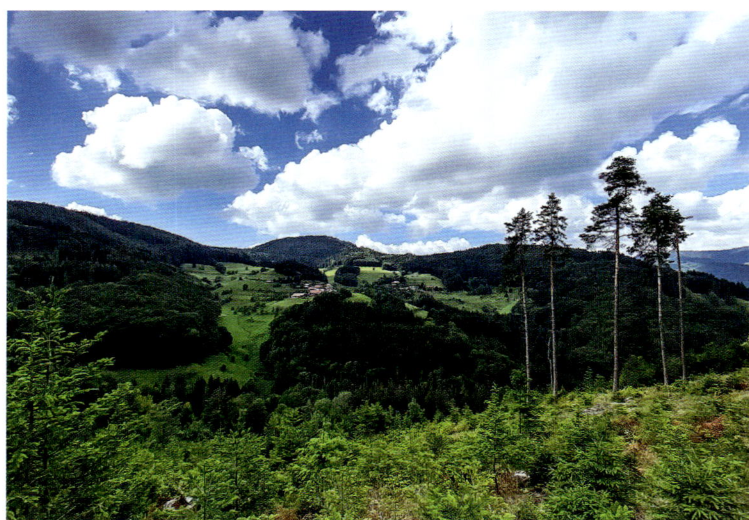

Blick vom Glaserberg auf Wambach im Kleinen Wiesental

tal und im Kleinen Wiesental gab es vom 15. bis 17. Jahrhundert Glashütten, von denen sich allein acht im Bereich rund um das Kleine Wiesental befanden. Das umfangreiche Wissen über die Glashütten im südlichen Schwarzwald ist den Forschungen von Albrecht Schlageter (1927–1999) zu verdanken. Schlageter war Studiendirektor am Hans-Thoma-Gymnasium in Lörrach und beschäftigte sich intensiv mit den Glashütten und dem Bergbau im südlichen Schwarzwald. Eine Studie veröffentlichte er in der Zeitschrift „Das Markgräflerland Heft 1, 1987".

Der Name legt nahe, dass auf dem Glaserberg einst eine Glashütte errichtet wurde. 1973 stieß ein Einheimischer dort auf Glasspuren. Bei einer gemeinsamen Begehung mit Albrecht Schlageter wurden weitere Fundstücke und Keramikreste entdeckt. Dass der Heimatforscher den genauen Standort der Glashütte ermitteln konnte, war einem Zufall geschuldet. Die Gemeinde Sallneck fasste im Sommer 1987 eine neue Quelle. Die Grabungen brachten allerlei Material ans Tageslicht: Unter anderem auch Glassteine mit grün, schwarz, tiefblau und rötlich gefärbten Glasüberzügen. Schlageter vermutete, dass die Hütte um 1600 in Betrieb genommen wurde. Weitere Glashütten konnte er am Roßboden und

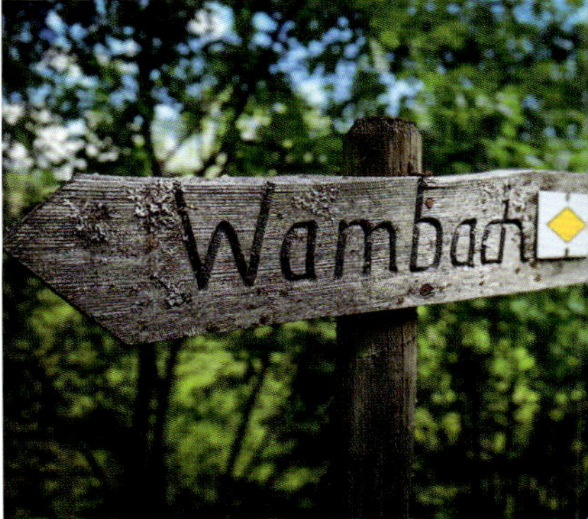

Alte Wegschilder führen zu alten Pfaden

am Gleichen zwischen Kaltenbach und Wambach ermitteln.

Glasbläser übten das Handwerk in der Abgeschiedenheit einsamer Wälder aus. Ihr Wissen hielten sie streng geheim und gaben es nur mündlich weiter. Sie waren Magier, Künstler und Alchimisten, um die

Tipp

Schwarzwälder Wald- und Glaszentrum, Wehratalstraße 10, 79650 Schopfheim-Gersbach. Eine landesweit einmalige Waldglas-Sammlung mit Originalfunden, die spannende Einblicke in die jahrhundertelange Arbeit der Wanderglashütten und dem Waldgewerbe der Köhler im südlichen Schwarzwald gibt. Informationen zu Öffnungszeiten bei der Ortsverwaltung unter Telefon 07620/227.

sich viele Geschichten und Legenden rankten. Da die Glasherstellung Unmengen von Holz benötigte, mussten die Glasbläser stets neue Standorte für ihre Hütten suchen. Sobald die Wälder rund um die Produktionsstätte abgeholzt waren, wurden die Öfen, Hütten und alles, was Rückschlüsse auf die Glasherstellung zuließ, zerstört. Deshalb sind von dem einst so geheimnisumwobenen Handwerk kaum noch Relikte erhalten.

Hinkommen
Von Lörrach kommend auf der B317 bis Steinen, weiter auf der L135 und L136 bis Weitenau und weiter nach Kirchhausen. Parken oberhalb des Dorfes auf dem Wanderparkplatz Auf dem Hasel.
Von Kandern kommend auf der L135 über Scheideck und über Endenburg nach Kirchhausen.

Tourbeschreibung
Start und Ziel: Wanderparkplatz Auf dem Hasel
Länge: rund 5 Kilometer, 170 Höhenmeter Aufstieg, 130 Höhenmeter Abstieg
Dauer: rund 1.30 Stunden
Schwierigkeit: leicht

Vom ***Wanderparkplatz Auf dem Hasel*** der gelben Raute Richtung ***Bücklebodenhütte*** folgen. Die schöne Hütte ist ein toller Picknick- oder Grillplatz. Weiter zum Wegschild ***Glaserbergquelle***. Von dort weiter Richtung Wambach bis zu einer Wegkreuzung mit Hütte. Von dort führen Wirtschaftswege wieder zurück zum ***Wanderparkplatz Auf dem Hasel***.

HOHFELSEN BEIM LUCHSKÄMMERLE 963 METER

71

Auf dem Waldlehrpfad zum alten Steinbruch

Hohfelsen sind auffällige Steinformationen an markanten Orten. Der Hohfelsen ist ein unbekannter Kammzug des Luchskämmerle, der sich im Osten an den Schlötteberg anschließt. Trotz Funkmast ist es ein stiller Gipfel, auf dem es verwitterte Felsformationen und einen ehemaligen Steinbruch zu erkunden gibt. Hohfelsen im Schwarzwald gibt es so zahlreich wie Zapfen an den Fichten. Da heißt es aufpassen bei der Verortung. Denn unweit vom Hohfelsen am Luchskämmerle existiert der Hohfelsen an den Hohen Stückbäumen, der von Einheimischen auch als Kalendersteine bezeichnet wird. Der Hohfelsen ist als felsiges Gebiet in der Wanderkarte verzeichnet. Solche Markierungen wecken meine Abenteuerlust.

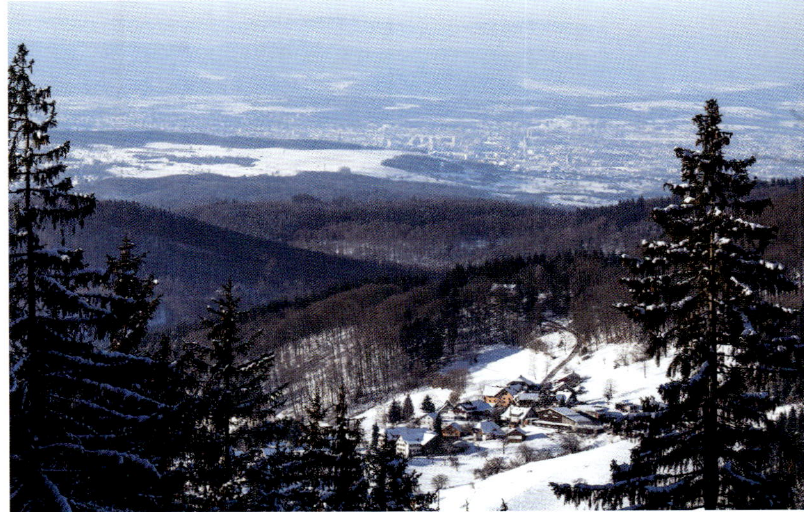

Stadt-Land-Kontraste von Endenburg bis nach Basel

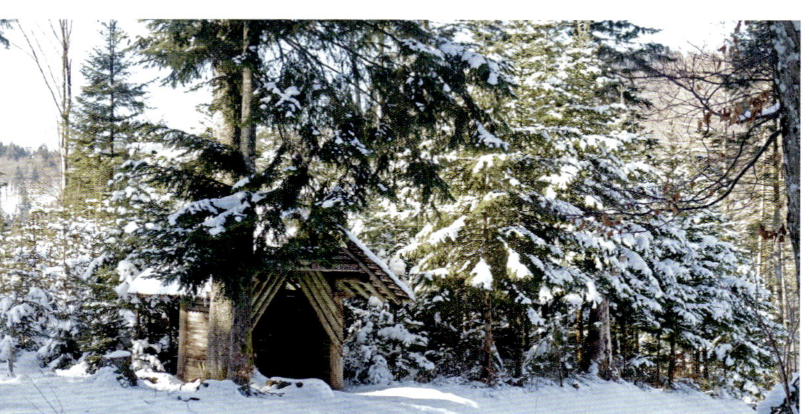

Fotogener Hüttenzauber im Schnee: Die Ameisenhütte

Wir starten unsere Exkursion oberhalb von Kirchhausen auf dem Waldparkplatz Hasel 731 m. Ab dort folgen wir dem Gelbe-Raute-Weg Richtung Wasen-Lipple/Waldlehrpfad, der mit alten Schildern aus Holz markiert ist. Holztafeln finde ich einfach schön und nostalgisch, im Gegensatz zu den durchgestylten Themenwanderwegen, die ein eigenes Logo besitzen. Zum anderen sind sie ein Zeichen für ältere und wenig bekannte Wanderwege, wie ich sie liebe. Tatsächlich ist der in die Jahre gekommene Waldlehrpfad in den neuen Wanderkarten nicht mehr verzeichnet. Schade eigentlich. Während ich an der Infotafel über Spechte lese, dass ab Januar das typische Spechttrommeln zu hören ist, hämmert es im Buchenwald. An schönen Aussichtspunkten laden Ruhebänke ein. Statt in die Ferne, reicht der Blick nur bis zu den Fichten, die längst die Aussicht überwuchern. Ein Schild zeigt eine Wildschutzfläche an, die als Ruhezone für Wildtiere, für Wanderer mit einem Absperrband gekennzeichnet ist. Trotzdem hat sich ein Schneeschuhgänger einen Weg gebahnt. Wir gehen auf dem Waldweg weiter. Über diese Rücksichtslosigkeit können wir nur den Kopf schütteln.

Am Luchskammerweg erreichen wir eine Lichtung, die uns eine fantastische Sicht nach Süden in die Rheinebene nach Basel bietet. Gegen Westen blicken wir auf die Hohe Stückbäume und den Sattel Stühle. Wir folgen dem Fuhrweg, der uns in einem Bogen zum Funkturm führt. Dahinter steigen wir über einige Felsblöcke zum Gipfel und genießen an diesem sonnigen Wintertag die herrliche Aussicht auf die hohen Gipfel des Schwarzwaldes, die sich mit schneebedeckten Kappen am Horizont abzeichnen.

Der Berggrat des Hohfelsen ist mit wuchtigen Felsen überzogen. Vorsichtig steigen wir über die Blockhalden. Die natürlichen Felsbildungen mit ihren Geröll- und Felswänden sind als Biotop geschützt. Am Südhang befinden sich zwei alte Steinbrüche mit bis zu 20 Meter hohen Felswänden. Der Gipfel ist von lichtem Mischwald überwachsen. Neben Weißtannen finden sich Rotbuchen, Waldkiefern, Trauben-Eichen, Espen, Heidelbeer- und Holundersträucher, Waldbrombeeren und Moose. Beim Abstieg kommen wir an der hübschen Ameisenhütte auf 824 Metern an der Kreuzung Schlöttlebergweg und Alter Schlag-Weg vorbei. Auf dem Waldlehrpfad wandern wir schließlich zurück zum Waldparkplatz.

Tipp

Einkehr im Gasthaus Tanne Lehnacker. Schwarzwälder Küche, Fisch- und Fleischgerichte, Vesperkarte, www.gasthof-tanne.de.

Hinkommen

Von Kandern auf der L 135 Richtung Scheideck, auf die K 6309 Richtung Endenburg abbiegen und weiter bis Kirchhausen zum Waldparkplatz Auf dem Hasel oberhalb des Dorfes.

Tourbeschreibung

Start und Ziel: Waldparkplatz Auf dem Hasel, Kirchhausen
Länge: 5,2 Kilometer, 220 Höhenmeter Aufstieg, 200 Höhenmeter Abstieg
Dauer: rund 2 Stunden
Schwierigkeit: mittel
Vorsicht auf dem Gipfel – Absturzgefahr

Vom ***Wegweiser Auf dem Hasel*** der gelben Raute zunächst auf dem Teersträßchen folgen. Beim Wanderschild ***Wasen-Lipple/Waldlehrpfad*** links abzweigen. Nach dem Wasserhochbehälter geht es auf angenehmem Waldweg aufwärts, dabei sich an der Beschilderung des Waldlehrpfads orientieren. Beim Holzschild ***Luchskammerweg*** ist bereits der Funkmast zu sehen. Dort rechts abbiegen, vorbei an einer Hütte geht es einmal im Bogen um den ***Hohfelsen*** herum (Aussichtsbank mit wenig Aussicht) bis zum Funkturm. Abstieg bis ***Ameisenhütte*** und weiter auf dem Gelbe-Raute-Weg zurück zum Waldparkplatz ***Auf dem Hasel***.

72 HOHE STÜCKBÄUME 941 METER
Die keltischen Kalendersteine

Der bewaldete Bergrücken Hohe Stückbäume erhebt sich östlich von Kandern zwischen Malsburg und Endenburg. Die Wälder bestehen überwiegend aus lichtem Buchenmischwald. Auf der Wanderkarte ist unterhalb des Gipfels der Hohfelsen verzeichnet. Hier soll sich ein frühzeitlicher astronomischer Kalender befinden.

Der Name Hohe Stückbäume rührt vermutlich von Ausstocken her, was das Roden einer bewachsenen Fläche meint. Tatsächlich findet sich ein Vermerk im Aufsatz von Albrecht Schlageter „Die Glashütten im Markgräflerland und den angrenzenden Gebieten vom 15. bis 17. Jahrhundert" darüber, dass in den 1570er- und 1580er-Jahren

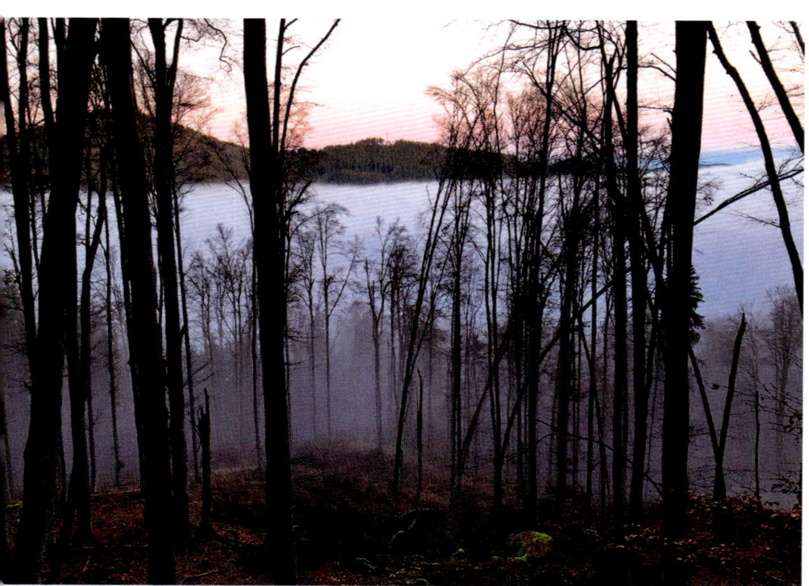

Abendstimmung an der Hohe Stückbäume

Holzfäller und Köhler aus Tirol, Bayern, Graubünden und aus den Vogesen zum Roden der Wälder an den Stückbäumen und im Stuhlsgraben tätig waren. Diese Waldstücke befanden sich in unmittelbarer Nähe zu den Glashütten (siehe Kapitel Glaserberg und Schlöttleberg). Vermutlich diente das waldfreie Gebiet später als Weidefläche, heißt doch das Gewann unterhalb des Berges Hagenmatte. Auch am Wambacher Wasen gab es auf 920 Metern einmal eine Weidefläche für das Vieh.

In den 1980er-Jahren entdeckte Johann Hügin bei einer Wanderung an den Hohen Stückbäumen markante Felsblöcke im Wald. Hügin war Uhrmachermeister in Lörrach-Brombach und beschäftigte sich mit Sonnenuhren und Kultstätten. Er war fasziniert vom Aufbau der Steine, deren Auffälligkeiten ihn zu weiteren Exkursionen veranlassten. Hügins These: Nach der Eiszeit und dem Abtauen der Gletscher, lagerten sich im Bereich der Hohen Stückbäume Moränenschutt und große Felsbrocken in einer Senke ab. Von irgendwem und irgendwann wurden die Steine dann zusammengetragen und nach den Himmelsrichtungen und dem Lauf der Gestirne angeordnet. Hügin stellte fest, dass die Steine mit ihrer Ausrichtung am Berghang nach Süden hin für Sonnenaufgangszeiten infrage kamen. Anhand der Steine konnten Sommersonnen- und Wintersonnenwende bestimmt werden. Weiter stellte er einen Zusammenhang zwischen

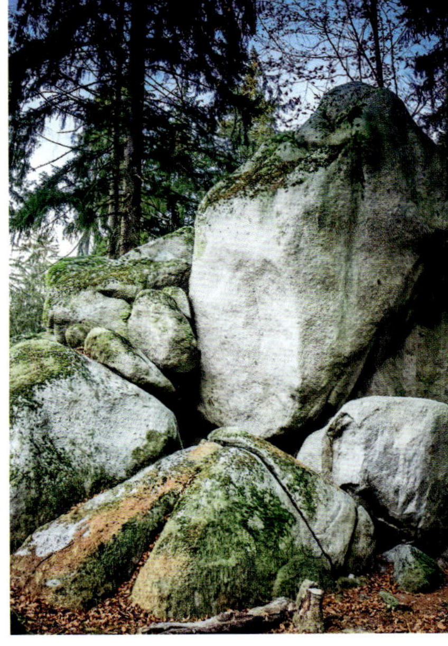

Der Hohfelsen ist auch unter dem Namen Kalendersteine bekannt

Tipp

Ausflug in den Vogelpark Steinen mit Greifvogelschau, Berberaffen-Fütterung, Känguru-Freigehege und großem Spielplatz. www.vogelpark-steinen.de

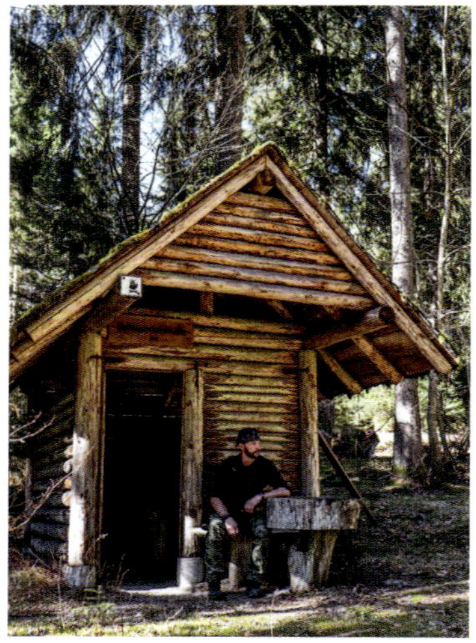
Hohegertenhütte in der Nähe der Kalendersteine

ähnlichen Felsen fest, die sich in der Nordwestschweiz und im Mittleren Schwarzwald befanden. Der Schnittpunkt dieser Linien traf sich genau bei den Hohen Stückbäumen.

Ob die Kalendersteine als keltischer Kalender dienten oder nicht, eindrücklich sind die Felsen allemal. Viele Besucher schreiben dem Ort eine positive Energie zu. In der Tat ist dieser Ort ein Platz, wie man ihn in unserer heutigen Zeit kaum mehr findet. Ein Kraftort, der uns mit positiver Energie erfüllt, aus welcher Quelle sie auch stammen mag.

Hinkommen
In Steinen-Endenburg dem Schild „Haus Stalten" folgen. Parken beim Waldparkplatz.

Tourbeschreibung
Start und Ziel: Endenburg, Waldparkplatz am Haus Stalten
Länge: etwa 4,5 Kilometer, 200 Höhenmeter Auf- und Abstieg
Dauer: rund 1.30 Stunden
Schwierigkeit: leicht

Vom Waldparkplatz zunächst auf dem geteerten Sträßchen bis zum Waldrand laufen. Beim Wanderschild dem Weg mit dem blauen Punkt und der Aufschrift ***Hohfelsen 1,5 km*** folgen. Am Waldrand lädt eine Ruhebank mit Tisch zum Verweilen ein. Bei guter Sicht mit herrlichem Alpenpanorama. Nach rund 700 Metern rechts in den Wald abzweigen. Das Wegschild Hohfelsen wurde vermutlich bei Baumfällarbeiten abgerissen.
Achtung: Wegen Waldarbeiten kann es hier öfters zu Sperrungen kommen.

FEDERLISBERG 981 METER

Exkursion auf Federers Köhlerberg

73

Der Federlisberg östlich von Malsburg ist einer der stillen und unbekannten Wäldergipfel, wo sich Fuchs und Hase gute Nacht sagen. Vor 350 Jahren rauchten auf dem Berg zahlreiche Kohlemeiler. Die einstigen Köhlerplätze sind heute noch aufzufinden.

Die ersten Kilometer wandern wir auf breiten Forstwegen steil bergauf. Wir entdecken einen Dachsbau mit zahlreichen Gängen und Gräben, bevor wir endlich die „Waldautobahn" hinter uns lassen und auf einen kaum sichtbaren Pfad im Buchenwald gelangen. Kurz vor dem Kamm erreichen wir eine Schneise, die mit rund geschliffenen Granitfelsen übersät ist. Wir sehen bis zu den schneebedeckten Gipfeln der Vogesen, blicken hinab auf die Ortschaft Vogelbach und auf den Hochblauen. Auf einem grasbewachsenen Forstweg wandern wir weiter. Abseits vom Weg entdecken wir

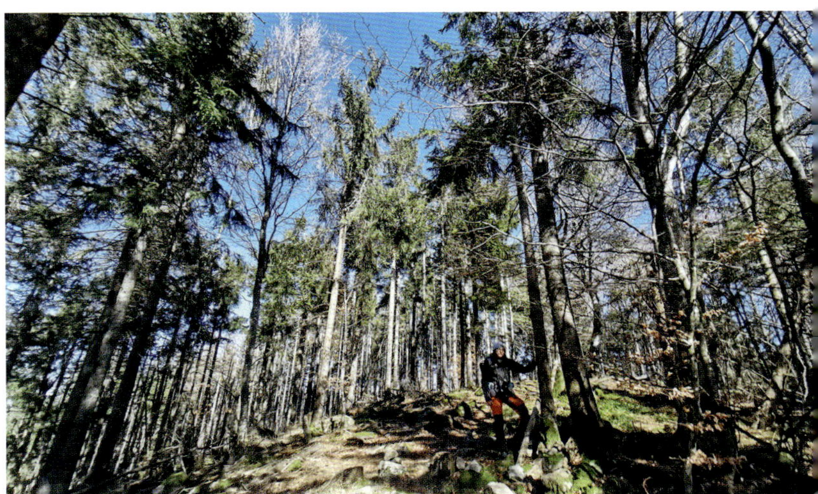

Auf dem Gipfel des Federlisberges

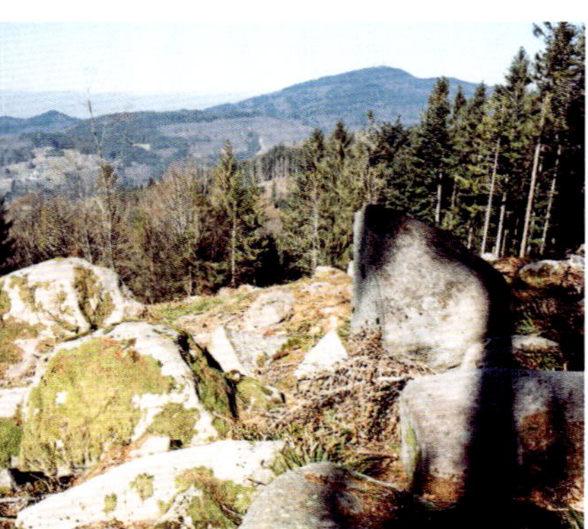

Blick vom Federlisberg hinüber zum Hochblauen

einen auffälligen Granitfelsen. Mit seiner muldenförmigen Vertiefung sieht er aus wie ein Schalenstein. Vielleicht wurde er einst für Opfergaben und kultische Handlungen benutzt? Wir wandern weiter durch einen wilden Wald. Totholz, Baumgerippe, Holz, das aufbereitet, aber nie abgeholt wurde. Anstelle von Wegemarkierungen weisen Steinmännchen den Weg. Der Waldboden ist gespickt mit Felsblöcken, manche wirken wie aufgeschichtet. Auf dem Gipfel des Federlisberg recken sich zwei Buchen trotzig in die Höhe, als wollten sie ihr Territorium, das aus einer winzigen Lichtung besteht, vor den um sie wuchernden Fichten schützen. Hier oben herrscht eine fast himmlische Ruhe. Kein Motorenlärm, nur das Zwitschern der Vögel ist zu hören. Was für ein Glück, einen solch stillen Wald vorzufinden, in dem die Natur sich ihren Platz zurückerobert hat.

Der Federlisberg ist in einer alten Karte als Federersberg verzeichnet. Im Ortssippenbuch von Vogelbach-Marzell findet sich 1642 ein Eintrag eines Simon Federer. Er war von Beruf Köhler, auch Fäder genannt, und im Malsburgerwald tätig. Vermutlich dürfte der Namen Federlisberg vom Namen des Köhlers und seiner Tätigkeit als Fäder stammen. Heute finden wir noch zahlreiche Spuren der einstigen Kohlenmeiler auf dem Federlisberg. An einer Stelle, an der wir einen alten Köhlerplatz vermuten, ist der Waldboden tatsächlich durch verbrannte Erde geschwärzt. Für die früheren Bewohner des Oberen Kandertals stellten die Wälder das Lebensbrot dar. Am Gleichen und rund um den Hochblauen brannten Kohlemeiler, um das Eisenwerk in Kandern mit Holzkohle zu beliefern. Tatsächlich nahm das Verkohlen überhand, viele Wälder wurden komplett abgeholzt, sodass die Obrigkeit die Köhlerei ab 1591 durch eine Waldordnung regelte.

Heute ist der Federlisberg von einer erneuten, weit aus schlimmeren Abholzung bedroht: Als einer der Standorte des geplanten Windparks „Wasen/Hohe Stückbäume". Die kaum erschlossenen, sehr steilen Höhenlagen mit ihren markanten Wäldergipfeln und dem einmaligen Bergrelief würden durch diesen Eingriff massive Wunden in der gesamten Boden-, Wald- und Landschaftsstruktur erleiden.

Das Gebiet rund um Malsburg-Marzell ist als Landschaftsschutzgebiet „Blauen" ausgezeichnet und dient der Erhaltung des Landschaftsbildes, was durch den Industriepark, mit Windrädern von über 260 Metern Nabenhöhe, zerstört würde. Ein wichtiges Habitat, das für Greifvögel, Haselmaus, Fledermäuse, Nagetiere, Rotwild, Auerhuhn und womöglich Wölfe als Lebensraum dient, wäre dann für immer verloren. Mir blutet das Herz, wenn ich daran denke, welche Zukunft diesen stolzen Bergen droht. Ich hoffe, dass sie davon verschont bleiben und unsere Nachfahren beim Wandern durch diese stillen Wälder dieselbe Kraft schöpfen können, wie wir bei unserer Exkursion zum Federlisberg.

Tipp

Einkehren im Landgasthof Zum Pflug in Endenburg. Familiengeführtes Restaurant und Hotel. Badische Spezialitäten, Wildgerichte aus eigener Tierhaltung und Schlachtung. www.gasthauspflug.de

Hinkommen

Kandern, Wanderparkplatz Scheideck an der L 135

Tourbeschreibung

Start und Ziel: Wanderparkplatz Scheideck
Länge: rund 16 Kilometer, 550 Höhenmeter Aufstieg, 530 Höhenmeter Abstieg
Dauer: rund 5 Stunden
Schwierigkeit: schwer
Achtung: Trittsicherheit beim Abstieg durch die Höllschlucht gefordert. Keine Wegemarkierungen am Federlisberg.

Auf dem Blaue-Raute-Weg über ***Ellbacher Graben*** nach ***Stalten*** und weiter auf dem ***Obere Stühleweg*** bis Stühle. Ab Stühle weiter auf dem ***Wasenweg*** bis zu einer Wegkreuzung an einer Lichtung. Am Holzschild ***Wasen*** der blauen Raute Richtung Gleichen, Blauen auf einem Grasweg bergauf folgen, bis ein unmarkierter Weg links hinauf führt. Hier weiter den Steinmännchen bis zum Gipfel folgen. Abstieg auf gleichem Weg bis ***Stühle***, auf dem Gelbe-Raute-Weg bis ***Endenburg Rathaus*** und weiter der gelben Raute durch die ***Höllschlucht*** folgen bis ***Schrohmühle***. Dort abzweigen und über ***Ellbacher Graben*** zurück zum Wanderparkplatz.

74 SCHLÖTTLEBERG 987 METER

Expedition zu den Felsen auf dem Schlöttleberg

Wer Waldeinsamkeit mag, findet in der Abgeschiedenheit des Schlöttlebergs stille Wälder und Wege abseits der ausgetretenen Pfade. Auf dem Bergrücken befinden sich interessante Felsformationen und alte Köhlerplätze.

Der Schlöttleberg befindet sich auf den Gemarkungen, Kleines Wiesental und Steinen-Endenburg und ist in keinem aktuellen Wanderführer aufgeführt. Das war nicht immer so. Vor über 100 Jahren wurde er in „Der Schwarzwald" Collection Lorenz, Freiburg 1903, beschrieben. Der Autor von G. von Seydlitz beschreibt seine Eindrücke vom Schlöttleberg: „Auf seinem vom Südwest gegen Südost in Bogenform sich ausdehnenden Rücken verbindet ein fast durchaus ebener

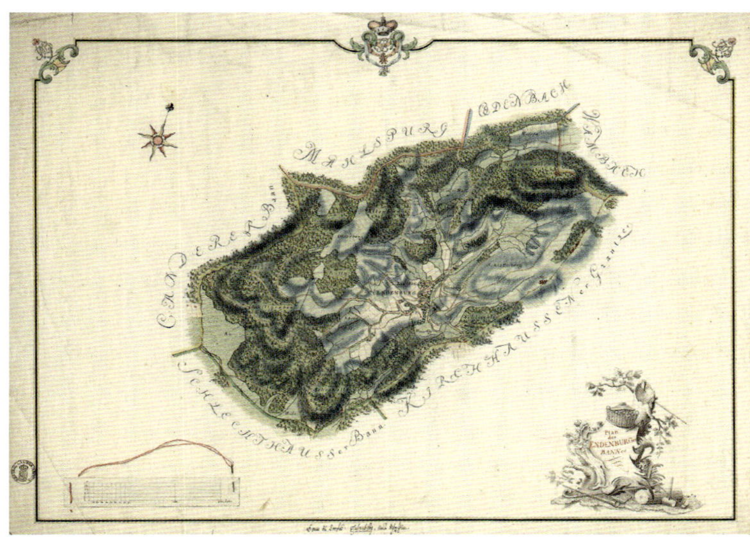

Der Schlöttleberg hieß früher Schlettiberg und war völlig unbewaldet

Pfad die besuchenswertesten Aussichtsstellen. Namentlich die gegen Südosten hin vorgeschobenen Felspartien bieten überraschend großartige Ausblicke auf die Schweiz und den so schönen Vordergrund." Tatsächlich sind verschiedene Strecken zum Schlöttleberg aufgeführt. Grund genug also, den Schlöttleberg zu erkunden.

Wir wandern von Malsburg aus über die Stelli (748 m) zur Stühle (803 m) und weiter auf dem Blauen-Raute-Pfad zum Wambacher Wasen (920 m). An der Lichtung führt ein mit Gras bewachsener Fuhrweg bergauf. Wir gehen zunächst durch lichten Fichtenwald, bis wir in einen wunderschönen Buchenwald gelangen. Die Wege sind weder markiert noch mit Namen ausgeschildert. Ein echtes Niemandsland für uns Wanderer. Und tatsächlich entdecken wir die Felsen. Wie versteinerte Giganten aus der Urzeit liegen die Felsblöcke im von der Sonne beschienenen, noch blätterlosen Buchenwald. Doch die großartigen Ausblicke, von denen der Autor schwärmte, sind nach den vielen Jahren längst zugewachsen. Hin und wieder öffnet sich eine Schneise und wir sehen bis zu den Alpen und ahnen, welch herrliche Aussicht einst das Herz des Autors erfreute. Auf alten Karten wird der Schlöttleberg auch als Schlettlisberg bezeichnet. Möglicherweise geht der Name auf „Schlat" oder „Schlatt" zurück, was in Flurnamen vorkommt. Solche Fluren waren einmal sumpfig und mit Sumpfgras bewachsen, wurden jedoch trockengelegt, um darauf Landwirtschaft zu betreiben.

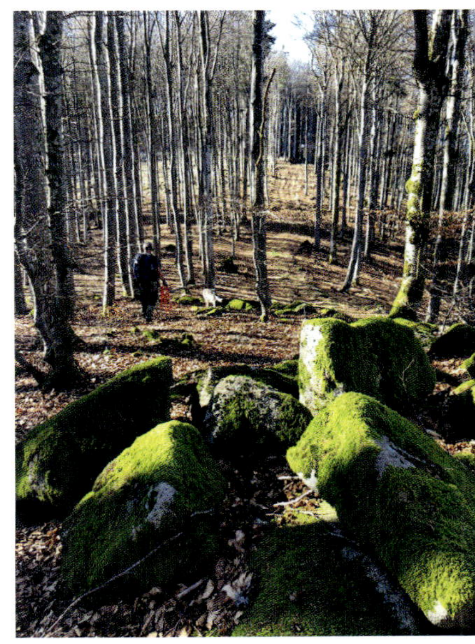

Auf alten Pfaden über den Schlöttleberg

Wir folgen einem Holzabfuhrweg und gelangen auf den Grat des Berges mit markanten, moosbewachsenen Granitblöcken. Von einem ehemaligen Köhlerplatz sehen wir auf den kleinen Weiler Wachbach, dahinter zeichnen sich die

Gipfel von Hohwildsberg (1084 m), Sirnitz (1114 m) und dem Köhlgarten (1224 m) mit seinem langgezogenen Bergrücken ab. In der Ferne erkennen wir die schneebedeckte Kuppe von Belchen (1414 m) und Schattann (1067 m). Über einen breiten Forstweg steigen wir ab zum Wasen, der uns mit einem Holzschild den Weg zum Belchen (6 Stunden) und Gleichen (R3) anzeigt. Vorbei am Federlisberg geht es über Gleichen und Hohwildsberg zurück nach Malsburg.
Wer „mit der Zeit nicht zu geizen braucht", wie es der Wanderführer von 1903 beschreibt, findet rund um den Schlöttleberg abgeschiedene Wege und Pfade. Gutes Orientierungsvermögen und Rucksackverpflegung ist ein Muss.

Tipp

Schöner Picknickplatz mit Holztisch und Bänken auf traumhafter Lichtung am Wasen und eine Himmelsliege auf dem Gleichen mit herrlichem Blick ins Kandertal.
Spannende Felsformationen auf dem Schlöttleberg.

Hinkommen
Wanderungen zum Schlöttleberg sind möglich ab Malsburg (über Stühle), Endenburg (über Stühle oder Ameisenhütte, Hohfelsen) oder Kandern (ab Scheideck über Oberer oder Unterer Stühleweg zur Stühle) sowie Wambach (über Glaserberg).

Tourbeschreibung
Start und Ziel: Malsburg-Edenbach
Länge: rund 14 Kilometer, 540 Höhenmeter, Aufstieg, 530 Höhenmeter Abstieg
Dauer: 3 bis 4 Stunden
Schwierigkeit: mittel

Ab Malsburg-Edenbach (Parken an der Edenbachhalle) über den ***Egerteleweg*** hinauf zur Stelli. Weiter auf dem ***Unterer Silberbuckweg*** bis ***Stühle*** und auf dem blaue-Raute-Weg (Wasenweg) bis zum ***Wasen***. Dort Aufstieg auf grasbewachsenem Waldweg zum ***Schlöttleberg***. Abstieg über den Grat zurück zum Wasen und weiter auf dem blaue- Raute-Weg bis ***Grube*** und auf dem ***Alte-Rütte-Weg*** zurück zum Ausgangspunkt.

AM BRENNTEN BUCK 697 METER

75

Wanderung zum keltischen Ringwall

Beim Studieren meiner Wanderkarte fällt mir der Brennte Buck auf. Nicht nur wegen dem ungewöhnlichen Namen. Es ist das Sternsymbol, welches die Legende für Grabhügel, Schanze, Ringwall markiert. Und tatsächlich: Der Brennte Buck ist als keltischer Ringwall gekennzeichnet. Das interessiert mich, ich möchte wissen, was heute noch davon zu sehen ist.

Meine Exkursion beginnt am Parkplatz unterhalb von Schloss Bürgeln, das sich zwischen Sitzenkirch und Obereggenen hoheitlich auf dem Bürgelnberg über die Rheinebene erhebt. Beim Wanderschild Sandboden (620 Meter) folge ich der gelben Raute Richtung Badenweiler und dem Holzschild mit der Aufschrift Salzleckleweg. Rechter Hand des Weges liegt der Grillplatz Sandboden mit Hütte, Tisch, Bän-

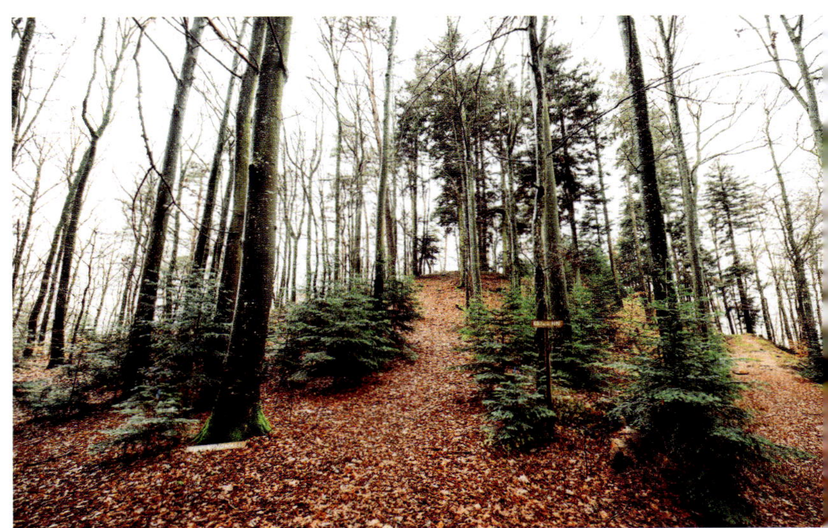

Aufstieg zum Brennte Buck

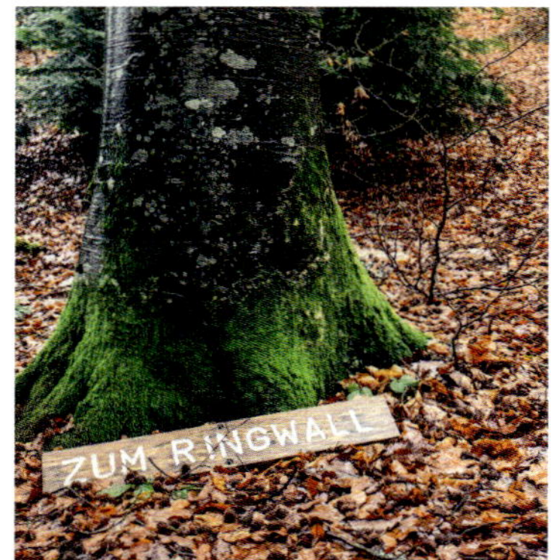

Das Wegschild fiel wohl einem Sturm zum Opfer

ken und einer Quelle. Der Forstweg führt leicht ansteigend durch einen lichten Mischwald. In das Zwitschern von Buchfinken und Meisen krächzt ein Eichelhäher und verkündet meine Anwesenheit. Es tröpfelt leicht, der Wald riecht erdig, nach Moos und nassem Laub. Die Waldquellen und Bäche sind vom Dauerregen der vergangenen Wochen üppig gefüllt. Für Erkundungen von Ringwällen und Burgruinen eignet sich die Herbst- und Winterzeit am besten, freilich nur, solange kein Schnee liegt. Im Frühjahr und Sommer sind die oftmals nur spärlichen Mauerreste zugewachsen und kaum zugänglich.

Beim Brennten Buck, die Bezeichnung lässt darauf schließen, dass der Wald auf dem Hügel einst durch Brand gerodet wurde, soll es sich um einen keltischen Ringwall handeln. Ringwälle gibt es rund um den Hochblauen einige. Auf dem benachbarten, nördlich gelegenen 709 Meter hohen Grüneck, ist auf meiner alten Wanderkarte eine Burgruine verzeichnet. Davor soll sich ebenfalls einst ein Ringwall befunden haben, auf dem später die Burg errichtet wurde. Vor Jahren war ich einmal bei der Ruine auf dem Grüneck. Außer dicht bewachsenen Mauerresten ist nichts mehr vorhanden. In neuen Wanderkarten ist sie nicht mehr eingezeichnet, es führt auch kein Pfad dorthin.

Der Brennte Buck hingegen ist gut erreichbar und sogar ausgeschildert. Das Schild mit dem Hinweis Ringwall fiel vermutlich dem Sturm zum Opfer, es lag am Boden, das andere mit der Aufschrift Brennte Buck war gar nicht mehr vorhanden. Über den Ringwall ist nichts bekannt, es gibt keine wissenschaftlichen Belege, nur Vermutungen.

Als ich den Gipfel des Bucks erreiche, erkenne ich einen Pfad, dem ich folge. Die Natur hat sich den Platz zurückerobert. Ich stelle mir den Berg mit freier Sicht nach Westen vor. Der Blick geht weit bis über die Rheinebene hinaus, die Bergkuppe war somit ein wichtiger strategischer Punkt, von dem aus die Gegend überwacht wurde. Ich gehe die Anhöhe wieder hinunter und umrunde den kegelartigen Berg. Ohne Hinweis mit dem Schild Ringwall ist es einfach ein Hügel im Wald. Einen Erdwall und Graben konnte ich nicht erkennen. Unterhalb des Hügels beim Wanderschild Langmoosweg befindet sich eine Ruhebank. Was bleibt, ist ein schöner Spaziergang durch den Wald, der eine friedliche Ruhe ausstrahlt. Bald ist mir klar, weshalb. Auf dem Rückweg schlage ich rechts den Hermann-Wild-Weg ein, der am Rande des Friedwalds „Lichtung der Ruhe" zurück zum Parkplatz führt.

Tipp

Besuch von Schloss Bürgeln, auch Perle des Markgräflerlands genannt, Schlossführungen von März bis Oktober täglich um 11, 12, 14, 15 und 16 Uhr. November, Dezember, Februar immer Samstag und Sonntag um 14, 15 und 16 Uhr. Schöne Gartenanlage, www.schlossbuergeln.de.
Einkehren im Schlossstübli, aktuelle Öffnungszeiten unter www.schloss-stuebli.de.

Hinkommen
Aus Richtung Kandern auf der L 132 Richtung Müllheim/Obereggenen abbiegen auf die K 6343 Richtung Schloss Bürgeln.
Von Müllheim kommend über Vögisheim und Schallsingen, beim Parkplatz mit Aussicht L 132 überqueren und Ausschilderung Schloss Bürgeln folgen.
Parken beim Waldparkplatz Sandboden.

Tourbeschreibung
Start und Ziel: Waldparkplatz Sandboden
Strecke: knapp 3 Kilometer
Höhe: 60 Höhenmeter Auf- und Abstieg
Schwierigkeit: leicht, steiler Auf- und Abstieg zum Brennten Buck
Dauer: rund 1 Stunde

Ab ***Wanderschild Sandboden*** der gelben Raute Richtung Badenweiler folgen. Der Weg ist ebenfalls mit einem Holzschild ***Salzleckeweg*** und einer 1 beschildert. Auf Forstwegen geht es durch lichten Mischwald, dabei bieten sich schöne Ausblicke auf die Rheinebene. Nach einem Kilometer treffen der Salzleckeweg, der ***Ameisenkopfweg*** und der ***Langmoosweg*** aufeinander. Dort links den Pfad den Hügel hinaufgehen. Die Stelle ist mit Ringwall (Schild lag am Boden) ausgeschildert. Das Holzschild Brennte Buck war nicht mehr auffindbar. Zurück über den ***Hermann-Wild-Weg***, vorbei am Friedwald „Lichtung der Ruhe".

76 DER GLEICHEN 998 METER
Am Busen der Göttin Abnoba

Im Volksmund werden der Hohwildsberg mit 1086 Meter und der Wildsberg, mit seinen 1018 Metern, als die beiden Gleichen bezeichnet. Von den Tälern des Markgräflerlands aus sehen die beiden mit ihren rundlich geformten Gipfeln tatsächlich wie Zwillingsberge aus – oder wie ein Busen. Meine Erkundung führt mich zu einem himmlischen Logenplatz auf knapp 1000 Metern Höhe und zu der Frage, ob die Berge wohl einst als Heiligtum der Göttin Abnoba verehrt wurden.

Es sind die Charakterberge des Oberen Kandertals: Die beiden Gleichen mit dem benachbarten Hochblauen prägen das Landschaftsbild des Markgräflerlands mit ihrem ikonenhaften Relief und unverwechselbarem Aussehen. Dass die Gipfel mit ihren besonderen Formen die Fantasie der frühen Bewohner beschäftigt haben, steht außer Frage.

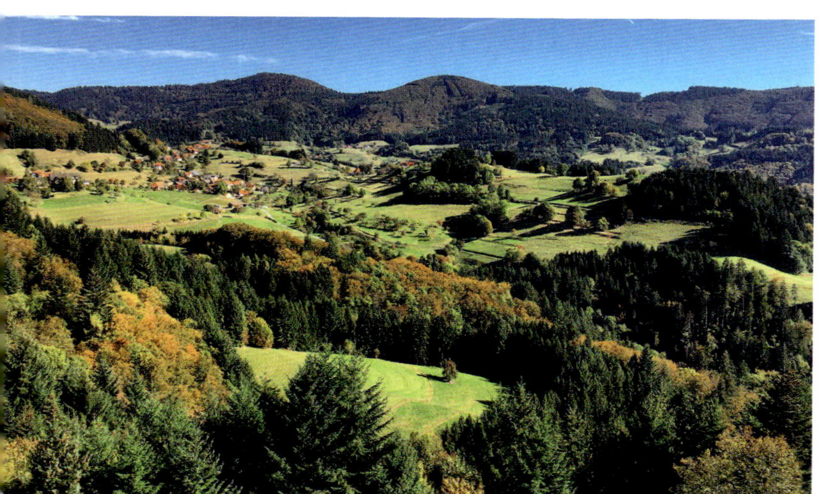

Die beiden Gleichen von der Sausenburg aus gesehen

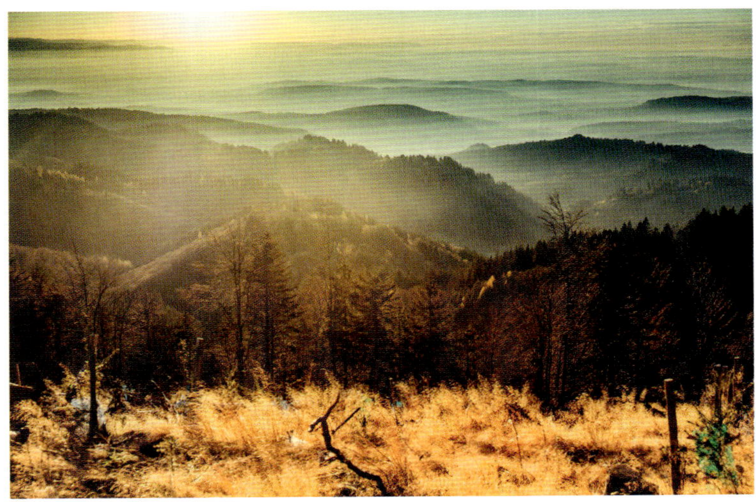

Ausblick am Abnoba Mons

Auf den Wildsbergen gibt es keine Nachweise für keltische Kultstätten. Der Autor, Musiker und Keltenforscher, Roland Kroell kommt während eines Waldspazierganges bei den beiden Gleichen, die er mit einer Videoaufnahme dokumentiert, zu einer interessanten Betrachtungsweise. Kroell bezeichnet die beiden Gleichen als „Busenberg des Schwarzwalds" und zieht einen Vergleich mit den „Paps of Anu-Bergen" in Irland. Der Busen-Berg von Kerry heißt im irischen *Dá Chích Anann*, was so viel wie „die beiden Brüste von Anu oder Annan" bedeutet. In der irischen Mythologie ist Anu, auch Dana genannt, die vom Volk der Túatha Dé Dannan verehrte Fruchtbarkeitsgöttin. Für Kroell ein Hinweis, dass die zwei Gleichen früher als heilige Busen-Berge der Diana, verehrt wurden. Die beiden Wildsberge als Bergheiligtum der Göttin Diana, eine wirklich spannende These von Roland Kroell.

Auf Diana bin ich bei meinen Recherchen für das Buch „Kraftorte im südlichen Schwarzwald" gestoßen. Beim Bockhornbrunnen in der Nähe von St. Peter stand früher ein keltischer Menhir. Dort entspringt eine Quelle, die, so meine These, der Göttin Abnoba gewidmet war. Diana trug bei den Kelten den Namen Abnoba, Göttin der Wälder und Quellen, während die römische Mythologie sie als Göttin der Jagd bezeichnet. In Badenweiler steht ein ihr geweihtes Denkmal als Schutzpatronin der Thermalquellen. Die römischen Gelehrten Tacitus und Plinius bezeichneten den Schwarzwald in der Antike als Abnoba Mons.

Auf dem Sattel Am Gleichen (946 m) befindet sich die Gleichenhütte mit einem schönen Grillplatz. Der schönste Platz am Gleichen befindet sich weiter südlich zwischen Wildsberg und Hohwildsberg. An der höchsten Stelle des Sattels, auf knapp 1000 Metern, befindet sich ein echter Göttersitz: Eine Himmelsliege mit traumhaftem Blick über das Kandertal und die Vogesen. Eine Hommage an die Beschützerin der Wildsberge? Derjenige, der die hölzerne Liege gebaut hat, hätte wahrlich keinen schöneren Ort finden können. Hinwandern, sich dort in die Sonne legen und am „Busen der Abnoba" eine traumhaft schöne Zeit verbringen. Und bitte den Ort so verlassen, wie man ihn vorfinden möchte. Der Zorn der Göttin könnte schrecklich sein.

Tipp

Am Lipple befindet sich die beliebteste Wasserzapfstelle im südlichen Schwarzwald. Wer sich etwas aus der Quelle abfüllen möchte, sollte sich auf Wartezeiten einstellen. Und ja nicht vergessen, sich bei der Quellgöttin Abnoba für das kostbare Wasser zu bedanken.

Hinkommen
Wanderparkplatz Lipple an der L 140 oberhalb von Malsburg-Marzell.

Tourbeschreibung
Start und Ziel: Wanderparkplatz Lipple
Länge: rund 10 Kilometer, 260 Höhenmeter Aufstieg, 250 Höhenmeter Abstieg
Dauer: rund 2 Stunden
Schwierigkeit: einfach bis mittel

Am Wegweiser ***Lipple 893 m*** der blauen Raute Richtung ***Bergle*** und ***Am Gleichen*** folgen bis zur ***Gleichenhütte***. Weiter auf dem Blaue-Raute-Weg Richtung ***Grube***. Ab Grube geht es auf schmalem Waldweg den Bergrücken an einigen Grenzsteinen entlang bis zur Schneise, auf der sich die Himmelsliege befindet. Zurück auf demselben Weg bis ***Gleichenhütte***, ab dort auf dem Gelbe-Raute-Pfad bis ***Bergle***, von dort der blauen Raute folgen und zurück zum ***Wanderparkplatz Lipple***.

WILDSBERG 1018 METER

Höhenluft und Höhenmeter in Malsburg-Marzell

77

„Eine Gegend für Leute, die mit einer Wanderkarte umgehen können", beschreibt Wolfgang Abel in seinem Südschwarzwaldführer das Obere Kandertal. Unrecht hat er damit nicht. Selbst ich starte nie ohne Wanderkarte in die heimischen Wälder. Denn wenn es einen Ort gibt, wo man den Wald vor lauter Bäumen nicht mehr sieht, dann hier.

Die beiden Berge kenne ich seit meiner Kindheit als die Gleichen. Der Name wilder Berg finde ich, passt. Es sind in der Tat wilde, einsam gelegene und dicht bewaldete Gipfel, wo sich Fuchs und Hase gute Nacht sagen, der Auerhahn balzt und ein einsamer Wolf den Mond anheult. Wanderinnen und Wanderer können stundenlang einsam durch die Berge pirschen, ohne eine Menschenseele zu treffen. Auf Begegnungen mit Schwarz- und Rotwild sowie Füchsen sollte man sich einstellen. Gut möglich, dass sogar ein Wolf in den Wildsbergen herumstreift. Kondition und Rucksackverpflegung sind Pflicht, will man Höhenmeter und Höhenluft unbeschwert genießen.

Der Wildsberg liegt oberhalb von Lütschenbach. Der Wald besteht größtenteils aus Buchen und Fichten mit kleinen Feuchtbiotopen aus Esche und Erle. Im oft plantageartigen Fichtenwald stellen die Buchenwälder des Wildsbergs einen angenehmen Kontrast dar. Egal zu welcher Jahreszeit, in Buchenwäldern flirrt Licht, es ist hell und freundlich im sonst schwarzen Wald. Waldbaden erfrischt ja bekanntlich Körper, Geist und Seele und so ist dieser Buchenwald prädestiniert dafür.

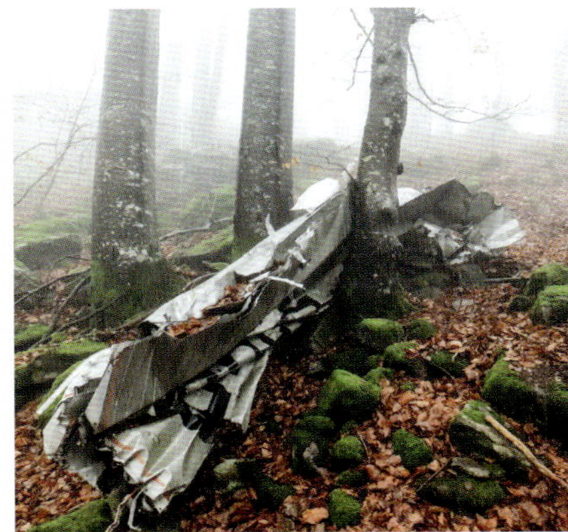

Nach 50 Jahren liegt das Wrack noch immer an der Absturzstelle

Der Gipfel ist bewaldet, Aussicht gibt es keine. Über den Höhenrücken verteilt liegen vereinzelt Granitsteinblöcke. Auf einer älteren Wanderkarte entdeckte ich beim Wildsberg einen dort verzeichneten Gedenkstein, der mein Interesse weckte, den „Grünzner-Fäßler-Stein". Anfang der 1970er-Jahre starben zwei junge Männer beim Absturz ihrer Cessna, als sie im dichten Nebel am Gipfel des Wildsbergs zerschellte. Das Wrack der Maschine wurde nie geborgen und befindet sich noch immer im Wald. Tatsächlich habe ich das Wrack der Cessna 172 „Skyhawk" nach mehr-

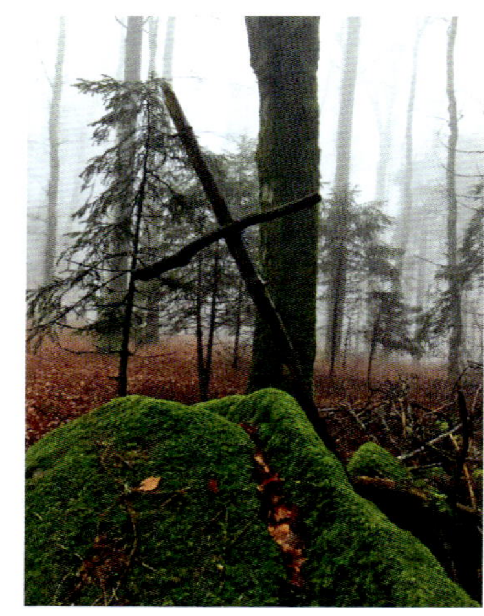

Der Gipfel des Wildsbergs

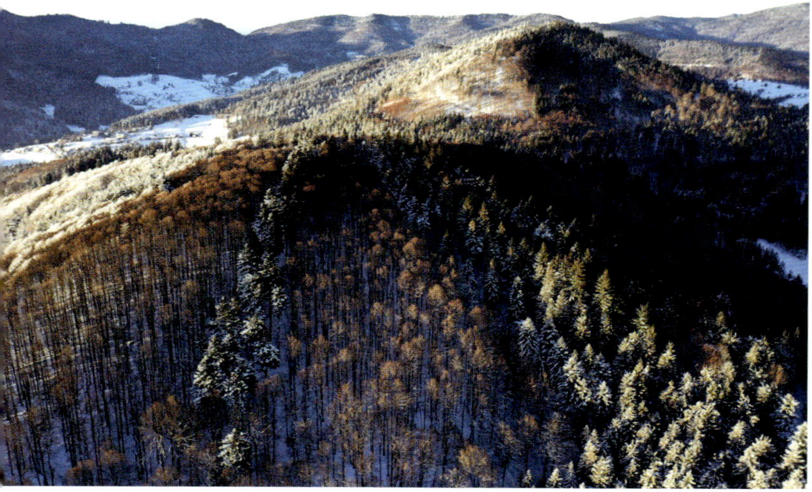

Wildsberg (vorne) und Hohwildsberg sind auch als der Gleichen bekannt

maliger Suche entdeckt. Seitdem recherchiere ich den Vorgang, um das Unglück zu rekonstruieren, das sich dort am 21. Februar 1971 ereignet hat, denn die Ursache des Absturzes gibt bis heute Rätsel auf.

Tipp

Als Gästeführerin im Naturpark Südschwarzwald biete ich geführte Wanderungen zum Flugzeugwrack an. Infos über meine Kontaktadresse im Anhang des Buches.

Hinkommen

Aus Richtung Kandern auf der K6350 nach Malsburg. Vorm Rathaus scharf rechts abbiegen (bemaltes Stromhäuschen) und bis Ortsteil Höfe fahren. Erste Straße links abbiegen und an der Edenbachhalle parken.

Tourbeschreibung

Start und Ziel: Edenbachhalle Malsburg-Höfe
Länge: rund 12 Kilometer, 520 Höhenmeter Auf- und Abstieg
Dauer: rund 4 Stunden
Schwierigkeit: mittelschwer

Von der ***Edenbachhalle*** zurück bis zur Straße nach Lütschenbach. Die Straße überqueren, dann steiler Aufstieg auf dem ***Egertleweg***. Auf dem Gelbe-Raute-Weg zur ***Stelli***, weiter über ***Unterer Silberbuckweg*** bis ***Grube***, weiter auf dem ***Gleiche-Grube-Weg*** bis zur ***Gleichen-Hütte***. Dort dem Blaue-Raute-Weg folgen, sich aber dabei rechts halten bis zu einer Lichtung. Das Wrack liegt in einem felsigen Waldstück abseits der Wege. Der Gedenkstein befindet sich einige Meter oberhalb des Flugzeugwracks.
Die vielen Forst- und Waldwege am Wildsberg bieten ein nicht zu unterschätzendes Potenzial, um sich zu verlaufen. Auch sollten die Wegstrecken und Höhenmeter nicht unterschätzt werden.

Alternativ vom ***Waldparkplatz Lipple*** ab der ***Lipple-Hütte*** auf dem ***Oberen Rossbodenweg*** zur ***Gleichen-Hütte***. Zurück ab der ***Gleichen-Hütte*** über den ***Bergle-Gleichen-Weg*** zum Parkplatz am ***Lipple***.
Länge: rund 8 Kilometer, 180 Höhenmeter Auf- und Abstieg
Dauer: rund 2 Stunden
Schwierigkeit: leicht bis mittelschwer

78 HOHWILDSBERG 1084 METER

Prächtige Aussicht – leider verwachsen

Höher, wilder und abgelegener präsentiert sich der große Bruder Hohwildsberg. Wer Freude am Entdecken alter und wenig begangener Wege hat, einen gut gefüllten Proviantrucksack mitführt, wird in den stillen Wäldern sein Glück finden.

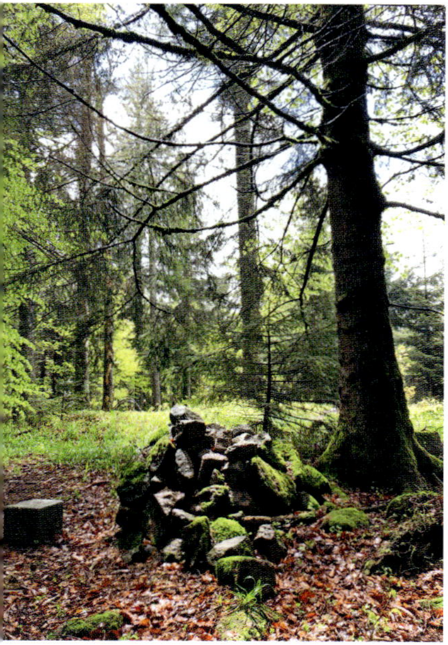

Gipfel des Hohwildsbergs mit Steinpyramide und Grenzstein

Alte, verwachsene Wege, viel Totholz, Ameisenhaufen, Ruhe und Abgeschiedenheit kennzeichnen diesen bewaldeten Gipfel.

Bereits 1903 beschreibt der Seydlitz-Wanderführer, dass die prächtige Aussicht verwachsen ist. Und: „Wer eine Kletterpartie auf eine Tanne nicht scheut, wird durch eine Prachtaussicht belohnt."

Es ist ein nebliger Tag Ende Mai als ich zum Hohwildsberg wandere. Die Luft ist herrlich frisch, Nebelschwaden ziehen durch die grünen Wälder. Endlich ist der Waldboden von den Regenfällen der vergangenen Wochen gesättigt. Kurz nach dem Wanderschild Bergle zweigt der Hohwildsbergweg vom Oberen Rossbodenweg ab. Das Schild „Hohwildsbergweg" hängt schief und ist ziemlich verwittert. Bald gelange ich zu einem schönen Platz an dem sich eine feuerrote Ruhebank vom Schwarzwaldverein Wies befindet. Ich wandere weiter auf dem breiten Forstweg und komme zu einer hölzernen Ruhebank. Auf einem Baumstamm befindet sich eine kleine Steinmännchenpyramide. Die Nebelschwaden brechen auf und öffnen einen traum-

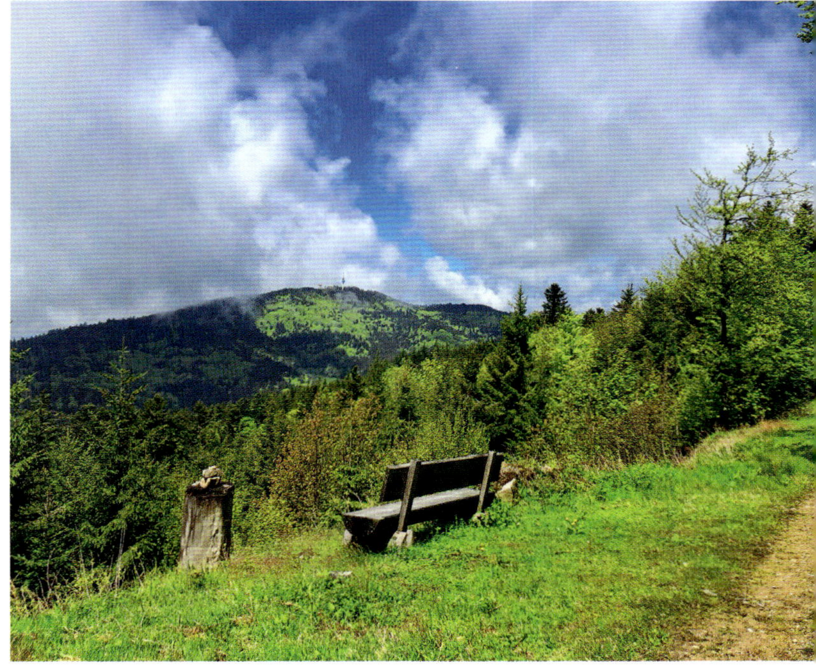

Schöne Aussicht vom Hohwildsbergweg auf den Hochblauen

haften Blick hinunter ins Kandertal und zum Hochblauen. Gegenüber von der Bank zweigt ein alter, verwachsener Forstweg ab. Ich wandere hinauf, gelange zu mystischen Steinhaufen und finde allerhand Ameisenhaufen und Totholz im Wald, was für eine gesunde Waldstruktur kennzeichnend ist.
Ich komme an zwei Lichtungen vorbei und folge dem Verlauf der alten Waldwege. Rechter Hand sehe ich kleine Steinquader. Es sind die Grenzmarkierungen zwischen Malsburg-Marzell und dem Kleinen Wiesental. Auf dem Gipfel befindet sich eine kleine Lichtung mit einem markanten Totholzbaum. Der höchte Punkt des Hohwildsberg wird durch eine Steinpyramide und einen weiteren Grenzstein markiert.

Der Hohwildsberg wird von lizenzierten Funkamateuren des Deutschen Amateur Radio Clubs Ortsverband A47 Markgräflerland im Rahmen des SOTA Programms (Summits on the Air) genutzt. Mit tragbaren Geräten stellen sie weltweit Funkverbindungen von Gipfel zu Gipfel her und dokumentieren online die Reichweite der zustande gekommenen Funkverbindungen.

Tipp

An der Gleichen-Hütte befindet sich ein wunderschön gelegener Grillplatz.

Hinkommen
Wanderparkplatz Lipple direkt an der L 140 oberhalb von Malsburg-Marzell

Tourbeschreibung
Start und Ziel: Wanderparkplatz Lipple
Länge: rund 5,5 Kilometer, rund 200 Höhenmeter Auf- und Abstieg
Dauer: rund 1.30 Stunden
Schwierigkeit: mittelschwer

Vom ***Wanderparkplatz am Lipple*** zur ***Lipple-Hütte*** und auf dem Blaue-Raute-Pfad bis ***Am Bergle*** (935 Meter). Dort zweigt nach einem kurzen Stück rechts der ***Hohwildsbergweg*** ab, der den Berggipfel umrundet. Dem breiten Forstweg folgen bis zur hölzernen Ruhebank mit Steinpyramide auf dem Baumstamm. Dort auf dem verwachsenen Waldweg hinauf. An zwei Lichtungen vorbei, weiter bergwärts und sich rechts halten bis zum Gipfel. Achtung: unmarkierter Pfad, im Sommer sehr verwachsen.

Alternativ von ***Malsburg-Höfe*** (Parken an der Edenbachhalle) über ***Stelli*** zum ***Wildsberg***, weiter über ***Grube***, ***Gleichen-Hütte*** zum ***Hohwildsberg*** und auf tiefer gelegenen Wegen über den Rastplatz ***Waldebnitz*** zurück zum Ausgangspunkt wandern.

Länge: rund 10 Kilometer, 470 Höhenmeter Aufstieg und 300 Höhenmeter Abstieg
Dauer: 3.30 Stunden
Schwierigkeit: mittelschwer

79

STOCKBERG 1075 METER

Das alte demolierte Schloss und ein keltischer Ringwall

Der Stockberg ist für mich einer der mystischsten Berge im südlichen Schwarzwald. Auf dem Gipfel befindet sich eine Ringwallanlage, deren Ursprünge noch heute im Dunkeln liegen. Es ist ein Ort mit einer besonderen Aura. Befand sich hier einst ein kultischer Platz keltischer Druiden? Und was hat ein mysteriöses demoliertes Schloss damit zu tun?

Obwohl der Stockberg direkt am stark frequentierten Westweg zum Hochblauen liegt, ist er kaum bekannt und wenig besucht. Ein steiler, steiniger Pfad führt ab dem Schwarzwaldverein Wegweiser „Stockberg 996 Meter" zum Gipfel des bewaldeten Berges. Das Holzschild an einem Baum mit der Aufschrift „Stockberg steil 300 m" ist kaum zu erkennen, bessere Orien-

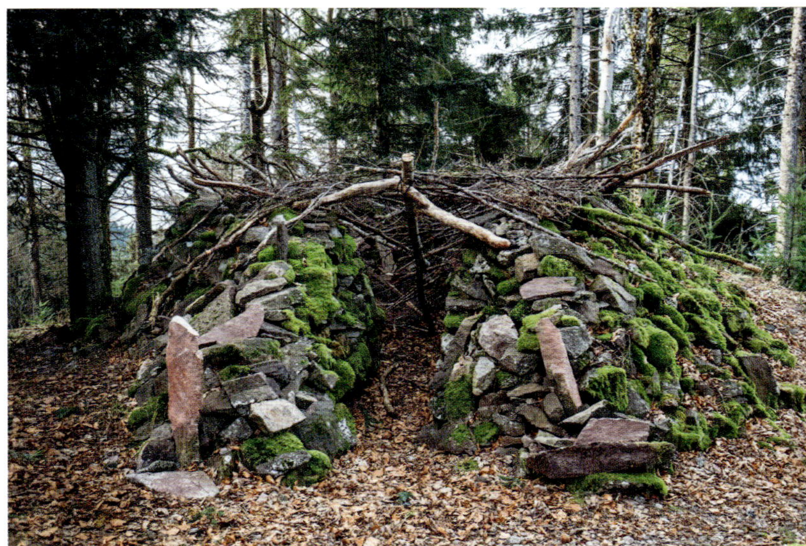

Noch heute ist der Gipfel ein Ort für mystische Rituale

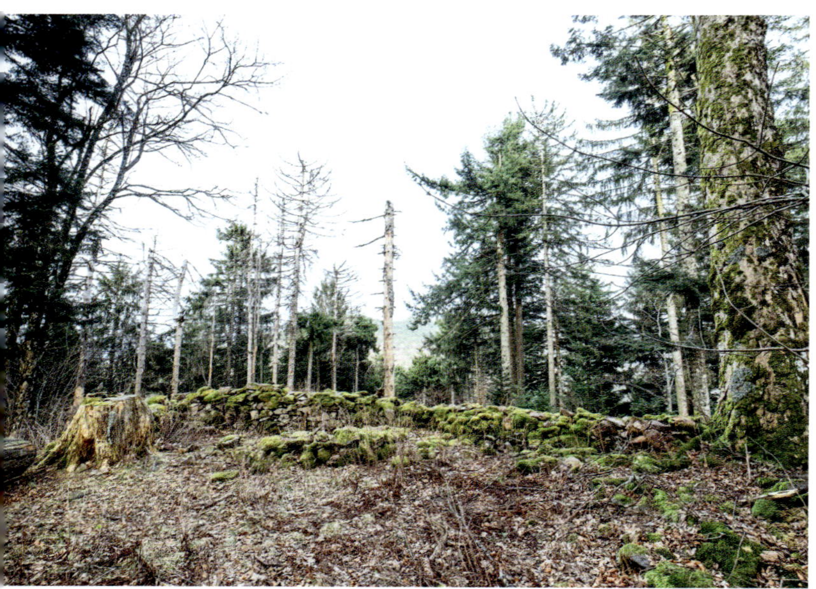

Der Ringwall auf dem Stockberg

tierung bietet die Markierung „Wasserschutzgebiet". Daneben beginnt der Pfad. Anfangs noch gut auszumachen, wird der Weg immer schmaler und ist oft nicht mehr als solcher zu erkennen. Ein Dickicht junger Fichten und Sträucher streift mein Gesicht. Ich gehe an einem Grenzstein vorbei, weiter steil aufwärts. Wenig später erreiche ich die Höhe und erkenne den ringförmigen Wall, der den Kegel umgibt.

Der keltische Ringwall ist ausführlich in meinem Buch „Kraftorte im südlichen Schwarzwald" beschrieben, doch seit meinem letzten Besuch hat sich hier oben einiges getan. Auf einem Baumstamm ist ein Steinmal errichtet, umkränzt von einem geflochtenen Strohband, dazwischen stecken frische Fichtenzweige- und Zapfen. Auf dem Waldboden liegt eine schwarze Feder. In der Mitte des Plateaus Spuren eines abgebrannten Lagerfeuers. Am nördlichen Ende des Gipfels, wo sich ein weiterer Gemarkungsstein befindet, steht eine Steinhütte. Es ist kein Geheimnis, dass sich hier Gruppen treffen, um Rituale abzuhalten.

Der Stockberg war seit jeher ein Ort voller Sagen und Mythen. Auf einer alten Flurkarte von 1762 ist auf dem als Stopperg bezeichneten Gipfel ein seltsamer Eintrag verzeichnet: Das alte demolierte Schloss. Der Ort gibt noch heute Rätsel auf, was die mystische Atmosphäre des einsamen Berges lebendig hält. Keltischer Ringwall, geheimnisvolles Mönchskloster oder die höchst gelegene Burgstelle in Baden-Württemberg. Ein archaischer Ort, wie es ihn heute nur noch selten gibt. Und – es ist ein Berggipfel, frei von Abfall und liegen gelassenem Müll.

Tipp

Das Buch „Kraftorte im südlichen Schwarzwald" beschreibt ausführlich die Geschichte des Stockbergs und erzählt die spannende Sage vom Kloster, dessen Mönche auf Pferden zu den Nonnen vom Nonnenmattweiher geritten sind, um dort Liebesorgien zu feiern.

Hinkommen

Von Kandern über Malsburg-Marzell auf der K 6350, weiter auf der L 140 bis zum Pass und Waldparkplatz Auf der Egerten (Parkplatz auf der linken Seite). Von Badenweiler auf der L 140 Richtung Malsburg-Marzell bis Waldparkplatz Auf der Egerten auf der rechten Seite.

Tourbeschreibung

Start und Ziel: Waldparkplatz Auf der Egerten (925 m)
Länge: 3 Kilometer, 130 Höhenmeter Aufstieg, 120 Höhenmeter Abstieg
Dauer: rund eine Stunde
Schwierigkeit: schwer (steiler Auf- und Abstieg)

Wir gehen den breiten Forstweg ***Stockbergweg*** (gelbe Raute) und zweigen nach 500 Metern links auf einen unmarkierten Pfad ab. Beim Wegweiser Stockberg 996 Meter steht ein verwittertes Schild mit dem Hinweis Wasserschutzgebiet, daneben am Baum ein Holzschild, das zum Stockberg weist. Der Pfad wird im Verlauf immer schmaler und steiler. Vorbei an einem Grenzstein, geht es zum Gipfel mit dem Ringwall. Abstieg auf demselben Weg bis Wegweiser Stockberg, ab dort dann der roten Raute (Westweg) bis zum Parkplatz folgen. Auf diesem Abschnitt lassen sich schöne Ausblicke ins Kandertal und zum Hochblauen genießen.

80 KÖHLGARTEN 1224 METER

Ein Berg ohne Gipfel mit zwei Gipfelkreuzen

Zwischen den bekannten Ausflugszielen Blauen und Belchen führt der Köhlgarten ein Schattendasein. Dabei ist er ein bemerkenswerter Berg und der einzige, auf dessen Höhe sich nicht nur ein, sondern gleich zwei Gipfelkreuze befinden. Der Köhlgarten ist wichtiges Habitat für Wildtiere, gut möglich also, dass auf den Höhen Wolf und Auerhahn umherstreifen.

Das Köhlgartenmassiv besteht aus einem lang gezogenen und unscheinbar aussehenden Grat, auf dem man vergeblich nach einer markanten Bergspitze sucht. Eigentlich ein Kuriosum, dass auf diesem Berg tatsächlich zwei, wenn auch verborgene, Gipfelkreuze stehen. In den dicht bewaldeten Bergrücken riss der Sturm Lothar 1999 einige Schneisen, die uns eine fan-

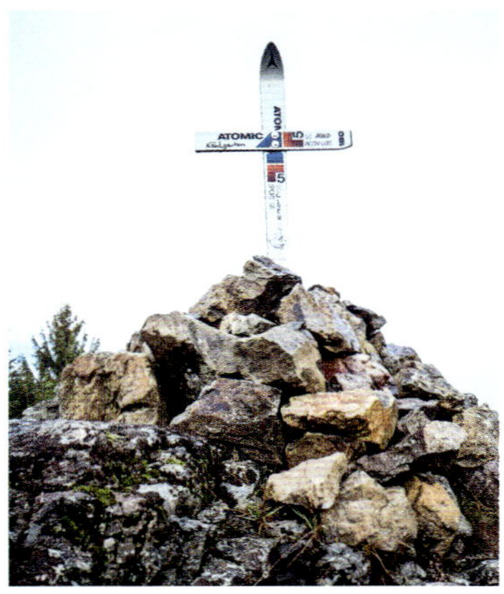

Oben: Gipfelkreuz Nr. 1 – das neue mit Tourenski

Rechts: Das alte Gipfelkreuz bestand aus Langlaufskiern

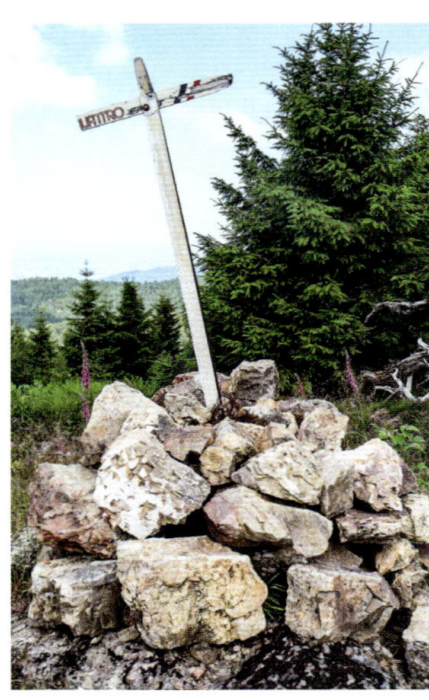

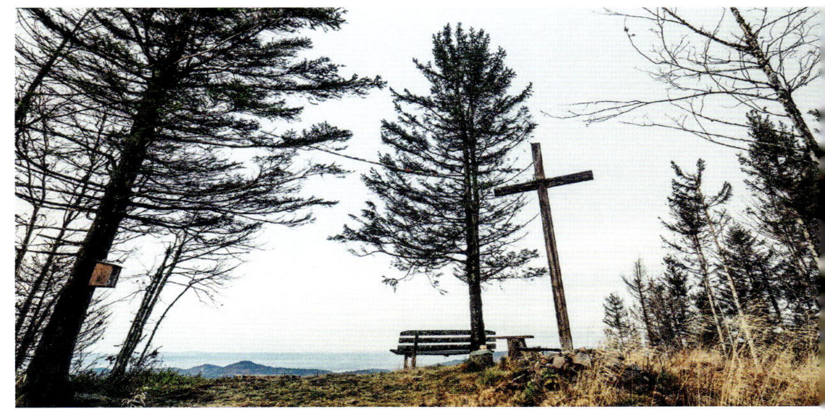

Gipfelkreuz Nr. 2

tastische Aussicht ins Wiesental, auf die Schweizer Alpen und den Hochblauen ermöglichen. Der Köhlgarten war früher Umschlagsplatz für Holzkohle. Auf dem lang gestreckten Rücken rauchten zahlreiche Kohlenmeiler, die die Eisenhütten in der Umgebung mit dem begehrten Brennstoff belieferten. Die Köhlerei sicherte damals den Menschen in den abgelegenen, kargen Tälern das Überleben.

Heute ist der Köhlgarten einer der stillen Wäldergipfel, der behutsame Besucher verdient. Wild, urig und ursprünglich dient er als Schutzzone für gefährdete Wildtiere. Die nicht markierten Pfade, die zum Gipfel führen, sind deshalb vom 1. November bis 15. Juli gesperrt.

Zum Köhlgarten führen zwei Aufstiege: ein langer, steiler Weg über Kühlenbronn, der andere, kurze, führt ab Kreuzweg in einer knappen halben Stunde zum Grat. Die Wege sind oft verwachsen, es sind grasige, wurzelige schmale Pfade. Der Wald besteht aus keiner monotonen Fichtenplantage, sondern aus urwüchsigem Mischwald mit Moosen, Totholz und Flechten. Es ist ein wilder, schöner Wald, der jeden beseelt und beglückt, der ihn durchwandert. Die Ruhebank auf dem waldfreien Grat ist einer der wenigen unberührten Kraftorte, an denen sich der fantastische Panoramablick tief in die Seele brennt. In der Nähe der Bank finden wir auch das Gipfelkreuz: ein Paar zusammengenagelte Tourenskier, das auf einem Steinhaufen thront. Relikt einer missglückten Gipfeltour? Zum eigentlichen Gipfelkreuz führt ein Weg ostwärts den Grat entlang. Am äußersten Ende des Bergrückens finden wir das Gipfelkreuz. Dahinter verbirgt sich ein Rastplatz in wunderschöner Aussichtslage. Gegenüber vom Kreuz ein Baum mit einem hölzernen Kästchen. Darin liegt ein Gipfelbuch mit Stempel. Dankbare, beglückte Einträge füllen die Seiten. Der Köhlgarten ist eben genau das: Ein Kraftort und Glücksberg, und dazu braucht es nicht einmal einen Gipfel.

Tipp

Die Forellenzucht Günther liegt in Schweighof auf dem Weg zum Sirnitzpass. Direktverkauf von frischen und geräucherten Forellen ab Hof.
www.bergquellschloesschen.de
Hofkäserei am Böllenbach in Niederböllen, Bio-Käse aus der Milch von eigenen Hinterwälder Kühen, ab Hof Verkauf aus dem Kühlschrank, direkt an der L 131. Telefon 07673/888258

Hinkommen
Von Lörrach auf der A 5 bis Neuenburg, weiter auf der B 378 bis Müllheim. Auf der L 131 durch Müllheim weiter bis Schweighof und auf der Passstraße bis zum Sirnitzpass zum Wanderparkplatz Kreuzweg.
Von Freiburg auf der L 123 über Münstertal, weiter auf der L 130 bis Sirnitzpass zum Wanderparkplatz Kreuzweg.
Von Schopfheim auf der L 139 über Tegernau bis Neuenweg, weiter auf der L 131 bis Sirnitz zum Wanderparkplatz Kreuzweg.

Tourbeschreibung
Start und Ziel: Wanderparkplatz Kreuzweg am Sirnitzpass
Länge: rund 3,5 Kilometer, 130 Höhenmeter Aufstieg, 120 Höhenmeter Abstieg
Dauer: rund 1.30 Stunden
Schwierigkeit: mittelschwer, bei Nässe sehr rutschig

Vom ***Wanderparkplatz Kreuzweg*** zunächst auf dem Forstweg geradeaus in den Wald, kurz darauf links auf den Pfad abzweigen. Auf schmalen, verwachsenen Pfaden geht es stetig moderat bergwärts. Zweimal werden breitere Forstwege gekreuzt. Auf dem Berggrat führt ein Pfad Richtung Westen zur waldfreien Kuppe mit der Ruhebank. Richtung Osten führt ein Weg zum eigentlichen Gipfelkreuz mit Gipfelbuch.

Wichtig: Wegen der vielen Wege und Pfade unbedingt Wanderkarte und Wander-App benutzen. Schutzzone für Wildtiere, Betretungsverbot beachten zwischen 1. November bis 15. Juli.

DOSSEN 860 METER

81

Ein galloromanischer Findling mit düsterem Geheimnis

Der Dossen liegt unterhalb von der Unteren Stuhlsebene, am Fuße des Belchen, zwischen Niederböllen und Schönenberg. Es ist ein Weidberg, um den ein Rundweg führt, der eine herrliche Aussicht auf den Belchen und das Wiesental eröffnet.

Wenn mich jemand vor Kurzem gefragt hätte, wo denn der Dossen liegt, hätte ich ihn mit großen Augen angeschaut. Dossen? Seltsamer Name, noch nie gehört. Dabei bin ich so oft am Dossen vorbeigekommen, ich habe ihn nur nie be-

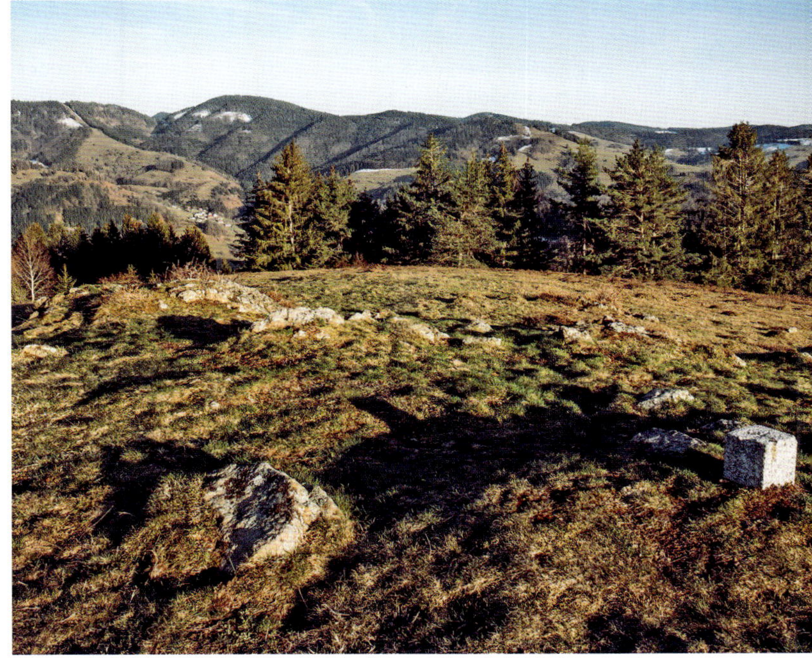

Auf dem Dossen mit Blick zum Hochgescheid, Gescheidkopf und Schneckenkopf

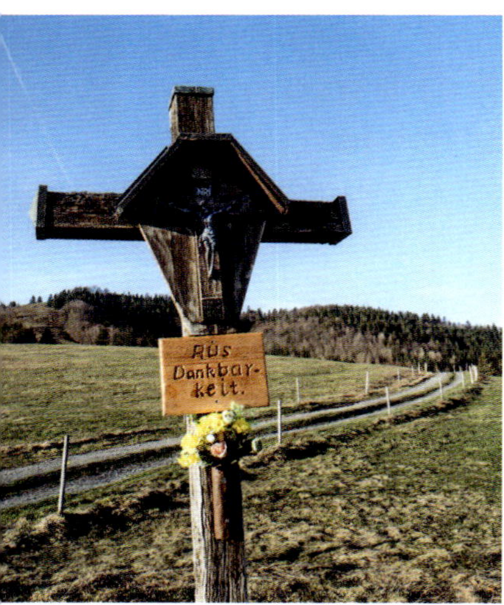

Hinterlasse nichts außer deinem Dank

merkt. Am Sägeneck befindet sich ein Holzschild mit Aufschrift Dossen. Ist mir nur nie aufgefallen, weil ich immer in die entgegengesetzte Richtung, nämlich zur Stuhlsebene, wanderte. Im Gegensatz zu seinem Schweizer Namensbruder, der es auf stolze 3138 Meter bringt, ist der Schwarzwälder Dossen völlig unscheinbar. Es ist eine Erhebung, ein kleiner, kaum bewaldeter Hügel, der als Viehweide dient.

Bemerkenswert ist, dass der Dossen das Interesse eines Sprachwissenschaftlers auf sich gezogen hat, der ihn als „galloromanischen Findling" bezeichnet. Bevor sich jetzt aber jemand auf die Suche nach einem großen Steinblock auf dem Dossen macht: Der Findling ist als Metapher zu verstehen. Es dreht sich um das Wort Dossen, das als Relikt einer längst verschwundenen Sprache übrig geblieben ist. Es lässt sich vom galloromanischen Dorsum/Dossum herleiten, was so viel wie Rücken bedeutet.

Den Kühen, die vom Gewann Hohweier zur Stelle, zum Dossen und zur Sägeneck getrieben wurden, kann es egal sein, Hauptsache, das Gras auf dem Rücken ist saftig.

Tief im Innern des Dossenbergs verbirgt sich ein geheimer See, der eines Tages ausbrechen und das gesamte Tal überschwemmen wird. Damit werden die Sünden der Talbewohner gerächt, so jedenfalls lautet eine überlieferte Sage.

Weil wir Tag und Stunde des Ausbruchs nicht kennen, also flugs auf zum Dossen und den schönen Rundwanderweg von Schönau aus wandern.

Tipp

Einkehren im Gasthaus Vier Löwen. Walter Karle ist Naturparkwirt und bietet regionale Gerichte und Menüs an, mit Hauptzutaten aus dem Naturpark Südschwarzwald.
www.vier-loewen.de

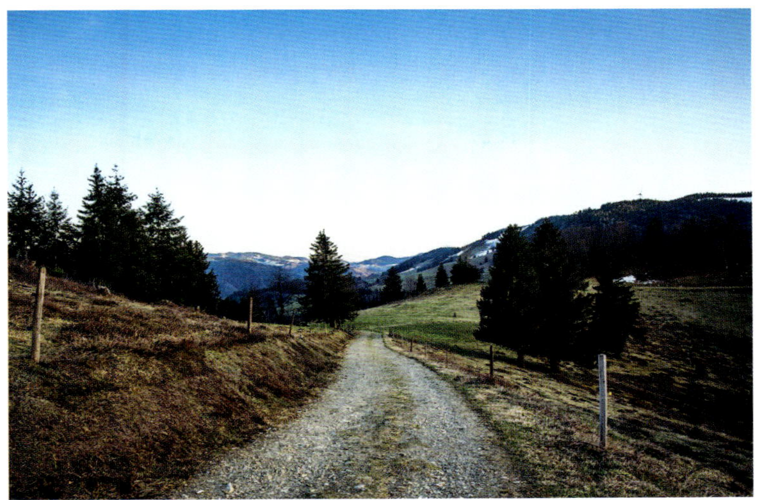

Wer auf diesem Weg nicht entschleunigt, dem ist nicht zu helfen

Hinkommen
Aus Lörrach auf der B317 bis Schönau, aus Müllheim über Badenweiler und Sirnitz auf der L131 bis Schönau.

Tourbeschreibung
Start und Ziel: Rathausplatz Schönau
Länge: 10,8 Kilometer, 455 Höhenmeter Auf- und Abstieg
Dauer: 3 Stunden
Schwierigkeit: schwer

Vom Rathausplatz auf der gelben Raute zum ehemaligen ***Schlageterdenkmal***, weiter zum ***Letzbergweiher***. Am Belchenweg links in Richtung ***Schönenberg/ Hassler Felsen*** abbiegen. Auf dem ***Rossackerweg*** rund 2,5 km durch Buchenwald bis zur ***Unteren Stuhlsebene***. Am ***Sägeneck*** die Wildböllener Straße überqueren und den ***Dossen*** umrunden. Am Ende des Wanderweges rechts in einen unbeschilderten Pfad abbiegen, das steile Gelände bis nach ***Entenschwand*** durchqueren. In der Dorfmitte links abbiegen zum Golfplatz. Die Schönenberger Straße überqueren und durch den Sonnenpark mit Weiher zurück zum Rathausplatz.

82 BUBSHORN 1031 METER

Wessen Bub sein Horn ist das?

Das Bubshorn gibt Rätsel auf. Welcher Bub (alemannisch für Junge) ist gemeint? Dienten die auffälligen Steinanhäufungen auf dem Gipfel einst als Signalfeuerstelle? Hoch über dem Wiesental wandern wir auf Panoramawegen zum Weiler Käsern und weiter bis zum Gipfel des Bubshorn, dem kleinen Bruder des Zeller Blauen.

Auf der Karte betrachtet, steht das Bubshorn tatsächlich wie ein kleines Horn vom Bergrücken des Zeller Blauen ab. Es erhebt sich über dem Weiler Käsern (845 m) als kleiner, bewaldeter Hügel. Einen Tausender-Gipfel stellt man sich erhabener vor. Das Panorama macht die Enttäuschung jedoch wett. Der Weg bietet mit jedem Meter neue bezaubernde Aussichtspunkte: Talwärts die Kapelle Maria Frieden, in der Ferne der Höhenrücken des Feldbergs, auf der anderen Talseite die Hohe Möhr und die kleinen Weiler auf dem Bergrücken unterhalb des Rohrenkopfes. Auf unserem Weg

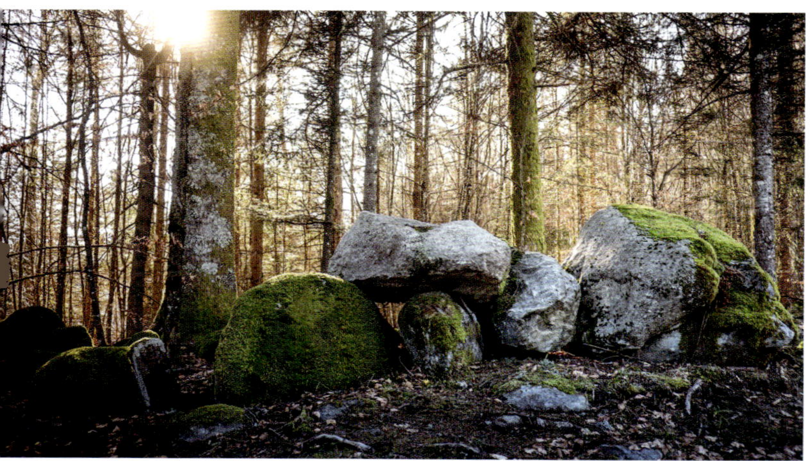

Mystische Steinformation auf dem Bubshorn

passieren wir das Naturdenkmal Käserner Linde, ein Prachtexemplar von einem Baum, über 265 Jahre alt. Wir folgen dem Blaue-Raute-Weg Richtung Wolfsacker und genießen von der Höhe die Blicke über die typische Schwarzwälder Kulturlandschft. An den steilen Hanglagen trotzen knorrige Weidbuchen Wind und Wetter. Bald weiden hier Hinter- und Vorderwälderrinder, eine kleine, geländegängige Rasse, hervorragend an das topografisch steile Gelände angepasst.

Wir rasten an einem traumhaft gelegenen Picknickplatz mit Brunnen, aus dem frisches Quellwasser sprudelt. Unweit davon biegen wir rechts bei einer Waldhütte in einen nicht markierten, sehr breiten Forstweg ab. Um zum Gipfel des Bubshorn zu gelangen, gibt es Varianten. Wer gerne über Stock und Stein wandert, zweigt hier links in einen sehr verwachsenen Fuhrweg ab. Wem das zuviel Unterholz ist, geht auf der Forststraße weiter, bis einfachere, begehbare Wege nach links auf den Gipfel abzweigen. Wir entscheiden uns für die abenteuerliche Variante, klettern über quer liegende Baumgerippe, stolpern über Wurzeln und Steine. Wir haben den Berggrat fast erreicht, als wir ein auffälliges Rauschen hören. Wenig später sehen wir die Ursache: Das Windrad am Ittenschwander Horn, im Hintergrund hebt sich der Belchen, mit seiner kahlen Kuppe ab.

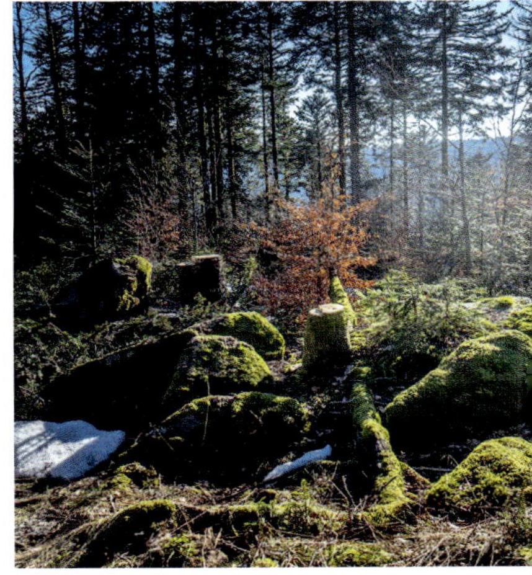
Rätselhaft ist nach wie vor der Ursprung des Namens

Der Gipfel des Bubshorn ist bewaldet, nur am höchsten Punkt gibt es eine kleine Lichtung. Dort finden wir markante Felsblöcke, leider mit Holzabfällen vergangener Forstarbeiten überdeckt. Wir folgen einem Weg über den Grat und entdecken weitere interessante Felsen und Steine. Außerdem viel Totholz, auf dem Pilze und Moose gewachsen sind, stellenweise mutet der Wald märchenhaft wild an. Das Bubshorn könnte mit seiner Höhenlage und freier Kuppe eine ideale Signalfeuerstelle gewesen sein. Die Position zwischen Zeller Blauen und Tannenkopf, auf denen solche

Feuerstellen existierten, wäre geradezu ideal, schreibt mir der Historiker Werner Störk auf meine Anfrage hin über die auffälligen Steine auf dem Gipfelplateau.
Auch wenn wir das Rätsel des Bubshorn nicht lösen können, die Erkundung zeigte wieder aufs Neue, was für fantastische Wanderwege es im südlichen Schwarzwald gibt, wenn man sich abseits der bekannten Routen bewegt.

Tipp

Einkehr im Berggasthof Schlüssel in Pfaffenberg. Traditionsreiches Haus in traumhafter Lage mit großer Gartenterrasse. Das junge Inhaberpaar bietet regionale, saisonale pfiffige Menüs und herzhafte Vesperkarte.
www.berggasthof-schluessel.de

Hinkommen
In Zell im Ortsteil Pfaffenberg bis zum Wanderparkplatz Zimmerplatz.
Von Lörrach auf der B317 bis Zell-Atzenbach, weiter auf der Pfaffenberger Straße bis Pfaffenberg und weiter zum Wanderparkplatz Zimmerplatz.
Vom Kleinen Wiesental aus auf der L140 bis Gresgen und weiter auf einer schmalen Panoramastraße über Adelsberg und Blauen bis zum Wanderparkplatz. Achtung: Auf der Straße von Adelsberg bis Blauen oft Steinschlag. Zufahrt bis Käsern frei, dort gibt es allerdings keine Parkmöglichkeiten!
Der Wanderparkplatz Zimmerplatz (750 m) liegt in aussichtsreicher Lage mit großem Spielplatz und Grillstelle.

Tourbeschreibung
Start und Ziel: Wanderparkplatz Zimmerplatz
Länge: rund 6 Kilometer, 276 Höhenmeter Auf- und Abstieg
Dauer: rund 2 Stunden
Schwierigkeit: mittelschwer, teilweise stark verwachsene Wege, keine Beschilderung zum Gipfel.

Vom ***Zimmerplatz Parkplatz*** auf der gelben Raute zum Standortwegweiser ***Zimmerplatz*** gehen und weiter zu ***Käserntanne***. Von dort auf der blauen Raute zur ***Käsern-Linde*** und dem Weg Richtung ***Wolfsacker*** folgen. Etwas oberhalb des Picknickplatzes mit Quellbrunnen (bei einer roten Hütte) rechts auf breiten Forstweg abbiegen. Kurz darauf links (verwachsener alter Fuhrweg) oder weiter auf dem Forstweg, bis andere Fuhrwege zum Gipfel abzweigen. Auf demselben Weg zurück.

ROLLSPITZ 1236 METER

Tiny-House-Hüttli in bester Lage

83

Ein Gipfel mit Namen Rollspitz ist doch ein Scherz, oder? Das klingt für mich eher nach gefüllten Heringshappen, als nach einem gestandenen, über 1200 Meter hohen Schwarzwaldberg. Der Name will als badisches Understatement verstanden sein, denn der Rollspitz beeindruckt mit herrlichen Aussichten und hält so manch andere Überraschung parat, was ihn zu einem interessanten Wanderziel macht.

Der Rollspitz liegt zwischen Knöpflesbrunnen und Brenntkopf oberhalb von Wieden. Er gilt als Wiedener Hausberg, was bezeichnend ist, hat man vom Rollspitz aus doch eine herrliche Sicht auf das auf 800 Höhenmetern liegende Bergdorf.

Woher aber stammt der seltsame Name? Eine richtige Spitze weist der Rollspitz nicht auf. Vielleicht weil der Berg spitz zulaufend ist, im Vergleich zum majestätisch geformten Belchen mit seiner charak-

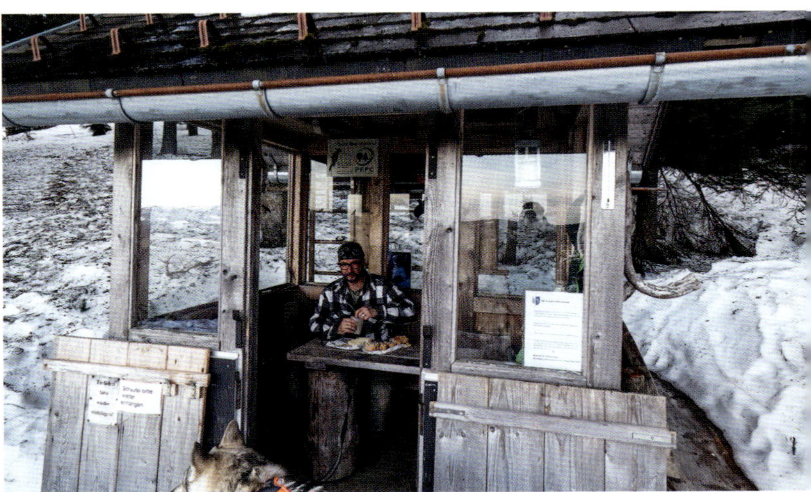

Vespern mit Ausblick

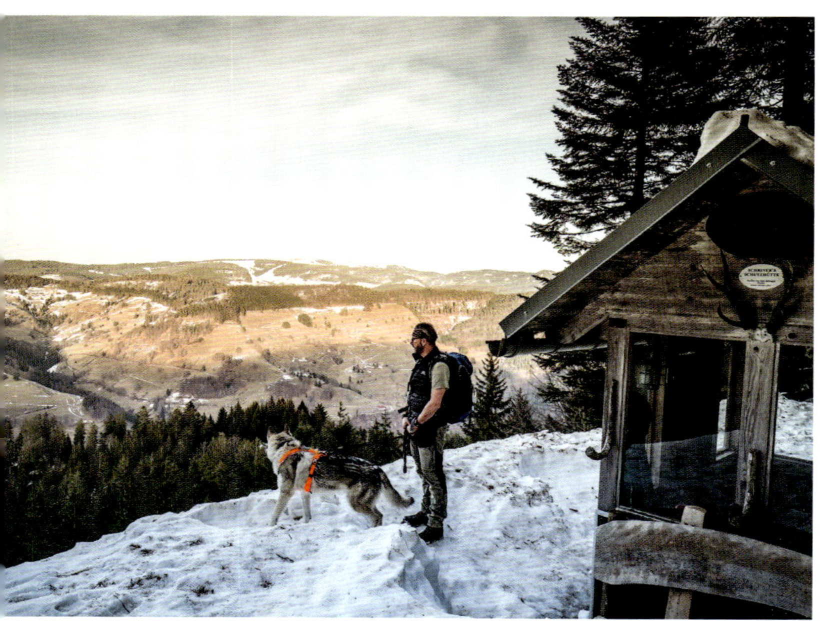

Der Winter hält sich noch hartnäckig auf den Höhen

teristischen runden Kappe? Was ist mit dem Roll gemeint?
Nun gibt es ein Tal durch das ein Bach fließt, der Rollsbach heißt. Rollt der Wasserlauf wie eine Murmel in Schlangenlinien durch das Tal? Der dort befindliche Weiler teilt sich im abgelegenen Tal in Oberrollsbach und Unterrollsbach. Dieses Tal wird bereits 1320 erwähnt. Der Heimat- und Bergwerkforscher Albrecht Schlageter vermutet, dass ein Siedler namens Rollo als Namensgeber für das Tal infrage kommt. Auf Utzenfelder Gemarkung finden wir die Flurnamen Rollsberg und Rollsbergle. Ein Hinweis, dass dieser Rollo aus Utzenfeld stammte und sich zur Besiedelung des traumhaften Rollsbachtals entschloss.
Der kürzeste Weg führt ab dem Wanderparkplatz Lückle (1155 m) zum Rollspitz hinauf. Wir wandern durch mächtigen Nadelwald bergauf und finden, etwas unterhalb des Gipfels nicht nur eine fantastische Aussicht vor. In traumhafter Lage empfängt uns die Rollspitz-Hütte. Es ist die Tiny-House-Ver-

sion einer Wanderhütte. Ein Bänkchen, ein Tischchen mit Dach und viel Fenstern drum herum. Was für ein lauschiges Plätzchen, um unser Vesper, Holzofenbrot mit Käse, auszupacken. Bei geöffneter Hüttentür mit Blick auf den Feldberg gegenüber, frischer Luft und himmlischer Ruhe, erfreuen wir uns an der Zweisamkeit in der Einsamkeit.

Tipp

Einkehr im Berghotel Wiedener Eck. Wildgerichte aus eigener Jagd, regionale Erzeugnisse aus dem Naturpark Südschwarzwald. Hotel mit Wellnessbereich und Panoramaschwimmbad. www.wiedener-eck.de

Hinkommen

Von Lörrach auf der B317 bis Schönau. Bei der abknickenden Vorfahrt gerade aus in Richtung Utzenfeld fahren, im Ortszentrum auf der L123 Richtung Münstertal/Wieden bis nach Wieden.
Von Müllheim kommend auf der L129 bis Staufen, weiter auf der L123 nach Münstertal und über Notschrei bis zum Wiedener Eck nach Wieden.
Parken auf öffentlichen Parkplätzen im Ort.

Tourbeschreibung

Start und Ziel: Tourist-Information Wieden
Länge: 7,7 Kilometer, 404 Höhenmeter Auf- und Abstieg
Dauer: rund 3 Stunden
Schwierigkeit: mittelschwer

Von der ***Tourist-Info*** vorbei an der ***Kirche*** in Richtung ***Lourdes-Grotte***, die nach rund 700 Metern erreicht wird. Auf dem Gelbe-Raute-Weg bis nach ***Laitenbach***. Hinter dem Dorf verlassen wir den breiten Weg und wandern auf schmalen Wegen und Pfaden zunächst vorbei am ***Tannenboden***. Zum ***Rollspitz*** gibt es zwei Aufstiegsmöglichkeiten: Die nördliche, steilere und aussichtsreichere Route oder die westliche Variante. Mein Tipp: die nördliche Variante nehmen. Nach einer schönen und aussichtsreichen Pause im ***Rollspitz-Hüttli*** geht es auf breitem Waldweg hinab zum ***Lückle***. Dort wird die Landstraße überquert. Weiter bis ***Holzplatz*** und ***Wiedener Eck***. Über das kleine Fahrsträßchen oder alternativ Abstieg auf den kleinen Pfaden und Wegen Richtung ***Neumatt*** wieder zurück in die Ortsmitte zur ***Tourist-Info***. Ganz Eilige gelangen vom Wanderparkplatz Lückle aus in knapp einem Kilometer hinauf zur Rollspitz-Hütte.

84 BRENNTKOPF 1188 METER

Sonnenaufgang auf der Kälberweid

Der Brenntkopf erhebt sich als dicht bewaldete Kuppe zwischen Multen und Rollsbach. Wegen seiner Nähe zum alles überragenden Belchen finden nur wenige den Weg in das abseits gelegene Tal, das sich von Rollsbach nach Laitenbach erstreckt.

Fast hätten wir die Abzweigung verfehlt. Es ist 5 Uhr früh und stockdunkel. In Serpentinen schlängeln wir mit unserem Lada steil bergauf, bis wir kurz vor der Passhöhe einen Grillplatz mit Hütte und Quellbrunnen erreichen. Passübergang und Rastplatz tragen den romanver-

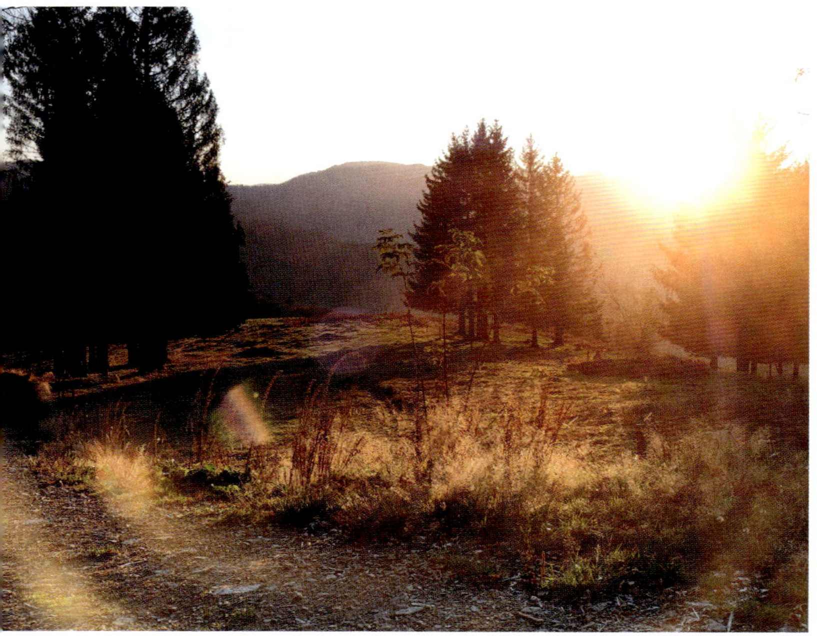

Natur in Echtzeit

dächtigen Namen Auf den Winden. Es ist ein herbstfrischer Morgen, am Firmament leuchten noch die hellsten Sterne, während wir unsere Rucksäcke schultern und uns auf den Weg Richtung Brenntkopf machen. Über angenehme Wald- und Wiesenwege geht es zunächst zwischen Weiden, später am Waldrand, bergauf bis zur Kälberweid, wo wir die 1000-Meter-Marke überschreiten, und wir einen schönen Rastplatz mit Himmelsliege vorfinden. Zwischenzeitlich ist das dunkle Nachtblau in ein helleres Stahlblau übergegangen, die Konturen der Schatten wandeln sich von Minute zu Minute zu einem warmen Farbton. Die Morgenröte bleibt aus. Anstelle eines rotgoldgelben Spektakels wird es einfach immer heller, bis die ersten Sonnenstrahlen über die Bergspitzen klettern. Wir gießen heißen Tee aus unseren Thermoskannen und halten die dampfenden Becher in unseren klammen Händen, um sie zu wärmen. Am Horizont bleicht das pastellene Zartrosa langsam aus, der Himmel färbt sich mit einem magentafarbenen Blau. Im selben Farbton, nur etwas dunkler, sehen wir die gezackten Spitzen der Alpen. In das Schwarzgrün der umliegenden Berge und Täler kommt ebenfalls Farbe. Dunkelgrün, Moosgrün, Braungrün, Gelbgrün, Tannengrün, Graugrün, Senfgrün, Avocadogrün, alles beginnt zu

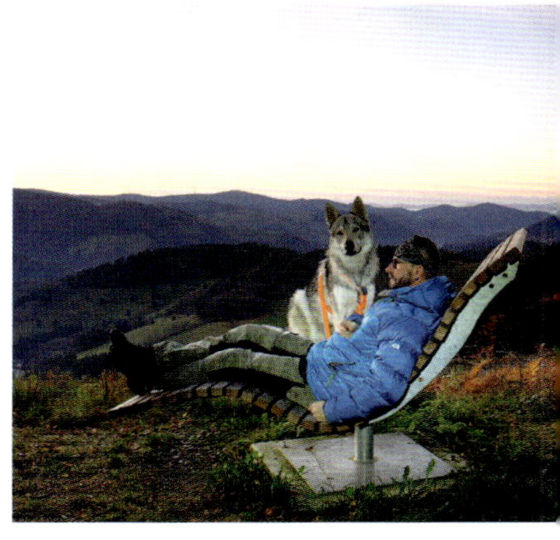

Logenplatz für Hund und Herrchen

leuchten, je höher die Sonne über den Berg klettert.

Als wir aufbrechen, bündelt die Sonne alle Strahlen und lässt den Spätherbst leuchten wie warmes Kaminfeuerlicht. Im Wind flirren die letzten verbliebenen Blätter der Weidbuchen wie feine Goldblättchen. Wir wandern am Waldrand unterhalb des Brenntkopfes und genießen die Ausblicke auf die Weidelandschaft, die im Lichtspiel der Sonne wie eine Zauberwelt wirkt.

Den Brenntkopf lassen wir aus, er ist bewaldet und zudem Naturschutzgebiet. Fast nicht zu glauben, dass es einst ein kahler Berg war. Eine alte Karte von 1731 zeigt ihn ohne Bewaldung. Der Name lässt darauf schließen, dass der Wald durch Brandrodung vernichtet wurde. Am Rastplatz Auf den

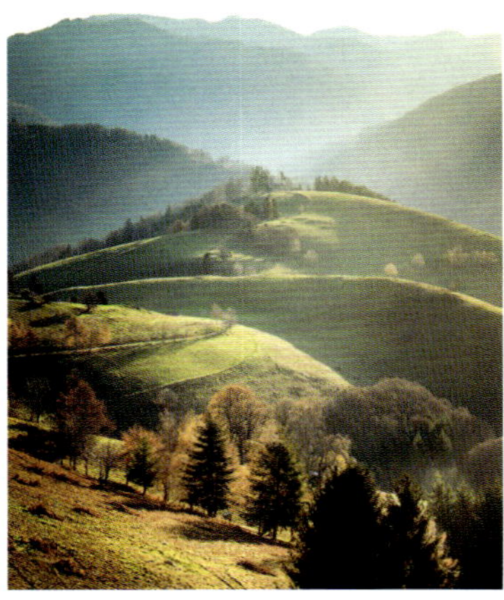
Frühes Aufstehen für diese Augenblicke

Winden genießen wir unser Frühstücksbrot und fahren mit vielen Farben und Eindrücken wieder nach Hause.

Tipp

Leider hat die Gastwirtschaft Auerhahn in Rollsbach geschlossen. Wer gerne Einkehren mag, findet in Untermulten das Gasthaus Belchen-Multen mit regionalen Gerichten aus heimischer Jagd und frischen Schwarzwaldforellen. www.belchen-multen.de

Hinkommen

Von Lörrach kommend über die B 317 bis Schönau. Weiter auf der L 142 nach Aitern. In Aitern auf der Bergstraße abbiegen (Schild Auerhahn Rollsbach). Der schmalen Bergstraße folgen bis kurz vor dem Passübergang. Der Grillplatz Auf den Winden liegt rechter Hand der Straße. Weitere Parkplätze befinden sich auf der Passhöhe.

Tourbeschreibung

Start und Ziel: Grillplatz Auf den Winden
Länge: rund 5 Kilometer, 230 Höhenmeter Auf- und Abstieg
Dauer: rund 1.30 Stunden
Schwierigkeit: leicht

Auf gut begehbaren Wald- und Wiesenwegen geht es von ***Auf den Winden (830 m)*** links beim Weidschuppen auf den Wiesenweg mit der gelben Raute Richtung ***Kälberweid***. Bei einer Rasthütte halten wir uns rechts und gehen weiter bis zum Waldrand und an diesem entlang bis wir die Anhöhe auf der ***Kälberweid*** mit dem Picknickplatz und der Himmelsliege erreichen. Zurück wandern wir auf dem Weg unterhalb des Picknickplatzes, passieren eine Hütte und schlagen bei der nächsten Möglichkeit den Weg links ein, der uns zwischen herrlichen Weidflächen wieder zurück zum Grillplatz ***Auf den Winden*** führt.

FRANZOSENBERG 1119 METER | UNGENDWIEDNER BERG 1140 METER

85

Ein Denkmal entpuppt sich als Grabstätte

Der Name von Muggenbrunns Hausberg, ein beliebtes Winterskisportgebiet, erinnert an die blutigen Tage des pfälzischen Erbfolgekriegs. Noch heute sind Spuren der ehemaligen Schanzanlagen und Wallgräben erhalten. Die militärischen Relikte verblassen angesichts der Entdeckung einer rätselhaften Gedenkstätte.

Muggenbrunn verdankt seinen Namen einem Siedler, der vermutlich Ende des 12. Jahrhunderts hier siedelte. Aus dem „Brunnen des Mugge" wurde schließlich Muggenbrunn. Als der Silberbergbau seine Blütezeit erlebte, zogen viele Arbeiter in das abgelegene Dorf im hinteren Wiesental. Während des pfälzischen Erbfolgekrieges (1688–1697)

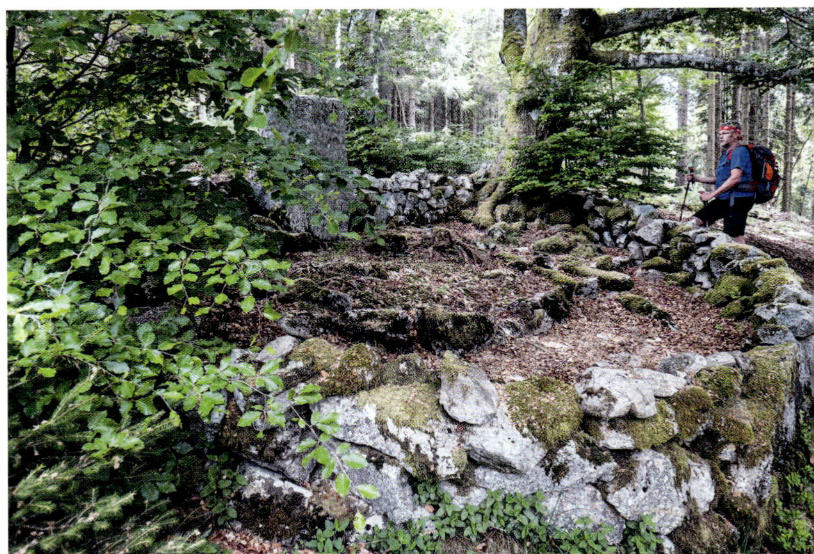

Das Denkmal entpuppt sich als Grabmal

existierte eine Verteidigungslinie von Todtnauberg bis nach Zell. Im Juli 1689 zog ein Trupp französischer Soldaten durch das Dorf und brannte es nieder. Die Flurnamen „Auf der Schanz" und Franzosenberg stammen aus dieser Zeit.

Es ist ein herrlicher Frühsommertag Mitte Mai, als ich meine Freunde und Kollegen, die Reisejournalisten Iris Kürschner und Dieter Haas, am Almgasthaus Knöpflesbrunnen treffe. Wir interviewen die neuen Pächter und machen Fotos. Weil es ein so herrlicher Tag ist, wandern wir vom Knöpflesbrunnen über den Franzosenberg Richtung Notschrei. Vom Wanderweg bietet sich am Gätterle ein traumhafter Blick auf das Naturschutzgebiet Wiedener Weidberge. Vor uns liegt eines der größten Weidfelder des Südschwarzwalds, das aufgrund seiner Struktur- und Artenvielfalt mit seltenen und gefährdeten Tier- und Pflanzenarten seit 2009 unter Naturschutz steht. Vor allem die eindrucksvollen Weidbuchen ziehen unsere Blicke auf sich. Und noch etwas anderes fällt uns auf. Auf der Wanderkarte ist ein Denkmal verzeichnet. Das interessiert uns. Wenig später gelangen wir zu zwei mächtigen Weidbuchen. Ein kleiner Pfad führt abseits des Wanderwegs zum Denkmal. Wir kommen zu einer aus Steinen errichteten Einfriedung. Dort finden wir das Denkmal vor. Es besteht aus einem groben Granitklotz, der von einem kleineren Steinkreis umrahmt ist. Doch etwas ist eigenartig, ja merkwürdig. Es ist kein Denkmal. Es sieht aus wie eine Grabstätte. Wir sind uns da ziemlich sicher. Die Inschriften auf dem Gedenkstein bekräftigen unseren Eindruck.

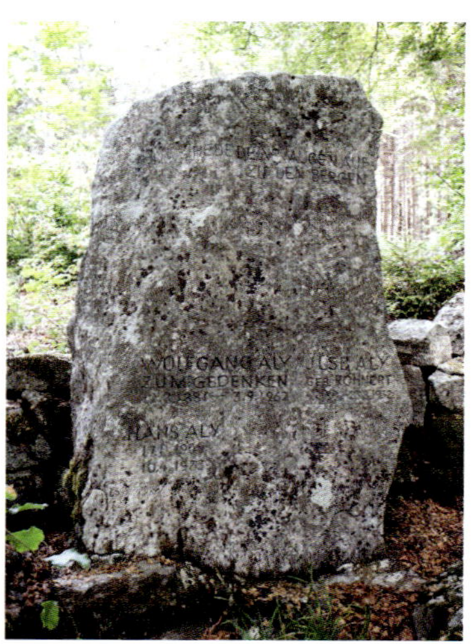

Die Inschrift gibt Rätsel auf

„Hebe deine Augen auf zu den Bergen". Darunter: Wolfgang Aly zum Gedenken 12.8.1881–3.9.1962, Ilse Aly geb. Rohnert 4.7.1882–23.8.1932 und Hans Aly 17.8.1909–10.4.1933. Offenbar ein Familiengrab.

Unsere späteren Nachforschungen ergeben, dass es sich bei Wolfgang

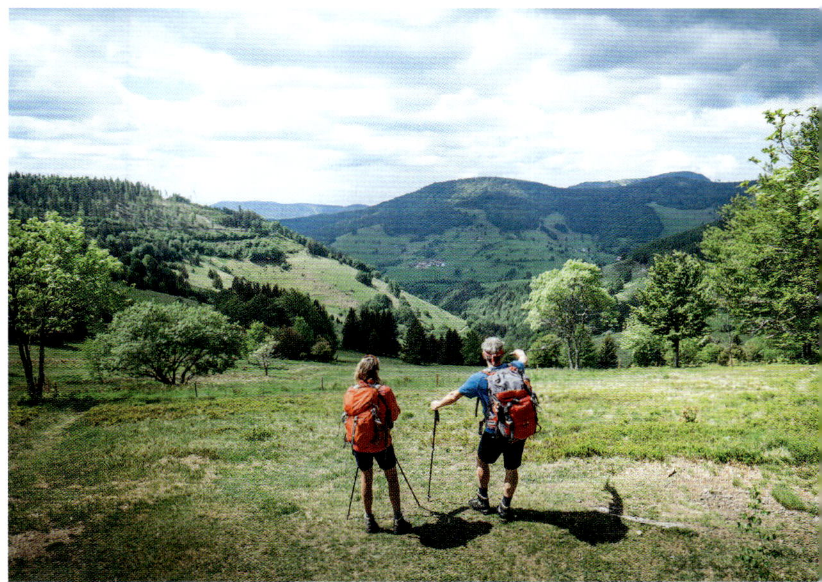

Bei den Wiedener Weidbergen

Aly um einen Nachkommen des Kammertürken Friedrich Aly handelt. Wolfgang Aly, so steht es im Wikipedia-Eintrag, war Philologe und arbeitete als Professor an der Uni Freiburg. 1933 trat er in die NSDAP ein, ein Jahr später wurde er Mitglied der SA und hatte den Rang eines Hauptsturmführers inne. Bei einer weiteren Recherche finde ich einen Eintrag auf einer Genealogie-Webseite. Er war mit Elisabeth Rohnert verheiratet, eines der vier Kinder des Ehepaares war Hans Aly. Wir erkundigen uns nach dem Aly-Gedenkstein, wollen mehr erfahren. Doch jede Anfrage läuft ins Leere. Selbst Einheimische wissen nichts von der Gedenkstätte. Nach Wochen erhalten wir zufällig einen Hinweis. Es soll sich tatsächlich um ein Grab handeln. Doch nach wie vor fehlen eindeutige Belege. Meine Freundin Carolin, die mich bei meinen Recherchen unterstützt, findet einen Hinweis im Verzeichnis der Kleindenkmäler im Landkreis Lörrach. Dort ist der Aly-Gedenkstein mit folgendem Vermerk gelistet: „Für die beiden Letztgenannten ist der Gedenkstein auch ihr Urnen-Grab-

stein." Wo sich das Grab von Wolfgang Aly befindet, konnten wir bis heute nicht ermitteln. Aly ist 1962 während einer Griechenlandreise auf Kreta verstorben. Vielleicht ist seine Urne ebenfalls unter den Weidbäumen im Schwarzwald vergraben?
Bislang war mir nur eine einzige Grabstätte im Schwarzwald bekannt: Das Grab von Prof. Dr. Julius Euting, Direktor der Universitäts- und Landesbibliothek Straßburg, Sprachforscher und Naturliebhaber, großer Förderer des Schwarzwaldvereins. Sein Urnengrab befindet sich beim Wildseeblick in der Nähe vom Ruhestein im Nationalpark Schwarzwald.

Tipp

Einkehren im Almgasthaus Knöpflesbrunnen. Auf der Sonnenterrasse ein kühles Radler trinken und die Panoramasicht genießen.
www.knoepflesbrunnen.de

Hinkommen
Von Lörrach auf der B317 bis Utzenfeld, weiter auf der L123 über Königshütte zwischen Utzenfeld und Wieden, auf dem offiziellen ungeteerten Forstweg bis zum Wanderparkplatz unterhalb des Almgasthauses Knöpflesbrunnen.

Von Müllheim kommend auf der L123 über Münstertal und Notschrei bis Königshütte, weiter auf der Forststraße bis zum Wanderparkplatz beim Knöpflesbrunnen.

Tourbeschreibung
Start und Ziel: Almgäststätte Knöpflesbrunnen
Länge: rund 10 Kilometer, 190 Höhenmeter Auf- und Abstieg
Dauer: rund drei Stunden
Schwierigkeit: mittelschwer

Vom ***Almgasthaus Knöpflesbrunnen*** auf dem Blaue-Raute-Weg zur ***Hasbacher Höhe*** und weiter zu ***Dachsrain***. Am Wegkreuz Dachsrain weiter auf dem Blaue-Raute-Pfad Richtung ***Gschwender Hölzle***. Rund 300 Meter vor dem Wanderwegschild ***Gschwender Hölzle*** zwischen dem Gewann Schweine und Gätterle befindet sich das Denkmal unter zwei großen Weidbuchen linker Hand vom Wanderweg. Weiter zum Wegschild Gschwender Hölzle, dort über ***Winkeleck*** über den ***Franzosenberg*** zurück zum Wegschild ***Dachsrain*** und auf dem Blaue-Raute-Pfad zum ***Knöpflesbrunnen***.

BRENNTKOPF AM GISIBODEN 1243 METER

86

Wo der Schwarzwald Schweizer Almen gleicht

Wunderschöne Bergwiesen, ein kleiner Wasserfall und eine Einkehr auf den Präger Böden machen diese Tour zu einem echten Highlight. Bei der Wanderung über Weiden und durch Wälder wähnt man sich mehr in den Alpen, denn im Schwarzwald.

Es ist ein herrlicher Morgen Ende Mai, als wir vom Gisiboden aufbrechen. Die Gisiboden Alm hat den Namen wirklich verdient, hier auf einer Höhe von 1205 Metern wähnt man sich tatsächlich auf einer Alm. Rundherum herrliche Weiden statt dunkler Tannen-

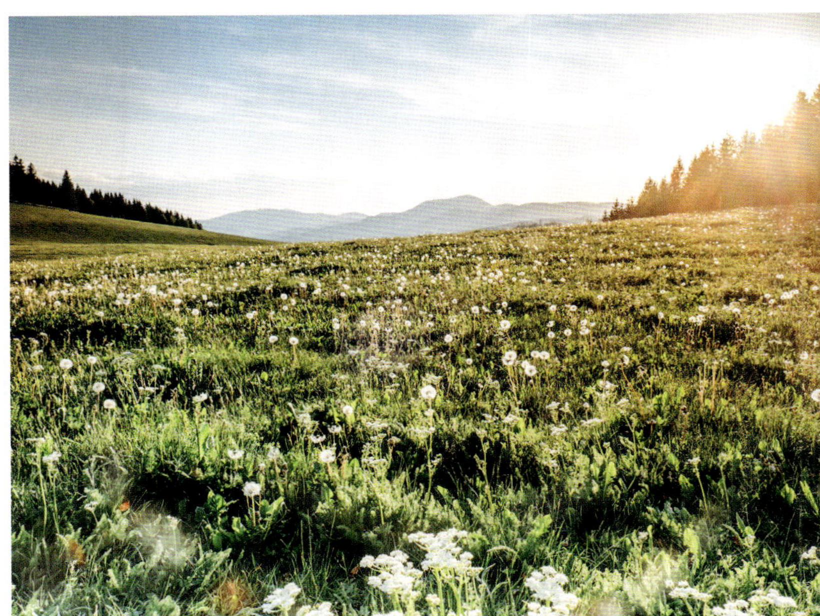

Im Frühsommer ist es am Gisiboden am schönsten

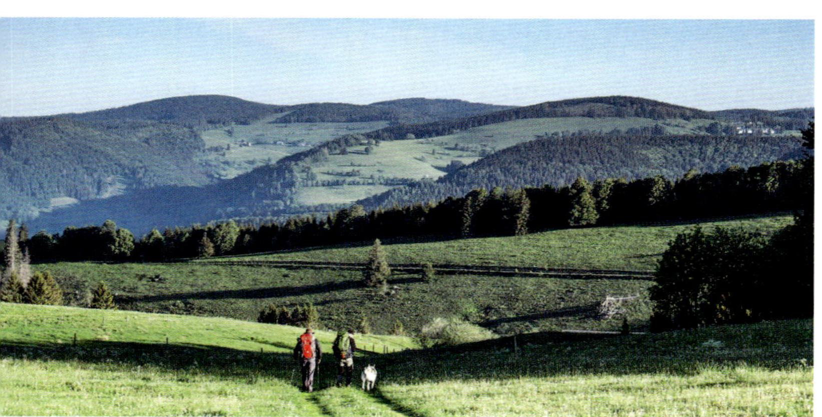

Idyllische Bergwiesen soweit das Auge blickt

wälder. Auch das ist Schwarzwald. Etwas dahinter erhebt sich der bewaldete Gipfel des Brenntkopfs, den wollen wir auf dem Rückweg bewandern. Zunächst geht es auf dem Blaue-Raute-Weg durch herrlichen Mischwald auf 1201 Meter aufwärts, bevor wir zum Bernauer Kreuz absteigen. Ich mag diesen Ort mit der kleinen Schutzhütte und Grillstelle sehr. Es ist eine sehr alte Wegkreuzung, auf der bereits im Mittelalter Pilger und Händler unterwegs waren.

Wir überlegen, wohin wir ab hier wandern wollen und entschließen uns dann für das Prägbachtal, sehr zur Freude von unserem Hund Flake. Er hat seinen Spaß in den Gumpen. Die Abkühlung im Wasser des Prägbachs kommt an diesem heißen vorsommerlichen Tag wie gerufen. Im engen Tal rauscht der Prägbach an Felsen und über kleine Kaskaden hinab. Wir wandern nun dem Berggasthaus Präger Böden zu und finden uns erneut in einer herrlichen Almlandschaft zwischen einsamen Waldwiesen und stolzen Wäldern mit Blick über das Prägbachtal. Die Ruhe in diesem abgeschiedenen Tal ist einmalig. Das haben wir einem Felssturz zu verdanken, denn die Straße ist wegen Steinschlaggefahr gesperrt, deshalb hören wir keine lautstarken Motorräder, die bis zu den Präger Böden fahren können.

Auf den Präger Böden sind wir die einzigen Gäste, die zur Mittagszeit einkehren. Wir sitzen im Garten, wir Frauen lassen uns die leckeren Rösti schmecken, während die Männer lieber den Wurstsalat verzehren und gönnen uns einen Apfelstrudel mit Vanilleeis zum Dessert. Flake freut sich über ein schattiges Plätzchen und hält seinen Mittagsschlaf. Die flirrende Hitze macht uns schläfrig, doch nach einigen Stunden, die wir hier verbracht haben, wird es doch Zeit zum Aufbruch.

Zum Brenntkopf wandern wir über die Weiden, als uns ein Schild warnt: Vorsicht Bullenweide. Betreten verboten. Lebensgefahr. Doch noch sind keine Rinder auf den Weiden, und so wagen wir den Aufstieg und pflücken nebenbei den würzig duftenden Bärwurz, der hier prächtig gedeiht. Und dann, nicht weit von uns entfernt, entdecken wir einen Sprung Rehe, so werden mehrere Tiere in der Jägersprache bezeichnet. Es sind sicher 15 Tiere, die, ohne uns zu wittern, am Waldrand friedlich äsen. Erst als sie weitergezogen sind, brechen auch wir auf. Am Waldrand suchen wir nach einem Weg, der uns zum Gipfel des Brenntkopf führt, auf dem viel dürres Totholz herumliegt. Auch dieser Berg wurde einst gerodet. Anders als beim Schwenden, wobei die Rodung durch das Einkerben der Rinde vorgenommen wird, damit die Bäume austrocknen und absterben, wurden Brenntberge durch Brandrodung urbar gemacht.

Nach nur wenigen Minuten im Wald stellen wir jedoch fest, dass es

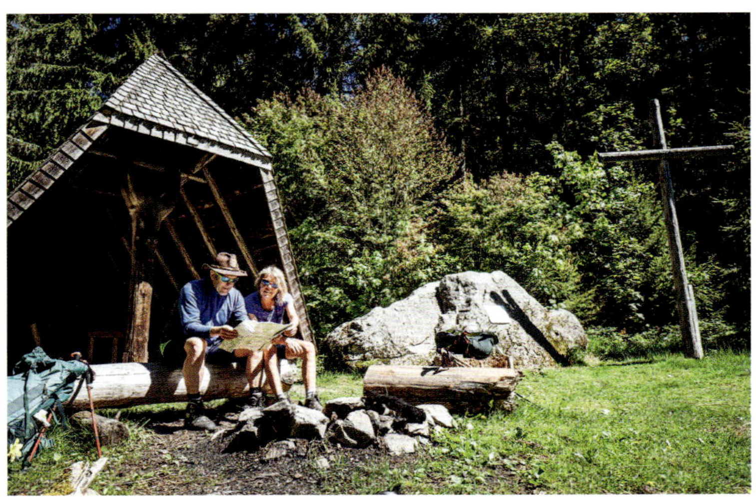

Lagebesprechung am Bernauer Kreuz

keine gute Idee war, hierherzukommen. Auf dem Waldboden wimmelt es nur so von Zecken. Einige krabbeln bereits an unseren Socken. Wir zupfen sie ab und machen uns schleunigst von dannen. Mein Rat: Den Brenntkopf nicht besteigen und sich besser an die Tourbeschreibung halten, die um den Brenntkopf herum führt.

Tipp

Einkehr im urigen Berggasthof Präger Böden, einer ehemaligen Almhütte. Herrliche Sonnenterrasse. Geöffnet Mittwoch bis Sonntag. Ein Ort, an dem man gerne verweilt mit herzlichen Gastgebern. Übernachtungen in Einzel-, Doppel- und Mehrbettzimmern.
www.praegerboeden.de

Hinkommen
Anfahrt zum Gisiboden auf der B317 bis Geschwend, im Ort der Beschilderung Gisiboden Alm folgen. Achtung: Sehr enge und ungesicherte Bergstraße. Steinschlaggefahr.

Tourbeschreibung
Start und Ziel: Parkplatz bei der Gisiboden Alm
Länge: rund 7,7 Kilometer, 230 Höhenmeter Aufstieg, 250 Höhenmeter Abstieg
Dauer: rund 2.20 Stunden
Schwierigkeit: leicht bis mittel

Vom Berggasthaus ***Gisiboden Alm*** auf der blauen Raute bis zum ***Bernauer Kreuz***. Ab dort der gelben Raute bis ***Prägbach Wasserfall*** folgen. Weiter bis ***Oberes Prägbachtal*** und auf ***Unterer Prägerbödenweg*** zum ***Berggasthaus Präger Böden*** wandern. Dort kommt die Einkehr gerade richtig. Danach geht es hinter dem Berggasthaus auf dem ***Unteren Prägerbödenweg*** weiter bis zu einer Weggabelung, wo der ***Obere Prägerbödenweg*** auf den Weg trifft. Wir gehen weiter abwärts ***Richtung Hasenhorn***, ***Todtnau***, ***Präg bis Glashüttenmoos*** und wandern hier weiter auf dem breiten ***Oberen Brenntfelsenweg***, der uns um den südwestlichen Hang des Brenntkopfes zum ***Brenntfelsen*** führt. Die Wegstrecke führt durch wunderschönen Mischwald mit vielen interessanten Felsformationen. Vorsicht wegen Steinschlaggefahr. In diesem Gebiet leben Gämsen. Am ***Brenntfelsen*** öffnet sich ein herrlicher Blick auf das ***Hasenhorn*** und den ***Sengalenkopf*** (ebenfalls ein Brandberg – stammt von sengelen – durch Feuer absengen), darunter der Gisibodenbach. Gegenüber fällt der Blick auf den ***Hochgescheid***, ***Köhlgarten*** und ***Zeller Blauen***, die Berge des Wiesentals. Wir folgen dem Weg und gelangen nun wieder zu den Almweiden beim Gisiboden und legen die letzten Meter zum Ausgangspunkt der Tour auf der ***Gisibodenstraße*** zurück.

SILBERBERG 1358 METER
Krumme Tour auf dem wilden Wäldertrail

87

Der Silberberg liegt zwischen Feldberg und Herzogenhorn. Der alpine Abschnitt über den Felsenpfad entlang des steilen, ausgesetzten Nordhangs des Silberbergs zählt zu den spektakulärsten Wanderpfaden im Schwarzwald. Das Gebiet ist außerdem Schutzzone für das vom Aussterben bedrohte Auerwild.

Der Felsenpfad schlängelt sich an der Flanke des Silberbergs über wurzelgespickte schmale Pfade, durch wilde Wälder und über ausgesetzte Felskanzeln. Es ist einer der abenteuerlichsten Pfade, der Trittsicherheit und Schwindelfreiheit erfordert. Seinen Namen verdankt der Berg dem Silbererzabbau, der im 13. und 14. Jahrhundert eine erste Blütezeit erlebte.
Es ist ein Traumpfad, der hoch über dem Wiesental verläuft und mit herrlichen Ausblicken aufwartet. Zwischen Bernauer Kreuz und dem Schläglebachkopf (1314 m) zeigt sich die ungezähmte Seite des Schwarzwalds. Schroffe Felskanzeln, an denen Baumgerippe hän-

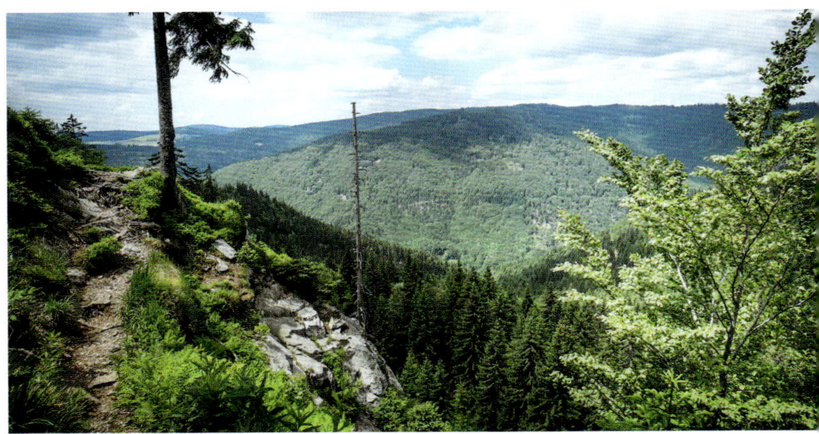

Der alpine Trail am Silberberg

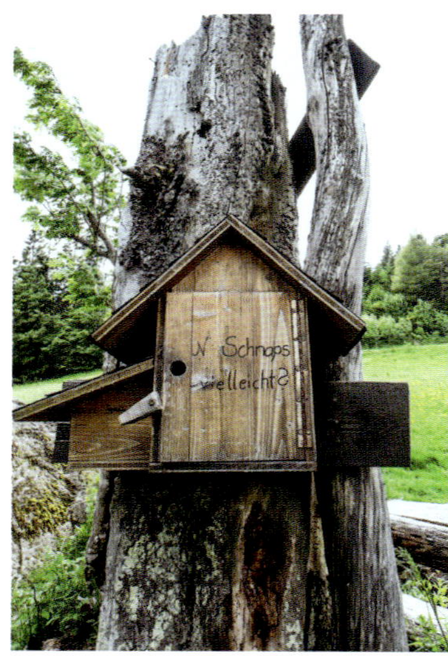

Warum nicht?

Tipp

Abstecher zum *Herzogenhorn (1415 m)*. An der Wegzweigung *Glockenführe* den *Westweg* verlassen und bergwärts bis zur *Schwedenschanze* gehen, dann weiter zum Gipfel. Der Abstieg erfolgt über den *Herzogenhornweg* zurück zur *Glockenführe*. Für den Abstecher 1,8 Kilometer und 70 Höhenmeter Auf- und Abstieg mehr einplanen.

gen wie Dinosaurierskelette. Der Weg fordert volle Aufmerksamkeit. Nicht selten sind einige Meter am steilen Hang wegen Erosion oder Erdrutsch weggebrochen. Es ist Vorsicht geboten. Nach heftigen Regenfällen oder nach der Schnee-

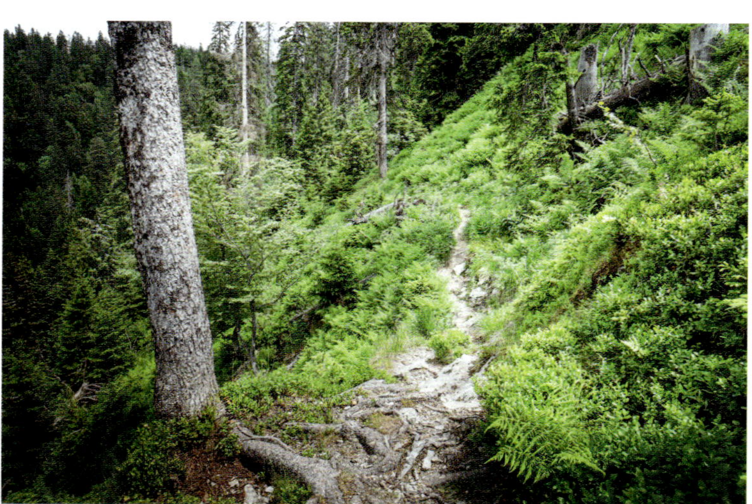

Da gehts zum Dschungel

schmelze kann der alpine Pfad unpassierbar sein. Und wenn man Pech hat, ist der Pfad sogar von Amtes wegen gesperrt. Bei meiner letzten Wanderung hatte ich Glück und konnte sogar Gämsen aus nächster Nähe beobachten. Der Gipfel des Silberbergs bleibt den Wildtieren vorbehalten. Zum Silberberg führen Zustiegsrouten ab Todtnau-Brandenberg (sehr steiler Aufstieg), Gisiboden oder Feldbergpass. Die Silberberg-Wanderung kombiniere ich gerne mit einem Abstecher zum Gipfel des Herzogenhorn (1415 m).

Hinkommen
Von Lörrach auf der B317 bis Feldberg-Ort. Parken auf dem Parkplatz am Feldbergpass. Aus Müllheim über Münstertal und weiter auf der L124 über Notschrei bis Todtnau, weiter auf der B317 bis Feldberg-Ort.

Tourbeschreibung
Start und Ziel: Parkplatz am Feldbergpass
Länge: rund 12 Kilometer, 360 Höhenmeter Aufstieg, 370 Höhenmeter Abstieg
Dauer: rund 4 Stunden
Schwierigkeit: schwer
Der Pfad verläuft durch Bannwald und ist ausgesetzt, bei Nässe sehr rutschig, Trittsicherheit und Schwindelfreiheit erforderlich.

Vom Parkplatz dem Westweg (rote Raute) bergwärts folgen. An der ***Glockenführe (1330 m)*** rechts den ***Hinterwaldweg*** Richtung ***Bernauer Kreuz*** einschlagen. Bei der Hütte am ***Wolfsgrübleweg*** befindet sich in einem abgesägten Baumstamm eine Schnapstankstelle. Am ***Bernauer Kreuz*** auf den Blaue-Raute-Weg abbiegen und dem Forstweg folgen, bis ein Pfad rechts in den Wald abzweigt. Am Einstieg sind Warnschilder (Wald-Wild-Schongebiet angebracht). Dem Pfad mit der blauen Raute folgen. Achtung: Da er im Sommer oft zuwächst, ist der Wegverlauf nicht immer auf den ersten Blick erkennbar. Bald schon rückt das Wiesental mit dem markanten Belchen in den Blick. Ein wunderschöner Rastplatz ist das Ruhebänkchen, das dem Förster Ernst Eckert gewidmet ist. Ab jetzt wird der Weg schmaler und felsiger. Im Bereich des felsigen Abschnitts durch das ***Wolfsgrüble*** ist Trittsicherheit erforderlich. Die ***Schläglebachhütte*** bietet sich für eine Verschnaufpause an, hier gibt es frisches Quellwasser aus dem Brunnen. An der Hütte dem Blaue-Raute-Pfad rechts folgen, bis man durch den ***Klusenwald*** zum Skihang ***Grafenmatt*** gelangt. Von dort erfolgt der Abstieg zurück zur ***Passhöhe Feldberg***.

88 HEIDSTEIN 1274 METER

Die Wälder-Disco und der archaische Heidenberg

Der Heidstein ist ein stiller, einsamer und archaischer Berg, dessen Gipfel sich im Naturschutzgebiet Belchen befindet. Sein Name lässt auf eine keltische Benennung schließen. Er ist einer der unbekannten Berge, nördlich vom Belchen gelegen, der sich seine wilde Schönheit bis heute bewahrt hat.

Der Heidstein bildet mit dem Hohtannen (1249 m) und Dietschel (1241 m) ein Gebirgszug, der zwischen dem Wiedener Eck und Belchen liegt. Wer diesen Abschnitt des Westwegs wandert, kommt am Wegweiser Am Heidstein vorbei. Bei meinen Westweg-Wanderungen suchte ich immer nach einem markanten Felsen oder Stein am Wegrand, mir war einfach nicht bewusst, dass es sich beim Heidstein um einen Berg handelt.

Wir beginnen unsere Erkundung an der Belchen-Talstation und wandern auf dem Westweg zur Krinne,

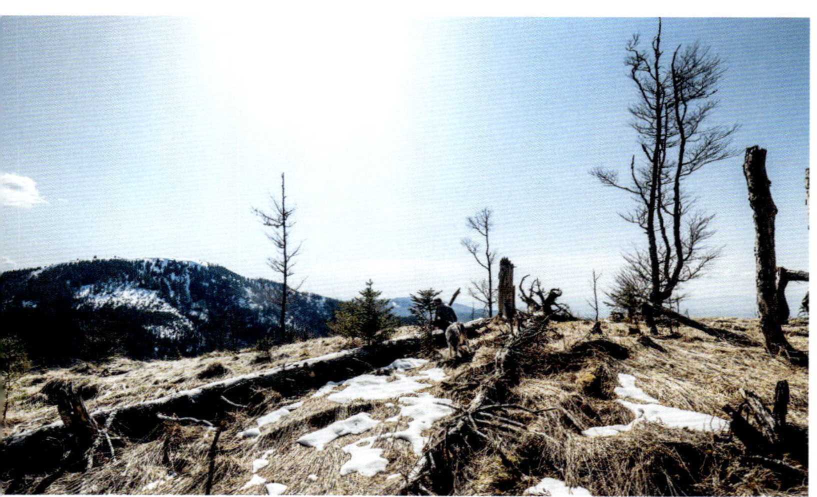

Logenplatz auf dem Heidstein mit Blick zur Nordwand des Belchen

einem Passübergang zwischen Rübgartenkopf und dem Heidstein. Über viele Jahrhunderte war dieser Saumpfad die einzige Verbindung vom Münstertal ins Wiesental. Bis 1870 befand sich hier das Krinnen-Wirtshaus, damals an Sonntagen ein beliebter Tanztreff der jungen Leute, die aus den beiden Tälern hinauf zur Krinne kamen. Den Geschichten nach, floss der Alkohol in Strömen, es gab wilde Trinkgelage, wobei sicher auch die Fäuste flogen, wenn sich die Burschen um die Mädchen kloppten. Die Krinne war legendär, sozusagen die erste Wälder-Disco im Schwarzwald. Heute erinnert nur noch die sprudelnde Quelle an die wilden Tage des einstigen Wirtshauses.

Von der Krinne ab zieht sich der Westweg als felsiger Pfad entlang der Nordwestflanke des Heidstein. Rechter Hand ragen knorrige Weidbuchen aus den steilen Schutthalden des Berges, auf dem Bäume quer- und Steinbrocken auf dem Weg liegen. Es ist ein Weg, der das Wort Steig wahrlich verdient hat.

Etwa 1,3 Kilometer nach der Krinne gelangen wir an einen großen Platz mit zwei Aussichtsbänken, in wunderbarer Sonnenlage mit herrlichem Blick zum Belchen. Ab hier folgen wir nicht mehr dem Pfad mit der roten Raute des Westwegs, sondern wandern den breiten, grasbewachsenen Waldweg berg-

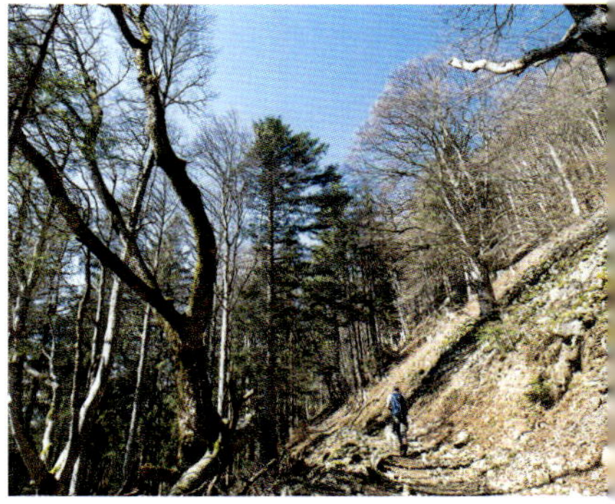

Ab der Krinne wird der Westweg zum Felsenpfad

auf. Der Weg wird bald zu einem verwilderten und nicht mehr erkennbaren Pfad, auf dem wir nun zum Gipfel gelangen. Oben angekommen, empfängt uns ein wildes Plateau mit Weidbuchen, vereinzelten Fichten und viel Totholz. Der Blick auf die Nordwand des Belchen ist phänomenal. Wir sitzen lange auf einem alten Baumstamm und lassen diesen archaischen Ort auf uns wirken. Ob es eine keltische Kultstätte war? Schon möglich, denn diesem Berg haftet eine besondere Kraft an. Vielleicht auch, weil es ein weitgehend unberührter Bergrücken ist, der sich seine wilde Schönheit bis heute bewahrt hat. Wir hören nichts und fühlen, wie wohltuend es ist, völlige Stille zu erleben. Auf dem Bergrücken entdecken wir alte Grenzsteine, die den ehemaligen Grenzverlauf zwischen dem katholischen Vorderösterreich und der protestantischen Markgrafschaft Baden markieren. Wir wandern zurück zum Westweg und umrunden den Dietschel bis wir zum Wiedener Eck gelangen. Von dort aus wandern wir durch das idyllische Hintergrundbachtal zurück zur Belchen-Talstation.

Tipp

Wer einige Tage am Belchen verbringen und seiner Gesundheit etwas Gutes tun möchte, findet im vegetarischen Biohotel Haus Sonne mit angeschlossener Naturheilpraxis eine gute Basis. www.haussonne.com

Hinkommen

Von Lörrach kommend über die B 317 bis Schönau, weiter auf der L 142 bis zur Belchenbahn Talstation in Multen.

Aus Müllheim kommend auf der B 3 bis Heitersheim, weiter auf der L 129 über Münstertal und Wiedener Eck zur Belchenbahn-Talstation.

Der Parkplatz ist an schönen Sonn- und Feiertagen oft überfüllt. Es bietet sich an, in Schönau oder Wieden zu parken und mit dem Bus zur Belchenbahn-Talstation zu fahren. Infos auf www.belchen-seilbahn.de.

Tourbeschreibung

Start und Ziel: Talstation der Belchenbahn

Länge: rund 13,4 Kilometer, 420 Höhenmeter Auf- und Abstieg

Dauer: rund 4.15 Stunden

Schwierigkeit: mittelschwer

Der Pfad zum Heidstein ist sehr verwildert und im Sommer sehr verwachsen. Hier ist gute Orientierung gefragt.

Von der ***Belchenbahn Talstation*** der gelben Raute folgen bis ***Auf dem Boden***, weiter zur ***Krinne***. Ab dort auf dem Westweg der roten Raute auf dem Pfad folgen bis zum großen freien Platz mit den beiden Aussichtsbänken zum Belchen. Dort den breiten grasbewachsenen, unmarkierten Waldweg einschlagen bis rechts ein Hochsitz (Stuhl) zu sehen ist. Dann links dem Pfad (fast nicht sichtbar) folgen bis zum Gipfel. Abstieg auf demselben Weg. Weiter auf der roten Raute bis ***Am Heidstein*** und zum ***Wiedener Eck***. Ab dort der gelben Raute bis ***Holzplatz*** und ***Lückle*** folgen (Belchensteig). Weiter durch das idyllische ***Hintergrundbachtal*** bis ***Untermulten*** und zurück zum Parkplatz an der ***Belchenbahn Talstation***.

SCHWEINEKOPF 1285 METER

Auf schmalem Grat am Abgrund

89

Abseits der Wanderwege, südwestlich vom Blößling, liegt der Schweinekopf. Der Berg liegt im Naturschutzgebiet Präger Gletscherkessel, welcher während der letzten Eiszeit entstanden ist. Der Schweinekopf besitzt einen gratartigen Höhenrücken, dessen Schutthalden, Blockhalden und Felsen steil nach Süden abfallen.

Es ist wie im echten Leben, den eigenen Namen kann man sich nicht aussuchen. Dabei wäre der Schweinekopf nun wirklich prädestiniert für einen schönen Bergnamen, weil er alle Attribute erfüllt, die einen Berg zum Berg machen. Es ist ein einsamer, wilder und archaischer Berg mit einem schmalen Grat, der durchaus Absturzpotenzial in sich

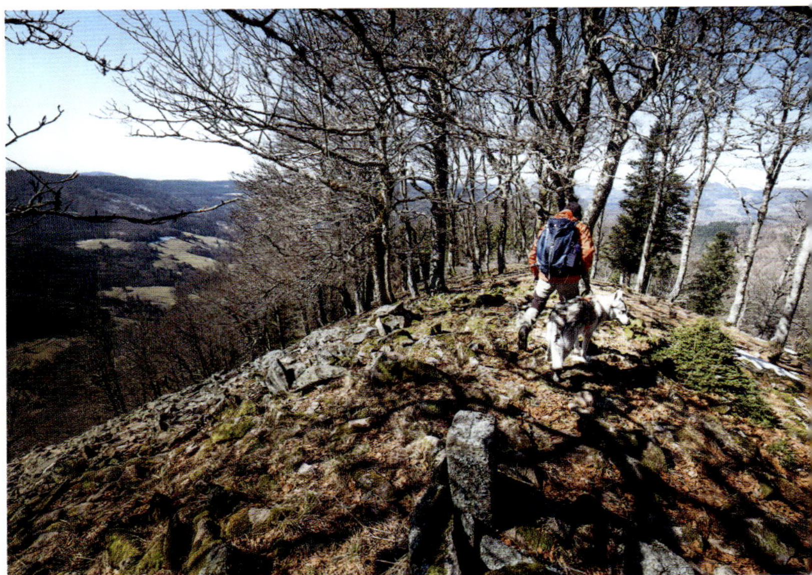

Steiler Abgrund am Gipfelgrat

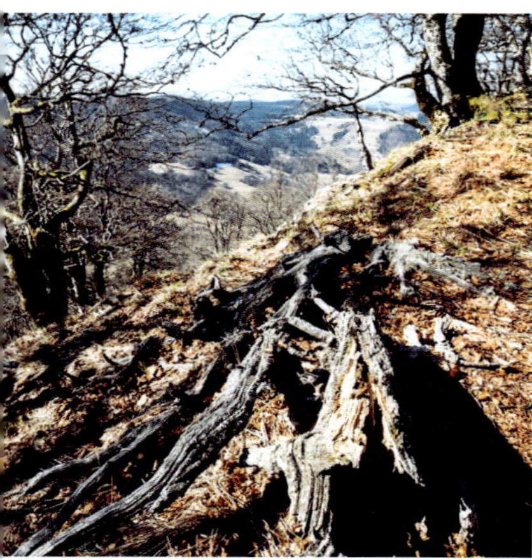

Hainsimsen-Buchenwald
mit bizarren Baumgestalten

birgt. Die Südflanke ist fast komplett abgeholzt – vermutlich Borkenkäferschäden. Als wir im Frühjahr zum Gipfel wandern, liegen auf dem Schweinekopfweg haufenweise große Steine. Wahrscheinlich hat die Schneeschmelze das Gestein gelockert. Auf den Schutthalden des Schweinekopfes leben außerdem Gämsen, die Steinschlag verursachen können. Mit Schweinen hat der Schweinekopf indes gar nichts zu tun. Der Name stammt von schweinen/schwenden, einer Rodungsart, bei der das Wurzelwerk sowie Baumstümpfe im Gegensatz zur Brandrodung nicht entfernt wurden. Im Mittelalter wurden ganze Wälder gerodet, weil das Holz in den Kohlenmeilern zu Holzkohle verarbeitet wurde. Auf dem Weg zum Gipfel entdecken wir tatsächlich einen alten Köhlerplatz. Zum Schweinekopf gelangen wir auf einem alten Holzabfuhrweg, der so steil ist, dass einem schier schwindlig wird. Im Sommer ist der Weg völlig verwildert. Hat man den steilen Anstieg hinter sich gebracht, führt nun ein kaum sichtbarer Pfad rechter Hand zum Grat. Je höher wir kommen, desto wilder und verwachsener wird der Wald. Totholz und umgestürzte Bäume säumen den Kamm. Oben angekommen, wähnt man sich mehr auf einem Gipfel in den Alpen, als im Schwarzwald. Auf dem schmalen Grat ist ein wunderbarer, märchenhaft anmutender Hainsimsen-Buchenwald mit knorrigen Weidbuchen gewachsen. Manche Äste reichen bis weit über den Grat hinaus, die Wurzeln krallen sich wie mit letzter Kraft in den Steilhang, der über abschüssige Geröllhalden in die gähnende Tiefe fällt. Durch die laubfreien Äste sehen wir bis nach Basel, zu den Alpen, zum Hochblauen, Belchen und Feldberg. Gämsen sind in unserer unmittelbaren Nähe. Wir können sie nicht sehen, wohl aber ihre Tritte hören.

Der Schweinekopf ist einer der letzten Reservate. Es ist ein Berg, der sehr sensibel ist und als Habitat für Auerwild eine wichtige Rückzugszone bildet. Und als das sollte er von uns behandelt werden: als kostbarer Schatz, den man still und andächtig betrachtet und unberührt wieder verlässt. Ich erinnere mich an eine Wanderung mit Steve Red Sky vom Stamm der Ojibwe auf Manitous Insel Manitoulin in Kanada. Die kanadischen Ureinwohner begegnen ihrer Natur mit großem Respekt und Achtung. Als Steve Kräuterpflanzen sammelt, hinterlässt er einige Tabakkrümel auf der Erde und spricht ein kurzes Gebet, das er mit einem „Mii'Gwetch", einem Dank an den Großen Geist beendet. Als er eine Adlerfeder auf dem Waldboden entdeckt, hebt er sie auf wie einen kostbaren Schatz und legt an die Stelle etwas Tabak. „Dieser Tabak hilft uns dabei, mit den göttlichen Geistern in Verbindung zu treten", erklärt sein Stammesbruder Falcon. „Damit erinnern wir uns daran, dass wir trotz unseres Körpers Geistwesen sind."

Als Gästeführerin im Naturpark Südschwarzwald ist es mir ein großes Anliegen, für einen respektvollen Umgang mit der Natur einzustehen und mich auf meinen Wanderführungen mit meinen Gästen achtsam in der Natur zu bewegen. An diesem Tag konnten wir eine Herde Gämsen mit 25 bis 30 Tieren beobachten. Etwas später beobachteten wir dann, von einem anderen Standort aus, über zwei Stunden hinweg weitere sieben Gämsen. Bis eine dreiköpfige Wandergruppe des Weges kam, die wir, wie auch die Gämsen, schon lange hörten, bevor wir sie sahen. Die Gämsen verzogen sich, um erneut aus den Wäl-

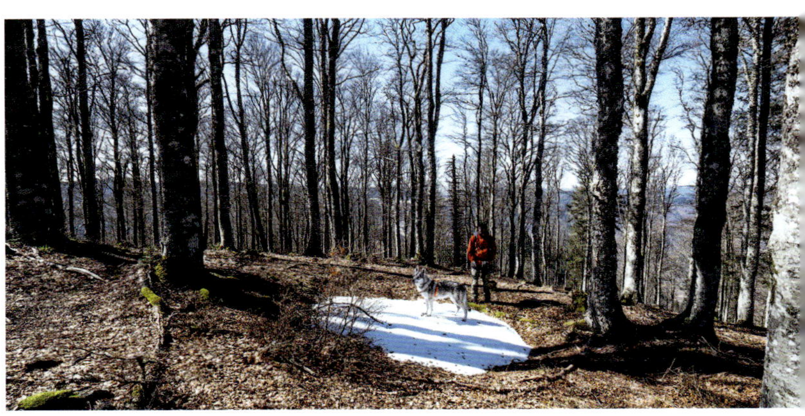

Ehemaliger Köhlerplatz

dern zu kommen, als wieder Ruhe herrschte. An diesem Tag sind wir keine große Strecke gewandert, sondern haben viel Zeit in der Stille verbracht und die Natur auf uns wirken lassen. Wir sind abends mit vielen Eindrücken und reich beschenkt nach Hause gekommen.

Tipp

Fernglas mitnehmen. In der Gegend leben viele Gämsen. Sich Zeit nehmen, geduldig abwarten und vor allem leise sein, erhöht die Chancen, die Tiere beobachten zu können.

Hinkommen

Von Lörrach kommend auf der B317 bis Mambach, weiter auf der L146 bis zum Wanderparkplatz Weißenbachsattel.
Von Müllheim kommend auf der L131 über den Sirnitzpass nach Neuenweg und weiter bis Wembach. Dort auf die B317 bis Geschwend, weiter auf der L149 bis Präg, weiter auf der L151 bis zum Wanderparkplatz Weißenbachsattel.

Tourbeschreibung

Start und Ziel: Wanderparkplatz Weißenbachsattel
Länge: rund 14 Kilometer, 450 Höhenmeter Aufstieg, 320 Höhenmeter Abstieg
Dauer: rund 4.30 Stunden
Schwierigkeit: schwer, Schwindelfreiheit und Trittsicherheit sind erforderlich. Im Sommer sind die Pfade verwildert und verwachsen und oft nicht erkennbar. Gutes Orientierungsvermögen ist wichtig.

Vom Wanderparkplatz Weißenbachsattel auf schmalen Pfaden auf dem Westweg über ***Ledertschobenstein*** und ***Zinken***, auf Forstwegen bis ***Präger Eck***. Am Holzpfosten mit dem Schilderwald befindet sich ein Holzschild mit Aufschrift ***Schweinekopfweg***. Diesem Forstweg bis zu einem abgeholzten Plateau folgen. Von dort führt ein unmarkierter, breiter und sehr steiler Holzabfuhrweg hinauf. Nach einigen Hundert Metern hört der Fuhrweg auf. Ab da rechts halten und dem Pfad zum Kamm folgen. Vorsicht, auf dem Grat besteht Absturzgefahr! Dem Pfad auf dem Bergkamm folgen, bis er auf den Westweg (rote Raute) trifft. Von dort weiter aufwärts zum Gipfel des ***Blößling***. Ein kurzes Stück dem Westweg Richtung ***Wacht*** folgen, bis er auf den ***Blößlinghaldenweg*** trifft. Auf diesem Weg der gelben Raute bis ***Prägereck-Hütte*** folgen. Auf dem ***Hohzinkenweg*** über ***Hirzenboden*** zurück zum ***Ledertschobenstein***. Ab dort wieder auf dem Westweg (rote Raute) zurück zum Wanderparkplatz Weißenbachsattel.

BLÖßLING 1309 METER

Fantastischer Aussichtsberg mit fantastischer Strahlung

90

Der Blößling ist einer der Hausberge Bernaus. Lange war er der stille, unbekannte Gipfel im Schatten seines großen Bruders, dem Herzogenhorn. Mit Gipfelkreuz, Schutzhütte, zwei Himmelsliegen und Picknickplatz ist er ein fantastischer Aussichtsberg mit enormer Strahlkraft.

Der Gipfel des Blößling ist weitläufiger und bewachsener, als der des Herzogenhorns. Ich liebe die Mischung aus alten Bäumen, Sträuchern und freiem Feld. Besonders der Auf- und Abstieg von der Wacht her ist im oberen Drittel einfach pure, wilde Natur, wie man sich das als Wanderin so wünscht. Der Blößling ist Hüter eines botanischen Schatzes: Auf dem Gipfel blühen Türkenbund-Lilien, eine im Schwarzwald selten gewordene, schützenswerte Pflanze.

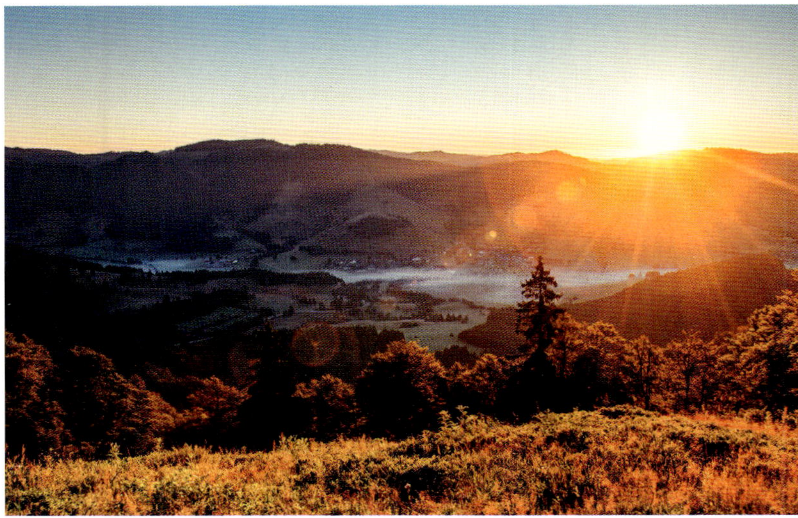

So könnte jeder Tag beginnen

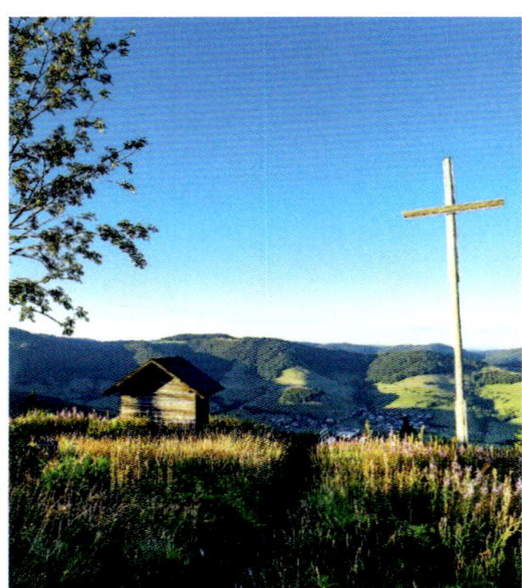

Gipfelkreuz mit Artur-Schweizer-Hütte

Der Berg wird bereits im Jahr 1328 als Grenzpunkt „Blösing" erwähnt. Auf dem Gipfel treffen die Gemarkungen von Bernau, Schönau und Todtnau-Präg aufeinander. Den Gipfel können die Bernauer stolz ihr Eigen nennen. Wie viele andere bewaldete Berge, wurde auch der Blößling gerodet und ist seitdem kahl und baumlos. Bis in die 1960er-Jahre wurde der Berg mit seinen Hängen als Weidefläche der Bernauer Bauern genutzt. Daher rührt der Name Blößling-Schweine, wobei sich das „Schweine" nicht auf das Tier, sondern auf das Wort schweinen bezieht, was roden und offen halten bedeutet. Nachdem die Flächen nicht mehr landwirtschaftlich genutzt wurden, begann die Aufforstung. Ein Glück, dass der Gipfel ausgespart wurde, so dürfen wir uns heute an der tollen Rundumsicht erfreuen, die von Belchen, Feldberg und Herzogenhorn bis zu den Alpen reicht. Das über zwölf Meter hohe Gipfelkreuz wurde 2009 zum dritten Mal erneuert, die Vorgänger wurden vom Förster Artur Schweizer aufgestellt. Die nebenan befindliche Schutzhütte trägt zu seinen Ehren den Namen Artur-Schweizer-Hütte.

Was heute kaum noch jemand weiß: In den 1950er- und 1960er-Jahren war der Blößling Austragungsort des Blößling-Abfahrtslauf. Gestartet wurde auf dem Gipfel, der Zieleinlauf befand sich auf der Passhöhe Wacht. Die Bernauer Schüler fungierten damals als Streckenposten – und nicht nur das: Zuvor mussten sie in tagelanger, mühvoller Arbeit die Abfahrtsstrecke festtreten. Was waren das damals noch für Zeiten.

Heute erfreuen sich Wanderer und Wanderinnen über zwei Himmelsliegen bei der Hütte, die sich sogar um 360 Grad drehen können.

Neben den lieblichen Lilien und der herrlichen Aussicht, verfügt der Blößling über einen ganz anderen, unsichtbaren und umstrittenen Schatz: Schwarzwald-Uran. Der Stuttgarter Diplom-Ingenieur Bernd Laquai (www.opengeiger.de) bescheinigt dem Blößling „atemberaubend schöne Natur, mit wunderschöner Aussicht und anderseits eine Ortsdosisleistung, die es locker in die Top Ten Deutschlands schafft". Es gibt Menschen, die Geiger-Caching betreiben, also mit einem Geigerzähler durch die Landschaft marschieren. Wer dabei auf den Blößling-Sattel wandert, stellt fest, dass es hier gewaltig tickt. Bevor sich jetzt niemand mehr auf den Blößling traut: Auf einem Flug zu den Malediven ist die Strahlenbelastung erheblich höher, als bei der Wanderung zu diesem Gipfel. In Bernaus Nachbarort Menzenschwand wird das radonhaltige Quellwasser als therapeutisches Heilmittel eingesetzt. Es soll das Immunsystem stärken, entzündungshemmend und schmerzstillend wirken.

Zum Blößling führen Zustiege vom Weißenbachsattel aus, auf dem Westweg über Präger Eck oder von Todtmoos-Prestenberg über Ledertschobenstein und Präger Eck. Der kürzeste, aber auch steilste Anstieg, führt von der Wacht (973 m) auf den Blößling.

Tipp

Nach der Wanderung ins Radon Revital Bad nach St. Blasien-Menzenschwand, www.radonrevitalbad.de.

Sehr gut Einkehren und Übernachten kann man im Landgasthaus Bergblick in Bernau-Hof. Naturpark-Wirt Jürgen Schön serviert Wild aus eigener Jagd und versteht sich ebenso auf kreative Menüs für Vegetarier und Veganer. Eine Wucht sind die 8-gängigen SinnesMenüs, www.bergblick-bernau.de.

Hinkommen

Von Lörrach kommend auf der B317 bis Schönau, weiter auf der L151, durch Präg fahren (nicht in die Ortsmitte abbiegen), weiter auf der L149 bis zum Passübergang Wacht. Dort auf dem Wanderparkplatz parken.

Tourbeschreibung

Start und Ziel: Wanderparkplatz Wacht an der L149

Länge: rund 6 Kilometer, 300 Höhenmeter Auf- und Abstieg

Dauer: rund 2 Stunden

Schwierigkeit: mittelschwer

Vom Wanderparkplatz ***Wacht*** der roten Raute des Westwegs folgen bis zum Gipfel des ***Blößling***. Etwas unterhalb befindet sich die ***Artur-Schweizer-Hütte*** mit Picknickplatz, 360-Grad-Himmelliege und Gipfelkreuz.

91 BRUDERMATTFELSEN 705 METER UND ESELSGRABENFELSEN 720 METER

Botanische Besonderheiten und beeindruckende Blicke

Diese Wanderung führt nicht explizit auf Gipfel, vielmehr auf zwei gigantische Felsen mit herrlichem Blick ins Weilertal und auf die Rheinebene. Neben der Aussicht hält der Brudermattfelsen noch eine Besonderheit parat: Er ist einer von sechs Standorten im Schwarzwald, an denen Scapania compacta vorkommt.

Scapania compacta ist Moos, genauer gesagt, Gedrungenes Spatenmoos. Wer seine Freunde oder Familie bei der Wanderung zum Brudermattfelsen beeindrucken möchte, sollte auf das Scapania compacta (ein Name, den sogar ich mir merken kann) hinweisen, das in einer Felsspalte entdeckt wurde. Diese Moosart war

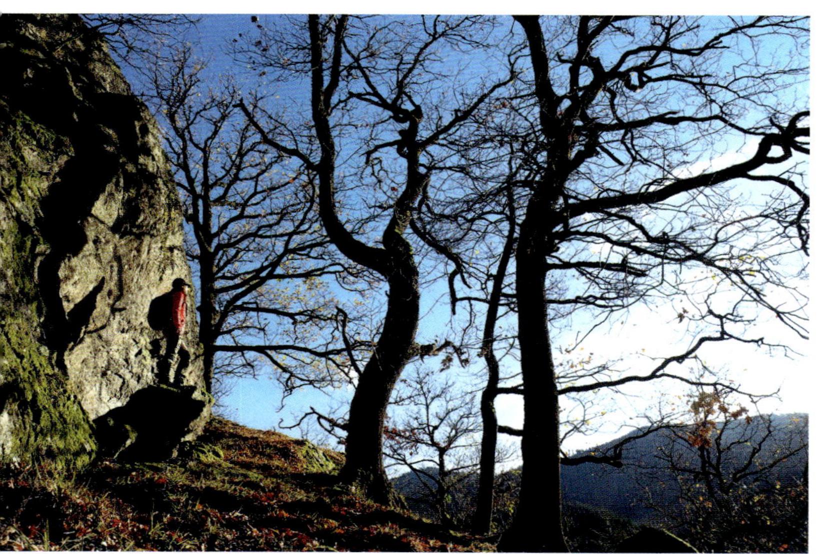

Geerdet am Fels

in Mittelgebirgen immer selten, es kommt aber an Felsstandorten in Wäldern durchaus vor. Es ist schützenswert und wird auf der Roten Liste geführt. Der Brudermattfelsen scheint für Botaniker ein interessantes Refugium zu sein. Ein Reisebericht aus dem Jahr 1867 in der Österreichischen Botanischen Zeitschrift listet eine weitere Entdeckung auf: Amelanchier vulgaris auf Gneis, auf dem Brudermattfelsen, notiert der Autor. Dabei handelt es sich um die Einheimische Felsenbirne.

Natürlich marschiert keiner wegen einer Felsenbirne zum Brudermattfelsen, geschweige denn, um in Felsspalten Ausschau nach Moosen zu halten. Beeindruckender als Moos und Birne ist der Ausblick von der Felskanzel. Die verwitterten Bäume, die sich in den Felsen krallen und ihre Äste himmelwärts strecken, geben ein ebenso eindrucksvolles Fotomotiv ab, wie die Aussicht ins Weilertal, die man einfach nur als traumhaft beschreiben kann. Der Brudermattfelsen ist einer der Orte, die möchte man gerne für sich alleine haben. Ein Bänkchen lädt ein zum Abschalten, Meditieren, Atmen, Träumen, Kraft schöpfen. Schöner ist der Platz weiter vorne am Felsen, der etwas Geschick beim Übersteigen und Hindurchzwängen zwischen den Bäumen bedarf.

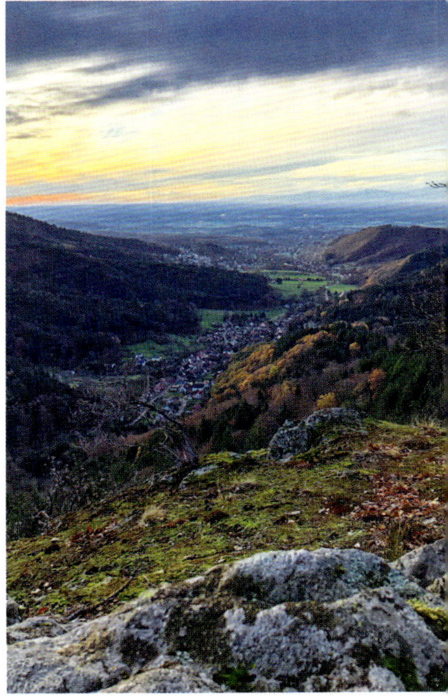

Von diesem Platz klingt der Tag bestens aus

Seinen Namen erhielt der Brudermattfelsen vermutlich von einer Feldkapelle, die bis 1576 vor dem Eichwald (in der Nähe des Waldparkplatzes Schwärze) existierte. Im Volksmund war sie als Bruderhäuslein bekannt. In der Einsiedelei lebte wohl ein Mönch, vielleicht war diese von einer Wiese (Matte) umgeben. Am Brudermattfelsen fanden im 14. Jahrhundert geheime Gerichtsverhandlungen statt, bis

sie vom Markgrafen unterbunden wurden.
Mit dem Eselsgrabenfelsen erhält die Wanderung ihren zweiten Höhepunkt. Ein weiterer Logenplatz mit Ruhebank und phänomenaler Aussicht nach Westen auf die Rheinebene mit den Vogesen. Der Hinweg zum Felsen führt vom Wanderparkplatz Schwärze aus über den Kohlplatz (582 m). Der große Wanderknotenpunkt ist mit Picknickplatz, großer Grillstelle, Hütte und Bänken ausgestattet.

Tipp

Beim Eiscafé Zum Kuckuck gibt's leckeres Eis aus Bio-Milch und guten Kaffee. Die kleine Eisdiele befindet sich in der Weilertal Straße 37 in Oberweiler, in der Nähe des Wanderparkplatzes Schwärze. Infos zu Öffnungszeiten stehen auf der Facebookseite.

Hinkommen

Von Lörrach kommend über die A5 nach Neuenburg, weiter auf der L378 nach Müllheim und auf der L131 nach Badenweiler. Am Ortsende auf die Schwärzestraße abbiegen, der Wanderparkplatz Schwärze befindet sich auf der Anhöhe.

Tourbeschreibung

Start und Ziel: Wanderparkplatz Schwärze
Länge: rund 10,6 Kilometer, 410 Höhenmeter Auf- und Abstieg
Dauer: rund 3.30 Stunden
Schwierigkeit: mittelschwer

Vom ***Wanderparkplatz Schwärze*** der Wegbeschilderung gelbe Raute bis ***Kohlplatz*** folgen. Ab ***Kohlplatz*** weiter auf der gelben Raute auf dem ***Brudermattweg*** Richtung ***Eselsgraben***, es geht bergauf, zunächst zu ***Untere Brudermatt*** und weiter zum ***Brudermattfelsen***, danach weiter zum ***Eselsgrabenfels***, der rund einen halben Kilometer weiter entfernt liegt. Vom Felsen geht es zurück auf den Wanderweg. Dort nun den ***Eselsweg*** einschlagen und über ***Scheibenbuck*** zurück zum ***Wanderparkplatz Schwärze*** wandern. Die Wanderung verläuft auf breiten Forstwegen durch Wald und ist im Sommer bei Hitze sehr angenehm zum Wandern.

Die 1000-Höhenmeter-Tour zu sechs Gipfeln

92

HÖLLKOPF 922 METER

Bereit für eine Herausforderung? Diese Gipfeltour führt auf teilweise alpinen Pfaden über 1000 Höhenmeter im Auf- und im Abstieg um das Simonswäldertal. Es ist eine der abenteuerlichsten und schönsten Tagestouren im südlichen Schwarzwald, die zu mystischen Gipfeln und durch magische Täler führt.

Auf den Wiesen glitzert Morgentau, als wir an der Wehrlehofmühle vorbei zum Gummeneck aufsteigen. Auf einem wurzeligen, steilen Serpentinenpfad geht es stramm bergauf. Wir gewinnen schnell an Höhe und blicken zurück auf das Tal unter uns. Es sind Wege, wie wir sie lieben: ruppige, ausgesetzte Pfade, abseits der viel begangenen Rund-

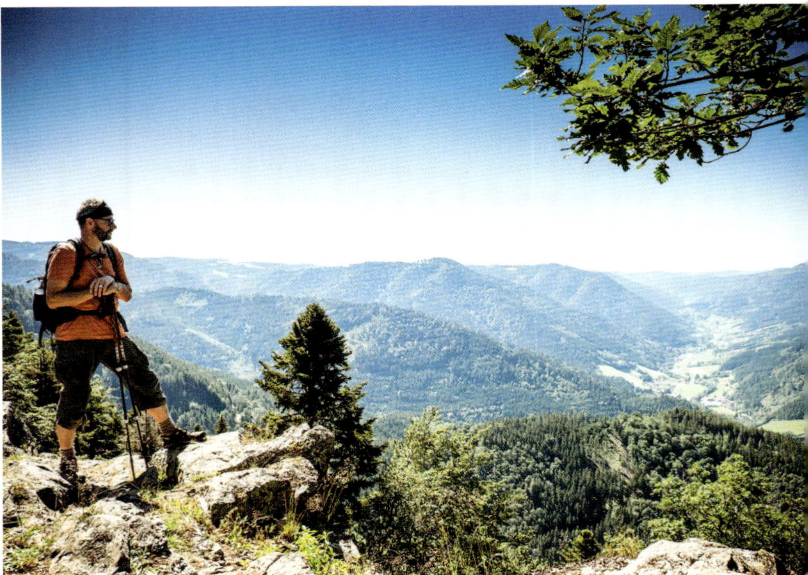

Himmlischer Ausblick vom Höllkopf

93 SCHULTISKOPF 1077 METER

Nur solche Pfade und Steige sind des Wanderns wert

wanderwege. Am Höllkopf auf 922 Metern hängen tibetische Gebetsfahnen an den Bäumen. Wir sind überwältigt von der himmlischen Aussicht, die der Höllkopf von seinem Felsplateau bietet. Unter uns liegt das Simonswälder Tal, umkränzt von grün leuchtenden Bergen und Gipfeln, über die sich der tiefblaue Himmel spannt. Der Aufstieg zum Schultiskopf gleicht einem Dschungelpfad. Mit jedem Schritt wird es steiler und zuletzt steigen wir über Felskanten und erklimmen das Gipfelkreuz auf 1072 Metern. „Heiliger St. Gustach steht uns bei! Behüt und vor Wilddieb und Hasjägerei" steht in altdeutscher goldener Schrift auf dem Schild. Einige Zeilen sind geschwärzt. Darunter: Errichtet im Jahre 1980 von Emil und Hilda Schultis. Die geschwärzten Zeilen, das finden wir später heraus, lauten: „vor Wandersleut, die brüllen und schreien und uns die schöne Welt versäuen."

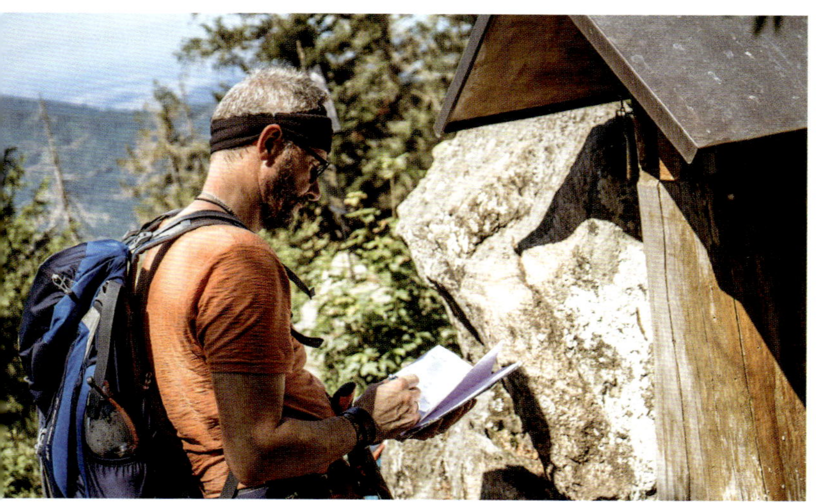

Eintrag ins Gipfelbuch am Schultiskopf

IBICHKOPF 1146 METER
Auf dem Drachenrücken

94

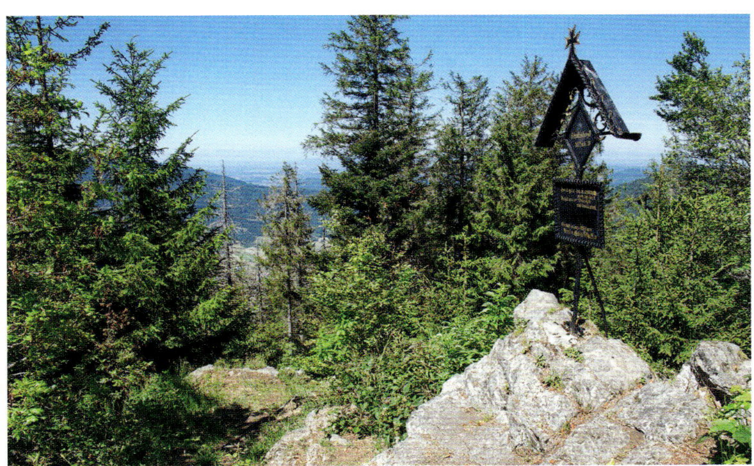

Gipfelkreuz auf dem Schultiskopf

In einem hölzernen Kästchen befindet sich ein Gipfelbuch. Peter aus Freiburg schrieb am 20. Juni 2020: „Nur solche Pfade und Steige sind des Wanderns wert." Da geben wir dir recht, lieber Peter.

Wir folgen dem Höhenrücken, der mit verwitterten Gneisfelsen gespickt ist. Als wanderten wir über einen gezackten Drachenrücken, ein stetes Auf und Ab zwischen Gneisbrocken, Wurzeln und Felsklippen. Was für ein aufregender Weg und weit und breit keine andere Menschenseele unterwegs. Wir passieren unterhalb des Gipfels den Ibichkopf (es gibt einen verwachsenen Pfad zum bewaldeten Gipfel) und übersehen fast das hölzerne Schild, das den höchsten Punkt der Wanderung, das ebenfalls bewaldete Obereck mit 1177 Metern, markiert. Als Gipfel ist das Obereck wirklich nicht auszumachen, ist eher eine Landmarke im lichten Wald.

Am Grießbacher Eck wandern wir

95 OBERECK 1178 METER

Der Gipfel ist oben an der Ecke

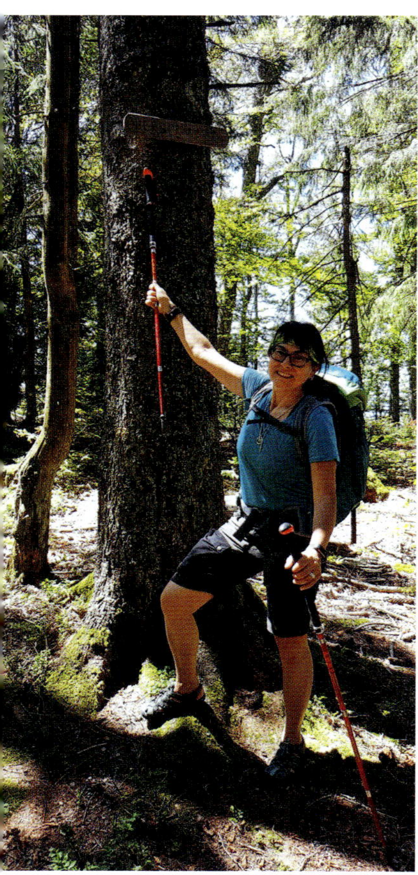

Sieht so ein Gipfel aus? Das Obereck ist der höchste Punkt der Gipfel-Tour

nun aus den schattigen Wäldern heraus und gelangen zum Kostgefäll, ein einsames, wunderschönes und mystisches Hochtal. Hier finden wir Mauerreste des ehemaligen Gfällhofes, wo einst die „Gfällrote" lebte. Sie war als Hexe gefürchtet, zog mit ihren Hunden wildernd durch die Wälder, praktizierte Schwarze Magie und konnte sich in Baumstümpfe verwandeln. Seitdem ihr Hof bis auf die Grundmauern niedergebrannt ist, soll sie noch immer in der Gegend herumspuken, erzählen sich die Leute.

Wir erleben das Kostgefäll in einer zarten Schönheit mit üppigem Grün, bunten Blumen und duftenden Kräutern, auf denen sich unzählige Schmetterlinge tummeln, Bienen summen und Heuschrecken vor unseren Schritten davon springen. Das leise Rauschen des Bergbaches unterstreicht die meditative Stimmung des wundersamen Tals.

Kurz vor der Dorerbühlhütte zweigt der Pfad zum Braunhörnle ab. Ein weiterer schöner Gipfel mit Kreuz und herrlicher Aussicht, der zwar nicht Teil der beschilderten Gipfeltour ist, doch wer noch Power in den Beinen hat, nimmt den Gipfel

BRAUNHÖRNLE 1134 METER
Durch das Tal der Gfällroten

96

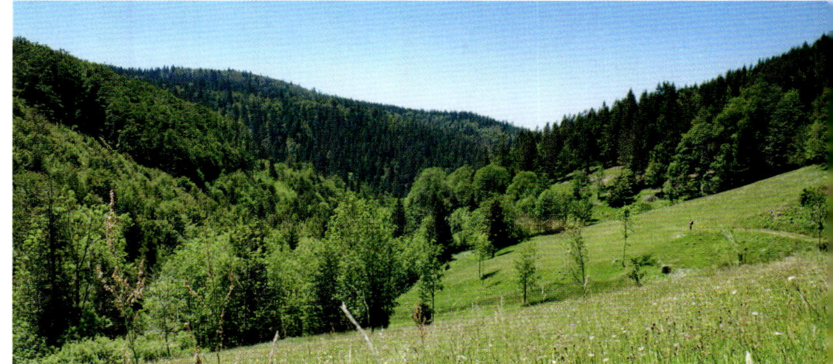

Das idyllische Kostgefäll

Infos und Tipps zur Gipfeltour

Die Gipfel-Tour ist zwar ausgeschildert, an einigen Orten ist die Wegführung jedoch nicht eindeutig oder es fehlen Schilder. Unbedingt mit Karte wandern und den GPS-Track von der Webseite laden. www.zweitaelerland.de Gipfeltour Simonswald.

Unterwegs gibt es keine Einkehrmöglichkeiten, deshalb Tagesproviant und vor allem genügend Trinkwasser mitnehmen. Vor der Wanderung die Wetterlage beobachten. Im Sommer können schnell und unerwartet heftige Gewitter aufziehen. Wetter-Warn-App installieren und Standort aktivieren.
Die Wanderung ist sehr anspruchsvoll was Höhenmeter und Pfade betrifft. Trekkingstöcke sind von Vorteil. In den Tagesrucksack gehören Sonnenschutz, Regenschutz, Verbandszeug, Rettungsfolie, Wanderkarte und Akku fürs Smartphone. Im Herbst zusätzlich Stirnlampe. Als Notration Energieriegel, Traubenzucker und Magnesiumpulver. Im Sommer früh starten und die kühlen Morgenstunden nutzen. In dieser Jahreszeit wird es auch auf über 1000 Metern recht heiß. Die Strecke verläuft überwiegend im schattigen Wald.

97 TAFELBÜHL 1084 METER
Der Berg des Schimmelreiters

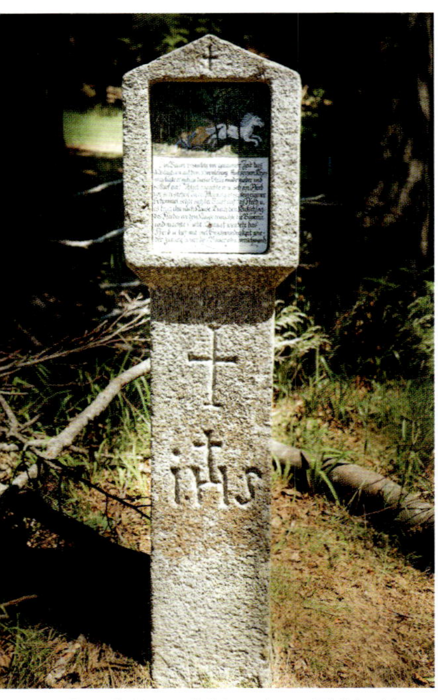

Der Schimmelbildstock am Tafelbühl

mit und notiert die Besteigung ins Gipfelbuch.

An der Dorerbühlhütte vorbei gelangen wir nun zum Tafelbühl. Erneut belohnt uns eine grandiose Aussicht unterhalb des Gipfels auf die reliefartig eingeschnittenen Täler. Ein Bildstock erinnert an eine merkwürdige Sage eines Schimmelreiters. Auf dem Grat wandern wir hinüber zum Hörnleberg, wo ein letzter zäher Anstieg bevorsteht. Der Gipfel ist mit seinen 906 Metern einer der markantesten Berge: Auf dem kegelförmigen Berg steht die Wallfahrtskapelle Unserer Lieben Frau (50 Hörnleberg). Unsere Hoffnung auf ein kühles Bier erfüllt sich leider nicht – Pilgergaststätte und Kiosk sind geschlossen. Uns bleibt ein letzter Schluck aus den Trinkflaschen, dann machen wir uns auf den langen Abstieg zurück zum Sägplatz in Simonswald.

Tipp

Einkehren im Landgasthaus Grüner Baum, Simonswald. Wunderschöne Gaststube, schöne Außenterrasse in idyllischer Lage. Schwarzwälder Küche mediterran interpretiert, auch für Vegetarier/Veganer. Tolle Dessertkarte. Wunderschön eingerichtete Zimmer. Ideale Basis für ein Wanderwochenende.

www.gruenerbaum-simonswald.de

Hinkommen
Von Lörrach kommend auf der A5 Ausfahrt Freiburg-Nord, weiter auf der B294 bis Ausfahrt Gutach. Weiter auf der L 173 bis Simonswald Ortsmitte. Der Sägplatz befindet sich beim Kurhaus in der Ortsmitte.

Start und Ziel: Wanderparkplatz Sägplatz Simonswald
Länge: rund 22 Kilometer, 1064 Höhenmeter Auf- und Abstieg
Dauer: rund 7 Stunden
Schwierigkeit: schwer

Vom ***Sägplatz*** der Ausschilderung Gipfeltour folgen und auf Wiesenwegen zur ***Wehrlehof-Mühle*** wandern. Dort weiter bis ***Gummeneck***. Es folgt ein steiler Aufstieg auf einem Serpentinenpfad bis zum ***Höllkopf***. Steiler Aufstieg zum ***Schultiskopf*** und auf dem Grat zwischen Granitblockhalden im steten Auf und Ab am ***Ibichkopf*** vorbei zum ***Obereck***. Am ***Grießbacher Eck*** zweigt der Weg ab. Zunächst durch Wald, später dann öffnet sich ein wunderschönes Tal und wir gelangen ins ***Kostgefäll***. Wer mag, baut ab Wegschild ***Obergfäll*** noch einen Abstecher zum ***Rohrhardsberg*** ein. Von dort bietet sich eine alternative Route auf dem ***Yacher Höhenweg*** mit Besteigung des ***Braunhörnle*** ab Wegschild ***Breitbühl*** (Wanderzeichen Zweitälersteig grüne Raute mit rotem Herz) an.

Über die ***Dorerbühlhütte*** verläuft der Weg zum ***Tafelbühl***. Vorbei am ***Schimmelbildstock*** und weiter auf dem Grat bis zum ***Hörnleberg***. Abstieg über den ***Stationenweg*** und über den ***Schlossberg*** zurück zum ***Wanderparkplatz Sägplatz.***

Varianten über Rohrhardsberg und Braunhörnle
Wer der Tour noch weitere Gipfel und Höhenmeter hinzufügen möchte: Vom Obergfäll zum Rohrhardsberg und zurück sind es 1,6 Kilometer und 90 Höhenmeter Auf- und Abstieg. Wer vor der Dorerbühlhütte zum Braunhörnle auf- und absteigt, addiert 1,4 Kilometer und 90 Höhenmeter Auf- und Abstieg hinzu. Die Strecke Rohrhardsberg über Braunhörnle zur Dorerbühlhütte beträgt 3,2 Kilometer und 60 Höhenmeter im Aufstieg und 170 Höhenmeter im Abstieg.

98 ROHRHARDSBERG 1153 METER
Zum Schänzle am wilden Wald

Der Rohrhardsberg liegt auf dem Farnberg-Plateau zwischen dem Elztal, Oberprechtal und dem Simonswäldertal. Der Höhenrücken besteht aus einer abgeschiedenen wilden, windigen Waldlandschaft mit einem Mosaik aus Wiesen, Weiden und Mooren. Um das vom Aussterben bedrohte Auerwild zu schützen wurde das Gebiet in das europäische Schutzgebietsnetz Natura 2000 aufgenommen.

Wenn ich auf den Rohrhardsberg wandere, muss ich, oben angekommen, erst einmal tief Luft holen. Nicht etwa, weil der Anstieg so steil ist. Es ist der Anblick der Landschaft, die ich hier oben vorfinde. Ich kann nicht anders, als einfach stillstehen und staunen. So ergeht es mir jedes Mal, sommers wie winters. Nachdem ich vom Tal durch die Wälder auf die Höhe gewandert bin, erscheint mir der

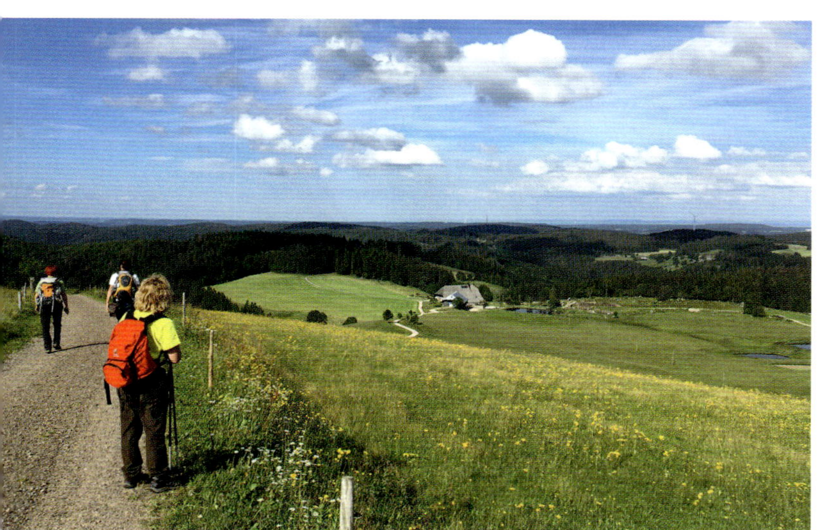

Der Rohrhardsberg beeindruckt mit Landschaft und Bauernhöfen

weite Gipfelrücken wie eine Vorstation zum Himmel. Es ist eine dieser urtypischen Schwarzwälder Kulturlandschaften, in denen die Zeit stehengeblieben scheint. Mächtige Höfe, umgeben von bunt getupften Weiden, auf denen das Vieh grast, Bienen summen und Schmetterlinge tanzen unter einem tiefblauen Himmel in der Sonne.
Der Rohrhardsberg wurde bereits um 1100 besiedelt. Einem der ersten Siedler mit Namen Rohrhard dürfte der Berg seinen Namen verdanken. Um 1780 war der Rohrhardsberg bis auf wenige Ecken noch waldfrei. Doch das Leben auf den Höhenhöfen war einsam, die Winter unendlich lang und hart und immer mehr Höfe wurden aufgegeben. Heute zählt die Offenhaltung der Landschaft zur wichtigsten Landschaftspflegemaßnahme. Neben Auerhuhn und Haselhuhn leben hier Ringdrossel und der Zitronengirlitz. Auf den Weidbergen finden sich wertvolle Magerrasen mit Borstgras, auf denen zwei seltene Orchideenarten vorkommen: das Holunder-Knabenkraut und das Weißzüngel. Während der Balzzeit der Auerhähne im Frühjahr werden einige Wanderwege gesperrt und Umleitungen eingerichtet, um die sensiblen Tiere nicht zu stören.
Im Laufe der Geschichte war der Rohrhardsberg Schauplatz kriegerischer Auseinandersetzungen. Daran erinnert die Schwedenschanze, eine Verteidigungsanlage, die vermutlich im Dreißigjährigen Krieg errichtet wurde, und das Schwedenkreuz am Gipfel. Neben der beeindruckenden Natur ist das auf 1130 Metern gelegene Gasthaus Schwedenschanze ein lohnendes Wanderziel. Das Schänzle, wie es von den Einheimischen genannt wird, wurde vom Rohrhardsberger Sepp, dem Josef Burger, 1932 erbaut. Der Schreiner aus Elzach liebte die Berge und das Skifahren und obwohl die Einheimischen über seine Idee, ein Gasthaus in der Einsamkeit auf dem Rohrhardsberg zu eröffnen, den Kopf schüttelten, ließ er sich nicht davon abbringen. Der

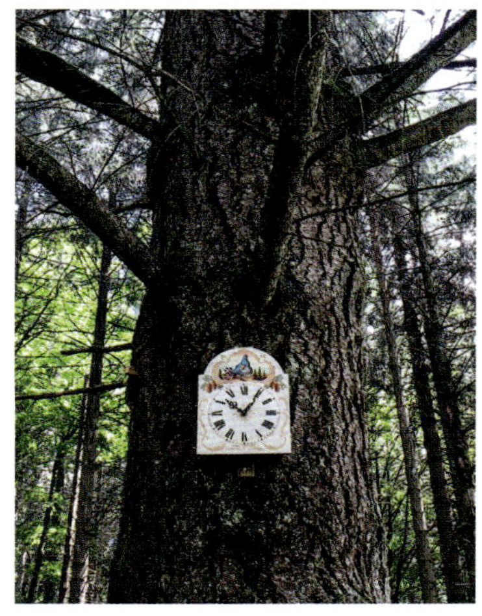
Kein Kuckuck, sondern eine echte Schwarzwälder Schilderuhr

Schwarzwaldhof am Rande des Waldes scheint für die Ewigkeit gebaut. Ein stolzes Haus, das den harten, schneereichen Wintern trotzt und im Sommer eine Insel der Ruhe im Grün von Almweiden und Wäldern ist. Noch heute ist der Schänzlewirt allgegenwärtig: Seine kunstvollen Holzbänke und Tische und die ganz aus Holz geschnitzte Theke sind ein echter Schatz. Die Vesperkarte ist übersichtlich: Eine Speck- und Wurst, sowie eine Käseplatte. Dazu eine Anleitung, wie das besondere Aroma des Specks zur Geltung kommt: Erst die Schwarte entfernen, die weiße Seite zum Körper und den Speck quer zur Maserung so dünn und zart wie möglich schneiden. Das Schänzle ist einer der Orte, wo der Schwarzwald noch so urig, so ursprünglich und heimelig ist, wo Heimat gelebt und den Gästen nicht als kitschiger Begriff serviert wird. Geöffnet ist das Schänzle ab 1. Mai Samstag und Sonntag sowie an Feiertagen ab 10 Uhr, vom 26. Dezember bis 17. März täglich außer Montag und Dienstag ab 12 Uhr. www.schaenzle.de

Tipp

Der Naturführer Siegfried Wernet aus Yach kennt die geheimen Ecken und Geschichten der Berge wie kein zweiter. Geführte Einzel- und Gruppenwanderung jeder Art auf Anfrage, Telefon 0175 8768720.

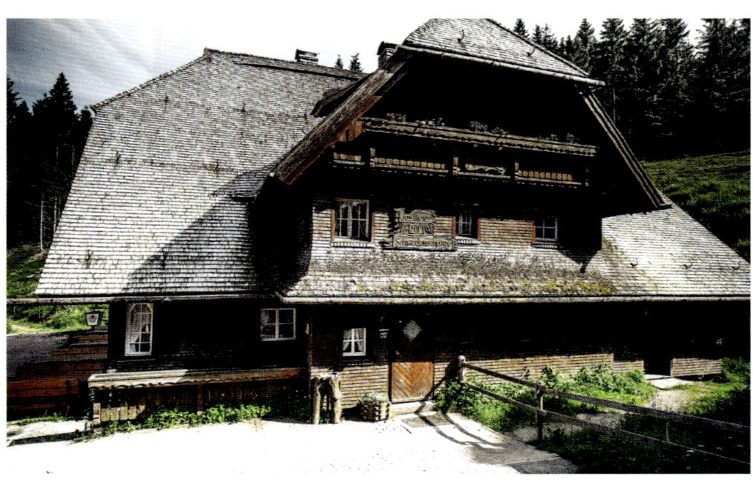

Die Schwedenschanze, einer der urigsten Berggasthöfe im Schwarzwald

Hinkommen

Der Rohrhardsberg ist von Gutach/Breisach über Simonswälder Tal oder Yach oder von Schonach aus erreichbar. Meine Lieblingswanderung führt über die Kostgefällschlucht ins Hochtal Kostgefäll zum Rohrhardsberg und wieder zurück. Von Schonach wandert man auf dem Genießerpfad U(h)rwaldspfad.

Tourbeschreibung über Kostgefäll

Anfahrt auf der B 294 bis Gutach im Breisgau, weiter auf der L 173 nach Simonswald, in der Ortsmitte links abbiegen auf die Kirchstraße. Weiter bis Haslach-Simonswald und Hinterhaslach bis zum Wanderparkplatz Lochbauernhof.

Start und Ziel: Wanderparkplatz Lochbauernhof
Länge: rund 9,3 Kilometer, 530 Höhenmeter Auf- und Abstieg
Dauer: rund 3.40 Stunden
Schwierigkeit: mittelschwer

Ab ***Lochbauernhof*** auf der gelben Raute Richtung ***Wasserfälle/Kostgefäll/ Rohrhardsberg*** auf schönen Pfaden durch die Schlucht und später durch das mystische ***Kostgefäll*** bis ***Obergefäll***, weiter zum ***Rohrhardsberg*** und ***Gasthaus Schwedenschanze***. Zurück auf demselben Weg.

Alternativ Abstieg über ***Braunhörnle*** (1135 m) und auf dem ***Hörnlepfad*** über ***Kostgefällschlucht*** bis zum Wanderparkplatz.
Länge: 10,8 Kilometer, 600 Höhenmeter Auf- und Abstieg
Dauer: rund 4 Stunden
Schwierigkeit: mittelschwer

Tourbeschreibung über Schonach

Anfahrt Schonach Ortsmitte Richtung Elzach/Freiburg über die Sommerbergstraße, Obertalstraße, L 109 über Passhöhe Wilhelmshöhe zum Parkplatz Mühlebühlbrücke.

Start und Ziel: Wanderparkplatz Mühlebühlbrücke an der L 109
Länge: 8,7 Kilometer, 366 Höhenmeter Auf- und Abstieg
Dauer: rund 3.20 Stunden
Schwierigkeit: mittelschwer

Vom Wanderparkplatz der Beschilderung ***Genießerpfad U(hr)waldpfad Rohrhardsberg*** folgen.

99 WATZECK 1050 METER

Auf den Spuren des Watzeck-Wilderers

Im abgelegenen Yach-Tal, einem Seitental des Oberen Elztal finden wir eines der spannendsten Wanderreviere im südlichen Schwarzwald. Dieses herrliche Tal mit dem ungewöhnlichen Namen ist von zehn 1000er-Bergen umschlossen. Einer kannte jeden Berg und jeden Pfad wie seine eigene Westentasche. In den Wäldern trieb der Watz-Sepp sein Unwesen.

Yach ist der einzige Ort in Deutschland, der mit einem Y beginnt. Ausgesprochen wird er übrigens I-Ach, die Einheimischen sagen Äeich. Es ist ein einsam gelegenes, waldreiches Gebiet, das als Naturschutzgebiet Yacher Zinken ausgewiesen ist und ein arten- und strukturreiches Vorkommen an Weiden, Mager- und Feuchtwiesen, Mooren, Felsen und Blockhalden aufweist.

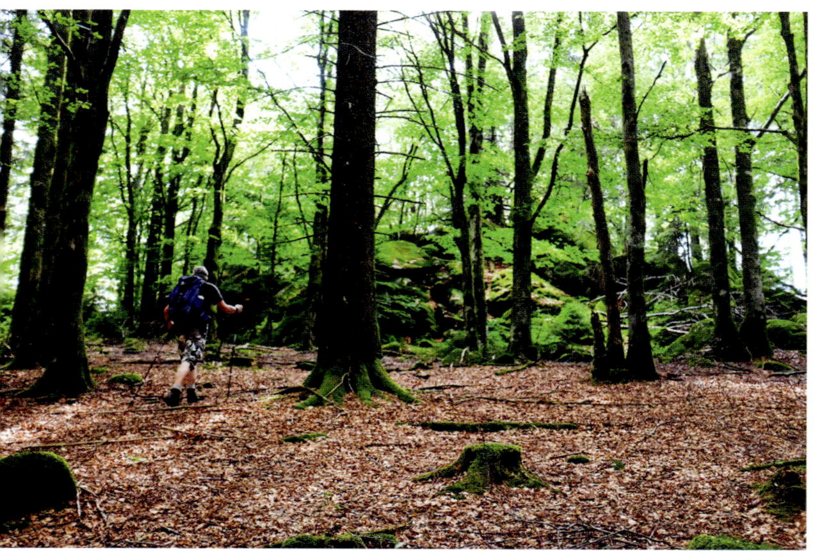

Die Suche nach dem Blindenstein

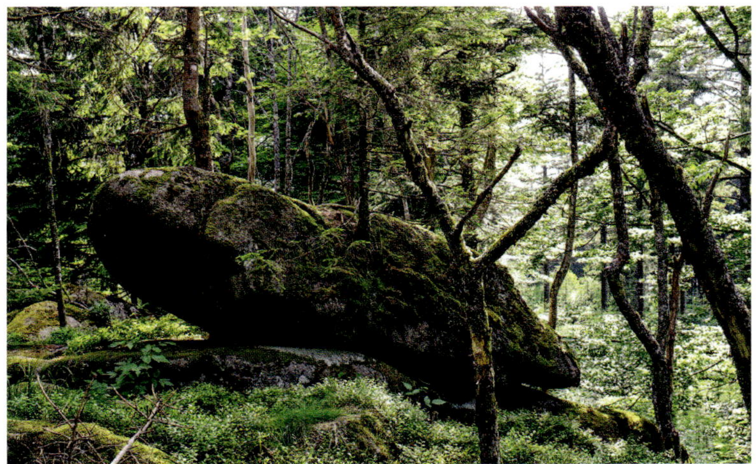

Ist er es oder ist er es nicht – der Blindenstein

Beim Blick auf die Wanderkarte fallen einige Felsen auf: Siebenfelsen, Kreuzfelsen, Geistfelsen und Blindenstein. Als Wandergebiet ist es nahezu unberührt, will heißen, es gibt keine installierten Himmelsliegen, die die Wege künstlich „aufhübschen". Eine Wanderkarte ist essentiell und natürlich sollte man wissen, wie sie zu lesen ist. Es gibt einige ausgeschilderte Wege, den Brot-, Hirten- und Höhenweg, doch auf die Beschilderung alleine sollte man sich nicht verlassen. Genau das macht diese Gegend so spannend, weil sie abseits der viel begangenen Wanderrouten liegt. Für alle, die gerne lange wandern und sich nicht vor Höhenmetern scheuen, ist der Yacher Höhenweg ein Traum. Die kräftezehrenden Anstiege werden mit herrlichen Aussichten ins Rheintal, zum Kaiserstuhl, zu den Vogesen und in den Nordschwarzwald belohnt.

Am Watzeck lauerte er und spionierte mit seinem Fernrohr die Umgebung aus. So erzählen es die Yacher, wenn die Rede vom Watz-Sepp ist. Er war ein Schlitzohr, klaute wie ein Rabe und verschwand auf geheimen Pfaden im Wald, sogar von einem verborgenen Stollen ist die Rede. Er lebte mit seiner Familie in einem Haus am Watzeck, das früher als Hagsepp in den Karten verzeichnet war. Hag ist ein altes Wort für Gebüsch oder Hecke, es muss sich um ein ziemlich ver-

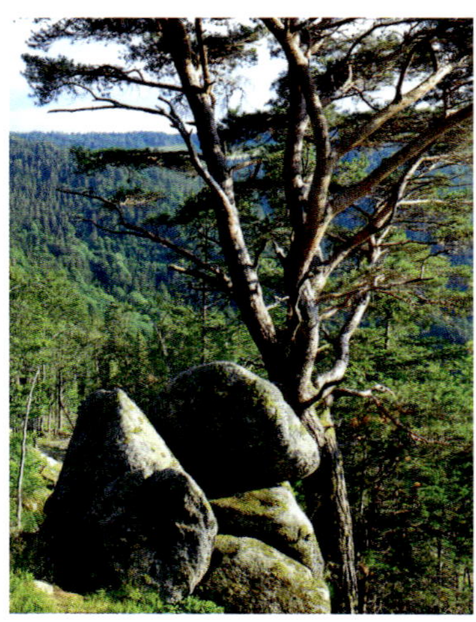

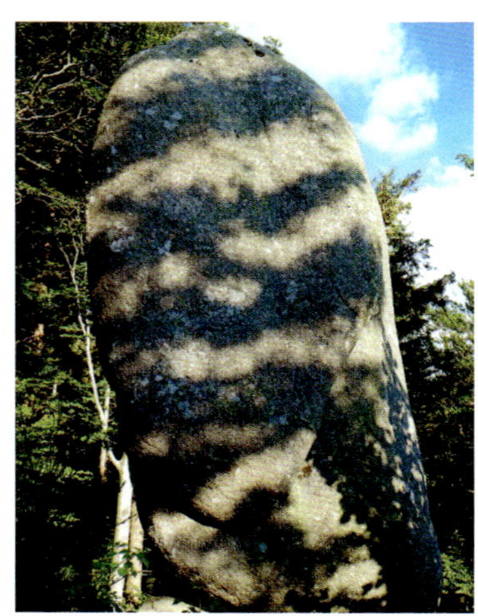

Rund um den Watzeck finden sich viele mysteriöse Steinformationen

wuchertes Gelände gehandelt haben. Wie daraus nun der Name Watzeck entstand, weiß niemand. Ein Erklärungsversuch meinerseits wäre das alte Flurnamenwort Wart, das einen Platz bezeichnet, wo man Feinden oder Wild auflauert. Aus dem Wart-Sepp wurde der Watz-Sepp, und so kam der Berg zu seinen Namen. Urkundlich bekannt ist, dass er von 1847 bis 1869 mehr Zeit in Zuchthäusern verbrachte, als auf dem Watzeck. Seine Spur verliert sich im Juli 1871, als er – im hohen Alter von 66 Jahren – mit seiner Familie einen Ausreiseantrag in die USA stellte. Die Fundamente seines Hauses sind heute noch im Wald in der Nähe des Blindensteins zu sehen.

Auf dem Yacher Höhenweg wandeln wir auf den Spuren des Watz-Sepp. Der Weg folgt ab dem Hohen Stein (820 m) den Kammlagen der Berge zum Biggertkopf (1016 m), Zimmereck (960 m), Giger (1015 m), Hohkopf (1054 m), Kroatenbühl (1048 m), Watzeck (1059 m), Schlagbaum (1010 m), Schanze (1043 m) bis zum höchsten Gipfel, dem Rohrhardsberg (1152 m). Bevor dieser erreicht wird, gelangen wir zu einem Refugium, wie sie selten geworden sind im Schwarzwald. Die Schwedenschanze auf 1130 Metern ist eine der urigsten und originellsten Almgaststätten, die Stube mit geschnitzter Theke ein Kleinod. Die Vesperkarte auf der Webseite besteht aus zwei Fotos, dazu gibt's eine Anleitung wie Schwarzwälder Speck geschnitten und gegessen wird. Nach dieser herrlichen Einkehr läuft es sich fast von selbst über die Yacher Höhe (1120 m), Braunhörnle (1134 m) und Tafelbühl (1084 m). Die Berghöhen werden weniger, es geht talwärts bis nach 24 Kilometern der Bahnhof in Elzach auf 365 Metern erreicht ist.

Tipp

Gasthof Schwedenschanze, geöffnet ab 1. Mai, Samstag, Sonntag und an Feiertagen ab 10 Uhr, www.schaenzle.de. Einkehren im Landgasthaus Zum Adler in Yach. Ehrliche, bodenständige und kreative Küche, die auch für Vegetarier und Veganer etwas bietet, www.adler-yach.de.

Hinkommen

A 5 Ausfahrt Freiburg-Nord, weiter auf der B294 über Waldkirch bis Elzach. Am zweiten Kreisverkehr die zweite Ausfahrt nehmen bis zum Parkplatz an der Elz oder am Bahnhof Elzach.

Tourbeschreibung

Start und Ziel: Bahnhof Elzach
Länge: rund 24 Kilometer, 945 Höhenmeter Auf- und Abstieg
Dauer: rund 8 Stunden
Schwierigkeit: schwer

Die Wanderung sollte nur von geübten Wanderern mit entsprechender Ausrüstung unternommen werden. Unbedingt mit Wanderkarte der Zweitälerland Tourismus und mit GPS-Daten wandern, da die Beschilderung nicht immer eindeutig oder fehlerhaft ist.

Der Yacher Höhenweg ist mit dem Auerhuhn-Zeichen beschildert. Ab ***Bahnhof Elzach*** über ***Reichenbacher Eckle***. Weiter über ***Satteleck***, ***Zimmereck*** bis zur Kammhöhe beim ***Hohkopf***. Vorbei an der ***Stümmelrüttehütte*** geht es über den ***Kroatenbühl*** bis zum ***Watzeck***. Wer noch Kräfte hat, kann auf einem verwachsenen Pfad zum Gipfel und nach dem Blindenstein suchen.
Wer auf der ***Schwedenschanze*** einkehrt, wandert den Pfad aufwärts und dann ab hier über den ***Rohrhardsberg*** und gelangt an der ***Yacher Höhe*** wieder auf den ursprünglichen Weg zurück. Über ***Braunhörnle*** und ***Tafelbühl*** nun Abstieg über ***Schönecklebühl***, ***Abzweig Farrain*** und ***Abzweig Deckelsbach*** zurück zum ***Bahnhof Elzach***.

100 GSCHASIKOPF 1046 METER

Gewitter und Grusele-Wiibli am Gschasi

Der Gschasikopf ist die höchste Erhebung im Prechtal. Es ist ein relativ unbekannter Berg und trägt den wohl merkwürdigsten Namen im Schwarzwald. Bei einer Wanderung auf dem Zweitälersteig geraten wir in ein Gewitter und finden beim Gschasifelsen eine überraschende Zuflucht.

Von den Einheimischen wird der Berg Gschasi genannt. Was für ein seltsames Oronym – was in der Namenforschung die Berg- und Gebirgsnamen bezeichnet. Ich kann mir zunächst keinen Reim darauf machen. Über die Namenherkunft haben sich Sprachwissenschaftler schon den Kopf zerbrochen. Er

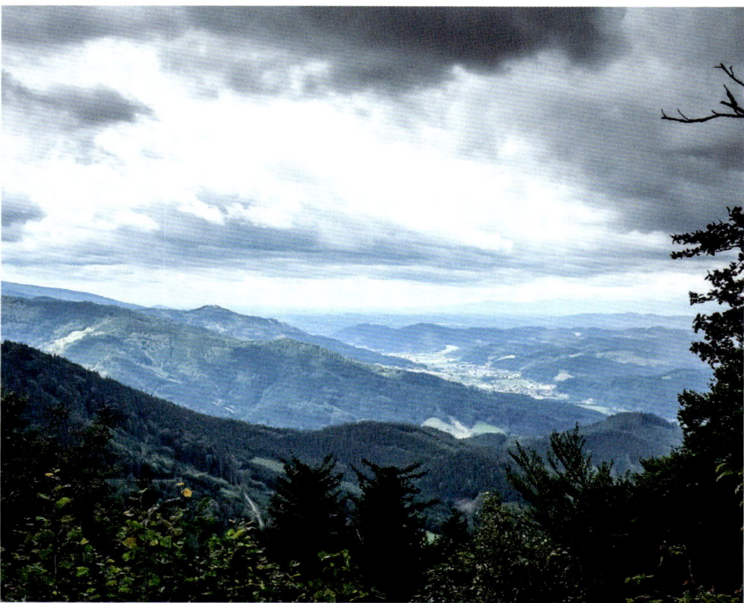

Schöner Ausblick während das Gewitter vorbeizieht

stammt aus der Zeit, als die Römer in den Schwarzwald vorgedrungen sind, ist also ein vorgermanisches Reliktwort. Mit Gschasi ist Schasa gemeint, ein Häuschen oder eine Hütte, das von etwas Land umgeben ist. Wer hier gelebt haben soll, ist indes nicht bekannt. Eine Elztäler Sage erzählt vom Gruselе-Wiibli, einer rothaarigen Hexe, die am Gschasimassiv lebte und stets in Begleitung einer feurigen Katze ohne Kopf auftauchte. Angeblich wurde sie in eine Höhle verbannt. So genau weiß man es nicht und vielleicht treibt sie eines Tages wieder ihr Unwesen.

An einem heißen Julimorgen wandere ich mit meiner Freundin Abi aus dem Oberprechtal hinauf zum Gschasi. Dabei begegnet uns keine Hexe, doch die dunklen Wolken, die am Nachmittag aufziehen, verheißen nichts Gutes. Als erste Blitze über den Himmel zucken, erreichen wir auf einem schmalen Pfad den Gschasifelsen und trauen unseren Augen nicht. Eine winzige Hütte steht da oben einsam in der Höhe. Auf meiner alten Wanderkarte ist der Ort als Eugensruhe verzeichnet, auf neueren Karten finde ich ihn als Gschasikopfhütte (nicht verwechseln mit der Gschasihütte). Innen entdecken wir eine Kassette mit Gipfelbuch, ein Kruzifix und etwas Kochgeschirr. Während wir abwarten bis der Regenschauer

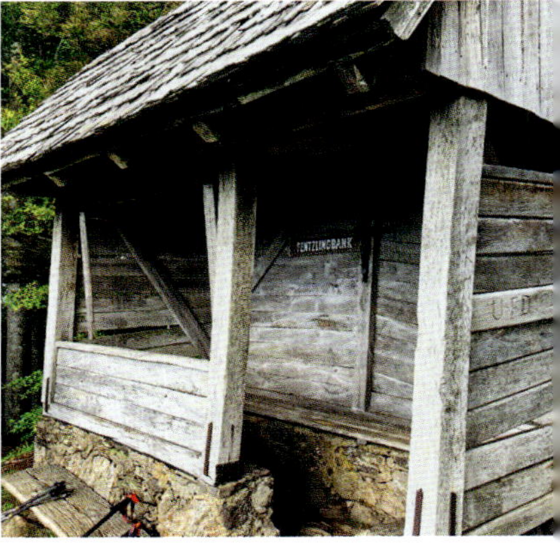

Die rätselhafte Hütte am Gschasikopf

vorbei ist, erfreuen wir uns am Ausblick ins Tal. Die Hütte war früher als Eugensruhe bekannt, wer das alte Holzschild mit der Aufschrift Fentzlingbank angebracht hat, ist selbst dem Schwarzwaldverein Elzach nicht bekannt. Sie stammt noch aus der Zeit, als mit Kompass und Karte gewandert wurde, und ist eines der Relikte, weswegen ich den Zweitälersteig als Fernwanderweg so genial finde. Nicht nur wegen den schönen Aussichten und überwiegend schmalen Pfaden. Es sind diese kleinen Überraschungen am Weg: Anstelle neumodischer Himmelsliegen finden wir verwitterte Bänke. Und wir versuchen uns vorzustellen, wer hier wohl vor uns gesessen hat. Geschichten, die sich einst hier abgespielt haben und die nun verwoben sind mit den Orten,

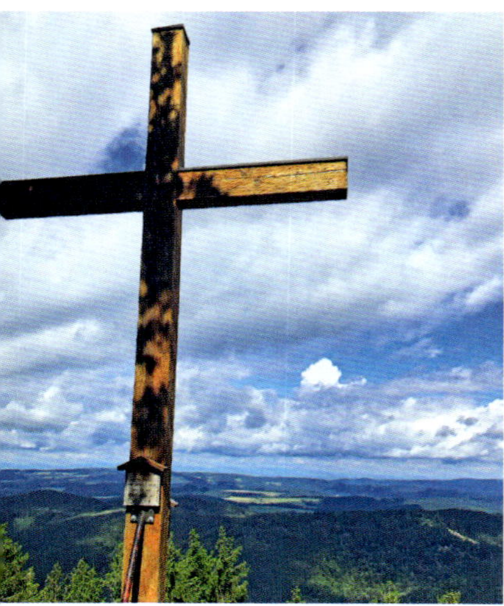

Gipfelkreuz an der Kapfhütte

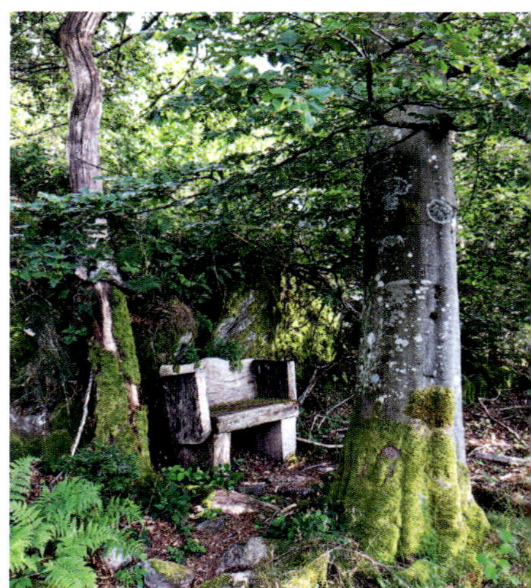

Diese Bank hätte viel zu erzählen

an denen wir heute vorbeiwandern. Urige Hütten wie „Opa Klausis Vesperstüble" mit Geweihen und Jakobsmuschel an der Hüttenwand, der Huberfelsen und andere Felsformationen, Gipfelkreuze mit Gipfelbüchern, alle paar Kilometer gibt es etwas Spannendes zu entdecken. Wer keine Zeit hat, alle fünf Etappen zu wandern, die hatten wir nämlich auch nicht, dem empfehle ich unsere Variante für ein Wochenende von Freitag bis Sonntag: Wir sind die Etappen anders herum gewandert: am ersten Tag von Biederbach bis Höhenhäuser, am zweiten Tag von Höhenhäuser bis Oberprechtal und am dritten Tag von Oberprechtal über die Gschasikopfhütte und Abstieg über den Hohenstein nach Elzach. Fazit: Eine herausfordernde Streckenwanderung mit vielen Einkehrmöglichkeiten und herzlichen Wandergastgebern in herrlicher Schwarzwaldlandschaft, die selbst an Wochenenden wenig frequentiert ist.

Tipp

Der Gschasi als Käse: Die Käserei auf dem Dorerhof fertigt nach alter Tradition Rohmilchkäse. Der Gschasi ist ein Bergkäse mit kräftig-pikantem Aroma, der bis zu 12 Monate reift. Hofladen geöffnet freitags von 14 bis 18.30 Uhr, www.dorerhof.de.

Hinkommen
Am besten Anreise mit öffentlichem Nahverkehr über Elzach nach Biederbach-Dorf.

Tag 1 Biederbach-Dorf – Höhenhäuser
Start: Biederbach-Dorf, Ziel: Höhengasthof Kreuz
Länge: 12,5 Kilometer, 370 Höhenmeter Aufstieg, 120 Höhenmeter Abstieg
Dauer: rund 3.35 Stunden
Schwierigkeit: mittelschwer

Von ***Biederbach-Dorf*** zum Wegschild ***Gschächle*** und weiter zum ***Lupferlandeswald***. Weiter zum ***Am Bäreneckle***. Dort auf dem Blaue-Raute-Weg weiter zum ***Wanderheim Kreuzmoos***. Hier trifft der Weg auf den Zweitälersteig (grüne Raute mit rotem Herz). Über ***Dürrhöfe Parkplatz*** und ***Bei der Kohlhütte*** vorbei zur ***Schutterquelle***. Das letzte Stück führt über den ***Schwabenberg*** zum ***Schwabenkreuz*** bis zum ***Höhengasthof Kreuz***.

Tag 2 Höhenhäuser – Oberprechtal
Start: Höhengasthof Kreuz, Ziel: Gasthaus Rössle Oberprechtal-Wittenbach
Länge: 25 Kilometer, 640 Höhenmeter Aufstieg, 810 Höhenmeter Abstieg
Dauer: rund 5.30 Stunden
Schwierigkeit: schwer

Vom ***Gasthaus Kreuz*** führt der Zweitälersteig zunächst auf dem breiten Höhenrücken zur ***Heidburg***, der Weg wechselt von Wald zu Wiesen bis ***Landwassereck***. Über den Bergrücken zum ***Pfauenkreuz***, weiter zur ***Prechtaler Schanze*** und zum ***Huberfelsen***, dessen Felsen sich wie ein mächtiger Schiffsbug aus dem Wald erhebt. Dann folgt der Abstieg am ***Fährlefelsen*** und ***Hirschfelsen*** vorbei nach ***Wittenbach***.

Tag 3 Oberprechtal – Elzach
Start: Gasthaus Rössle Wittenbach, Ziel: Bahnhof Elzach
Länge: 13,5 Kilometer, 580 Höhenmeter Aufstieg, 700 Höhenmeter Abstieg
Dauer: 4.30 Stunden
Schwierigkeit: mittelschwer bis schwer

Vom ***Gasthaus Rössle*** geht es bergauf zur ***Kapfhütte*** mit schönem Ausblick. Nun folgen wir dem Höhenrücken über die ***Langmattenhütte*** zum ***Gschasikopf*** mit dem ***Gschasifelsen*** und der ***Gschasikopfhütte***. An der ***Zimmereckhütte*** verlassen wir den ***Zweitälersteig*** und wandern auf dem ***Zimmereckweg*** über den ***Hohen Stein*** und ***Satteleck*** und ***Reichenbacher Eckle*** zum ***Aussichtspunkt Yach*** und enden unsere Etappentour am ***Bahnhof Elzach***.

101 KAISEREBENE 950 METER

Verlass dich niemals auf deinen Navi

Die Kaiserebene ist einer der Winkel, die früher als gottverlassene Gegend bezeichnet wurde. Es ist eine Landschaft, wie aus einem alten Schwarzwaldheimatfilm. Herrliche Weiden, Wälder und urige Schwarzwaldhöfe mit viel Luft und Raum drum herum, was heute Seltenheitswert besitzt.

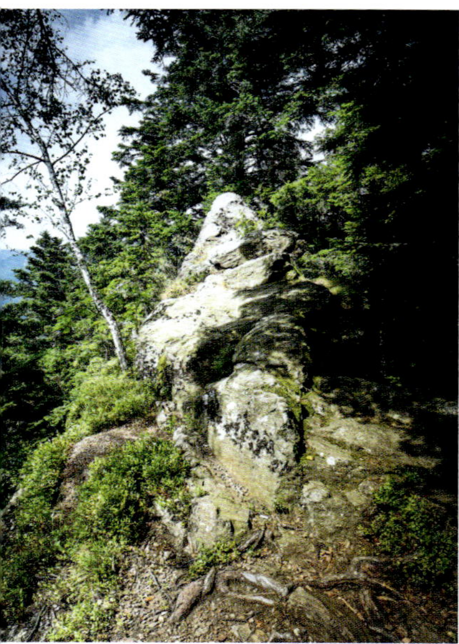

Der Spitze Stein, vermutlich eine einstige keltische Kultstätte

Hinter Gütenbach führen Wege in Täler und Seitentäler, die sogar einen Navi an der Nase herumführen. Der leitet dich problemlos bis nach Gütenbach, ab dort findest du dein Ziel besser mit Karte oder fragst Einheimische nach dem Weg. Ausgerechnet als ein Fernsehteam des SWR mit mir unterwegs war, um einen Beitrag für die Sendung „Mystischer Südschwarzwald" zu drehen, ist das passiert. Bis wir an unseren letzten Drehort, den Spitzen Stein, gelangten, hatten wir uns mehrmals verfahren. Nehmt meinen Rat zu Herzen und schaltet besser das Navi aus und vertraut den Einheimischen, die euch gern den Weg weisen.

Am Wanderparkplatz Lehmannskreuz (976 m) angekommen, findet sich eine fast ebene Höhe, auf der es sich gut verweilen lässt, um den schönen Ausblick zu genießen (von den Windrädern mal abgesehen). Auf dem Höhenweg Richtung Hintereck-Hütte, in Höhe vom Forsthaus Ganterhäusle, teilt sich der Wald und gibt einen traumhaften Talblick nach Westen frei. Das 300 Jahre alte, denkmalgeschützte Forsthaus ist nach dem Umbau ein

echtes Schmuckstück geworden. Der Besitzer dokumentiert den Bauverlauf auf www.ganterhaeusle.de.
Wer eine sportlich-abenteuerliche Wanderung nicht scheut, sollte unbedingt auf der gelben Raute Richtung Spitzer Stein und Hintereck losziehen. Beim Oberen und Unteren Spitzen Stein soll es sich um eine keltische Anbetungsstätte handeln. Weiter geht es dann entweder auf dem Wildsaupfad oder über den Pfad zum Oberen Spitzen Stein. Die Hintereck-Hütte auf

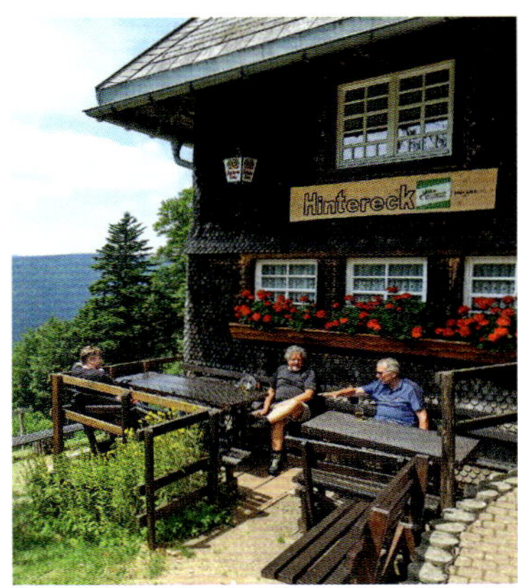

Hüttenglück auf der Hintereck

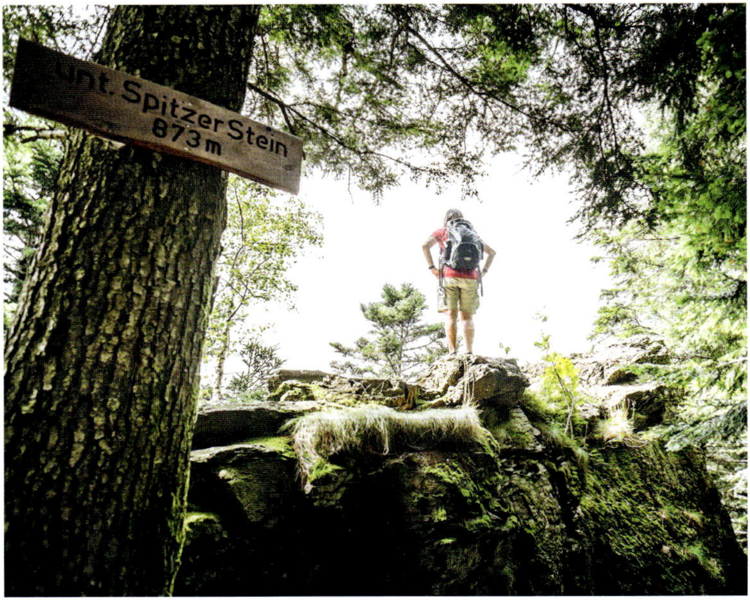

Mystisch – der Spitze Stein

950 Metern wurde um 1602 erbaut und thront wie ein Adlerhorst über der Kaiserebene. Es ist einer der lauschigsten Hüttenorte, den ich kenne. Vor der Hütte auf den Holzbänken sitzend, ein kühles Radler und Hüttenvesper vor mir auf dem Tisch, und den Blick in die Ferne schweifen lassen. Beim Ausblick von der Hintereck-Hütte fühle ich mich tatsächlich wie eine Kaiserin. Glück ist so einfach zu finden.

Tipp

Einkehr in der Hintereck-Hütte, www.hintereck.de.
In Gütenbach begeistern die Faller-Miniaturwelten nicht nur Eisenbahnfans, www.faller.de. Für Liebhaber edler Chronografen ist der Besuch des Hanhart-Museums ein Muss. www.hanhart.com

Hinkommen

Von Lörrach kommend auf der A5 Ausfahrt Freiburg-Nord, weiter auf der L294 bis Gutach im Breisgau. Weiter auf der L173 nach Simonswald und bis Gütenbach. In der Ortsmitte Richtung Faller abbiegen und auf der Kreuzstraße und Schulstraße bis Ortsende fahren. Rund 200 Meter nach dem Ortsschild scharf links die Straße hoch abbiegen und bis zum Wanderparkplatz Lehmannskreuz fahren.

Tourbeschreibung

Start und Ziel: Wanderparkplatz Lehmannskreuz
Länge: rund 6 Kilometer, 180 Höhenmeter Auf- und Abstieg
Dauer: rund 2 Stunden
Schwierigkeit: mittelschwer

Vom ***Wanderparkplatz Lehmannskreuz*** der gelben Raute folgen Richtung ***Spitzer Stein/Hintereck-Hütte***. Auf dem ***Zickzackweg*** und später auf dem ***Fischersgrundweg*** und ***Simonslochweg*** zum ***Unteren Spitzen Stein***. Der ***Wildsaupfad*** führt steil direkt zur Hintereck, der andere Pfad führt über den ***Oberen Spitzen Stein*** zur ***Hintereck-Hütte***. Abstieg über ***Hintereck-Schlagweg*** zurück auf den ***Höhenweg*** zum ***Wanderparkplatz Lehmannskreuz***.

Dankeschön

Mein Dank gilt allen, die mich bei meinen Recherchen unterstützten und dazu beigetragen haben, die Geschichten der Berggipfel zu erzählen.

Besonders an Volker G. Scheer, Ursula und Bernhard Winterhalter, Fred Wehrle, Ulrike Spiegelhalter, Elmar Vogt und Werner Störk für die wertvollen Informationen und Erklärungen.

Meiner Lektorin Ulrike Weiler für die vertrauensvolle Zusammenarbeit.

Christina sowie Iris und Dieter für eure Begleitungen auf den Wanderungen.

Carolin und Achim mit Yannek und Tala für eure tatkräftige Unterstützung bei den Recherchen und für die Drohnenfotografien.

Axel und Flake, meine treuen Begleiter im Alltag und sonstigen Abenteuern.

Meiner Mama Karin, mit der ich meine ersten Gipfel erkundete und der ich dieses Buch widme.

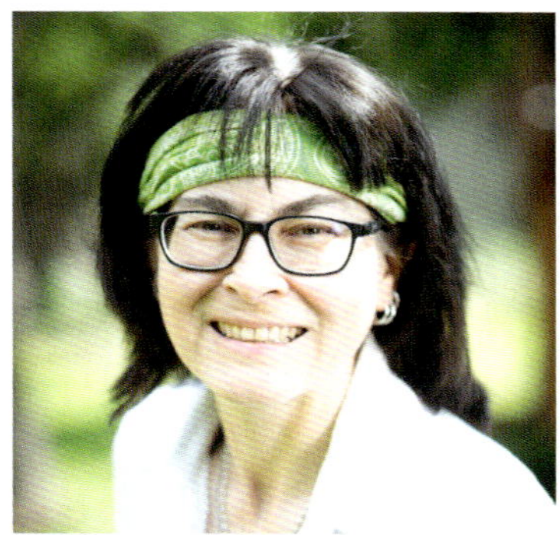

Birgit-Cathrin Duval ist freie Journalistin, Fotografin, Autorin und Gästeführerin im Naturpark Südschwarzwald. Ihre Reisereportagen und Fotografien wurden mehrfach international ausgezeichnet.

Sie lebt mit ihrem Mann Axel und Wolfshund Flake im südlichen Schwarzwald am Fuße des Wildsbergs gegenüber vom Hochblauen. Die Berge des Schwarzwalds sind ihre Kraftorte, auf denen sie oft zum Fotografieren der Sonnenauf- und Untergänge unterwegs ist.

Mit dem Gipfeltouren-Buch legt die Autorin der beliebten Schwarzwald-Kraftorte-Reihe im Oertel+Spörer Verlag ihr drittes Buch über ihre Heimat, den Schwarzwald, vor.

Folgen Sie @takkiwrites auf Instagram für täglich neue Fotos und Geschichten aus dem Schwarzwald.

Lust bekommen, den Südschwarzwald zu entdecken? Als Gästeführerin im Naturpark Südschwarzwald führt Sie Birgit-Cathrin Duval zu den schönsten und spannendsten Orten ihrer Heimat.

Kontakt über takkiwrites.com

Quellenangaben

Leichte Gipfel

5 Ochsenberg

Der Ochsenberg war früher eine Weide der Schwander Bauern auf denen die Ochsen geweidet wurden. Der Hinweis stammt von den Gastwirten der Sennhütte Schwand und Dr. Hans Viardot, Tegernau.

9 Sausenburg

Der Hinweis zum Mohrensattel stammt von Volker Scheer, Heimatforscher aus Kandern.

12 Hau Passübergang

Die Schanzanlagen auf dem Hau wurden von Werner Störk erforscht. Ein ausführlicher Bericht findet sich auf der Webseite: http://minifossi.pcom.de/Holder-Schanze-Linearschanze-Linienschanze-Redoute-Sternschanze-Hau-Neuenweg-2.html

16 Burgruine Neuenfels

Bericht aus der Badischen Zeitung vom 13.05.2015
https://www.badische-zeitung.de/vermutlich-war-es-doch-kein-mord--print--104736972.html

17 Hünersedel

Die Informationen stammen von der Infotafel beim Hünersedelturm sowie von einem Bericht über den Hünersedelturm des Heimatforschers Jürgen Schneider, der sich der Ortsgeschichte von Freiamt widmet.

Panorama-Gipfel

20 Hochblauen

Anton Schwaederle, Belchen und Mons Samba, Blätter aus der Markgrafschaft, 1918, Seite 1–20
Wolfgang Abel, Südschwarzwald, Leichte Entdeckungen, Oase Verlag Badenweiler, 2015, Seite 168

22 Heideckfelsen

Werner Störk, http://minifossi.pcom.de/Schoenenbuchen-Werner-Stoerk-10-03-2021-Copyright.pdf ab Seite 8

23 Hohfelsen Belchen

Stephen Graham, Die Kunst des stilvollen Wanderns 1926, Harper Collins

24 Hohkelch

Albrecht Schlageter, Bergnamen, aus dem Buch Der Belchen, Seite 35 + 36, Herausgeber Landesanstalt für Umweltschutz Baden-Württemberg, Karlsruhe 1989

25 Belchen

Das Wörterbuch des Belchismus und der Hymnus Ekstase von Johann Peter Hebel ist auf der Webseite http://hausen.pcom.de/jphebel/hebel_verzweig.htm nachzulesen

30 Herzogenhorn

Waldbruders Blockhaus aus dem Buch „Das Fahler Wirtshaus" von Jutta Blaufuß, Ludwigshafen, Herausgeber Ski-Club Frankenthal e. V.
Foto vom Blockhaus stammt von einer Postkarte aus Privatbesitz, Fotograf unbekannt.
Bei der Recherche unterstützte mich Ulrike Spiegelhalter, Journalistin aus Bernau.

42 Toter Mann

Die Geschichte vom Toten Mann stammt aus dem Buch „Zastler eine Holzhauergemeinde im Schwarzwald" von Ernst M. Wallner, Freiburg 1953

44 Sirnitz

Johannes Helm, Die Sirnitz in ihrem Wandel vom Meierhof zum Ausflugsziel,
Das Markgräflerland: Beiträge zu seiner Geschichte und Kultur 24.1962, Heft 2.1962, http://dl.ub.uni-freiburg.de/diglit/mgl-1962-02/0001

45 Weiherkopf

Interessantes zur Goldsuche im Schwarzwald auf https://goldsucher.de/fundorte/goldsuche-in-deutschland/goldsuche-im-schwarzwald.html

Wälder-Gipfel

51 Hohe Möhr

Hinweise von Elmar Vogt, Hausen, Geschichtsverein Markgräflerland https://geschichtsverein-markgraeflerland.de/

52 Stühle

Beschreibung der Stühle aus der (vergriffenen) Wanderkarte der Stadt Kandern und Malsburg-Marzell

54 Ammelenköpfle

Über die Züchtung der Gresger-Ammele: https://www.biosphaerengebiet-schwarzwald.de/projekte/gresger-ammele-die-rettung-einer-einzigartigen-kirschsorte/

Hans Trenkle, Heimatgeschichte der Gemeinden Obereggenen und Sitzenkirch sowie der Propstei Bürgeln, 1930. Der Flurname Hexmatt hat nichts mit Hexen zu tun, wohl aber die Hetzen, wie die Elstern früher hießen
Frühneuhochdeutsches Wörterbuch Erklärung hetze
https://fwb-online.de/lemma/hetze.h1.1f

55 Streitblauen

Wanderkarte Stadt Kandern / Malsburg-Marzell (vergriffen), der Eintrag stammt von Pfarrer Trenkle
Die Sage vom Hexenstein, aufgeschrieben von Fred Wehrle aus Käsacker nach Erzählungen seines Vaters und Großvaters.

Kalte Küche
Die Kalte Küche wurde wohl von Holzmachern so getauft, als sie dort oben in der Zugluft des Sattels ihr spärliches Mahl aufwärmten. Pfarrer Trenkle, Ortschronik Obereggenen
Anmerkung der Autorin: Östlich der Kalte Küche befindet sich am Hauptweg der Koger-Bartle-Stein. Der reiche Bauer Bartholomäus Koger aus Obereggenen wollte einen großen Granitblock als Brunnentrog oder Grabstein ins Dorf schaffen als beim Beladen das Fuhrwerk zusammenbrach und der Stein dort liegenblieb. In den 1960er-Jahren wurde der Stein beim Wegbau versetzt und mit der Inschrift „Koger-Bartle-Felsen" versehen. Quelle: Wanderkarte Kandern / Malsburg-Marzell (vergriffen)

60 Erdbeerboden
Forschungsbericht von Werner Störk über die Hangterrassen http://www.minifossi.pcom.de/Walderdbeeren-Hangterrassen-Elbenschwand-Sued-schwarzwald-Schwarzwald.html

61 + 62 Hirschkopf und Tannenkopf
Viele Informationen erhielt ich von Dr. Hans Viardot vom Verein KuK. Kleines Wiesental, http://www.kuk-kleines-wiesental.de/

63 + 64 Hochgescheid, Gescheid
Überliefert ist von älteren Einwohnern aus Herrenschwand die Bezeichnung „Gescheid" als Gemarkungsgrenze. Vermutlich bezeichnet der Hochgescheid eine hohe Gemarkungsgrenze. Früher gehörte Herrenschwand zum Kloster St. Blasien. Die Information stammt vom ehemaligen Herrenschwander Ortsvorsteher Lais, die ihm ein alter Bauer erzählt hat. Danke an die Familie Hupfer vom Waldfrieden für die Hilfe bei der Recherche.

66 Heidstein
Die Geschichte über das Krinnen-Gasthaus ist nachzulesen auf https://www.gvvschoenau.de/pb/1752618.html

67 Trubelsmattkopf
J. B. Trenkle, Geschichte der Schwarzwälder Industrie, 1874,
G. Braunsche Hofbuchhandlung
Albrecht Schlageter, Der mittelalterliche Bergbau im Schauinslandrevier,

Schau-ins-Land Jahresheft des Breisgau-Geschichtsvereins Schauinsland 1970
Wolfgang Kleiber, Zu den nichtdeutschen geographischen Namen im Dreiländereck bei Basel, Das Markgräflerland Band 2/2012, Geschichtsverein Markgräflerland
Anton Schwaederle, Belchen und Mons Samba aus Blätter aus der Markgrafschaft Heft 4, 1918
http://dl.ub.uni-freiburg.de/diglit/mgl-1918-4

Stille Gipfel

70 Glaserberg

Albrecht Schlageter Die Glashütten im Markgräflerland und den angrenzenden Gebieten vom 15. bis 17. Jahrhundert
https://badische-heimat.de/wp-content/uploads/2019/04/1988_2_glashuetten.pdf

86 Brenntkopf am Gisiboden

Sengalenkopf
Prof. Dr. Konrad Kunze, Sengalenkopf bei Präg kommt von senge(le)n, durch Feuer absengen aus dem Buch: Wehra, Strittmatt, Segeten – Namen im Hotzenwald

72 Hohe Stückbäume

Albrecht Schlageter Die Glashütten im Markgräflerland und den angrenzenden Gebieten vom 15. bis 17. Jahrhundert
https://badische-heimat.de/wp-content/uploads/2019/04/1988_2_glashuetten.pdf

73 Federlisberg

Die Hinweise zur Namensherkunft stammen von Ursula und Berhard Winterhalter, Kandern. Ursula Winterhalter ist Autorin des Familienbuches Kandern, in dem sie alle Daten von 1591–1910 recherchiert und erarbeitet hat. Das Buch ist über den Geschichtsverein Markgräflerland erhältlich. Berhard Winterhalter, Bürgermeister Kandern a. D. hat zwei Bücher mit Anekdoten über die Stadtgeschichte verfasst.

74 Schlöttleberg
Wichtige Hinweise zur Namensherkunft des Schlöttlebergs erhielt ich von den Heimatforschern Bernhard und Ursula Winterhalter, Kandern und dem Heimatchronisten Volker Scheer, Kandern.

75 Am brennten Buck
Ernst Wagner, Fundstätten und Funde aus vorgeschichtlicher, römischer und alamannisch-fränkischer Zeit im Grossherzogtum Baden, 1832

Pfarrer Hans Trenkle „Heimatgeschichte der Gemeinden Obereggenen und Sitzenkirch sowie der Propstei Bürgeln", 1930: „Alte Flurnamen wie „im Gesang" (von sengen, brennen) zeigen uns übrigens, daß man nicht nur mit der Axt, sondern auch mit Feuer gerodet hat. Auch unser Brenntenbuck erinnert ja noch daran."

78 Hohwildsberg
Die weiteste Funkverbindung vom Hohwildsberg war nach England mit 1015,6 km
Informationen zum Deutschen Amateur-Radio-Club Ortsverband A47 Markgräfllerland https://www.a47.de/
Zitat aus dem Buch Der Schwarzwald, Dr. G. von Seydlitz, Verlag Paul Lorenz Freiburg 1903

79 Stockberg
Im Buch „Magischer Schwarzwald" von Roland Kroell findet sich auf Seite 66 ein Foto, das eine „Abordnung von Mayapriestern- und priesterinnen" zeigt, die 2004 am Stockberg ein „Schlangenritual" abgehalten haben.

80 Köhlgarten
Otto Kilchling, Die Leute vom Sägengrund, Eine Erzählung aus alten Zeiten, Herausgeber Schwarzwaldverein Kleines Wiesental

81 Dossen
Wolfgang Kleiber, Auf dem Dossen, Ein galloromanischer Findling im Oberen Wiesental, aus dem Buch: Mittelhochdeutsch, Beiträge zur Überlieferung, Sprache und Literatur, 2011, Herausgeber Ralf Plate, Martin Schubert

83 Rollspitz

Aus dem Buch „Der Belchen im Schwarzwald", Besiedlungsgeschichte im Umfeld des Belchen, Beitrag von Albrecht Schlageter. Landesanstalt für Umweltschutz Baden-Württemberg, Karlsruhe 1989

90 Blößling

Bericht über die Strahlung auf dem Blößling von Bernd Laquai,
www.opengeiger.de
http://www.opengeiger.de/GeigerCaching/TourBloesslingBernau.pdf
Bei der Recherche zum Blößling unterstützte mich Ulrike Spiegelhalter, Journalistin aus Bernau

91 Brudermattfelsen

Scapania Compacta: Georg Philippi, Bemerkenswerte Moosfunde aus dem Schwarzwald und dem angrenzenden Oberrheingebiet, Staatliches Museum für Naturkunde Karlsruhe, 1998
Namensherkunft des Brudermattfelsen: Johannes Helm: Schweighof und die Sirnitzhöfe, Binzen 1992, Kapitel „Brauchtum und Sagen" S. 248.
Vulpis, Meine Exkursionen auf Belchen und Feldberg im Sommer 1867
Österreichische Botanische Zeitschrift, Vol. 18, No. 9 (September 1868),
https://www.jstor.org/stable/43804187?seq=8#metadata_info_tab_contents

99 Watzeck

Die Geschichte über den Watz-Sepp hat der Heimatforscher Karl Tränkle aufbereitet. Kriminalität und Gesellschaft, Drei Fallstudien zu Yach aus dem 18. und 19. Jahrhundert, ab Seite 41, Verlag Regionalkultur, Herausgeber Heimat- und Landschaftspflegeverein Yach

100 Gschasi

Wolfgang Kleiber, Vorgermanische Gewässernamen und Bergnamen, aus: Die Ortenau: Zeitschrift des Historischen Vereins für Mittelbaden, 88. Jahresband 2008.
http://dl.ub.uni-freiburg.de/diglit/ortenau2008/0424?sid=a166ad2819fa93e8779da2006254575f
Konrad Kunze, Wehra, Strittmatt, Segeten, Namen im Hotzenwald, Seite 191
https://www.zobodat.at/pdf/Mitt-Bad-Landesver-Natkde-Natschutz-Freiburg_NF_18_1_0185-0210.pdf

Impressum

Alle Angaben in diesem Buch wurden von der Autorin sorgfältig recherchiert sowie vom Verlag geprüft. Für die Richtigkeit der Angaben kann jedoch keine Haftung übernommen werden. Für Hinweise und Anregungen sind wir jederzeit dankbar.

Bildnachweis:
Stefan Asal Seite 123, 141; Abi Berner Seite 181;
Axel Duval Seite 173, 184, 239, 296, 302; Christina Gerspach Seite 11;
Hochschwarzwald Tourismus GmbH Seite 224, 225;
Anja Kiefer-Jurd Seite 230, 231; Peter Klüber Seite 74, 75;
Achim Schaller Seite 39, 47, 57, 221, 252; Stadt Furtwangen Seite 175;
Werner Störk Seite 205; Bild Seite 122: unbekannter Fotograf

alle anderen Fotos: Birgit-Cathrin Duval

Karten Seite 182, 206, 242: Landesarchiv Baden-Württemberg

2. Auflage 2022
Postfach 1642, 72706 Reutlingen

Umschlag: PMP-Agentur für Kommunikation
Titelbild: Birgit-Cathrin Duval
Lektorat: Ulrike Weiler
Schlusskorrektorat: Sabine Tochtermann
Kartografie: Annelie Nau, München
Layout und Satz: Uhl + Massopust, Aalen
Druck und Einband: FINIDR, s.r.o., Tschechische Republik

ISBN 978-3-96555-072-8

Besuchen Sie unsere Homepage und informieren Sie sich über unser vielfältiges Verlagsprogramm:
www.oertel-spoerer.de

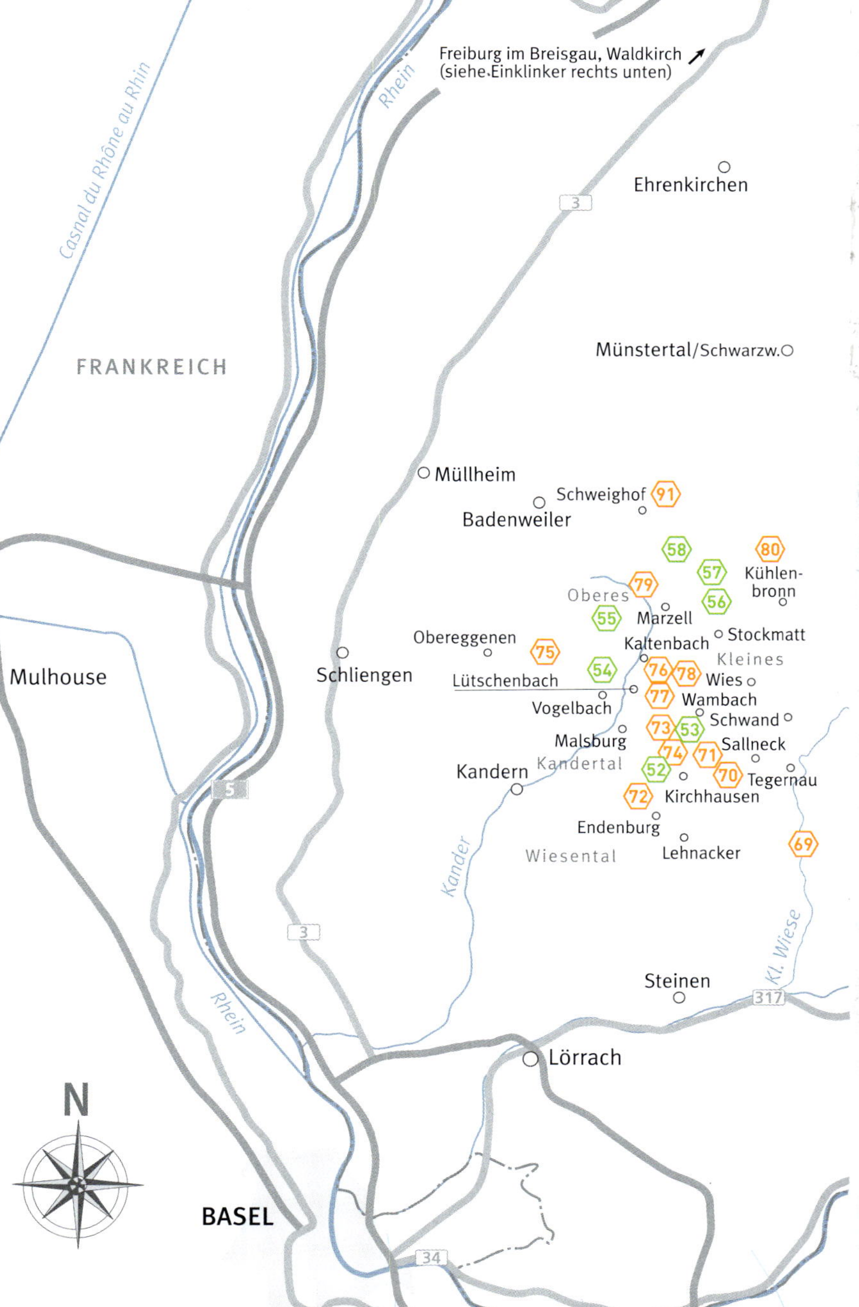
Freiburg im Breisgau, Waldkirch
(siehe Einklinker rechts unten)
Rhein
Casnal du Rhône au Rhin
Ehrenkirchen
3
Münstertal/Schwarzw.
FRANKREICH
Müllheim
Schweighof
91
Badenweiler
58
80
57
Kühlen-
bronn
79
Oberes
56
55
Marzell
Stockmatt
Obereggenen
Kaltenbach
75
Kleines
Mulhouse
Schliengen
54
76
78
Wies
Lütschenbach
77
Wambach
Vogelbach
Schwand
73
53
Malsburg
Sallneck
74
71
Kandern
Kandertal
52
70
Tegernau
72
Kirchhausen
Endenburg
69
Lehnacker
Wiesental
Kander
5
3
Kl. Wiese
Steinen
317
Rhein
Lörrach
N
BASEL
34

Ein Wanderweg im Schlafzimmer?

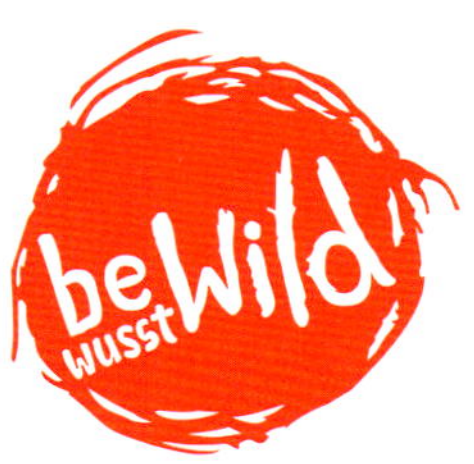

Draußen unterwegs im Südschwarzwald – das verspricht einmaliges Naturerlebnis! Natur erleben? Für uns Menschen eine Freizeitaktivität, für Wildtiere aber ist die Natur Lebensgrundlage! Ändere doch mal deine Perspektive und stell dir vor, dass Wald und Wiesen auch immer die Ess-, Schlaf- und Kinderzimmer von Wildtieren sind. Genau wie wir Menschen aber brauchen Tiere Nahrung und einen Platz, an dem sie ungestört sein können.

DANKE, dass du dich im Lebensraum von Wildtieren verantwortungsvoll verhältst und …

1. auf den Wegen bleibst.
2. Dämmerung und Nachtzeiten meidest.
3. auf geschützte Bereiche achtest.

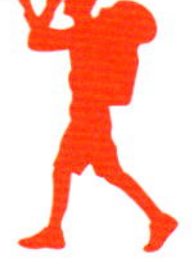

Lass dich vom Leben der Wildtiere begeistern und bekenne auch du dich bewusstWild!
Weitere Infos unter **www.bewusstWild.de**

Naturpark Südschwarzwald

Auerhuhn im Schwarzwald